权威·前沿·原创

皮书系列为
"十二五""十三五"国家重点图书出版规划项目

全球信息社会蓝皮书
BLUE BOOK OF
GLOBAL INFORMATION SOCIETY

全球信息社会发展报告
（2017）

GLOBAL INFORMATION SOCIETY DEVELOPMENT REPORT
(2017)

促进"一带一路"信息化合作
建设数字丝绸之路

主 编／丁波涛　唐　涛

社会科学文献出版社
SOCIAL SCIENCES ACADEMIC PRESS (CHINA)

图书在版编目(CIP)数据

全球信息社会发展报告.2017:促进"一带一路"信息化合作 建设数字丝绸之路/丁波涛,唐涛主编.--北京:社会科学文献出版社,2017.10
(全球信息社会蓝皮书)
ISBN 978-7-5201-1629-9

Ⅰ.①全… Ⅱ.①丁… ②唐… Ⅲ.①信息化社会-研究报告-世界-2017 Ⅳ.①G201

中国版本图书馆CIP数据核字（2017）第257562号

全球信息社会蓝皮书

全球信息社会发展报告（2017）
——促进"一带一路"信息化合作 建设数字丝绸之路

主　编/丁波涛　唐　涛

出 版 人/谢寿光
项目统筹/郑庆寰
责任编辑/王　展　郑庆寰

出　　版/社会科学文献出版社·皮书出版分社（010）59367127
　　　　　地址：北京市北三环中路甲29号院华龙大厦　邮编：100029
　　　　　网址：www.ssap.com.cn

发　　行/市场营销中心（010）59367081　59367018

印　　装/北京季蜂印刷有限公司

规　　格/开　本：787mm×1092mm　1/16
　　　　　印　张：26　字　数：432千字

版　　次/2017年10月第1版　2017年10月第1次印刷

书　　号/ISBN 978-7-5201-1629-9

定　　价/79.00元

皮书序列号/PSN B-2017-665-1/1

本书如有印装质量问题，请与读者服务中心（010-59367028）联系

▲ 版权所有 翻印必究

《全球信息社会发展报告（2017）》编委会

编委会主任 王 振

主 编 丁波涛 唐 涛

编 委（姓氏笔画为序）
王世伟 王贻志 叶继元 吕 斌 李 农
杨道玲 吴 曦 邹 健 张 英 陆 伟
陈 隽 段宇锋 夏蓓丽 党齐民 郭洁敏

主编简介

丁波涛 2004年毕业于武汉大学信息管理学院，获管理学博士学位。同年7月进入上海社会科学院工作，先后担任信息研究所信息资源管理研究中心主任，上海社科院党政办副主任，信息研究所副所长、副研究员，情报学硕士研究生导师。目前主要从事信息社会、城市信息化、信息资源管理、工业化与信息化融合等方面的研究。已发表论文30余篇，承担国家级课题3项，其他各类课题数十项。主持完成2007年国家社科基金青年项目"信息资源的公共获取机制：模式、条件与对策"，国家部委及上海市各类项目"关于建立两化融合综合推进体系问题的研究""科研成果开放存取机制研究""新形势下信息化管理体制和建设机制研究""上海市信息化与工业化融合发展研究"等。目前正在主持2016年国家社科基金项目"'一带一路'倡议的信息资源支撑及开发策略研究"等课题。

唐　涛 上海社会科学院信息研究所副研究员、信息资源管理研究室主任、硕士生导师。2009年毕业于武汉大学信息管理学院，获管理学博士学位，2007~2008年在美国威斯康星大学密尔沃基分校访问学习，2012~2013年在中共中央宣传部挂职工作，2014~2016年兼任上海社科院《上海新智库专报》责任编辑，目前主要从事信息社会、两化融合、网络舆情等方面的研究。主持国家社科基金项目"移动互联网环境下网络舆情新特征、新问题与对策研究"，上海市政府发展研究中心项目"城市经济，网络化环境下的城市发展研究""上海发展大数据交易产业的问题及对策研究"，上海市经济和信息化委员会项目"上海市两化融合十三五规划研究"等，已出版学术著作《网络舆情治理研究》，主编《中国网络空间安全发展蓝皮书（2015）》，合作出版著作3部，在核心期刊上发表论文十多篇，多篇专报获中央领导批示。

摘　要

"一带一路"倡议顺应世界多极化、经济全球化、文化多样化潮流，对于密切我国与亚非欧沿线国家之间的经贸关系，深化区域合作，打造平等互利、合作共赢的"命运共同体"有重大意义。当前信息技术正在人类社会各领域广泛深入渗透，引发了经济、科技、文化、政治和国际关系等方面的深刻变革，成为人类发展进步的最重要引擎之一。因此"一带一路"倡议实施必须要与当前信息化、网络化、数字化的大趋势相结合，通过实体空间与虚拟空间之间，网下与网上之间，以及人流、资金流、商品流与信息流之间的互动交融，促进沿线国家开展信息化合作，共同建设数字丝绸之路。

本书在详细梳理和深入分析"一带一路"沿线国家信息化发展及国家间信息化合作的基础上，提出加快数字丝绸之路建设的对策建议。本书共由三部分组成。

一是总报告，总报告深入分析了加强"一带一路"沿线国家信息化合作对于推进"一带一路"倡议实施、加快沿线国家经济社会发展和信息化建设的重要意义，并建立指标体系对沿线国家的信息化发展水平以及发展潜力进行评估。总报告提出了"一带一路"沿线国家信息化合作即数字丝绸之路建设的基本框架，分析了发展现状和存在的问题，并提出了对策建议。

二是区域篇，区域篇将"一带一路"沿线国家分为东北亚、东南亚、南亚、中亚及外高加索、西亚及北非、中东欧等六个板块，分析各板块信息化发展的总体状况、与中国的信息化合作情况以及板块中主要国家的信息化发展状况。需要说明的是，一般认为"一带一路"倡议涉及65个国家，但本书考虑到各板块的平衡及与中国的联系，在东北亚中加入了日本、韩国和朝鲜。

三是专题篇，专题篇分别从信息化基础设施互联互通、中国信息技术企业走向"一带一路"、信息产品贸易、国家数据开放、网络信息安全合作等五个角度，研究中国与"一带一路"沿线国家的信息化合作状况，并提出对策

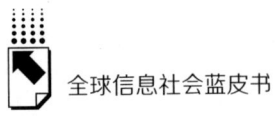

建议。

本书包括两个附录，一是"一带一路"沿线国家信息化发展跟踪指标，二是"一带一路"沿线部分国家信息化主管部门的资料。

本书可供政府信息化主管部门人员、信息技术企业人员、信息化及"一带一路"倡议相关领域的专家学者参考阅读，帮助其了解沿线国家信息化发展现状与趋势、与中国的信息化合作动向与重点。

关键词： 一带一路　信息化　数字丝绸之路　区域合作

序　言

2013年，习近平主席提出"一带一路"倡议，得到国际社会广泛响应支持。几年来，"一带一路"建设进展顺利、成果丰硕，已经成为当今世界最重要的国际合作框架之一。

"一带一路"倡议提出"政策沟通、设施联通、贸易畅通、资金融通、民心相通"五大合作重点。然而，在当今高速发展的信息时代，"五通"的任何一个方面都离不开"网络互联、信息互通"。网络信息互联互通是政府间政策法律有效沟通的基础条件，是国家间基础设施联通的重要内涵，是跨境投资贸易便利畅通的有力支撑，是各路资金加快融通的强大动力，是各国人民文化交流心灵沟通的必备工具。

我们已经看到，信息化浪潮推动世界发生了巨变，世界经济正在加速向以网络信息技术产业为重要内容的经济活动转变。我们也清晰地认识到，信息化将是驱动"一带一路"建设和世界发展最重要的力量之一。正如习近平主席在2017年"一带一路"国际合作高峰论坛上所指出的，"一带一路"建设"要坚持创新驱动发展，加强在数字经济、人工智能、纳米技术、量子计算机等前沿领域合作，推动大数据、云计算、智慧城市建设，连接成21世纪的数字丝绸之路"。

在这样的大背景下，上海社会科学院信息研究所研究撰写的蓝皮书《全球信息社会发展报告（2017）——促进"一带一路"信息化合作 建设数字丝绸之路》，契合了世界趋势和国家战略，发挥了上海社科院作为"国家高端智库"的作用，可谓"生逢其时"。

蓝皮书的总报告对"一带一路"沿线国家信息化发展水平和未来潜力进行了总体评估，并举例说明了中国如何与沿线国家开展信息化合作以实现共赢。区域篇中将"一带一路"划分为6个区域，分别概述了各区域信息化总体水平，并对区域代表性国家信息化发展状况进行了深入研究，其中包含了详

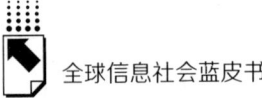

实的数据和丰富的案例。专题篇着眼于国家间的信息化合作，从基础设施互联互通，到IT企业贸易合作，再到政府数据开放，以及信息安全等方面，分析了现状，提出了合作建议。附录部分则为更好地跟踪研究"一带一路"信息化提供了有价值的线索。

总体来看，这本蓝皮书结构清晰、内容丰富、研究扎实，对从事"一带一路"和信息化研究的人员，对信息化、经济、外贸、外事等政府部门的人员，对IT企业人员等都具有很好的参考价值。

同时，这本蓝皮书也启发我们，研究全球信息化不能只盯着发达国家，还要将目光投向广大的发展中国家，特别是在我国对外开放新格局中处于重要地位的"一带一路"发展中国家。更进一步来讲，在新的历史时期，中国的哲学社会科学研究也都要比以往更多关注发展中国家，这样才能使我们具有更广阔的全球视野，更好地推动中国走向世界，更好地团结世界共同构建人类命运共同体。

于信汇

上海社会科学院党委书记

2017年10月

目 录

Ⅰ 总报告

B.1 "一带一路"沿线国家信息化发展的现状与趋势

　　………………………………………… 丁波涛　陈　隽 / 001

　　一　区域信息化与"一带一路"倡议实施………………… / 002

　　二　"一带一路"沿线国家信息化状况比较……………… / 011

　　三　"一带一路"沿线国家信息化发展潜力……………… / 027

　　四　推进全方位信息化合作　建设数字丝绸之路………… / 043

Ⅱ 区域篇

B.2 东北亚国家信息化状况………………………… 吴　曦 / 053

B.3 东南亚国家信息化状况………………………… 丁波涛 / 078

B.4 南亚国家信息化状况………………… 夏蓓丽　汪晓菲 / 145

B.5 中亚及外高加索国家信息化状况……… 唐　涛　赵子瑞 / 185

B.6 西亚及北非国家信息化状况…………… 唐　涛　赵子瑞 / 208

B.7 中东欧国家信息化状况………………… 夏蓓丽　彭雪芬 / 247

001

Ⅲ 专题篇

- B.8 "一带一路"信息化基础设施互联互通研究 ······ 唐 涛 / 292
- B.9 中国信息技术企业走向"一带一路" ······ 丁波涛 / 303
- B.10 中国与"一带一路"沿线国家信息产品贸易研究 ······ 陈 隽 / 316
- B.11 "一带一路"沿线国家数据开放研究 ······ 夏蓓丽 / 331
- B.12 "一带一路"沿线国家网络信息安全合作研究 ······ 丁波涛 / 353

Ⅳ 附录

- B.13 "一带一路"沿线国家信息化发展跟踪指标 ······ / 366
- B.14 "一带一路"沿线部分国家信息化主管部门 ······ / 369

Abstract ······ / 386
Contents ······ / 388

总报告

General Report

B.1
"一带一路"沿线国家信息化发展的现状与趋势

丁波涛 陈隽*

摘 要： 加快区域信息化合作与数字丝绸之路建设既是"一带一路"倡议的重要组成部分，也是推动"一带一路"倡议实施的关键驱动力。推进信息技术的深入广泛应用、大力发展数字经济不仅有利于缩小发达国家和发展中国家的信息化差距，也有利于加快我国西部和边疆省份的信息化发展，缩小地区间的数字鸿沟。从"一带一路"各区域的信息化发展现状来看，区域之间的信息化水平差异比较大，区域内国家之间的差异也很大，东北亚和中东欧信息化水平较高，南亚信息化水平较低；从信息化发展潜力来看，中国、俄罗斯、印度、日本、

---

* 丁波涛，博士，上海社会科学院信息研究所副所长、副研究员，研究方向：信息社会、城市信息化、信息资源管理、工业化与信息化融合；陈隽，博士，上海社会科学院信息研究所助理研究员，研究方向：计量经济、信息经济。

印度尼西亚等大国占有明显优势。这一方面反映出"一带一路"沿线国家信息化合作空间巨大，另一方面也表明区域信息化应当从大国着手，通过大国带动小国，实现共同发展。作为"一带一路"倡议的发起国和全球数字经济大国，中国既有责任也有能力为促进沿线各国信息化发展、加快数字丝绸之路建设做出积极贡献。为此，中国与沿线国家应根据"虚""实"结合、共创共赢、先易后难的原则，加快信息化基础设施、信息产业、信息共享和网络安全等方面的合作。

关键词： 信息化建设　国际合作　"一带一路"

"一带一路"倡议是新时期我国提出的第一个全球战略，它不仅是未来我国对外开放格局的根本指导，也将对全球化进程产生深刻的影响。"一带一路"倡议的关键是"五通"（即政策沟通、设施联通、贸易畅通、资金融通、民心相通），但"五通"中的任何一通都离不开信息相通。在当今信息化和网络化时代，信息丝绸之路与海上丝绸之路及陆上丝绸之路具有同样重要的作用。可见，加强"一带一路"沿线国家信息化建设、促进沿线国家信息化合作，既是"一带一路"倡议的重要组成，也是持续深入推进"一带一路"倡议的重要支撑，还将为"一带一路"区域合作开辟数字化和虚拟化的新空间，有助于在更高起点、更大范围、更广内容、更新领域推动"一带一路"倡议实施。

一　区域信息化与"一带一路"倡议实施

（一）信息化是"一带一路"倡议的重要组成和关键驱动

我国在推进"一带一路"倡议时将信息化作为重要战略构成。国家多个文件中，都包含了"一带一路"信息化发展和区域信息化合作的内容（见表1）。

表1 我国"一带一路"信息化相关战略规划

时间	战略或规划名称	发布主体	涉及"一带一路"信息化的内容
2015年3月	《推动共建丝绸之路经济带和21世纪海上丝绸之路的愿景与行动》	国家发展改革委、外交部、商务部	提出从陆("双边跨境光缆")、海("洲际海底光缆")、空("卫星信息通道")多方面提高国际通信互联互通水平,畅通信息丝绸之路,并强调加强沿线国家信息互换、发展跨境电子商务、促进新一代信息技术深入合作
2016年3月	《国家"十三五"规划纲要》	国务院	提出建设"中国-阿拉伯国家等网上丝绸之路""中国-东盟信息港"两大项目,即从东、西两大方向,在陆、海两种通道上推进"一带一路"沿线国家信息化合作
2016年10月	《关于加快推进"一带一路"空间信息走廊建设与应用的指导意见》	国防科工局、国家发展改革委	这是从空中通道建设出发为"一带一路"倡议服务的综合性信息化工程
2016年12月	《"十三五"国家信息化规划》	国务院	提出建立全球信息化合作服务平台,积极推动网信企业国际拓展,加快建设中国—东盟信息港、中国—阿拉伯国家网上丝绸之路;建立网信企业走出去服务联盟,引导联盟成员在融资融智、技术创新等方面协同合作,拓展国际信息化交流合作渠道;加强主流媒体网站及新媒体的国际传播能力建设,准确阐述"一带一路"共商、共建、共赢理念,营造良好国际舆论氛围;提出设立"信息化国际枢纽工程"和"网上丝绸之路建设行动"
2017年3月	《网络空间国际合作战略》	外交部、国家互联网信息办公室	提出推动与周边及其他国家信息基础设施互联互通和"一带一路"建设;支持中国的互联网企业联合制造、金融、信息通信等领域企业率先走出去,构建跨境产业链体系;鼓励中国企业帮助发展中国家发展远程教育、远程医疗、电子商务等行业,促进这些国家的社会发展;务实开展与沿线国家的网络文化合作

这些国家战略从信息基础设施互联互通、信息产业合作共赢、信息社会互助共建、信息内容互换共享、网络文化互鉴交流等多方面阐释了"一带一路"沿线国家信息化的重要意义,指明了"一带一路"沿线国家信息化发展与合作的主要内容。这说明,国家对加强"一带一路"沿线国家信息化发展和合作的重要性有了充分的认识。

具体而言,信息化对"一带一路"倡议的作用体现在以下方面。

1. 信息化是"一带一路"倡议的重要组成

信息化建设是大多数"一带一路"沿线国家面临的紧迫任务。"一带一路"沿线国家总体上仍处于工业化进程中,且大多数国家处于工业化中后期阶段,大体呈现"倒梯形"的结构特征①。网络信息技术是当前全球研发投入最集中、创新最活跃、应用最广泛、辐射带动作用最大的技术创新领域。沿线国家要进一步实现经济发展和社会进步、提升工业化水平、推动国家向后工业化转型,就必须依靠信息技术的不断创新及其在经济社会各领域深入与广泛的应用,这是包括"一带一路"沿线国家在内的世界各国的共识。

"一带一路"沿线国家IT企业的CIO和主管信息化的政府部门中,90%以上受访者认为信息化是提升企业营收水平、增强市场竞争力的重要措施,也是驱动本地经济增长、提升政府社会治理水平和居民生活水平的有效手段。因此,加快信息化建设、提升信息化水平、实现跨越式发展,是"一带一路"沿线大多数国家面临的紧迫任务。

2. 信息化是"一带一路"倡议的关键驱动

信息化基础设施互联互通是"一带一路"沿线国家设施相通的重要组成部分。随着全球信息化进程的不断深入,信息技术已经成为世界各国经济社会发展必不可少的重要支撑,各类信息化基础设施已和水、电、气、路一样,成为不可或缺的国家基础设施。加强沿线国家信息化基础设施建设,实现各国通信、互联网、物联网、云计算等基础设施的互联互通,是"一带一路"建设的必然要求。目前全球通信网络和互联网都是以欧美日等发达国家为中心来进行铺设的,绝大多数通信网络和互联网的中心节点和关键设施都设置在这些发达国家。直达网络少、网络带宽小,使得"一带一路"沿线国家在物理空间上的距离很近,但在虚拟空间上的距离却很远。在经济社会不断数字化、网络化、智慧化的今天,网络通信设施不通畅将严重影响区域合作的深入。因此,在推进"一带一路"基础设施互联互通时,应当将信息化基础设施的互联互通置于优先位置。

知识共享和信息交流有助于促进民心相通、政策沟通。信息是人类政治、

---

① 中国社会科学院工业经济研究所:《"一带一路"沿线国家工业化进程报告》,社会科学文献出版社,2016。

经济、文化交流的核心媒介。2000多年前，张骞出使西域，不仅带来了商品，更丰富了信息和知识，拓展了视野，促进了相互认知、联系和了解①。2000多年后的今天，要促进国家之间的民心相通和政策沟通，同样离不开知识和信息的交流。"一带一路"沿线多是发展中国家，它们面临许多共性发展难题。与发达国家的经验相比，沿线国家发展经济社会的经验做法更具有借鉴意义。通过沿线国家之间的知识共享和信息交流，对这些发展经验进行提炼、固化、传播和利用，不仅有助于相关国家少走弯路、加快发展，也能增强沿线国家在发展思路、发展模式和发展政策上的协调性，更能促进沿线国家政府与人民相互学习、相互理解和相互帮助，促进"一带一路"沿线国家共享式、包容式发展，构建"一带一路"沿线国家的命运共同体。

网络通信和信息数据的互联互通是贸易畅通、资金融通的前提条件。在当前的技术经济环境下，"一带一路"沿线国家之间商品、金融、投资、贸易、能源等的交流合作，离不开网络通信设施的连通和信息数据的交互。以信息流带动资金流、商品流和人才流，是推进"一带一路"沿线国家各领域合作的必然要求。近几年来，十分活跃的跨境电子商务，通过网络信息平台实现不同国家之间的商品展示、交易和支付结算，并通过跨境物流送达商品，拓宽了各国企业进入国际市场的路径，帮助各国消费者方便地购买他国物美价廉的商品，对于加快全球贸易发展、促进区域经济合作具有重要意义。而以现代网络技术为支撑的跨境金融，通过互联网平台实现资金在国家之间快速安全的流动，极大地促进了贸易和投资便利化，实现了区域内的生产要素优化整合，是"一带一路"沿线国家实现资金融通必不可少的手段。

（二）"一带一路"信息化在全球信息化中具有重要地位

"一带一路"连接了65个国家，横跨亚太、中东、欧洲、非洲等地区，总人口超过44亿，占全世界人口的63%，经济总量超过20万亿美元，占全球经济总量的30%②。而且"一带一路"沿线国家大多为发展中国家，普遍处于

---

① 刘铁志：《如何打造"信息丝绸之路"》，《中国发展观察》2017年第6期。
② 《G20涌动"一带一路"热》，http://world.people.com.cn/n1/2016/0905/c1002-28690124.html，最后访问日期：2017年9月23日。

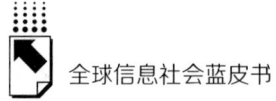

经济发展的上升期,蕴含着巨大的发展潜力。因此"一带一路"沿线国家信息化在全球信息化进程中具有重要的地位。推动"一带一路"信息化,也是中国为加快全球信息化进程做出的新贡献。

1. "一带一路"沿线国家是全球信息化的重要参与者

现代信息技术起源于欧美发达国家,但随着全球信息技术扩散和产业转移,"一带一路"沿线许多国家特别是亚洲(包括东北亚、东南亚和南亚)国家成为全球信息技术和产业发展中的后起之秀。韩国、新加坡是全球信息化水平最高的国家之一,在信息化基础设施、电子政务等领域名列世界前茅。中国是全球重要的电子产品生产基地,电视机、移动电话、计算机等电子信息产品产量位居世界第一,以华为为代表的通信设备制造企业和包括阿里巴巴、腾讯等在内的互联网企业,已经具备全球影响力和竞争力。印度是全球最大的信息服务外包基地,拥有 Tata、Infosys、Wipro 等一批国际信息服务外包巨头企业,号称"世界办公室"。其他沿线国家在信息产业方面也都形成了自己的特色优势并在全球有一定影响力,如马来西亚的电子工业、菲律宾的服务外包产业、以色列和爱沙尼亚等的 IT 技术研发产业,都在全球有较高知名度。因此,"一带一路"沿线国家信息化建设状况关系到全球信息化的发展水平。

2. "一带一路"沿线国家是全球信息化的重要后发力量

从本书撰写者以及相关机构对"一带一路"沿线国家信息化发展水平的评估结果来看,除新加坡、韩国等少数国家外,大多数沿线国家信息化建设处于全球中下水平。以互联网为例,发展中国家人口占世界总人口的80%,而互联网用户数只占全球用户总数的43%。另外,"一带一路"沿线国家众多,新兴大国多集中于此区域,例如"金砖五国"有三个位于"一带一路"沿线,G20国家中的发展中国家绝大多数位于"一带一路"沿线,未来"一带一路"沿线国家信息化的增长潜力巨大。因此,推进"一带一路"沿线国家信息化建设,不仅关系到本区域的信息化合作发展,也关系到全球信息化的发展前景。

3. "一带一路"信息化建设能够有效改变当前全球网络空间失衡的局面

现代信息技术发端于美国,成长于欧美日等发达地区和国家。虽然目前新兴发展中国家在全球信息技术和产业格局中占有越来越重要的位置,但绝大多数信息化核心技术、关键标准和基础性设施都掌握在美国手中,形成了一家独大的局面,这既是对广大发展中国家的不公平,也不利于全球信息化的均衡发展。通过"一带一路"倡议推进沿线国家信息化合作、加强网络联动,有助于增强这些国家在网络空间中的影响力和话语权,改变目前网络空间治理体系完全由美国主导的单极化现象,解决目前全球互联网发展不平衡、规则不健全、秩序不合理等问题①,从而构建互联互通、共享共治的空间命运共同体。

(三)"一带一路"沿线国家信息化对加快我国信息化进程具有重要作用

1. "一带一路"倡议为中国 IT 企业走出去提供了新方向和新空间

经过 20 多年的发展,中国电子信息产业取得了长足的进步。中国电子信息行业联合会发布的《2016 年电子信息行业运行情况及发展趋势》②显示,2016 年中国电子制造业与软件业收入规模合计超过 17.1 万亿元,其中电子制造业实现收入 12.2 万亿元,增长 9.3%;软件业收入 4.9 万亿元,增长 14.9%。不少中国 IT 企业已成为全球的行业龙头,如华为 2016 年收入规模超过 5000 亿元,其中 60%以上来自海外市场,成为全球第一大电信设备供应商;联想入选世界品牌百强企业,笔记本电脑产量居世界首位;京东方液晶面板出货量已经跃升至全球第二;海尔收购通用电气的家电业务,使市场占有率跃升至全球第五位③。

不过,我国信息技术和产品市场也正趋于饱和。如 2016 年我国移动电话普及率达到 96.2%,其中有 10 个省市超过 100%,北京更是达到 178.3%④;截至 2016 年 12 月我国网民规模已达 7.31 亿,普及率达到 53.2%,超过全球平均水平 3.1 个百分点,超过亚洲平均水平 7.6 个百分

---

① 仰义方、谢磊:《"一带一路"倡议实施中的信息化建设》,《中国社会科学报》2016 年 9 月 29 日。

② 中国电子信息行业联合会:《2016 年电子信息行业运行情况及发展趋势》,《中国电子报》2017 年 2 月 28 日。

③ 中国电子信息行业联合会:《2016 年电子信息行业运行情况及发展趋势》,《中国电子报》2017 年 2 月 28 日。

④ 《2016 年中国通信业运行情况分析:北京移动电话普及率最高》,http://www.askci.com/news/hlw/20170122/16081688806.shtml,最后访问日期:2017 年 9 月 25 日。

点，中国网民规模已经相当于欧洲人口总量①；2016年1～11月，我国微型计算机设备产量达26204万台，其中笔记本电脑14931万台，平板电脑7659万台②。

面对这种状况，国内IT企业必须寻找新的市场空间，以消化庞大产能。"一带一路"沿线国家国土广阔、人口众多，大多数国家正处于经济转型发展的关键时期，信息化总体水平低于全球平均水平，对于中国的IT产业来讲是巨大的机遇。沿线国家信息基础设施建设、信息产业发展以及经济社会各方面的信息化，都需要巨大投入。沿线国家在信息产品和服务方面存在广泛的技术需求、产品需求、建设需求，是中国IT企业走出去的"新蓝海"。从实际情况来看，2016年中国在沿线国家新签对外承包工程总额为1260亿美元，对沿线国家直接投资145亿美元，占我国对外投资总额的8.5%③，但这些项目主要还是以"铁公机"（铁路、公路、机场）为主④，其他类型的投资很少。

习近平总书记在2016年4月19日召开的网络安全和信息化工作座谈会上明确指出："我们要鼓励和支持我国网信企业走出去，深化互联网国际交流合作，积极参与'一带一路'建设，做到国家利益在哪里，信息化就覆盖到哪里。"因此，中国IT企业要借"一带一路"东风加快走出去，实现产业的全球布局和引领，开创中国信息产业的新纪元。

2. 推进"一带一路"信息化也有助于改善我国的地区性"数字鸿沟"

我国各地区的信息化建设水平很不平衡，总体而言是东部高西部低、沿海高内地低，各地区差距很大。2016年国家信息中心发布了《中国信息社会发

---

① 《中国网民已达7.31亿，2016年互联网的最全分析在这里》，http://tech.ifeng.com/a/20170122/44535194_0.shtml，最后访问日期：2017年9月25日。
② 《2016年1～11月我国微型计算机设备产量下降10%》，http://d.qianzhan.com/xnews/detail/541/170103-a4c63108.html，最后访问日期：2017年9月23日。
③ 孙博洋：《2016年中国与"一带一路"沿线国家进出口总额达到6.3万亿元人民币》，http://finance.people.com.cn/n1/2017/0221/c1004-29096880.html，最后访问日期：2017年9月23日。
④ 孙春祥：《一带一路或覆盖44亿人口 创21万亿美元经济效应》，http://money.163.com/15/0325/07/ALHMV8ER00252G50.html，最后访问日期：2017年9月23日。

展报告2016》①，对国内各省区市的信息化发展水平进行了测评，结果如表2所示。

表2 国内各省区市信息化发展水平

省份	信息社会指数	排名	省份	信息社会指数	排名
北京	0.7746	1	山西	0.4109	16
上海	0.7375	2	黑龙江	0.4043	17
天津	0.6528	3	湖南	0.4014	18
广东	0.5917	4	四川	0.3967	19
浙江	0.5804	5	新疆	0.3928	20
福建	0.5618	6	青海	0.3914	21
江苏	0.5540	7	河北	0.3860	22
辽宁	0.4854	8	宁夏	0.3842	23
山东	0.4585	9	安徽	0.3834	24
全国	0.4523	—	广西	0.3821	25
内蒙古	0.4483	10	河南	0.3743	26
湖北	0.4422	11	江西	0.3707	27
陕西	0.4385	12	云南	0.3614	28
海南	0.4333	13	贵州	0.3559	29
吉林	0.4248	14	甘肃	0.3446	30
重庆	0.4234	15	西藏	0.3115	31

注：带下划线为"一带一路"沿线省区市。

从表2可以看出，国内"一带一路"沿线省份中，上海、广东、浙江的信息化发展水平较高，但大多数沿线省份的信息化发展水平都比较低，广西、云南、甘肃、西藏更是处于垫底位置。其他机构所开展的信息化测评结果也基本反映了类似情况。

我国区域信息化建设水平的不平衡与我国改革开放的战略布局密切相关——东部沿海地区作为改革开放的先锋部队，优先承接了发达国家和地区的

---

① 国家信息中心：《中国信息社会发展报告2016》，http://www.sic.gov.cn/News/250/6362.htm，最后访问日期：2017年9月23日。

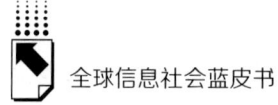

资金、技术和产业,在经济社会发展和信息化建设方面取得先行优势。

与我国改革开放初期的战略方向不同,"一带一路"是一个"西向"战略。在此背景下,许多内陆和西部省份——如广西、云南、新疆和西藏等——都变成了"一带一路"的桥头堡。倡议实施和区域合作将给这些省份带来全新的发展机遇,带动这些地区的信息化水平跨越式发展,不断缩小与东部沿海地区的差距,实现全国信息化建设的均衡发展。

(四)"一带一路"沿线国家信息化研究具有重要的理论价值

信息技术正在深度融入经济、社会、政治、文化之中,"陆、海、空、天、网"五大空间也呈深度融合的发展态势,"一带一路"同样如此。目前关于"一带一路"沿线国家信息化方面的研究尚不丰富,一方面现有关于全球信息化方面的研究多着眼于欧洲、美国、日本、韩国、新加坡等发达国家,对于以发展中国家为主体的"一带一路"沿线国家缺乏关注,对于沟通发展中国家与发达国家的"一带一路"信息化平台与载体缺乏关注;另一方面现有关于"一带一路"的研究又多关注投资、贸易、文化、安全等问题,对信息化这一重要领域缺乏足够的关注。

当前与"一带一路"信息化相关的研究多以论文和文章为主,成果大致可以分为以下几类。

第一,信息化总体状况研究。如孙丕恕认为"一带一路"倡议需要信息化建设先行[1];程昊等人对"一带一路"沿线国家信息化发展总体状况进行了研究并提出了促进信息化合作的对策建议[2];杨道玲等人对"一带一路"沿线国家信息化基础设施的发展状况进行了评估[3];中国电子科学研究院于2016年发布了"一带一路"沿线国家信息化投资指数[4]。

第二,信息化专业领域的研究。如刘正农提出,"一带一路"倡议实施过

---

[1] 孙丕恕:《用互联网+的思维建设"一带一路"》,http://www.cnii.com.cn/incloud/2015-12/17/content_1666866.htm,最后访问日期:2017年9月23日。
[2] 程昊等:《"一带一路"信息化格局及对策》,《中国科学院院刊》2016年第6期。
[3] 杨道玲、王璟璇、李祥丽:《"一带一路"沿线国家信息基础设施发展水平评估报告》,《电子政务》2016年第9期。
[4] 《"一带一路"信息化投资指数(2016版)正式发布》,http://www.sohu.com/a/109913055_155403,最后访问日期:2017年9月23日。

程中应将信息联通放在优先考虑的位置，加快建设畅通信息丝绸之路，鼓励信息和通信企业走出去，发展开放互动的信息平台等①；其他专家则研究了"一带一路"沿线国家信息化基础设施共建②、电子商务互联③等问题。

第三，信息传播的研究。如沈菲分析了"一带一路"建设面临的国际舆论环境，并提出对外传播的对策性建议④。一些专家也关注新信息技术背景下的"一带一路"信息传播问题，如周均提出用大数据思维创新"一带一路"信息传播，更新传播理念、创新传播形式、变革传播进路、构建融通中外的话语体系⑤。

本书的撰写将充分参考借鉴这些现有研究成果。但是现有成果也存在着一些薄弱环节：一是内容呈碎片化和孤岛状态，研究不够全面和系统，多是从单个角度或单个国家切入研究信息化，缺乏完整详细的描述与分析。二是研究立场往往"以我为主"，多是从中国的角度来分析"一带一路"问题，缺乏从沿线国家的角度对"一带一路"信息化进行研究。为此，本书将针对"一带一路"沿线国家信息化发展的总体状况、部分国家和地区的信息化发展状况以及与"一带一路"沿线国家信息化合作中的重要问题开展研究，填补目前我国在"一带一路"沿线国家信息化研究方面的短板。

二 "一带一路"沿线国家信息化状况比较

（一）信息化发展水平的评价方法

"一带一路"沿线国家包括了东北亚、东南亚、南亚、中亚及外高加索、西亚及北非、中东欧的67个国家。这些国家中既有发达国家，也有发展中国

---

① 刘正农：《"一带一路"信息先行》，http：//data.ccidconsulting.com/portal/hyzx/hydt/hyyj/xxh/webinfo/2015/08/1438564045917039.htm，最后访问日期：2017年9月23日。
② 胡伟、刘壮、邓超：《"一带一路"空间信息走廊建设的思考》，《工业经济论坛》2015年第11期。
③ 王娟娟、秦炜：《一带一路战略区电子商务新常态模式探索》，《中国流通经济》2015年第5期。
④ 沈菲：《"一带一路"战略对外传播效果的优化与提升》，《今传媒》2015年第7期。
⑤ 周均：《以大数据思维创新"一带一路"传播》，《传媒观察》2015年第7期。

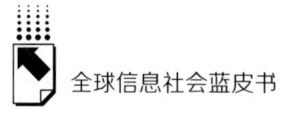

家,各个国家的信息化发展水平差异巨大。信息化发展水平的评价有多种方法。借鉴这些评价方法,才能构建中国的"一带一路"沿线国家信息化状况评价框架。

1. 经济学人智库的"数字经济指数"

经济学人智库的"数字经济指数",以及其前身"网络准备度指数"覆盖了互联网消费者、商务、公共行政等方面的内容,能够解释数字通信服务对各国经济起到的作用。"数字经济指数"采用的指标系统包括了基础设施、商业环境、社会文化环境、法律环境、政府政策、消费者和商业包容。

基础设施主要指宽带及移动互联网的情况,包括了宽带的社会率、宽带质量、宽带在社会及家户的可获得性。其细分指标包括移动电话渗透率、移动网络质量、移动用户渗透率、国际带宽、网络安全等。基础设施强调的是网络的连接性,无论是有线宽带还是无线移动网络。

商业环境包括了政治环境、宏观经济环境、市场、投资政策等指标。社会文化环境包括了教育水平、网络素养、企业家精神、劳动力技能、创新程度等指标。法律环境包括了法律体系效率、新企业注册难度、电子身份证明等指标。政府政策包括了政府信息技术支出、数字发展战略、电子政府战略、在线采购、在线公共服务、电子参与等指标。消费者和商业包容包括了消费者电子消费、电子商务发展、网络应用、公共服务在线使用等指标。

这套指标体系既有对信息化水平的评估,也包括了社会、文化、法律、公共行政等影响经济的环境指标,具体指基础设施、商业环境、社会文化环境、法律环境、政府政策、消费者和商业包容。

2. IDI 指数

国际电信联盟发布的《衡量信息社会报告》中构建了各国和各地区的 IDI 指数系统。IDI 指数衡量了国家信息化发展水平之间的数字鸿沟。IDI 指数的框架是 ICT 的可获得性,ICT 的使用依赖于 ICT 技能。ICT 技能决定了 ICT 的有效使用以及在社会经济发展中的潜力。如果经济不能利用新技术以及新技术所带来的社会红利,那么经济发展的潜力将受到限制。IDI 指数考虑到了人们充分使用 ICT 技术的能力。

ICT 可获得性包括了固定电话使用比例、移动电话使用比例、国际带宽、家庭拥有电脑比例、家庭拥有网络链接比例等指标。ICT 使用包括了个人使用网络比例、固定宽带使用比例、活跃移动宽带使用比例等指标。ICT 技能包括了平均受教育年限、二次毛入学率、三次毛入学率等指标。

3. NRI 指数

NRI 指数是 WEF 为制定政策提供的参考，可以针对市场条件为商业领袖以及城市居民提供有价值的观察。各国政府不能单独应对全球挑战，而互联网为世界上的大多数国家提供了发展的机会。NRI 指数通过深入观察，向世界各国建议哪些地方需要加快实现互联网的正面作用，并提供相应的政策建议。

WEF 在全球信息技术报告中提出的网络准备度指数包括了环境指数、准备指数、使用指数和影响指数。其中环境指数包括了政治和法律环境、商业和创新环境等指标，准备指数包括了基础设施、购买能力、技能等指标，使用指数包括了个人使用、商务使用、政府使用等指标，影响指数包括了经济影响、社会影响等指标。

4. ISI 指数

中国国家信息中心构建的信息社会指数（ISI 指数）可以衡量从工业社会向信息社会的转型。ISI 指数可以描述从信息社会的准备阶段向信息社会转型的动态、连续的过程，描述信息技术在经济、社会、生活、政治等各领域不断应用，信息化不断推进的过程。随着信息技术和产品的扩散，信息化应用将在经济、社会、生活、政治等各个领域发生作用，经济、社会、生活的数字化、网络化和智能化水平将不断提高，数字鸿沟大大缩小，政府部门间资源共享、协同办公，公共服务实现网络化、智能化。

ISI 指数引入了三级指标，第一级为信息经济指数、网络社会指数、在线政府指数、数字生活指数。信息经济指数下的二级指标为经济发展指数、人力资源指数、产业结构指数、发展方式指数。网络社会指数下的二级指数为支付能力指数、社会发展指数。数字生活指数下的二级指数为移动电话指数、电脑指数、互联网指数。

5. GCI 指数

华为推出的全球联接指数（GCI 指数），旨在对所研究的经济体进行评估、分析、预测，全面客观地量化该经济体的数字经济转型过程。很多国家推出了数字发展战略，希望实现传统产业的转型与升级，而在数字化转型不均衡的情

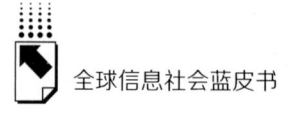

况下,它们希望通过研究能够找到ICT技术驱动数字经济转型的最佳途径。

GCI指数评估了四大要素和五大实用技术。五大实用技术包括了宽带、数据中心、云计算、大数据和物联网,四大要素包括了供给、需求、体验、潜力。

供给衡量数字经济中ICT产品和服务的现有供给水平,包括了ICT总投资、电信投资、ICT相关的法律法规、国际出口带宽、光纤到户、4G覆盖率、数据中心投资、云服务投资、大数据投资、物联网投资。

需求衡量数字经济产业的使用现状及应用水平,包括了应用下载量、电子商务交易量、智能手机渗透率、固定宽带用户数、移动宽带用户数、数据中心设备、云化率、大数据产生量、物联网设备总数量。

体验衡量个人和企业的用户体验和满意度,包括了电子政务、电信客户满意度、互联网参与度、宽带下载速率、固定宽带可支付性、移动宽带可支付性、数据中心使用体验、大数据体验、云服务体验、物联网体验。

潜力衡量ICT技术对数字经济的潜在推动力,包括了研发投入、ICT专利数、IT从业人员数量、软件开发者数量、ICT市场潜力。

GCI指数更注重于技术的扩散与使用以及技术应用的环境营造、用户的满意度回馈等。在信息化的评估中,GCI指数是更注重信息技术发展前沿的评级体系,对信息化发展具有指引作用。

(二)"一带一路"沿线国家信息化现状的评价构架

1. 信息化现状评价体系

从和信息化有关的评价体系来看,指标体系的建立与其研究的目的密切相关。本文的研究目的是分析"一带一路"沿线国家的信息化状况,比较"一带一路"沿线国家之间的信息化水平;在比较信息化水平的基础上,体现区域信息化水平的差异;从区域和国家层面,分析沿线国家信息化之间的关系;分析信息化与发展水平之间的关系,发现"一带一路"沿线国家之间进行信息化合作的机会和机遇。

参考已有的信息化评价体系,测量信息化发展水平需要从基础设施、个人和家庭对信息化设备的使用、信息化的社会应用、信息产业及相关的产业发展等方面入手。在基础设施领域,着重评价网络建设的完善程度,包括固定宽带和移动网络。无论是固定宽带还是移动网络，反映网络基础设施情况的主要标准都是网络覆盖率以及网络速率。网络覆盖率反映的是信息化对企业、居民等各类用户的可达性，网络速率是网络运行质量的具体体现。网络安全性是网络基础设施能力的重要体现。由于全球各个国家经济发展水平差异巨大，国家基础设施方面的比较是"一带一路"沿线国家信息化现状评价的重要部分。

从个人及家庭使用者的角度来看，使用者的教育水平、经济状况、对信息技术的偏好等方面都会影响信息化的实现状况。手机、电脑、固定电话等信息设备是使用者连接信息网络、融入信息社会的具体设备媒介，信息设备的拥有量直接反映了信息化水平，不同的信息设备也反映了不同的信息化水平。例如，收音机、电视机等设备虽然也是信息设备，但与电脑、智能手机等设备相比，这些设备已经是上一代或者前几代的设备了，相对应的信息化水平也比较低。使用者的使用量和活跃度也反映了信息化水平，与之相关的是使用成本。成本越高，活跃度越低；成本越低，活跃度越高。

经济产业状况既是信息化发展的重要基础，也是评估信息化水平的重要方面。信息产业的发展、经济结构、信息产品服务进出口都是从产业经济角度衡量信息化水平的指标。信息产业发展的影响因素很多，信息化水平就是影响信息产业发展的重要因素。一般说来，经济发展水平与信息化水平呈正相关，经济发展水平越高，信息化水平也越高。经济结构能够反映经济发展的阶段，也是信息化发展的重要基础条件。工业化水平越高的社会，对信息化的需求越大，信息化水平也会随之提高。信息产品服务进出口则从国际交流、对外开放度等方面反映信息化水平。

信息化应用虽然是信息化水平的具体体现，但是难以定义。信息化应用包括的内容比较广，既有微观的信息技术应用，也有宏观的电子政府、数字生活、电子商务等各个方面。无论信息化应用的范围怎样变化，政府和商业领域总是信息化应用最重要、影响最广的部分。

2. 数据框架及来源

"一带一路"沿线国家信息化水平的比较分析包括基础设施、设备使用、产业发展、社会应用这几个方面。参照已有的信息化评估框架以及信息化现状评价体系，本报告确定了评价"一带一路"沿线国家信息化水平的数据框架和来源（见表3）。

表3 信息化评价数据框架及其来源

一级指标	二级指标	指标数据	资料来源
基础设施	网络覆盖	移动网络覆盖	国际电联
		固定网络覆盖	国际电联
	网络速度	人均出口带宽	国际电联
		固定网速	国际电联
		移动网速	国际电联
	网络安全	安全服务器数	世界银行
设备使用	设备拥有量	个人移动电话拥有率	国际电联
		个人电脑拥有率	国际电联
		家庭固话拥有率	国际电联
	网络使用量	网民普及率	国际电联
	网络使用价格	固定网络使用价格	国际电联
		移动网络使用价格	国际电联
产业发展	信息产业	高科技进出口占比	世界银行
		电信从业人员数	国际电联
	产业结构	非农产业占比	世界银行
	ICT进出口	ICT产品进口占比	世界银行
		ICT产品出口占比	世界银行
		ICT服务进口占比	世界银行
		ICT服务出口占比	世界银行
社会应用	电子政府	联合国电子政务指数	联合国
	商业信息	企业信息披露程度	世界银行

3. 数据计算方法

评价信息化的四个方面包括基础设施、设备使用、产业发展、社会应用。分析信息化的这四个方面能够对"一带一路"沿线国家的信息化水平有整体的比较和了解。为了便于比较，本报告对以上数据采用了标准化的处理方式，所有的数据都正则化到[0, 1]区间上。这样的处理既能够去除数据单位和量纲的影响，也便于各个变量之间的相互比较和计算。

本报告比较"一带一路"沿线国家信息化四个方面时采用的是等权加总

的方式。基础设施由网络覆盖、网络速度、网络安全各取1/3权重后加总。网络覆盖由移动网络覆盖和固定网络覆盖各取1/2权重后加总。网络速度由人均出口带宽、固定网速、移动网速各取1/3权重后加总。网络安全由安全服务器数作为代表。

设备使用由设备拥有量、网络使用量、网络使用价格各取1/3权重后加总。网络使用量即网民普及率。网络使用价格由固定网络使用价格、移动网络使用价格各取1/2权重后加总得到。

产业发展为信息产业、产业结构、ICT进出口各取1/3权重,然后加总所得。信息产业为高科技进出口占比、电信从业人员数各取1/2权重加总所得,产业结构为非农产业占比,ICT进出口为ICT产品进口占比、ICT产品出口占比、ICT服务进口占比、ICT服务出口占比各取1/4权重,然后加总得到。

社会应用为电子政府与商业信息各取1/2权重加总所得,即联合国电子政务指数和企业信息披露程度各取权重为1/2加总所得。

(三)"一带一路"沿线国家信息化发展水平的分项比较

本报告依据信息化现状评价框架,以2015年数据计算"一带一路"沿线国家在基础设施、设备使用、产业发展、社会应用四个方面的得分,并以这四个方面等权相加得到"一带一路"沿线国家信息化水平的得分(见表4)。

表4 "一带一路"沿线国家信息化发展水平比较

国家	基础设施	设备使用	产业发展	社会应用	信息化水平
新加坡	0.544	0.751	0.925	0.879	0.775
日本	0.729	0.740	0.800	0.797	0.766
韩国	0.712	0.735	0.601	0.946	0.748
中国	0.597	0.576	0.780	0.804	0.689
爱沙尼亚	0.499	0.814	0.560	0.854	0.682
马来西亚	0.331	0.749	0.765	0.809	0.663
捷克	0.479	0.733	0.627	0.760	0.650
波兰	0.463	0.732	0.511	0.861	0.642
巴林	0.348	0.888	0.400	0.887	0.631
拉脱维亚	0.385	0.765	0.502	0.841	0.623
科威特	0.362	0.904	0.465	0.729	0.615

续表

国家	基础设施	设备使用	产业发展	社会应用	信息化水平
沙特阿拉伯	0.440	0.713	0.454	0.841	0.612
斯洛伐克	0.392	0.743	0.632	0.671	0.609
俄罗斯	0.349	0.799	0.459	0.798	0.601
立陶宛	0.387	0.719	0.385	0.887	0.594
哈萨克斯坦	0.334	0.786	0.405	0.800	0.581
匈牙利	0.380	0.677	0.577	0.650	0.571
泰国	0.384	0.628	0.550	0.714	0.569
卡塔尔	0.385	0.724	0.433	0.647	0.547
越南	0.272	0.673	0.549	0.695	0.547
克罗地亚	0.376	0.672	0.391	0.733	0.543
白俄罗斯	0.388	0.691	0.324	0.769	0.543
土耳其	0.463	0.616	0.359	0.733	0.543
罗马尼亚	0.404	0.602	0.441	0.718	0.541
阿曼	0.341	0.756	0.394	0.673	0.541
塞尔维亚	0.345	0.673	0.323	0.794	0.534
斯洛文尼亚	0.450	0.659	0.383	0.638	0.533
格鲁吉亚	0.340	0.626	0.359	0.805	0.532
阿联酋	0.440	0.835	0.020	0.813	0.527
以色列	0.372	0.664	0.228	0.828	0.523
文莱	0.318	0.647	0.413	0.702	0.520
乌克兰	0.363	0.688	0.284	0.741	0.519
阿塞拜疆	0.351	0.709	0.326	0.689	0.518
马其顿	0.344	0.675	0.310	0.732	0.515
保加利亚	0.395	0.638	0.390	0.631	0.514
黑山	0.338	0.726	0.322	0.649	0.509
马尔代夫	0.348	0.749	0.383	0.529	0.502
黎巴嫩	0.340	0.679	0.338	0.648	0.501
亚美尼亚	0.347	0.652	0.235	0.759	0.498
埃及	0.351	0.579	0.323	0.730	0.496
波黑	0.343	0.641	0.319	0.631	0.483
印度	0.347	0.489	0.396	0.669	0.475
摩尔多瓦	0.346	0.610	0.267	0.675	0.474
菲律宾	0.355	0.541	0.383	0.601	0.470
伊朗	0.264	0.586	0.338	0.670	0.465
斯里兰卡	0.325	0.560	0.321	0.647	0.463

续表

国家	基础设施	设备使用	产业发展	社会应用	信息化水平
蒙古	0.325	0.508	0.281	0.697	0.453
吉尔吉斯斯坦	0.302	0.579	0.235	0.623	0.435
乌兹别克斯坦	0.305	0.546	0.173	0.709	0.433
印度尼西亚	0.267	0.488	0.340	0.599	0.423
不丹	0.306	0.551	0.265	0.550	0.418
约旦	0.329	0.698	0.356	0.256	0.410
阿尔巴尼亚	0.340	0.628	0.160	0.491	0.405
柬埔寨	0.322	0.522	0.122	0.505	0.368
巴基斯坦	0.145	0.442	0.211	0.567	0.341
东帝汶	0.273	0.374	0.315	0.379	0.335
老挝	0.304	0.379	0.098	0.467	0.312
孟加拉	0.335	0.456	0.265	0.190	0.311
塔吉克斯坦	0.001	0.469	0.118	0.606	0.298
阿富汗	0.172	0.357	0.144	0.267	0.235
缅甸	0.261	0.445	0.109	0.118	0.233
土库曼斯坦	0.000	0.528	0.228	0.167	0.231
尼泊尔	0.062	0.484	0.148	0.173	0.217
伊拉克	0.303	0.395	0.000	0.167	0.216
也门	0.000	0.454	0.243	0.112	0.202
叙利亚	0.002	0.163	0.044	0.295	0.126
朝鲜	0.000	0.167	0.000	0.140	0.077

1. 基础设施区域比较

从各区域基础设施中位数和平均数（中位数0.350，平均数0.340）来看，东北亚（中位数0.060，平均数0.470）的基础设施建设最好，中东欧（中位数0.380，平均数0.390）、西亚及北非（中位数0.350，平均数0.320）、东南亚（中位数0.320，平均数0.330）、中亚及外高加索（中位数0.320，平均数0.250）、南亚（中位数0.320，平均数0.250）是基础设施建设比较落后的区域。东北亚、中东欧的基础设施建设水平在"一带一路"沿线国家中高于平均水平，西亚及北非的基础设施建设处于平均水平，而东南亚、中亚及外高加索、南亚的基础设施建设水平低于平均水平。"一带一路"沿线国家的基础设施差距比较大，很多国家需要进一步加强基础设施建设。在基础设施建设上

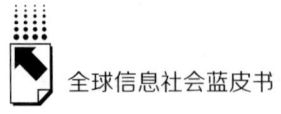

"一带一路"沿线国家之间具有广阔的合作空间。

东北亚国家中，日本和韩国的基础设施处于领先位置，中国的基础设施处于中游位置，蒙古的基础设施建设水平与中亚诸国差不多，朝鲜的基础设施不仅是东北亚地区最落后的，在"一带一路"沿线国家中也属于最落后的行列。

中东欧国家之间在基础设施方面差距不大，所有国家都超过了"一带一路"沿线国家的平均水平。波罗的海周边国家的基础设施建设水平最高，其中爱沙尼亚是中东欧地区基础设施最好的国家。中欧国家的基础设施平均水平也较高，巴尔干地区的基础设施水平相对不足，俄罗斯的基础设施水平低于中东欧的平均水平。

东南亚国家的基础设施水平差距比较大。新加坡的基础设施水平在东南亚诸国中是最高的，在所有"一带一路"沿线国家中，新加坡的基础设施水平也是属于先进的行列。印度尼西亚、缅甸、越南、东帝汶等国家的基础设施水平在东南亚国家中处于相对落后的位置，其他的东南亚国家在"一带一路"沿线国家的平均水平左右。

西亚及北非国家中既有经济发达的石油输出国，也有处于战乱之中的国家，因此各个国家基础设施的差距也很大。土耳其、沙特阿拉伯、阿联酋的基础设施在中东地区，乃至"一带一路"沿线国家中都是比较发达的；以色列的基础设施水平在"一带一路"沿线国家中处于平均水平以上，但并不特别发达；也门、叙利亚等国内政治局势动荡，是处于战争状态的国家，信息化基础设施的水平也最低。

中亚及外高加索国家的基础设施水平普遍比较低，基本处于"一带一路"沿线国家平均水平以下。各个国家的基础设施水平差距也非常大。阿塞拜疆、亚美尼亚、格鲁吉亚、哈萨克斯坦等国基本处于"一带一路"沿线国家平均水平，其他国家则基础设施建设不足。

南亚是"一带一路"沿线基础设施建设最落后的地区。只有马尔代夫、印度达到了"一带一路"沿线国家的平均水平，孟加拉、斯里兰卡和不丹接近平均水平，南亚的其他国家都比较落后。南亚的基础设施有待进一步的建设。

2. 设备使用区域比较

设备使用体现的是各国人民对于信息及网络的可达性。在设备使用方面，

"一带一路"沿线国家之间的差距仍然存在,但比基础设施的差距小。设备使用不仅体现信息化的水平,还体现了各国之间的数字鸿沟。中东欧(中位数0.680,平均数0.640)、西亚及北非(中位数0.680,平均数0.640)是设备使用程度最高的区域,其次是中亚及外高加索(中位数0.600,平均数0.610)、东北亚(中位数0.580,平均数0.550)、东南亚(中位数0.540,平均数0.560)、南亚(中位数0.440,平均数0.510)是设备使用程度最低的区域。

中东欧设备使用情况最好的国家是爱沙尼亚、俄罗斯,其次是拉脱维亚、捷克、波兰、黑山等国家。巴尔干地区国家的设备使用状况比其他中东欧国家差一点,但也高于"一带一路"沿线国家的平均水平。中东欧地区的设备使用状况是"一带一路"沿线国家中最好的。

西亚及北非地区的设备使用状况是"一带一路"沿线国家中较好的区域。中东地区设备使用的差距还是很大的。科威特、巴林、阿联酋等国的设备应用状况是"一带一路"沿线国家中最好的。叙利亚、也门在设备使用方面也是"一带一路"沿线国家中最差的。以色列的设备使用情况虽然不是最好的,但也超过了"一带一路"沿线国家的平均水平。西亚及北非地区国家之间的信息化差距在设备使用方面也得到了体现。

中亚及外高加索区域的基础设施水平虽然不高,但设备使用状况却是"一带一路"沿线国家中比较好的。阿塞拜疆、哈萨克斯坦既是该区域信息化基础设施水平最高的国家,也是设备使用状况最好的国家。亚美尼亚、格鲁吉亚的设备使用情况处于"一带一路"沿线国家设备使用的平均水平,而其他国家的设备使用状况处于平均水平之下。

东北亚区域的设备使用差异巨大,差异程度与基础设施相仿。东北亚区域中,日本、韩国的设备使用水平也是最高的。中国的设备使用状况仍然在东北亚区域仅次于日本和韩国,但中国的设备使用水平低于"一带一路"沿线国家的平均水平。蒙古的设备使用水平仍然落后于中国。朝鲜在东北亚和"一带一路"沿线国家中都属于设备使用水平比较低的国家。

东南亚区域设备使用的差距也是巨大的。新加坡、马来西亚设备使用水平无论在东南亚,还是"一带一路"沿线国家中都是比较高的。泰国、文莱、越南的设备使用水平略高于"一带一路"沿线国家的平均水平,柬埔寨、印度尼西亚、缅甸、菲律宾则是低于平均水平。与其他东南亚国家相比,东帝

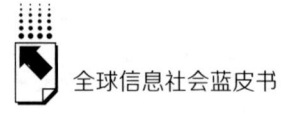

汶、老挝是设备使用有待进一步发展的国家。

南亚区域的设备使用水平普遍低于"一带一路"其他区域。南亚区域的马尔代夫设备使用状况已经能够达到沿线国家中比较先进的程度，但其他国家的水平都低于"一带一路"平均水平。印度的设备使用水平接近中国，与其他南亚地区国家相比略高。

3. 产业发展区域比较

产业发展指标体现的是信息产业及相关产业的发展水平。以区域产业发展平均水平（中位数0.340，平均数0.360）比较，东南亚（中位数0.410，平均数0.450）、中东欧（中位数0.390，平均数0.410）、东北亚（中位数0.380，平均数0.410）是发展水平比较高的区域，西亚和北非（中位数0.310，平均数0.290）区域仅次于以上三个区域。中亚及外高加索（中位数0.240，平均数0.260）、南亚（中位数0.260，平均数0.270）区域是在产业发展方面相对落后的区域。

东北亚区域的中国、日本和韩国在产业发展方面不仅在东北亚区域，而且在整个"一带一路"沿线国家中也处于领先的地位。中、日、韩三国的高科技产品和服务在世界的产业分工中都有属于自己的位置，都是世界产业链的重要环节。这三个国家尤其是信息产品和服务的进出口在世界贸易中占有重要作用。相较而言，三个国家的产业结构也更加合理。蒙古与中、日、韩三国差距明显，但还是属于沿线国家平均水平之上的国家。朝鲜则明显属于"一带一路"沿线国家平均水平之下的国家，与其他"一带一路"沿线国家相比，朝鲜也没有优势。

中东欧区域国家的产业发展比较均衡，基本都在"一带一路"沿线国家平均水平之上。中欧地区的国家，如捷克、匈牙利、波兰、斯洛伐克，都是产业发展比较领先的国家。爱沙尼亚、俄罗斯的产业发展仅次于中欧地区的国家。巴尔干地区的国家和其余独联体国家的产业发展在中东欧区域国家中处于相对比较落后的位置。

东南亚区域国家的产业发展差异比较大。新加坡的产业发展遥遥领先于其他东南亚国家。马来西亚、菲律宾在东南亚地区也属于产业比较发达的国家。泰国、越南的产业发展仅次于以上两国，仍然高于"一带一路"沿线国家的平均水平。其他东南亚国家的产业发展相对落后，也低于"一带一路"沿线国家的平均水平。

西亚及北非区域国家的产业发展是相对较弱的，整体水平低于"一带一路"沿线国家的平均水平。科威特、沙特阿拉伯、卡塔尔是仅有的产业发展水平略高于"一带一路"沿线国家平均水平的国家。其他国家都低于平均水平，即使是基础设施、设备应用比较好的国家，如阿联酋、巴林等国，也是如此。

南亚国家是产业发展比较弱的区域。印度是在南亚国家中产业发展最好的国家，高于"一带一路"沿线国家的平均水平，也高于其他南亚国家。南亚其他国家的产业发展水平都要低于"一带一路"沿线国家的平均水平。

中亚及外高加索区域国家与南亚区域国家相似，产业发展水平也比较落后。哈萨克斯坦的产业发展水平达到"一带一路"沿线国家平均水平之上，其他国家的产业发展水平都要低于平均水平。

4. 社会应用区域比较

社会应用（中位数0.670，平均数0.630）反映的是政府和商业领域的信息化应用水平。各区域社会应用平均值从高到低依次为东北亚（中位数0.800，平均数0.630）、中东欧（中位数0.730，平均数0.730）、中亚及外高加索（中位数0.700，平均数0.640）、西亚及北非（中位数0.700，平均数0.640）、东南亚（中位数0.700，平均数0.590）、南亚（中位数0.610，平均数0.600）。无论是国家之间，还是区域之间，社会应用的差异都比较大。

东北亚区域是"一带一路"沿线国家中社会应用水平最高的区域。由于韩国电子政府领域在全球长期处于领先地位，其社会应用水平在东北亚区域也处于领先地位。中国、日本的社会应用水平在韩国之后，社会应用也呈现比较高的水平。中、日两国的电子政府在全球也是较好的，商业领域应用广泛。蒙古的社会应用水平略低于"一带一路"沿线国家平均水平，在东北亚区域落后于中、日、韩三国。朝鲜的社会应用水平在"一带一路"沿线国家中处于落后的位置。

中东欧区域的社会应用水平仅次于东北亚区域，整体水平高于"一带一路"沿线国家的平均水平。中东欧区域国家社会应用水平比较平均，国家之间差距较小。立陶宛、爱沙尼亚、拉脱维亚、波兰是中东欧区域社会应用最好的国家。这四个国家社会应用水平在"一带一路"沿线国家中也处于领先的地位。俄罗斯、白俄罗斯、捷克、塞尔维亚、克罗地亚、马其顿、罗马尼亚、

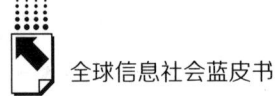

乌克兰等国的社会应用水平也都显著高于"一带一路"沿线国家的平均水平。其他中东欧国家的社会应用水平都处于平均水平之上，除了阿尔巴尼亚。

中亚及外高加索区域的社会应用状况要优于信息化的其他方面。整个区域除了土库曼斯坦，其他国家的社会应用水平都挺高，相互之间的差距也不大。格鲁吉亚、哈萨克斯坦的社会应用水平处于整个区域领先的地位。亚美尼亚、乌兹别克斯坦的社会应用水平也明显高于"一带一路"沿线国家的平均水平，塔吉克斯坦、阿塞拜疆、吉尔吉斯斯坦则在平均水平左右。

西亚及北非区域国家之间社会应用的差距巨大，因此整体水平并不高。巴林、沙特阿拉伯、以色列、阿联酋的社会应用在"一带一路"沿线国家中属于一流水平。科威特、土耳其、埃及属于平均水平之上的。伊朗、黎巴嫩、阿曼、卡塔尔属于平均水平左右，其他国家则属于平均水平之下的。

东南亚区域的社会应用状况较信息化其他方面相对差一点，国家之间的差异也是非常巨大的。新加坡和马来西亚是东南亚区域的领先者，也是"一带一路"沿线国家中属于一流水平的国家。泰国、文莱、越南在平均水平左右，而东南亚其他国家则要低于平均水平。

南亚地区在社会应用方面仍然是比较落后的区域，普遍低于"一带一路"沿线国家的平均水平。印度和斯里兰卡能够达到"一带一路"沿线国家的平均水平，而其他国家则显著低于平均水平。

（四）"一带一路"沿线国家信息化发展水平的区域比较

"一带一路"沿线国家区域之间的信息化水平从高到低，依次为东北亚、中东欧、东南亚、西亚及北非、中亚及外高加索、南亚。区域之间的信息化水平差异比较大，区域内国家之间的差异也很大，见表5。

表5 "一带一路"沿线国家信息化发展水平排名

国家	基础设施	设备使用	产业发展	社会应用	信息化水平
新加坡	4	9	1	4	1
日本	1	13	2	16	2
韩国	2	14	7	1	3
中国	3	46	3	13	4
爱沙尼亚	5	4	9	6	5

续表

国家	基础设施	设备使用	产业发展	社会应用	信息化水平
马来西亚	44	11	4	11	6
捷克	6	15	6	19	7
波兰	8	16	12	5	8
巴林	29	2	21	3	9
拉脱维亚	18	7	13	8	10
科威特	24	1	14	26	11
沙特阿拉伯	10	20	16	7	12
斯洛伐克	14	12	5	36	13
俄罗斯	28	5	15	15	14
立陶宛	16	19	26	2	15
哈萨克斯坦	43	6	20	14	16
匈牙利	20	26	8	39	17
泰国	19	38	10	28	18
卡塔尔	17	18	18	42	19
越南	56	28	11	32	20
克罗地亚	21	30	24	22	21
白俄罗斯	15	23	37	18	22
土耳其	7	40	31	23	23
罗马尼亚	12	42	17	27	24
阿曼	37	8	23	35	25
塞尔维亚	34	29	39	17	26
斯洛文尼亚	9	32	27	44	27
格鲁吉亚	40	39	30	12	28
阿联酋	11	3	65	10	29
以色列	22	31	53	9	30
文莱	49	34	19	30	31
乌克兰	23	24	45	21	32
阿塞拜疆	27	21	36	33	33
马其顿	35	27	44	24	34
保加利亚	13	36	25	45	35
黑山	41	17	40	40	36
马尔代夫	30	10	28	53	37
黎巴嫩	38	25	35	41	38
亚美尼亚	31	33	52	20	39
埃及	26	45	38	25	40

续表

国家	基础设施	设备使用	产业发展	社会应用	信息化水平
波黑	36	35	42	46	41
印度	32	54	22	38	42
摩尔多瓦	33	41	47	34	43
菲律宾	25	50	29	49	44
伊朗	58	43	34	37	45
斯里兰卡	46	47	41	43	46
蒙古	47	53	46	31	47
吉尔吉斯斯坦	54	44	51	47	48
乌兹别克斯坦	51	49	56	29	49
印度尼西亚	57	55	33	50	50
不丹	50	48	48	52	51
约旦	45	22	32	60	52
阿尔巴尼亚	39	37	57	55	53
柬埔寨	48	52	60	54	54
巴基斯坦	61	61	55	51	55
东帝汶	55	64	43	57	56
老挝	52	63	63	56	57
孟加拉	42	58	49	61	58
塔吉克斯坦	64	57	61	48	59
阿富汗	60	65	59	59	60
缅甸	59	60	62	66	61
土库曼斯坦	66	51	54	63	62
尼泊尔	62	56	58	62	63
伊拉克	53	62	66	64	64
也门	65	59	50	67	65
叙利亚	63	67	64	58	66
朝鲜	67	66	67	65	67

东北亚区域是"一带一路"沿线国家中整体信息化水平最高的区域。韩国由于电子政府、信息产业等信息化领域在全球都具有竞争力，其信息化水平在东北亚区域也处于领先地位。中国、日本的信息化水平在韩国之后，信息化程度也呈现比较高的水平。中、日两国的基础设施、设备使用、信息产业在全球也是较好的，社会应用也较广泛。蒙古的信息化水平略低于"一带一路"沿线国家平均水平，在东北亚区域落后于中、日、韩三国。朝鲜的信息化水平

在"一带一路"沿线国家中处于落后的位置。

中东欧区域的信息化水平仅次于东北亚区域，整体水平高于"一带一路"沿线国家的平均水平。中东欧区域国家信息化水平比较平均，国家之间差距较小。爱沙尼亚、捷克、波兰是中东欧区域信息化最好的国家。这三个国家信息化水平在"一带一路"沿线国家中也处于领先的地位。俄罗斯、拉脱维亚、斯洛伐克、立陶宛、匈牙利等国的信息化水平也都显著高于"一带一路"沿线国家的平均水平。其他中东欧国家的信息化水平都在平均水平左右。

东南亚区域的信息化整体处于"一带一路"沿线国家的平均水平，国家之间的信息化水平差距巨大。新加坡是东南亚区域信息化最好的国家，也是"一带一路"沿线国家中信息化最好的国家之一，其次是马来西亚。越南、菲律宾、泰国、文莱则处于"一带一路"沿线国家的平均水平，其他国家则显著低于平均水平。

西亚及北非区域的信息化发展水平在"一带一路"沿线国家中处于平均水平，但国家之间的差距巨大。科威特、沙特阿拉伯、巴林这些局势稳定的石油国家是该地区信息化水平最高的国家。以色列在该地区也是信息化水平比较高的国家。以色列的基础设施、设备使用、信息产业发展并不非常突出，但其社会应用水平却比较高。该地区中处于局势不稳或者战争状态的国家信息化水平是非常低的。

中亚及外高加索区域整体信息化水平低于"一带一路"沿线国家的平均水平。该区域国家信息化水平相互之间的差异并不大。哈萨克斯坦、阿塞拜疆、格鲁吉亚的信息化水平处于领先地位，其他国家的信息化水平相对比较低。中亚及外高加索国家尤其在基础设施方面仍需进一步建设。

南亚区域整体信息化水平在"一带一路"沿线国家中是比较落后的。南亚诸国相互之间的信息化差异也很大。除了马尔代夫、斯里兰卡等以旅游业为主的国家，印度的信息化水平在南亚属于比较领先的，但与其他"一带一路"沿线国家相比，其信息化程度仍显不足。

三 "一带一路"沿线国家信息化发展潜力

（一）"一带一路"沿线国家信息化发展潜力的评估框架

信息化发展水平的比较表明，"一带一路"沿线国家相互之间信息化水平差异巨大，发展也很不平衡。发展不平衡也说明了在"一带一路"沿线国家中蕴藏着信息化发展的机会，部分国家有进一步发展信息化的需求，国与国之间有共同开发、合作发展的空间。

信息化发展与经济发展之间具有密切的联系，经济发展是信息化发展的基础，也是信息化发展的机遇。为分析"一带一路"沿线国家信息化的发展潜力，需要从投资、创新、经济等方面考虑。创新和投资不仅是经济发展的动力之一，而且是信息化发展的重要推动力。由于信息化过程具有显著的网络正反馈效应，经济发展的规模对信息化发展具有重要影响。经济的发展速度表明一个国家的经济健康状况，以及发展的潜力。经济增长将对信息化产生需求，这对于信息化发展的空间尤其重要。有鉴于此，描述信息化潜力的具体数据将主要考虑两个方面：创新投资和经济发展。

创新投资指标使用了三个数据：新注册企业数、专利申请数、通信投资。创新投资描述了国家经济的活跃程度，同时由于具有了通信投资的数据，创新投资指标更加能够偏向于代表信息化方面的经济活跃性。经济发展使用了两个数据：GDP和GDP增速，反映的是经济规模以及经济增长为信息化发展带来的潜力。

（二）"一带一路"沿线国家信息化发展潜力评估结果

针对以上2015年度数据，采用信息化发展水平比较所使用的正则化方法，归纳形成最后发展潜力的评价数值（见表6）。

表6 "一带一路"沿线国家发展潜力比较

国家	创新投资	经济发展	发展潜力
中国	0.333	0.985	0.659
俄罗斯	0.677	0.398	0.537
印度	0.301	0.589	0.445
日本	0.120	0.583	0.351
印度尼西亚	0.162	0.495	0.328
土耳其	0.161	0.477	0.319
缅甸	0.136	0.493	0.315
韩国	0.134	0.488	0.311

续表

国家	创新投资	经济发展	发展潜力
泰国	0.157	0.446	0.301
菲律宾	0.075	0.484	0.280
马来西亚	0.087	0.471	0.279
孟加拉	0.047	0.489	0.268
埃及	0.070	0.462	0.266
巴基斯坦	0.061	0.467	0.264
罗马尼亚	0.076	0.448	0.262
乌兹别克斯坦	0.020	0.503	0.262
伊拉克	0.071	0.439	0.255
保加利亚	0.055	0.442	0.248
老挝	0.000	0.491	0.246
伊朗	0.023	0.469	0.246
越南	0.000	0.490	0.245
柬埔寨	0.002	0.487	0.244
土库曼斯坦	0.002	0.481	0.241
捷克	0.019	0.460	0.240
不丹	0.000	0.479	0.240
塔吉克斯坦	0.004	0.473	0.238
阿曼	0.003	0.471	0.237
斯里兰卡	0.014	0.459	0.236
哈萨克斯坦	0.053	0.414	0.234
波兰	0.002	0.465	0.234
沙特阿拉伯	0.000	0.467	0.234
阿联酋	0.008	0.458	0.233
新加坡	0.030	0.430	0.230
匈牙利	0.019	0.438	0.229
斯洛伐克	0.009	0.446	0.228
东帝汶	0.002	0.449	0.225
以色列	0.013	0.437	0.225
马其顿	0.008	0.440	0.224
卡塔尔	0.003	0.446	0.224
约旦	0.023	0.424	0.223
格鲁吉亚	0.018	0.428	0.223

续表

国家	创新投资	经济发展	发展潜力
吉尔吉斯斯坦	0.005	0.437	0.221
拉脱维亚	0.011	0.428	0.220
尼泊尔	0.009	0.428	0.219
亚美尼亚	0.006	0.431	0.218
黑山	0.004	0.433	0.218
波黑	0.002	0.432	0.217
蒙古	0.010	0.422	0.216
马尔代夫	0.002	0.429	0.215
巴林	0.000	0.430	0.215
阿尔巴尼亚	0.002	0.428	0.215
斯洛文尼亚	0.005	0.423	0.214
立陶宛	0.012	0.413	0.213
克罗地亚	0.010	0.414	0.212
爱沙尼亚	0.011	0.410	0.210
科威特	0.000	0.420	0.210
阿塞拜疆	0.008	0.407	0.207
塞尔维亚	0.012	0.401	0.207
黎巴嫩	0.000	0.409	0.205
阿富汗	0.003	0.402	0.202
朝鲜	0.003	0.389	0.196
叙利亚	0.002	0.389	0.196
摩尔多瓦	0.004	0.382	0.193
文莱	0.000	0.382	0.191
白俄罗斯	0.014	0.338	0.176
乌克兰	0.042	0.257	0.149
也门	0.000	0.002	0.001

1. 创新投资

从创新投资（中位数0.010，平均数0.047）角度来看，各区域的经济活跃程度从强到弱依次为东北亚（中位数0.120，平均数0.100）、东南亚（中位数0.030，平均数0.060）、中东欧（中位数0.010，平均数0.050）、南亚（中位数0.010，平均数0.050）、中亚及外高加索（中位数0.070，平均数0.014）

和西亚及北非（中位数0.003，平均数0.020）。创新投资不仅体现了区域或者国家的经济活跃程度，也反映了对信息产业及相关产业发展的推动力。

东北亚地区的中国、韩国、日本的创新投资在"一带一路"国家中是遥遥领先的。无论是新企业创办，还是创新程度，这三个国家的规模和质量都处于"一带一路"国家一流水平。蒙古、朝鲜的创新投资水平则相对比较落后，低于"一带一路"国家创新投资的平均水平。

东南亚地区创新投资平均水平低于东北亚和中东欧地区，高于"一带一路"国家的平均水平。在东南亚诸国中，印度尼西亚、缅甸、泰国三国创新投资水平最高，菲律宾、马来西亚其次。新加坡创新投资水平低于以上诸国，在东南亚和"一带一路"国家中都处于平均水平。其余东南亚国家的创新投资水平相对较低。东南亚创新投资差异比较大，这不仅与经济的发达程度有关，而且与经济发展的规模和阶段也都相关。

中东欧地区创新投资与东北亚相比具有一定差距，但在"一带一路"国家中是领先的。在中东欧地区，俄罗斯在创新投资方面处于领先地位，在"一带一路"沿线国家中也处于领先地位。中东欧其他国家与俄罗斯具有很大差距。罗马尼亚、保加利亚在其他中东欧国家中是处于比较突出的地位的。大部分中东欧地区的创新投资水平高于"一带一路"沿线国家的平均水平。相较而言，巴尔干地区在创新投资方面比较落后。

南亚地区创新投资的差异很大，整个区域处于"一带一路"国家的平均水平。在南亚地区，印度是创新投资程度最高的国家，在"一带一路"国家中也处于一流水平，与中国相仿。巴基斯坦、孟加拉创新投资水平低于印度，但也是创新投资程度较高的国家，显著高于"一带一路"国家的平均水平。其他南亚国家的创新投资水平则比较低。

中亚及外高加索地区整体创新投资水平处于"一带一路"国家的平均水平之下。在中亚及外高加索国家中，哈萨克斯坦的创新投资水平最高，高于"一带一路"国家的平均水平，其次是乌兹别克斯坦，处于"一带一路"国家的平均水平，其他国家的创新投资水平低于"一带一路"国家的平均水平。

西亚及北非地区的创新投资水平在"一带一路"国家中最低。这些国家中，土耳其的创新投资水平最高，其次是埃及和伊拉克，创新投资水平高于"一带一路"国家的平均水平。其他国家的创新投资水平远低于"一带一路"

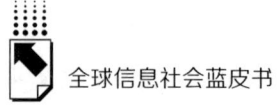

国家的平均水平。

2. 经济发展

经济发展是信息化发展的基础。经济规模对信息化建设具有集约优势，经济的增长是信息化建设的重要动力。经济发展的指标（中位数0.440，平均数0.440）既包含了经济规模的信息，也包括了经济增长的信息。从区域之间的比较来看，数据显示经济发展最突出的是东北亚（中位数0.490，平均数0.570），其次是东南亚（中位数0.480，平均数0.470）、南亚（中位数0.460，平均数0.460），然后是中亚及外高加索（中位数0.430，平均数0.450）、中东欧（中位数0.430，平均数0.410）、西亚及北非（中位数0.430，平均数0.410）。

东北亚区域呈现的始终是中日韩三强格局。中国无论是经济规模还是经济增长速度都是"一带一路"国家中最好的。日本、韩国都是发达经济体，经济规模大，能够支撑信息化的发展。由于已经是发达国家，日本、韩国的经济增长率并不高。并且日本、韩国的信息化程度已经很高了，因此其信息化投资的潜力并不一定有发展中国家那么大。蒙古的经济发展水平在"一带一路"国家中处于平均水平，而朝鲜的经济发展水平则比较落后。

东南亚地区的整体经济发展状况是"一带一路"国家中比较好的。东南亚国家中印度尼西亚、老挝、越南、缅甸是信息化方面经济潜力最大的。新加坡虽然是东南亚国家中的发达经济体，但其经济总量比不上人口众多、国土面积更大的国家。另外由于新加坡经济发达、信息化水平高，其信息化普及和投资发展的空间不如那些经济、信息化水平相对落后的国家大。

南亚地区的经济发展潜力也是"一带一路"国家中较好的。南亚区域的大国都是人口众多、经济发展潜力巨大的国家。南亚地区普遍都是发展中国家，以庞大的人口为基础，经济发展潜力大。南亚经济发展潜力最大的是印度，其次是巴基斯坦、孟加拉，这三个国家都遥遥领先于"一带一路"国家的平均水平。其他南亚国家也能达到平均水平左右。

中亚及外高加索地区的整体经济发展处于"一带一路"国家的平均水平。这些国家的国土面积辽阔，人口也有一定规模，具有较大的经济增长空间。乌兹别克斯坦、土库曼斯坦、塔吉克斯坦是信息化增长潜力最大的国家，其他国家的经济对信息化的潜力也都在"一带一路"国家的平均水平左右。

中东欧地区的经济发展潜力处于"一带一路"国家的平均水平之下。除个别国家,中东欧国家的经济规模都不大,经济增长率也不是太高,因此经济对信息化的潜力有限。从经济的潜力来看,捷克、波兰是中东欧国家中最大的国家,其经济发展潜力略高于"一带一路"国家的平均水平,其他国家处于平均水平左右。俄罗斯的经济陷入了困境,因此目前经济的潜力并不大,低于平均水平。

西亚及北非地区的经济发展潜力在"一带一路"国家中属于比较低的。这些国家中国内局势不稳定的国家经济状况不佳,而经济发达的国家,即以石油工业为主的国家,经济增长有限,因此西亚及北非国家经济推动信息化的潜力是比较低的。阿曼、土耳其、埃及、伊朗是该地区经济推动信息化潜力最大的国家,其他国家普遍处于"一带一路"国家平均水平以下。

(三)"一带一路"国家的发展潜力

综合创新投资和经济发展推动信息化的潜力,从经济的信息化发展潜力来看,各区域发展潜力从大到小依次为东北亚、东南亚、南亚、中东欧、中亚及外高加索和西亚及北非(见表7)。

表7 "一带一路"国家发展潜力排序

国家	创新投资	经济发展	发展潜力
中国	2	1	1
俄罗斯	1	60	2
印度	3	2	3
日本	9	3	4
印度尼西亚	4	5	5
土耳其	5	15	6
缅甸	7	6	7
韩国	8	10	8
泰国	6	29	9
菲律宾	12	12	10
马来西亚	10	17	11
孟加拉	18	9	12
埃及	14	23	13
巴基斯坦	15	21	14

续表

国家	创新投资	经济发展	发展潜力
罗马尼亚	11	28	15
乌兹别克斯坦	23	4	16
伊拉克	13	34	17
保加利亚	16	32	18
老挝	59	7	19
伊朗	22	19	20
越南	61	8	21
柬埔寨	58	11	22
土库曼斯坦	54	13	23
捷克	24	24	24
不丹	65	14	25
塔吉克斯坦	44	16	26
阿曼	48	18	27
斯里兰卡	28	25	28
哈萨克斯坦	17	52	29
波兰	56	22	30
沙特阿拉伯	60	20	31
阿联酋	38	26	32
新加坡	20	41	33
匈牙利	25	35	34
斯洛伐克	36	30	35
东帝汶	52	27	36
以色列	29	37	37
马其顿	39	33	38
卡塔尔	50	31	39
约旦	21	48	40
格鲁吉亚	26	46	41
吉尔吉斯斯坦	43	36	42
拉脱维亚	32	45	43
尼泊尔	37	47	44
亚美尼亚	41	40	45
黑山	46	38	46
波黑	55	39	47
蒙古	35	50	48
马尔代夫	53	43	49

续表

国家	创新投资	经济发展	发展潜力
巴林	64	42	50
阿尔巴尼亚	57	44	51
斯洛文尼亚	42	49	52
立陶宛	31	54	53
克罗地亚	34	53	54
爱沙尼亚	33	55	55
科威特	66	51	56
阿塞拜疆	40	57	57
塞尔维亚	30	59	58
黎巴嫩	67	56	59
阿富汗	49	58	60
朝鲜	47	61	61
叙利亚	51	62	62
摩尔多瓦	45	63	63
文莱	63	64	64
白俄罗斯	27	65	65
乌克兰	19	66	66
也门	62	67	67

东北亚区域呈现的始终是中日韩三强格局。中国无论是经济规模还是经济增长速度都是"一带一路"国家中最好的，与经济规模和增长相应的投资和创新为信息化发展提供了巨大的空间。日本、韩国都是发达经济体，经济规模大，能够支撑信息化的发展，投资和创新为信息化提供发展动力。蒙古信息化潜力在"一带一路"国家中属于平均水平之下，而朝鲜的经济发展水平则比较落后。

东南亚地区是国家之间信息化潜力相对均衡的区域。东南亚经济发展最好的是印度尼西亚、缅甸、泰国等。新加坡虽然经济发达，但其国土面积比较小，经济总量比不上幅员更加辽阔的国家。且新加坡是发达国家，经济增长率并不高，信息化程度也已经很高了，因此新加坡经济对信息化的潜力反而并不是很高。其他东南亚国家也具有较好的信息化潜力，东南亚地区整体上是经济发展、创新投资能够为信息化带来发展潜力的区域。

南亚地区国家之间信息化潜力相差不大。南亚地区信息化潜力最好的是印度。印度的特点与中国有点相似，具有庞大的人口，因而具有比较大的经济规模，同时具有比较高的经济增长率，因此经济发展状况能够为信息化发展带来巨大潜力。其次巴基斯坦、孟加拉也是人口大国，能够为信息化带来经济上的规模优势。南亚地区其他国家的经济发展在"一带一路"国家中处于平均水平左右。南亚地区人口众多，而信息化水平并不是太高，经济发展能够为信息化发展带来更大的潜力。

中东欧地区整体信息化发展的潜力处于"一带一路"国家的平均水平之下。俄罗斯是中东欧国家中信息化发展潜力最大的国家。虽然近些年经济发展遇到了困难，但俄罗斯在经济、创新、投资方面具有规模优势。除了俄罗斯，中东欧国家以小国为主，经济规模都偏小，而且经济发展速度也不快，只有罗马尼亚、保加利亚表现出发展信息化的较大潜力，其他国家的发展潜力都偏小。

中亚及外高加索地区的发展潜力是"一带一路"国家中较小的。该地区的国家虽然地域广阔，但人口并不多，这些国家的经济发展和创新投资在"一带一路"国家中都处于平均水平之下。乌兹别克斯坦和土库曼斯坦的信息化发展潜力处于平均水平左右，其他国家的发展潜力目前还都比较有限。

西亚和北非地区的信息化发展潜力是"一带一路"国家中最小的。该地区主要有两类国家，一类是处于国内局势动荡甚至战争状态的国家，另一类则是经济发达的石油国家。前一类国家不具有发展信息化的前提条件，后一类国家则已经具有较好的经济条件和较高的信息化水平，经济发展、投资建设的动力也有限，信息化的动力不足。该地区的国家中土耳其、埃及、伊拉克相对其他国家更加具有信息化发展的潜力，因为这些国家或处于战后重建状态，或处于经济上升期。

（四）"一带一路"信息化发展潜力的区域与国家分析

"一带一路"国家之间的合作交流，首先是经济和资源之间的相互合作和交流。信息化合作的机遇在于那些经济社会发展具有潜力而信息化水平并不高的国家；经济社会发展潜力很大但信息化水平已然很高的国家，其信息化进一步提升的空间有限；而那些经济社会发展潜力不高的国家，其信息化发展也没有相应的动力。相对而言，经济社会处于上升期，而信息化水平相对落后的国家更具有信息化发展的潜力。

比较"一带一路"国家的信息化现状和信息化发展潜力之间的关系，可以帮助我们了解"一带一路"国家中亟须信息化投资建设的国家，从而使"一带一路"国家信息化的投资和合作更有针对性。本报告以信息化状况为纵坐标，以信息化发展潜力为横坐标，将数据可视化（见图1）。

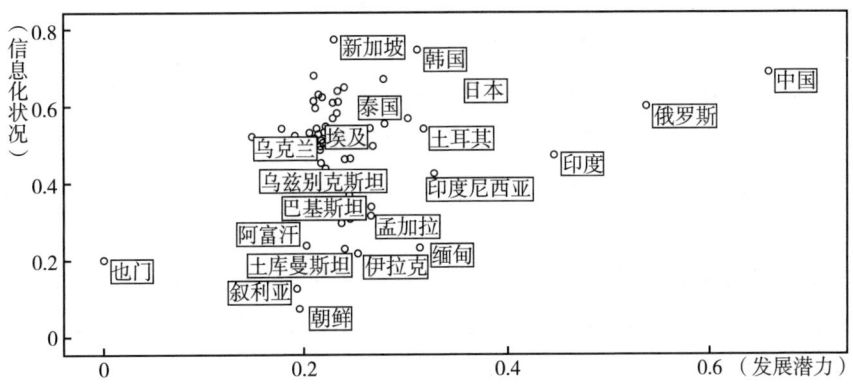

图1 "一带一路"国家信息化发展潜力比较

"一带一路"国家按照信息化发展潜力可以分为四类国家。第一类国家在图1中底部左下区域，包括也门、朝鲜、叙利亚、伊拉克、缅甸、阿富汗、土库曼斯坦等国家，这类国家信息化水平比较低，社会经济发展比较差。这些国家共同的特点是国内政治局势不稳或者社会封闭。信息化还不是这些国家首先需要的，局势稳定、经济发展是这类国家首先需要的，信息化则要在这些问题得到基本解决之后才能被考虑。

第二类国家是在图1中顶部正上方的区域，包括了新加坡、日本、韩国等国家。这些国家共同的特点是经济水平和信息化水平已经非常高，由于经济发达，这类国家的经济增速并不是很快，因此信息化的投资需求也不是很大。这类国家信息化的需求来自技术创新。这类国家在"一带一路"国家的合作中，能够输出技术能力和产品服务。

第三类国家是在图1中左下至右上对角线上的区域，包括了中国、俄罗斯、印度、土耳其、印度尼西亚、巴基斯坦、孟加拉、乌兹别克斯坦等国。这类国家基本上都是具有较大经济规模、人口众多的发展中国家。这类国家经济发展、创新投资都具有较大的潜力,经济增长率在"一带一路"国家中也较高,但是它们的信息化水平在"一带一路"国家中则并未处于最高水平,信息化仍有进一步建设的需要。这类国家是"一带一路"国家中信息化投资合作最主要的对象。

第四类国家是图1中部最密集的区域,包括了除以上三类国家以外的所有国家,占"一带一路"国家中的大多数。第四类国家的主要特点是具有较高的信息化水平,但信息化仍有发展空间;经济发展的规模并不大,增速也不高,创新投资有一定潜力空间;由经济发展带来的信息化投资发展空间有限。这类国家信息化水平的提高,除了需要自身经济社会的进步发展之外,也需要引擎国家的拉动,是"一带一路"国家中共同合作、协同发展、挖掘潜力的伙伴国家。

从中国的角度分析与"一带一路"国家的信息化合作前景可以发现,中国产业完整,在信息化基础建设方面,中国具有国际竞争优势。输出信息化基础设施建设能力,将是中国与"一带一路"国家信息化合作交流的重要方面。图1中第三类国家的信息化需求更加符合中国的信息化供给侧能力,因此与此类国家的合作非常重要。

下文从信息化现状的四个方面和信息化发展潜力的两个方面,针对俄罗斯、印度、巴基斯坦、孟加拉、土耳其、乌兹别克斯坦、印度尼西亚做六维雷达图,分别分析各国的主要特点,并总结与这类国家信息化合作的重点和方向。

俄罗斯信息化的社会应用和设备使用情况良好,说明俄罗斯社会信息化程度高,公民的信息化素养较高(见图2)。俄罗斯信息化发展的潜力来自创新投资,而经济发展则比较欠缺。俄罗斯的基础设施有待发展,而产业发展并不能提供有效供给,这是中国与俄罗斯信息化合作的机遇。

印度信息化的社会应用程度相对较高,经济发展也为信息化发展提供了发展的动力(见图3),这说明印度的信息化能够与经济同步发展。不过印度创新投资不足,产业发展的供给能力也有限;另外,印度基础设施相对落后,因此社会的设备使用不足。印度信息化发展的潜力在于信息化仍然需要在庞大的人口中普及,而这并不是其本土的信息及相关产业能够完全供给的。

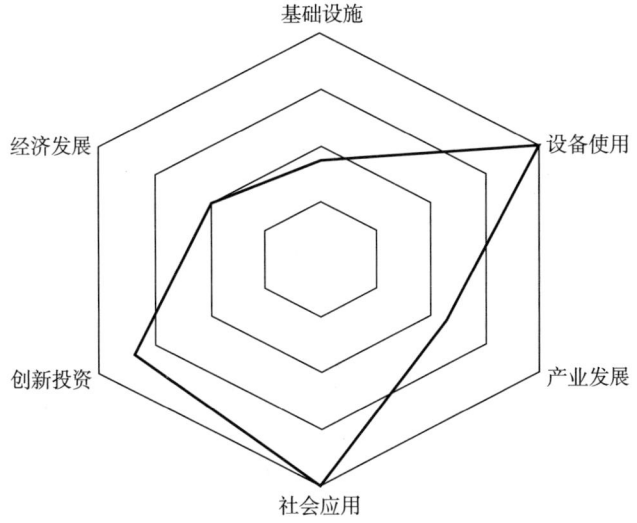

图 2　俄罗斯信息化发展潜力

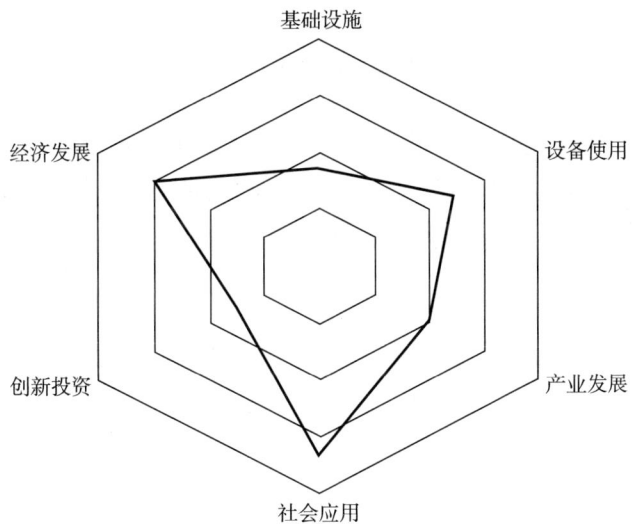

图 3　印度信息化发展潜力

巴基斯坦创新投资比较欠缺，信息化相关产业也并不发达（见图4），因此可以预测其未来的信息化发展并不能实现本土有效供给。巴基斯坦的经济发展情况相对较好，社会应用和设备使用情况也很好，只是基础设施比较薄弱，这说明如果巴基斯坦的基础设施得到加强，将有效提高其信息化水平。

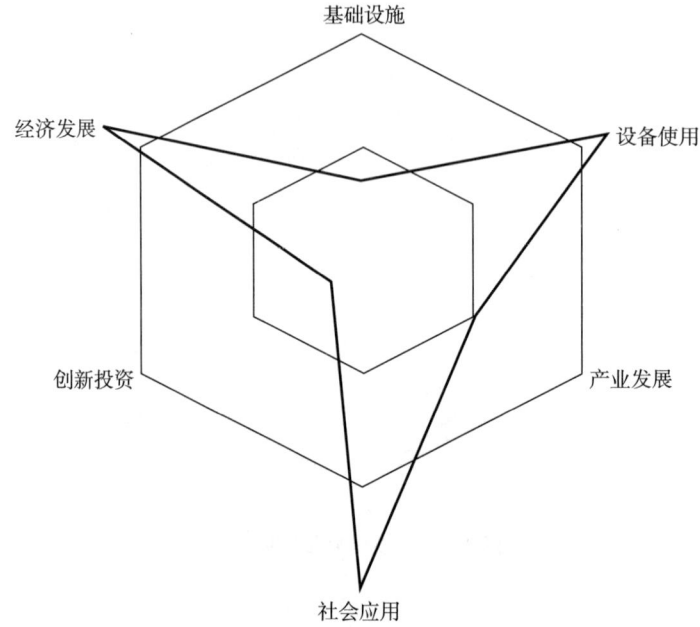

图 4　巴基斯坦信息化发展潜力

孟加拉的经济发展、基础设施和设备使用比较发达，创新投资、社会应用和产业发展相对薄弱（见图5）。孟加拉的信息化也不能完全由本土有效供给，

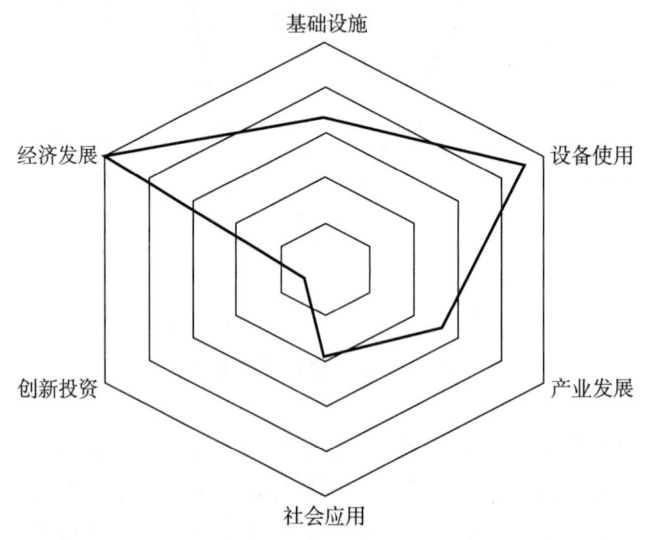

图 5　孟加拉信息化发展潜力

但孟加拉的信息化主要在于社会应用，也就是政府机构和商业领域，所以与孟加拉的信息化合作针对商业开发、电子政府领域可能会更加有效。

土耳其的设备使用和社会应用领域相对比较发达，而经济发展、创新投资、产业发展及基础设施相对落后。土耳其信息化发展的障碍主要是其发展的动力和潜力不足。经济发展不足、社会投资欠缺使土耳其缺乏信息化进一步发展的推动力。目前土耳其社会应用、设备使用比较发达但其基础设施仍有发展的空间。中国与土耳其合作发展信息化需要与经济贸易合作结合起来。

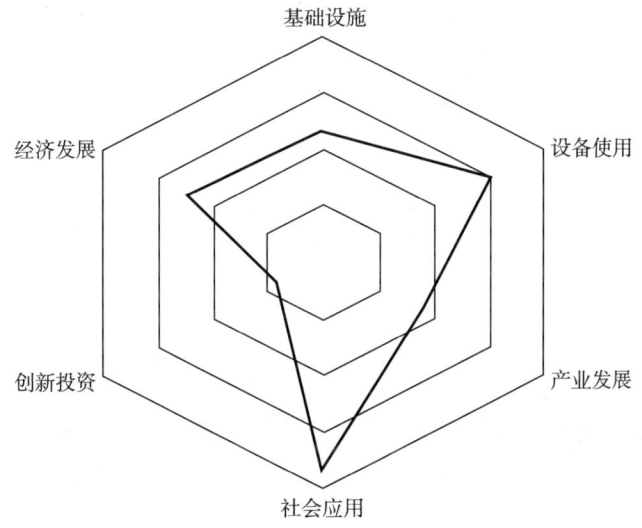

图 6　土耳其信息化发展潜力

乌兹别克斯坦的经济发展对信息化发展具有推动作用，社会应用、设备使用具有较高的水准。创新投资和产业发展的不足将导致本土信息化供给的不足，因此与乌兹别克斯坦在信息服务和产品方面的合作将具备一定的空间。再加上乌兹别克斯坦的基础设施水平仍然需要提升，信息化建设也具备合作的潜力（见图 7）。

印度尼西亚信息化的主要动力来自经济的发展。社会应用、设备使用具有优势表明印度尼西亚社会的信息化普及率非常高，国民的信息化素养较好。印度尼西亚的产业发展也有一定优势，能够支撑信息化的发展；但是其信息基础设施比较薄弱，创新投资又不足，因此随着经济的发展，信息基础设施也有进一步提升的需求。因此与印度尼西亚在信息基础设施方面开展投资合作具有良好的前景（见图 8）。

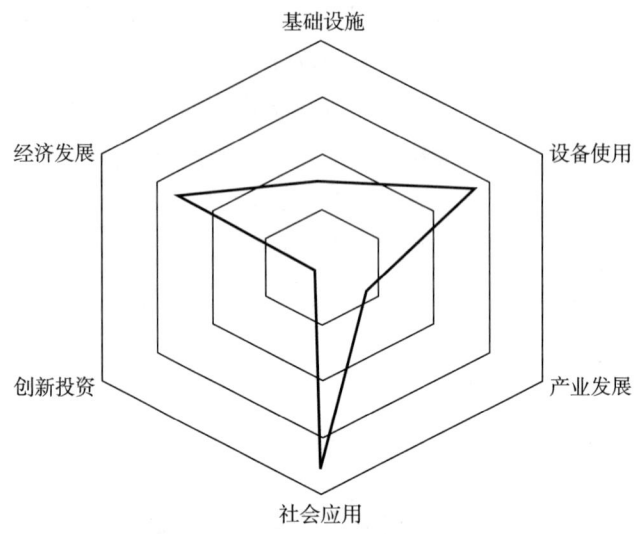

图7 乌兹别克斯坦信息化发展潜力

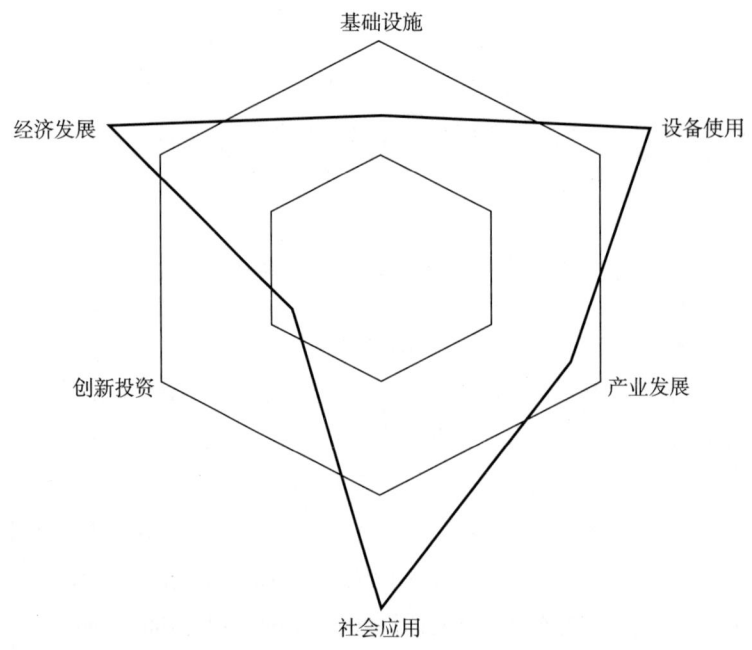

图8 印度尼西亚信息化发展潜力

这些国家共同的特点是经济发展具有空间，能够带动信息化发展。但是这些国家基础设施比较薄弱、投资创新不足，因此在资本合作、基础建设方面具有广阔的合作前景。每个国家都具有自己的特点，与这些国家的合作也需要根据这些特点扬长避短，更具有针对性。

四　推进全方位信息化合作　建设数字丝绸之路

综合前面的分析，加快"一带一路"沿线国家的信息化合作、建设"数字丝绸之路"对于深化实施"一带一路"倡议具有重大意义，是当前沿线各国加快信息化建设、实现经济发展和社会进步的必然要求。沿线国家信息化发展不平衡，也反映出与"一带一路"沿线国家信息化合作空间巨大、前景广阔；而各国信息化发展潜力的评估结果也表明，区域信息化建设应当从大国着手，通过大国带动小国，实现共同发展。中国作为"一带一路"倡议的发起国，近年来在信息化建设和数字经济发展方面取得了举世瞩目的成就，中国既有能力也有责任为促进沿线各国的信息化发展、加快数字丝绸之路建设做出积极贡献。

习近平总书记在 2017 年"一带一路"全球峰会上指出，"要坚持创新驱动发展，加强在数字经济、人工智能、纳米技术、量子计算机等前沿领域合作，推动大数据、云计算、智慧城市建设，连接成 21 世纪的数字丝绸之路"。数字丝绸之路将是"一带一路"在网络空间中的新拓展和新延伸，是陆上丝绸之路和海上丝绸之路之外的第三条丝绸之路。丝绸之路网上与网下、虚拟与现实的融合互动，将大大激发"一带一路"沿线国家的生产力与创造力，促进各国经济社会的发展进步和互利共赢。

（一）数字丝绸之路的内涵

从人类发展的历史来看，15 世纪开始由西欧国家发动的"大航海"活动启动了全球化进程。对于随后 500 多年的全球化进程，不同学者有着不同的看法。托马斯·弗里德曼在其代表性著作《世界是平的》一书中将全球化进程分为三个阶段，即所谓全球化 1.0、2.0 和 3.0 版本，分别代表国家的全球化、公司的全球化、个体的全球化。其他国内外学者则从经济、技术、国际政治等

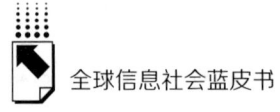

角度提出了包括两分法、三分法、四分法等在内的多种阶段划分方法①。

然而我们从驱动力量角度很容易将全球化分为三个阶段,一是以国家武力为基础、通过殖民化方式实现的第一次全球化,以早期的葡萄牙、西班牙和后来的英国为代表。二是以市场力量为基础、通过国际贸易方式实现的第二次全球化,以美国为代表。而未来的第三次全球化将以信息网络为基础,通过网络经济、平台经济和数字经济的方式来实现,"数字丝绸之路"就代表着这种全新的全球化模式。与前两种全球化模式相比,"数字丝绸之路"全球化模式更具有开放性、包容性和平等性,它不仅可以在更广范围、更大规模和更高水平上促进商品和服务的国际流通,还能更快更好地促进技术、知识、智慧和文明的交流、交互与交融,让所有国家特别是后发国家充分共享全球化带来的利益,加快这些国家的现代化,实现共同发展。

可见,建设数字丝绸之路不仅为"一带一路"沿线国家经济、政治、文化、科技等各领域的合作提供重要支撑和有力驱动,也为"一带一路"倡议赋予了新的内涵,为沿线国家合作开辟了新的空间。著名的梅特卡夫定律已揭示出网络的价值与其节点数量的平方成正比。数字丝绸之路的建设将沿线各个国家的互联网融为一体,使各国互联网的价值呈指数增加,各国人民可以享受更大的互联网红利和数字红利。

中国于2017年3月发布的《网络空间国际合作战略》提出了九方面行动,包括倡导和促进网络空间和平与稳定、推动构建以规则为基础的网络空间秩序、不断拓展网络空间伙伴关系、积极推进全球互联网治理体系改革、深化打击网络恐怖主义和网络犯罪国际合作、倡导对隐私权等公民权益的保护、推动数字经济发展和数字红利普惠共享、加强全球信息基础设施建设和保护、促进网络文化交流互鉴,为数字丝绸之路建设指明了方向。根据这一战略提出的九大行动,并结合信息化建设的基本框架和当前"一带一路"信息化合作的主要领域,我们认为数字丝绸之路应包括四大方面:设施互连、产业互促、信息互通、安全互助。

1. 设施互连

数字经济时代下,信息通信等设施已经从工具变成经济社会发展的基础要

---

① 崔兆玉、张晓忠:《学术界关于"全球化"阶段划分的若干观点》,《当代世界与社会主义》2002年第3期。

素,成为和水、电、交通等同样重要的基础设施。数字丝绸之路建设的首要任务是促进"一带一路"沿线国家的网络通信基础设施互连互通,实现速度快、质量好、资费低,为各国人民友好往来提供便利。网络通信基础设施的互联互通能够将沿线国家的生产要素和优质资源整合起来,让各国充分共享区域合作发展带来的红利。设施互连具体包括两个方面内容。

一是加强网络通信设施全地域、全方位、全空间的相互连通。

• "天"——实现卫星通信、卫星导航、无线信号等对"一带一路"沿线国家的全覆盖。

• "地"——实现相关"一带一路"沿线国家的陆地光纤、通信电缆的相互连通。

• "海"——实现相关"一带一路"沿线国家海底光缆的连通。

二是促进网络通信设施的便利使用,让其更好地服务于沿线国家人民。

• 标准——实现"一带一路"沿线国家网络通信产品和服务的标准统一或兼容。

• 资费——促进"一带一路"沿线国家之间网络通信服务资费降低。

2. 产业互促

信息产业是当前发展最快、潜力最大、活力最强的产业之一。信息产业的发展可以加快"一带一路"沿线国家经济成长,帮助这些国家融入世界经济体系。而且信息技术在经济社会各领域的广泛渗透也有利于带动各国经济社会转型,加快国家现代化进程。因此信息产业合作在数字丝绸之路建设中具有特殊的重要性。"一带一路"沿线国家信息产业互促应当包括以下方面。

• 投资合作——促进"一带一路"沿线国家相互之间的信息产业投资便利化,加快信息产业的区域合作共荣。

• 平台合作——促进"一带一路"沿线国家在电子商务、社交网络、网络游戏等网络平台方面的相互开放,发挥平台经济优势。

• 贸易合作——加快"一带一路"沿线国家之间的信息技术产品与服务贸易合作,促进区域内信息产品和服务的自由流通。

3. 信息互通

"一带一路"沿线国家众多,各国政治制度、经济发展、语言风俗和历史文化等各方面差异很大,国家与国家之间很容易因为信息不对称,产生诸多疑

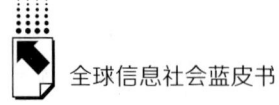

虑、误解甚至抵触，阻碍"一带一路"倡议的实施。因此在数字丝绸之路建设中要大力推进数字信息内容的交流与共享，促进沿线各国政府之间的沟通与合作，促进各国人民的理解与信任，为政策沟通、设施联通、贸易畅通、资金融通和民心相通提供信息支撑。信息互通包括三个方面内容。

- 系统对接——促进"一带一路"沿线国家有关海关信息系统、防灾减灾信息系统、气象信息系统等的互联与对接，提升沿线国家在相关业务领域的协同化水平。
- 信息共享——促进"一带一路"沿线国家在经济、科技、社会、产业以及历史文化等领域信息资源的共享与交流，促进相互了解与信任。
- 知识交流——促进"一带一路"沿线国家经济、社会、科技、文化发展经验和案例的相互交流、相互学习和相互借鉴，让沿线国家少走弯路、实现跨越式发展。

4. 安全互助

网络信息安全问题已经成为世界各国面临的共同挑战，"一带一路"沿线各国必须通力合作。网络信息安全合作既有助于提升"一带一路"沿线国家的信息化水平和网络安全水平，又有利于增强沿线各国的政治互信、实现数字共赢。因此，网络安全领域的相互帮助协作是数字丝绸之路建设的重要内容。

- 网络技术领域——包括共同加强网络基础设施保护，开展信息技术合作、法规标准对接等，保障"一带一路"沿线各国的关键信息化基础设施和重要信息系统安全。
- 网络空间领域——包括"一带一路"沿线各国加强合作，共同打击网络黑客、网络诈骗、网络恐怖主义等，保障各国国家安全和社会安全。

（二）中国与"一带一路"沿线国家信息化合作的现状与问题

1. 中国与"一带一路"沿线国家信息化合作的现状

中国是"一带一路"倡议的发起国，也是全球信息技术和信息产业大国。近几年，中国与"一带一路"沿线各国开展了广泛的信息化合作，有力推动了"一带一路"倡议的全面和深入实施。

基础设施领域：中国与"一带一路"沿线国家都实现了固定电话、移动通信和互联网等的互联互通，2016年以来中国通信企业纷纷响应国家号召，降低了中国与"一带一路"沿线国家之间的通信资费标准。为进一步提高"一带一路"网络通信互连互通的水平，中国提出了多项规划。如2015年3月中国发布的《推动共建丝绸之路经济带和21世纪海上丝绸之路的愿景与行动》中明确提出从陆（双边跨境光缆）、海（洲际海底光缆）、空（卫星信息通道）多方面"提高国际通信互联互通水平，畅通信息丝绸之路"。2016年3月《国家"十三五"规划纲要》中写入"中国－阿拉伯国家等网上丝绸之路""中国－东盟信息港"两大项目，即从东、西两大方向，在陆、海两种通道上推进"一带一路"信息化合作。2016年10月，国防科工局、国家发展改革委又发布了《关于加快推进"一带一路"空间信息走廊建设与应用的指导意见》，空中通道建设是为"一带一路"倡议服务的综合性信息化工程。

与此同时，一些沿线国家也加快了"一带一路"通信基础设施建设步伐，如阿塞拜疆倡议建设"跨欧亚信息高速公路"（Trans-Eurasian Information Super Highway，TASIM），旨在建造一条从西欧到东亚的跨国光纤骨干网（又称"虚拟丝绸之路"），该骨干网全长1.1万公里，途经土耳其、格鲁吉亚、阿塞拜疆、哈萨克斯坦等国，将德国法兰克福与中国香港连接起来，欧洲和亚洲的信息交换中心在其中起到联结作用。2009年12月的联合国大会上，共同主办该项目的30个国家一致通过该决议。目前，中国、哈萨克斯坦、俄罗斯、土耳其、欧盟等国家和地区的电信企业都参加了项目建设。

信息产业领域："一带一路"沿线国家是中国信息产业的重要合作伙伴。据统计，2016年，中国与"一带一路"沿线国家之间信息产品的贸易额超过了1416亿美元，特别是与马来西亚、新加坡、越南等东南亚国家以及俄罗斯、印度等沿线大国形成了密切的信息经济合作关系。同时"一带一路"沿线国家也是大多数中国IT企业"走出去"战略的优先目标，如华为公司近几年大力开拓泰国、新加坡、马来西亚等东南亚市场以及中东、非洲、东欧等区域市场，取得很大成绩，成为许多国家最主要的电信设备供应商和最著名的通信终端品牌。阿里巴巴、百度和腾讯等互联网企业则将东南亚、印度等作为重点海外市场，腾讯WeChat（微信）在马来西亚和新加坡的用户数以及在应用商店的排行榜排名已经超越Line；2007年以来，百度先后推出了日语、阿拉伯语、葡萄牙语、泰语等多语种的搜索引擎，并且推出了一些针对当地用户的本土化服务；茄子快传、UC、猎豹移动、APUS在印度市场的用户规模都已过亿，成

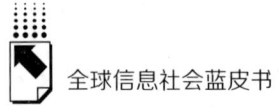

为印度网民最常用的手机APP。

信息数据领域：当前国内"一带一路"数据库建设正热火朝天，其主要包括以下几种。①由政府机构建立的"一带一路"综合信息网站。如国家信息中心建设的"一带一路"官网，江苏省连云港市政府建设的"丝绸之路东方桥头堡"网站（www.ydyl.org.cn），以及重庆"一带一路"经济技术合作中心建设的"一带一路门户网"（www.edailu.cn）。②由各类信息机构提供的"一带一路"数据库服务。可分为由数据库服务商提供的信息服务，如国研网建立的"一带一路"倡议支撑平台（ydyl.drcnet.com.cn）；由出版社提供的信息服务，如社会科学文献出版社的"一带一路数据库"（www.ydylcn.com）；由新闻媒体机构提供的信息服务，如新华社的"新华丝路网"（silkroad.news.cn）。③由专业机构提供的专业性信息服务平台。如上海社会科学院建设的"丝路信息网"（www.silkroadinfo.org），国家国防科工局牵头的"一带一路"空间信息走廊，宁夏科技厅建立的"一带一路战略信息资源共享服务平台"。同时境外和国外一些机构也开始了"一带一路"数据库网站建设，如香港贸发局的"一带一路"资讯网（www.beltandroad.hk）、新加坡《联合早报》的"一带一路"网（www.beltandroad.zaobao.com）等。

网络安全领域：中国是网络安全的坚定维护者，中国在不断加强自身网络安全的同时，积极参与国际社会加强网络安全的活动，高度重视与世界各国特别是"一带一路"沿线国家的网络信息安全合作。2014年10月，中日韩签署《关于加强网络安全领域合作的谅解备忘录》，建立网络安全事务磋商机制，探讨共同打击网络犯罪和网络恐怖主义，在互联网应急响应方面开展合作[1]。2014年，工业和信息化部与韩国未来创造科学部共同签署《网络安全合作谅解备忘录》。2009年，中国与东盟签订了《中国-东盟电信监管事会关于网络安全问题的合作框架》[2]，随后几年，中国与东盟国家多次召开网络安全领域的论坛，促进信息沟通交流，加强彼此了解和信任，商讨建立网络空间新机制。2011年9月，中俄等国家向第66届联大提交"信息安全国际行为准则"

---

[1] 《网络安全国际合作已成大趋势》，http://theory.people.com.cn/n1/2015/1217/c401419-27939758.html，最后访问日期：2017年9月23日。

[2] 《外交部：中国愿通过东盟地区论坛拓展网络安全合作》，http://www.gov.cn/jrzg/2013-09/11/content_2486292.htm，最后访问日期：2017年9月23日。

草案，积极推动国际社会讨论并完善该准则。2015年5月，俄罗斯与中国签署《国际信息安全保障领域政府间合作协议》①。2015年，中国与上海合作组织其他成员共同向联合国大会提交"信息安全国际行为准则"更新案文②；2015年10月14日，上海合作组织成员主管机关在福建省厦门市成功举行了"厦门-2015"网络反恐演习③。中国的这些举措为保障全球网络安全、推动建立国际网络空间新秩序做出了积极贡献。

2. 中国与"一带一路"沿线国家信息化合作中存在的主要问题

中国与"一带一路"沿线国家的信息化合作虽已取得不少阶段性成果，但总体而言还处于发展初期阶段。从信息化合作的完整内涵和"一带一路"倡议对数字丝绸之路的要求来看，目前中国与"一带一路"沿线国家的信息化合作还存在以下问题，可以概括为"四重四轻"。

重硬轻软。当前中国与"一带一路"沿线国家之间的网络通信基础设施互连互通已基本实现，而且政府和电信企业还将投入大量资金来加快网络通信设施升级，信息产业合作正如火如荼，"一带一路"沿线国家已成为中国IT企业最重要的海外市场。但是，当前中国与沿线国家在信息交流、知识共享等领域的合作还比较薄弱，目前绝大多数"一带一路"数据库都是由中国机构建设的，其他国家较少参与，也未能像欧盟、OECD等机构一样建立跨国性的信息共享合作体系。

重近轻远。目前中国更重视与邻近的信息化合作，特别是东北亚、东南亚以及印度和俄罗斯，而与中亚、中东和东欧等地区的信息化合作还不够紧密。虽然地理位置的远近是影响国际经贸合作的重要因素，但在互联网环境下实现洲际的信息化合作是完全可行的。

重输出轻共荣。目前，中国IT企业走向"一带一路"沿线国家时，往往更关注信息技术、产品和服务的输出，而对如何带动当地信息产业发展、促进当地信息技术创新、加快该国信息化进程重视不够。

---

① 《中俄签署国际信息安全合作协定》，http://www.chinanews.com/gn/2015/05-12/7269902.shtml，最后访问日期：2017年9月25日。
② 《中俄向潘基文提交"信息安全国际行为准则"更新草案》，http://www.chinadaily.com.cn/hqgj/jryw/2015-01-10/content_13018645.html，最后访问日期：2017年9月23日。
③ 《上海合作组织首次网络反恐演习在中国厦门成功举行》，《公安教育》2015年第11期。

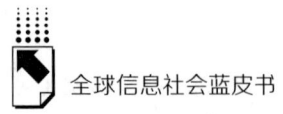

重项目轻机制。目前中国与"一带一路"沿线国家的信息化合作，多以单个项目的方式来开展，缺少制度性安排和机制性支撑。我国虽然在"一带一路"倡议和多个相关文件中对"数字丝绸之路"建设进行了规划，但政策文件之间的措施衔接不够，国内各相关机构的力量整合不够。对外方面，数字丝绸之路建设往往以中国与其他国家的双边合作方式来开展，缺少国际机构支撑的多边合作机制。

（三）推进数字丝绸之路建设的对策

1.数字丝绸之路建设的原则

根据以上分析，我们认为数字丝绸之路建设要坚持以下原则。

虚实结合。在信息化和网络化的时代背景下，推进"一带一路"倡议既要促进实体世界里人、财、物等要素的流通与合作，也要加快虚拟空间中数据、信息、知识等资源的交互与共享；既要注意实体经济中网络基础设施、信息技术产业等领域的合作，也要注意信息的交流、数据的共享和知识的共用；既要实现网络设施互通、产业资金融通，也要加强信息化标准体系的完善、政策法规的沟通以及相关体制机制的建设。

共创共赢。数字丝绸之路建设不是信息技术先进和信息产业发达的国家向落后国家转移过剩产能，更不是利用数字丝绸之路建设来控制其他国家的通信网络、重要系统和关键数据，而是"一带一路"沿线国家携起手来、取长补短，发挥各自优势，共同攻克国家信息化和智慧城市建设中的技术难题，共同推进信息产业和数字经济的培育和发展，共同应对信息安全和网络安全等方面的严峻挑战，从而实现数字红利共享、技术创新共担、产业发展共荣。

先易后难。在推进数字丝绸之路建设过程中，要根据沿线各国的经济社会发展需要，因地制宜地选择信息化合作的重点。例如对于正处于经济社会起飞阶段的地区，重点可放在信息技术和产业合作方面；对于政局不稳、极端主义势力泛滥的地区，重点可放在打击网络恐怖主义。通过先易后难原则找准合作切入点，一方面可以促进各国经济发展、社会繁荣和网络空间健康有序发展，另一方面也可以为与沿线国家开展更广泛、更深入的信息化合作积累信任、凝聚共识、探索方向。

2. 加快数字丝绸之路建设的对策建议

在基础设施领域：要围绕当前"一带一路"网络通信连接中的薄弱环节，加快构筑"天、地、海、空"相结合的立体式网络通信体系，特别是加强"北斗"卫星导航系统在"一带一路"沿线国家的覆盖与应用；加强连接"21世纪丝绸之路经济带"沿线国家的陆域通信光缆和电缆的建设，提升沿线国家间的网络通信连接水平。同时，中国要抓住5G通信的发展机遇，加快5G技术创新和标准研制，加强在"一带一路"沿线国家推广，促进"一带一路"沿线国家在更高水准上实现网络通信互连互通。

在信息产业领域：一方面，我国的信息技术企业要进一步增强国际化市场开拓能力，加强对国外产业发展环境和政策的了解，更好地融入当地市场；另一方面，我国与"一带一路"沿线国家的信息化合作要重视双向互动，"要为互联网时代的各国青年打造创业空间、创业工场，成就未来一代的青春梦想"。因此，中国信息技术企业要重视在当地设立生产基地、研发中心，带动当时信息产业的发展；电子商务企业要重视开发多语种服务，既要帮助中国企业将产品销至海外，也要帮助"一带一路"沿线国家的企业开拓中国市场。

在信息共享领域：我国在"一带一路"数据库建设中要加强国际合作，通过建立国际信息共享合作机制，吸引沿线国家参与数据库建设和信息资源开发利用。数据库建设要注重双向目标，既要促进中国对沿线国家的了解，也要促进沿线国家对中国的了解，还要推进沿线国家知识共享，收集整理国内外在经济建设和社会发展中取得的卓具成效、富有特色的案例、经验以及相关政策措施、专家学者、企业机构，建立发展知识库，并结合会议论坛、教育培训、实地考察、咨询服务等多种形式，让"一带一路"沿线国家的政府官员、专家学者和企业人士更便利地吸纳、利用和推广这些知识，促进共同发展。

在网络安全领域：要在巩固和完善中国与东盟、中国与俄罗斯（上合组织）网络信息安全合作机制的基础上，加强与"一带一路"沿线其他国家的对话与沟通，提升各国对于区域网络安全合作重要性的认识，逐步在区域网络安全现状、目标和路径的认知上缩小分歧、形成共识。当前，可从那些各国都面临的共性挑战切入，如保护关键网络基础设施、打击网络黑客和网络犯罪、反对网络恐怖主义等，逐步开展更多领域的网络安全合作。

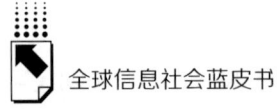

3. 完善数字丝绸之路建设的保障体系

数字丝绸之路建设是一项全局性工作，需要构筑国内与国外相结合、政府与社会相协作的综合性保障体系。

（1）国际合作体系。我国应借助联合国及其下属机构（工发组织、电信联盟、世卫组织等）、上合组织、金砖国家组织等国际组织的力量，发挥国家开发银行、金砖国家银行、丝路基金等国际金融组织的作用，形成数字丝绸之路建设的国际合作机制。

（2）组织机构体系。我国应将数字丝绸之路建设纳入我国"一带一路"倡议的基础性支撑工程，明确牵头单位、制定实施规划、落实资金保障；同时，应建立多层次的数字丝绸之路建设推进体系，集聚政府部门、科研机构、智库机构、驻外企业、信息技术企业等各方面的力量，共同推进数字丝绸之路建设。

参考文献

程昊等：《"一带一路"信息化格局及对策》，《中国科学院院刊》2016年第6期。

付玉辉：《"一带一路"倡议的信息丝绸之路及其主导力量》，《移动通信》2015年第11期。

国家信息中心：《全球信息社会发展报告2016》，http：//www.sic.gov.cn/News/250/6354.htm，最后访问日期：2017年9月25日。

胡键：《一带一路战略构想及其实践研究》，时事出版社，2016。

李楠：《"一带一路"倡议支点——基础设施互联互通探析》，《企业经济》2015年第8期。

芮晓武：《以信息化为纽带助推"一带一路"建设》，《集成电路应用》2017年第6期。

王爱华：《"一带一路"需要信息化建设与合作》，《中国信息界》2017年第3期。

仰义方、谢磊：《"一带一路"倡议实施中的信息化建设》，《中国社会科学报》2016年9月29日。

张小平：《用全球化视野看"一带一路"的信息化建设》，《国际公关》2015年第2期。

赵江林：《中美丝绸之路战略比较研究》，社会科学文献出版社，2015。

区域篇

Reports on the B&R Regions

B.2
东北亚国家信息化状况

吴 曦*

摘　要： 东北亚区域内各国信息化发展水平差距较大，日本和韩国处于全球领先位置，中国和蒙古处于中等水平。东北亚是信息化发展十分活跃的地区，日本信息化建设起步较早，是世界上最早提出"信息化""信息社会"概念的国家，信息化发展一直处于全球领先位置，但近年来受新技术革命的冲击，日本电子信息产业出现颓势；韩国政府历来十分重视国家信息化建设，宽带网络和电子政务发展水平名列世界前茅，也是全球重要的消费电子制造基地；中国是未来全球数字经济发展的新引擎，拥有全球最大的通信设备制造企业和电子商务企业，互联网经济发展处于全球领先位置。中日韩之间的信息化合作十分紧密，日韩信息技术企业在中国进行了大量投资，将许多生产和研发业务转向中国；而随着中国信息技

---

* 吴曦，硕士，上海社会科学院信息研究所经济师，研究方向：城市信息化、信息技术战略。

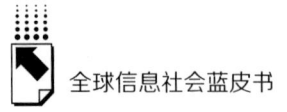

术实力的不断增强，许多中国企业开始收购一些日本著名的信息技术企业，未来东北亚区域的信息化合作将更加紧密和深入。

关键词： 东北亚　信息化　发展现状　国际合作

一　东北亚国家信息化发展整体概况

东北亚国家包括中国、日本、韩国、朝鲜、蒙古。这几个国家在国土面积、人口数量、政治制度、经济发展水平以及信息化建设水平等方面都差异极大。东北亚也是全球经济最为活跃的地区，世界第二大和第三大经济体都位于这个区域。改革开放以来，中国经济飞速发展，在东北亚和全球的政治经济地位不断提升，目前中国是所有其他东北亚国家最大的贸易伙伴，未来中国在东北亚的政治经济地位将更加突出。

根据国家信息中心《全球信息社会发展报告2016》，东北亚国家的信息社会指数及各分项指数如表1所示（《全球信息社会发展报告2016》中无朝鲜数据），其中日本、韩国的信息化发展水平位居世界前列，中国和蒙古则处于世界各国的中间靠后位置。

表1　2016年东北亚地区4个国家信息社会发展指数

	信息社会	信息经济	网络社会	在线政府	数字生活	全球排名
中国	0.4523	0.3848	0.4057	0.5496	0.5341	84
日本	0.8541	0.911	0.7643	0.9305	0.8615	8
韩国	0.7843	0.8591	0.621	0.9631	0.814	22
蒙古	0.4493	0.4142	0.4479	0.5666	0.4465	85
"一带一路"沿线国家平均	0.5414	0.5021	0.4926	0.5637	0.6221	—
全球平均	0.5601	0.5508	0.5131	0.5763	0.611	—

综合各国信息化发展现状和趋势来看，东北亚区域信息化具有以下特点。

东北亚区域内各国家间信息化发展差距很大。从表1可以看出，与经济社会发展水平一样,东北亚国家的信息化发展水平差异较大。日本、韩国的信息化社会指数(ISI)在参评的126个国家中排第8和第22位,达到全球先进水平,特别是日本的信息经济、韩国的在线政府发展水平排全球首位。而中国和蒙古则分别为84和85位,排名比较靠后;朝鲜的数据虽然缺失,但从其经济社会发展现状来看,其信息化水平应当属全球落后水平。另一方面,无论信息化发展水平如何,东北亚各国都十分重视国家信息化建设。日本、韩国将信息化作为立国之本、发展之源,对信息化建设的投入不遗余力;中国自20世纪90年代以来,也将信息化纳入国家战略,中央和地方政府部门都高度重视信息技术创新、信息技术应用和信息产业发展。即使是目前经济社会和信息化发展水平十分落实的朝鲜,也建立了本国的互联网——光明网,并在许多部门中推广计算机技术。

东北亚在全球信息化格局中具有特殊位置,特别是日本、韩国两国。如果说美国在技术上引领了全球信息化,那么日本和韩国在信息化理念以及应用方面引领了全球发展。信息社会的概念最早是由日本提出的,日本在20世纪60年代掀起了第一波信息化热潮,2000年以来先后提出的e-Japan、u-Japan和i-Japan战略规划对东亚和世界各国的信息化产生了重大影响。韩国则在信息化基础设施以及电子政务方面一直走在全球前列,特别是在电子政务方面,韩国的发展水平在多个排行榜中都名列首位。在信息技术产业领域,虽然信息技术的基础性重大创新往往由美国主导,但日本、韩国的应用型信息产业(如消费类电子产品、重要元器件、应用软件等)十分发达,在全球产业链中占有重要位置,拥有索尼、夏普、软银以及三星、LG、SK海力士等全球顶级IT企业。

中日韩之间的信息化合作十分紧密,尤其是在信息产业领域。中日韩之间的信息产业合作经历了两个阶段,一是20世纪90年代开始,日本、韩国信息产业高速增长,许多日韩信息企业在中国进行了大量投资,将许多电子产品生产制造以及软件开发、信息服务等产业转移到中国,以降低生产成本,开拓中国市场;二是从2010年左右开始,日本、韩国的几大跨国信息技术企业(包括松下、索尼、夏普、三星、LG等)面临创新无力、发展停滞甚至严重亏损的局面。另一方面中国抓住了互联网全面普及和国内信息市场急剧膨胀的良机,信息产业飞速发展,企业实力迅速增强,不少中国企业开始收购日本IT企业。2011年，联想收购NEC的PC事业部，并与NEC成立了合资公司，2016年7月，联想以约13亿元人民币（200亿日元）收购NEC 90%的股份。2016年3月30日，日本家电的两大巨头东芝和夏普分别被美的和鸿海收购。

中国将是未来东北亚和全球信息化发展新的火车头。从近5年东北亚地区信息化发展的趋势来看，日本的地位相对下降，韩国的地位起伏不定，而中国的地位突飞猛进。由于人多地广和起点较低，中国信息化的总体水平不高，但近十几年来，中国的信息化事业飞速发展，在信息化各领域都取得了巨大进步，特别是在互联网产业方面，中国已逐步赶上甚至超越西方发达国家。目前中国已拥有全球最大的通信制造企业（华为）、最大的电子商务企业（阿里巴巴），以及以腾讯、百度、新浪、盛大、携程等为代表的一大批在行业内具有引领地位的跨国企业。据工信部统计，2015年全球互联网企业市值前30强中，中国占据10席；全球营收前十强中，中国企业平均营收增速是美国企业的2.5倍①。另外中国台湾地区一直是全球重要的电子产品代工基地，台湾的个人计算机、智能手机以及通信设备等产业在全球具有举足轻重的地位。

二 日本信息化概况

日本位于北太平洋、朝鲜半岛东部，属东亚或东北亚地区。日本人口1.27亿，人口总量位居世界第十。日本的首都东京是日本的政治、经济、文化中心，超过3,500万以上的人口居住于东京与周边数县构成的首都圈。日本实行议会制君主立宪制，天皇为日本国家与国民的象征，实际的政治权力则由国会以及首相所领导的内阁掌理。日本是七国集团唯一的亚洲成员国，同时也是世界第三大经济体。1972年9月29日，中日两国签署《中日联合声明》，实现邦交正常化。建交以来，中日关系得到了长足的发展，两国在政治、经济、文化各领域交流不断，但在历史认识、意识形态和经济等方面仍存在许多矛盾。

---

① 《2015全球互联网企业市值前30强中国占10席》，http://www.china1baogao.com/news/20160712/8220789.html，最后访问日期：2017年9月23日。

表 2　日本国家信息化发展水平简况

名称	日本国		
简称	日本		
首都	东京	官方语言	日语
人口	1.27 亿(2015 年)	国土面积	38 万平方公里
GDP	41233 亿美元(2015 年)	人均 GDP	32477 美元(2015 年)
固定电话普及率	50.23%(2015 年)	移动电话普及率	126.54%(2015 年)
互联网普及率	93.3%(2015 年)	固定宽带普及率	30.66%(2015 年)

根据中国国家信息中心发布的《全球信息社会发展报告 2016》，日本的信息社会指数（ISI）为 0.8541，在参与评估的 126 个国家中排第 8 位，其中信息经济、网络社会、在线政府、数字生活指数分别为 0.9110（全球首位）、0.7643、0.9305、0.8615，总指数和各分指数均处于全球领先水平。具体得分如图 1 所示：

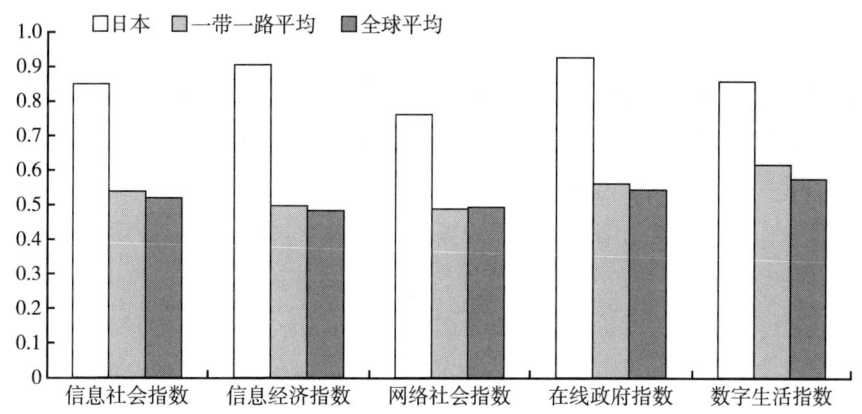

图 1　2016 年日本信息社会指数

（一）国家信息化战略和规划

日本很早就认识到信息化对于国家发展的重大作用。20 世纪 50 年代末美国经济学家马克卢普等人关于知识经济的测度开创了信息化研究的起点，但

"信息化""信息社会"等概念却是由日本社会学家梅棹忠夫于1963年首先提出的,这些概念在全球掀起了第一次信息化浪潮①。日本政府十分重视信息化建设。1981年,为应对石油危机给经济发展带来的严重冲击和顺应世界科技革命的发展趋势,日本提出了"技术立国"战略,强调要大力推进新技术和新产品的研发,推动信息通信技术产业发展。1995年日本出台了《科学技术基本法》,进一步将"技术立国"战略以法律形式固化下来。1999年日本颁布《高度情报通信网络社会形成基本法》,明确将信息和通信技术产业作为日本产业发展的重心。

进入新世纪后,日本进一步调整发展思路,提出"IT立国"战略,并提出了由e-Japan、u-Japan和i-Japan三大战略构成的国家信息化战略体系。三大战略相互连贯、梯度演进,既反映了日本信息化建设水平的不断提高,也体现了全球信息技术创新与应用的趋势,不仅有力加快了日本国家信息化建设步伐,还对东亚甚至全球的信息化发展产生了巨大影响,成为不少国家制订本国信息化战略时的借鉴对象。

1. e-Japan战略

2001年日本发布e-Japan战略,目标是在五年之内创建一个知识涌现的社会,让每个人都能积极利用信息技术并享受其带来的红利,使日本成为世界上信息化最发达的国家。其主要内容包括四个方面,分别是网络基础设施、电子商务、电子政务和信息化人才②。

第一,完善网络基础设施。尽快建立超高速互联网,提供持续网络接入。网络基础设施应达到以下标准:其一,任何人在任何时间、任何地方都可上网;其二,应提供多样化选择和服务;其三,网络必须安全、方便和可靠;其四,网络服务应当经济实惠和高速高效;其五,网络应与全球标准一致。为此,日本政府一要加强超高速网络基础设施投入并促进网络服务市场竞争,二要改善地区间的数字鸿沟,三要促进网络技术研发,四要加强国际网络通道建设,使日本能够成为国际互联网枢纽。

第二,发展电子商务。日本的目标是至2003年,企业对企业(B2B)和

---

① 麦丽臣:《日本人的知识经济思想与经济信息化》,《日本研究》1999年第3期。
② e-Japan Strategy, http://japan.kantei.go.jp/it/network/0122full_e.html, 2017-9-23。

企业对消费者（B2C）电子商务市场总规模在1998年的基数上扩大约10倍，其中B2B电子商务增长10倍至70万亿日元左右，B2C电子商务增长50倍至约3万亿日元左右。日本政府采取了以下行动：一是实现与电子相关的反垄断法，加强电子商务中的知识产权保护，加强个人数据和隐私保护；二是修改商业法以适应电子商务对公司治理结构和证券市场的要求，修改刑法打击计算机犯罪。

第三，实施电子政务。日本的目标是在2003财政年度之前实现政府业务电子化，用电子信息的方式来处理原来的纸质化文件，并加快公民信息和企业信息的数字化；要大力改革公共管理，实现文件数字化，促进无纸化，通过信息网络共享和利用信息。日本政府采取了以下措施：一是推进中央和地方政府公共行政业务的数字化，实现内部业务无纸化和上下级政府网络连接；二是推进公共服务数字化，向民众和企业提供一站式网络服务；三是通过互联网加强公共信息的发布和利用；四是改革相关规章制度，促进政府数字化与网络化；五是改革政府采购办法，加强网络采购。

第四，培养信息化人才。日本的目标：一是提高公众的信息素质，特别是老年人和残疾人，力争超额完成原先制订的2005年互联网普及率60%的目标；二是加强中小学、高等院校信息技术教育体系建设，丰富成人终身信息教育体系；三是增加IT相关领域硕士和博士的数量和提升他们的质量，向高等院校、国家和私营机构输送高级技术专家和研究人员。政府采取了以下措施：一是提高公众信息素养，二是培养信息技术教师队伍，三是培养信息技术专家和研究人员，四是培养数字内容创作者。

2003年日本又发布了e-Japan战略Ⅱ，对日本信息化建设的重点和发展方向做了较大调整，提出要加强信息技术在经济社会中的广泛深入应用，重点是医疗、食品、生活、金融、教育、就业和行政7大领域，并提出新一代基础设施建设、安全保密、新技术研发、人才培养和国际化合作等5个支撑项目[①]。

2. u-Japan 战略

到2004年日本已提前完成了e-Japan拟订的各项目标，于是在同年3月又

---

① 刘兹恒、周佳贵：《日本"U-JAPAN"计划和发展现状》，《大学图书馆学报》2013年第3期。

提出 e-Japan 的后续版本——u-Japan 战略，其中"u"是指 ubiquitous，意思为无处不在，其目标是到 2010 年实现"任何时间、任何地点、任何人、任何物品"都可以连接和使用互联网，保持日本信息化在全球的领先位置。与 e-Japan 战略相比，u-Japan 战略主要有以下变化[①]。

一是从宽带网络到无处不在的网络。e-Japan 战略的目标是建设和完善宽带基础设施，主要集中在有线连接，包括窄带到宽带，如 DSL、有线网络和光纤等。而 u-Japan 战略的重点是通过固定网络与无线网络、终端与网络、认证和数据交换之间的有机结合，打造一个无缝的、无处不在的网络环境，人们在任何场合中都可以方便地使用网络。

二是从引入信息技术到利用信息技术解决社会问题。以往日本更强调信息技术的开创性应用，促进那些传统领域的信息化，而今后信息技术将是解决各类社会问题的有力工具。u-Japan 战略要重点利用信息技术解决生育率下降和人口老年化带来的一系列社会问题。

三是改善信息技术用户环境。随着信息和通信技术深入到人们的生活中，侵犯隐私和信息安全的问题日益突出，为了减轻或消除信息和通信技术的这些消极影响，日本必须采取措施改善用户环境，加强信息安全保障。

3. i-Japan 战略2015

2009 年 7 月，日本在 e-Japan 战略和 u-Japan 战略的基础上提出了新一代国家信息化战略——i-Japan 战略 2015，其目标包括三个方面：一是创建一个数字包容的社会，使信息技术像空气和水一样可以随时利用，信息可以根据需要公平、便捷和安全地获取；二是通过数字技术和信息资源促进数字创新、增强社会活力，实现经济的可持续增长和与环境资源的协调发展；三是实现民众、企业、社会机构和地区的利益协调，使日本成为真正的"公民驱动型"国家，增强日本的国际竞争力。i-Japan 战略 2015 由三部分组成，主要内容如下[②]。

第一，聚焦三大重点领域。一是电子政务，包括行政窗口服务电子化和网络化、行政办公事务协同化和流程再造、行政服务可视化等；二是医疗与健

---

① From "e" (electronics) Toward "u" (ubiquitous), http://www.soumu.go.jp/menu_seisaku/ict/u-japan_en/new_outline01b.html, 2017-9-23.

② 于凤霞：《i-Japan 战略 2015》，《中国信息化》2014 第 13 期。

康，包括通过远程医疗和医疗信息化手段解决医生不足问题，建立电子健康档案（HER）等；三是教育与人才培养，包括利用信息技术提高学生的学习欲望和能力、提高学生利用信息的能力、建立与高水平信息化人才相适应的教育培训体系、加强高等教育信息化和网络化以及高级 IT 人才培养。

第二，加快产业信息化、地区信息化及新产业培育。包括信息化改造传统产业、培育基于数字技术的新产业、推动区域信息化、深化信息化国际合作等。

第三，建设高水平的信息化基础设施。包括建立泛载超高速宽带网络，实现无缝连接；增强民众的信息知识获取能力；保障信息安全；维持信息内容与服务的低廉价格；促进云计算服务发展。

近年来，日本十分重视大数据技术与应用发展，制订和发布了一系列战略和规划（见图 2）。例如，2012 年 6 月日本发布电子政务开放数据战略草案，向社会开放政府数据，促进大数据资源在经济社会的广泛使用；2013 年 6 月日本发布"创建最尖端的 IT 国家宣言"和"面向 2020 年的 ICT 综合战略"，全面阐述了 2013~2020 年期间以发展开放公共数据和大数据为核心的新 IT 国家战略①，指出提升日本竞争力，大数据应用不可或缺，提出要把日本建设成为一个具有"世界最高水准的、广泛运用信息技术的社会"②。

（二）信息化基础设施

日本属于世界先进的工业化国家，其工业基础和信息化基础设施发展水平处于全球领先水平。在历年来的国家信息化战略中，先进信息化基础设施的建设都是核心内容。其中 e-Japan 战略的重点是建设先进的网络通信基础设施，u-Japan 战略的重点是发展无线网络和泛载网络，而 i-Japan 战略 2015 的重点是网络技术的应用。

通过几轮国家信息化战略的实施，日本已建成全球最发达的信息社会。日本固定电话普及率稳定在 50% 左右并有小幅下降，移动电话普及率则一直保持稳定增长，这与全球范围内移动电话替代固定电话的趋势保持一致。2015 年日本固定电话普及率为 50.23%，移动电话普及率为 126.54%。另一方面，日本家

---

① 陈潭：《大数据战略：国际经验与中国支点》，《光明日报》2015 年 11 月 26 日。
② 《日本：用大数据创建最尖端 IT 国家》，http://www.chinacloud.cn/show.aspx?id=14349&cid=16，最后访问日期：2017 年 9 月 23 日。

庭计算机普及率较高，2009年就已达到了87.2%，遥遥领先于世界其他国家，随后受平板电脑、智能手机等电子设备日益普及的影响，日本家庭的计算机普及率有所下降，2014年的普及率接近80%。详细变化情况如图2所示。

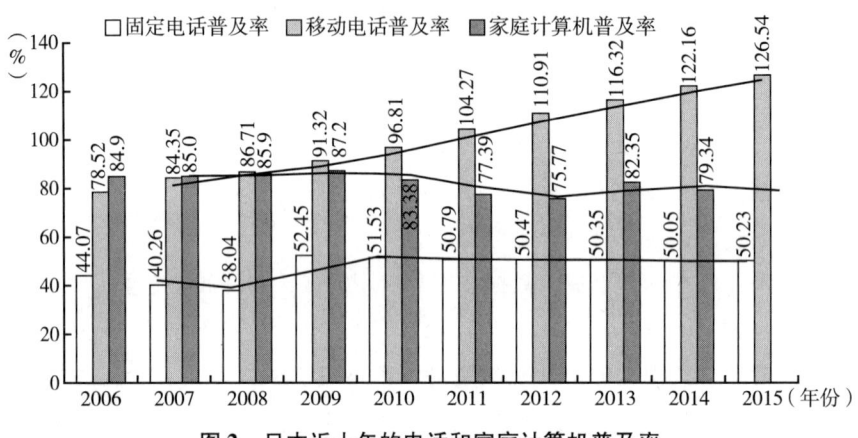

图2　日本近十年的电话和家庭计算机普及率

在移动通信不断普及的同时，日本通过引入市场竞争等手段大力推进"提速降费"，移动通信价格不断降低。根据2015年《日本通信白皮书》数据，近年来日本移动设备的持有成本不断降低，将日本东京与美国纽约、法国巴黎、英国伦敦及德国杜塞尔多夫的手持设备费用进行比较，2003~2013年，东京的移动设备费用降低46.7%，降幅明显（见图3）。

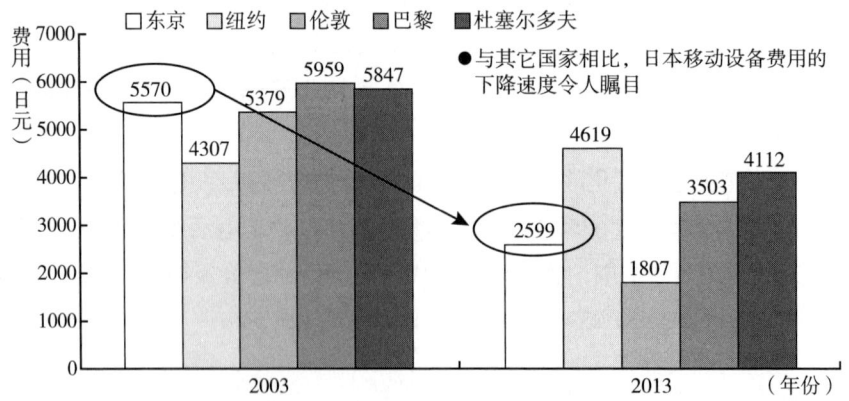

图3　2003和2013年每月移动设备费用的国际比较

资料来源：《日本通信白皮书》，2015。

日本的互联网应用起步早、水平高。日本的互联网普及率于2004年超过50%，2012年达到近80%，2014年超过90%，普及水平极高。但近年来受普及率基数较高、低生育率和人口老龄化等因素的影响，近三年互联网普及率增长趋缓，用户年均增长率不到0.2%（见表3）。

表3　2000～2016年日本互联网普及率变化情况

单位：人，%

年份	互联网用户数**	占总人口比重	总人口	用户年变化率	用户年变化数
2016*	115111595	91.1	126323715	0.1	117385
2015*	114994210	90.9	126573481	0.1	143694
2014	114850516	90.6	126794564	0.8	932305
2013	113918211	89.7	126984964	12.7	12846631
2012	101071581	79.5	127139821	0.5	472929
2011	100598652	79.1	127252900	1.0	1021835
2010	99576817	78.2	127319802	0.3	250928
2008	95997697	75.4	127317900	1.5	1450935
2007	94546761	74.3	127250015	8.3	7222660
2006	87324101	68.7	127136576	2.8	2348565
2005	84975536	66.9	126978754	7.4	5876829
2004	79098707	62.4	126773081	29.1	17816527
2003	61282180	48.4	126523884	4.2	2457229
2002	58824950	46.6	126249509	21.2	10284457
2001	48540493	38.5	125974298	28.7	10837732
2000	37702761	30.0	125714674	40.5	10860746

注：* 表示预计数据，截至2016年7月1日；** 互联网用户为通过任何设备在家能够访问互联网的个人用户。数据来源为 *Japan Internet Users*，http://www.internetlivestats.com/internet-users/japan/，最后访问日期：2017年9月23日。

日本不仅互联网普及率高，而且宽带网络发达。近几年来，日本固定宽带普及率稳步增长，2015年达到30.66%。而随着4G网络的投入使用以及智能手机的普及，移动宽带普及率飞速增长，2015年达到128.02%（见图4）。

图4 日本近十年的固定和移动宽带普及率

说明：宽带普及率系每百名居民中宽带服务订阅数（subscriptions per 100 habitants）。

（三）信息产业与数字经济

发展世界先进水平的信息产业，实现技术立国、促进经济腾飞，一直是日本信息化建设的重中之重。自20世纪80年代以来，信息产业一直是日本发展最快的产业，日本信息产业对经济贡献持续保持积极态势，即使在日本经济下滑期间，信息产业仍保持增长。1995年，日本信息产业的GDP为32.91万亿日元，超过了零售商业的27.10万亿日元和运输业的23.91万亿日元；2010年，信息产业的GDP增加到56.36万亿日元，首次超过批发商业的40.96万亿日元，跃升为日本第一大产业；2014年，信息产业的GDP达到61.91万亿日元，稳坐日本第一大产业宝座[1]。

统计结果显示，在1985～1990年、1990～1995年、1995～1998年、1998～2001年、2001～2004年、2004～2007年、2010～2013年这七个时段中，信息产业对日本实际GDP增长的贡献率分别为0.4%、0.2%、0.4%、0.4%、0.2%、0.5%和0.1%[2]。在2007～2010年的全球金融危机期间，日

---

[1] 唐艺：《日本促进信息产业发展的政策及经验》，《群众》2015年第8期。
[2] 汪晓文等：《中、日、美大数据产业的竞争优势比较与启示》，《图书与情报》2016年第3期。

本实际 GDP 增长率仅为 -1.4%，而信息产业的贡献率仍然保持了 0.1% 的正值水平①（见图 5）。由此可见，近三十年来，信息产业对日本经济起着十分稳定的支撑作用。

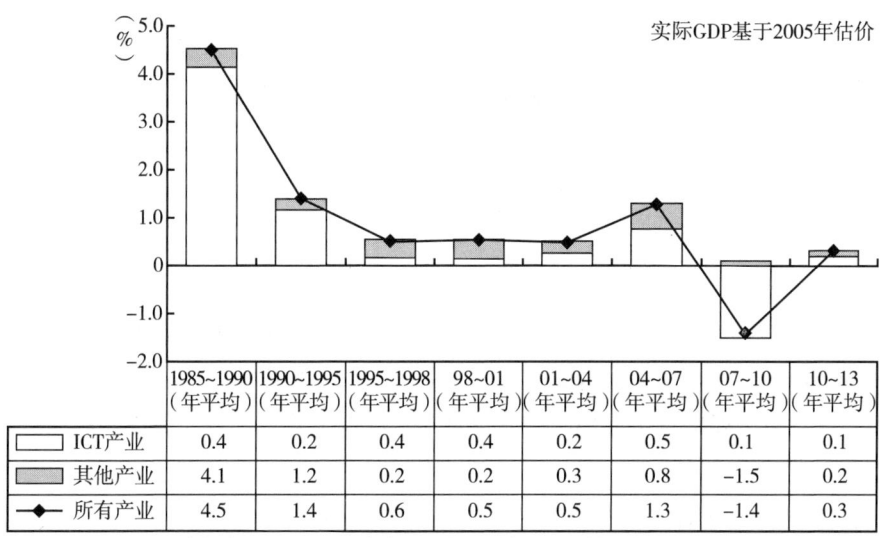

图 5　ICT 产业对日本 GDP 真实增长率的贡献

但近十多年来，面对新一轮信息技术革命的冲击，日本的信息技术企业普遍创新乏力，未能跟上信息技术的发展。再加上中国等新兴国家 IT 企业的剧烈冲击，日本的信息技术产业在经过了 20 世纪 80 年代和 90 年代的辉煌之后，呈现出一蹶不振的趋势。2016 年 7 月，联想公司以 200 亿日元（约合 13 亿元人民币）收购了日本 NEC 公司 90% 的股份；索尼公司也将 VAIO 业务转给了外部公司，盈利点也已逐渐转向非实体金融业务（银行、保险、人寿）。2016 年 3 月，中国广东的美的集团收购了日本家电巨头东芝公司的家电业务，同年 4 月中国台湾地区的鸿海公司收购了另一家日本家电巨头夏普公司 66% 的股权，夏普成为鸿海的子公司。NEC、东芝和夏普都曾经是全球顶尖的家电制造企业，是日本经济奇迹的代表之一，这些企业先后被收购成为日本信息技术产

---

① 李彬：《大数据背景下日本信息产业发展成效与问题》，《东北亚学刊》2015 年第 1 期。

业集体陷入困境的一个缩影。面对发展困境，许多显赫一时的日本企业不得不进行业务重组，将原先的家电业务、电子消费品业务进行拆解出售，逐步转向能源、社会基础设施等新业务①。

从当前信息技术发展的前沿趋势来看，人工智能、机器人、虚拟现实等将引发新一轮的信息技术变革。如果日本企业不能跟上新兴技术发展潮流，重新赢得信息技术创新的制高点，日本信息产业的发展前景将不容乐观。

（四）政府信息化与电子政务

如前文所述，日本的国家信息化战略计划经历了从2001年公布的e-Japan战略到2004年公布的u-Japan战略、再到2009年提出的i-Japan战略2015的一系列升级，实现了信息化战略框架的不断转变。但无论在哪个信息化阶段，日本都注重以战略规划为导向，与时俱进地更新电子政务规划，促进公共部门开展信息化建设②。

为促进行政管理和公共服务的电子化，日本政府早在1994年12月就制定了"推进行政信息化基本计划"。2000年3月正式启动了"电子政务工程"，作为e-Japan战略的重要组成部分，这项电子政务工程的主要内容是通过互联网等网络系统办理各种申请、申报、审批等手续，实施政府网上采购计划。后来日本先后提出了"电子政构筑计划""地方电子政务推进方针""地方电子政务在线利用促进方针"，不断推进政府和国家的信息化建设进程。

在日本最新的"i-Japan战略2015"中，电子政务是三大核心内容之一。与以前的信息化战略相比，i-Japan战略2015中对电子政务的规划有一些新的特点，一是不再只是简单地设定一些发展目标数字，而是强调深层次理念的更新和便民化利用；二是强调公共行政管理流程创新，要求电子政务要摆脱传统行政模式的束缚，创造新的电子行政体系；三是重视对电子政务建设效果的评

---

① 《2016年日本电子信息产业发展现状及趋势》，http://money.163.com/16/1017/14/C3J9VJEQ002580S6.html，最后访问日期：2017年9月23日。
② 陈清玲、张廷君：《政府信息化发展模式及其对策》，《福建农林大学学报》（哲学社会科学版），2016年第1期。

价和监管①。

根据联合国经济和社会事务部发布的《2016 联合国电子政务调查报告》，日本的电子政务发展指数（EGDI）为 0.8440，在全球近两百个国家排第 11 名，属于非常高等（其他分别为高等、中等和低等），同时这一得分既远高于世界平均水平、亚洲国家平均水平，也远高于世界高收入国家的平均得分。尤其是电子参与度指数为 0.9831，高居全球第 2 位，显示日本电子政务不仅建设水平高，而且应用十分广泛（见图 6）。

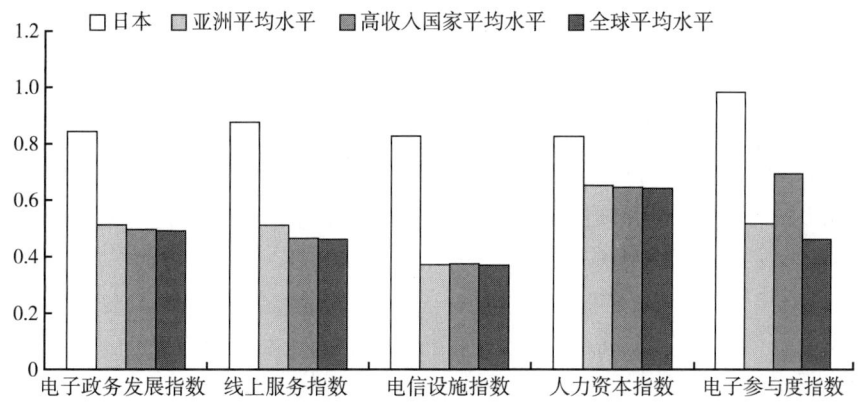

图 6　日本电子政务发展指数情况

三　韩国国家信息化概况

韩国三面环海，总面积约 10 万平方公里，占朝鲜半岛总面积的 45%，人口约 5,060 万。目前，韩国名列世界银行、国际货币基金组织和美国中央情报局《世界概况》发达国家名录，是 20 国集团和经合组织（OECD）成员之一、亚太经合组织（APEC）和东亚峰会的创始国，也是"亚洲四小龙"和"未来 11 国"之一。中国在 1992 年与韩国建交，双方高层互访频繁，经贸、文化、人员往来迅猛发展。

---

① 海群、乌日娜：《日本"i-Japan 战略 2015"中的电子政务战略》，《办公室业务》2010 年第 4 期。

表4　韩国国家信息化发展水平简况

名称	大韩民国		
简称	韩国		
首都	首尔	官方语言	韩语
人口	5060万（2015年）	国土面积	10万平方公里
GDP	13779亿美元（2015年）	人均GDP	27221美元（2015年）
固定电话普及率	58.1%（2015年）	移动电话普及率	118.5%（2015年）
互联网普及率	92.1%（2015年）	固定宽带普及率	11.92%（2015年）

注：如无标记，表格中数据均为2015年数据。

根据中国国家信息中心发布的《2016全球信息社会发展报告》，韩国的信息社会指数（ISI）为0.7843，在参与评估的126个国家中排第22位，其中信息经济、网络社会、在线政府、数字生活指数分别为0.8591、0.6210、0.9631（全球第一）、0.8140，除网络社会指数相对较弱外，总指数和其他分数均处于全球领先水平（见图7）。

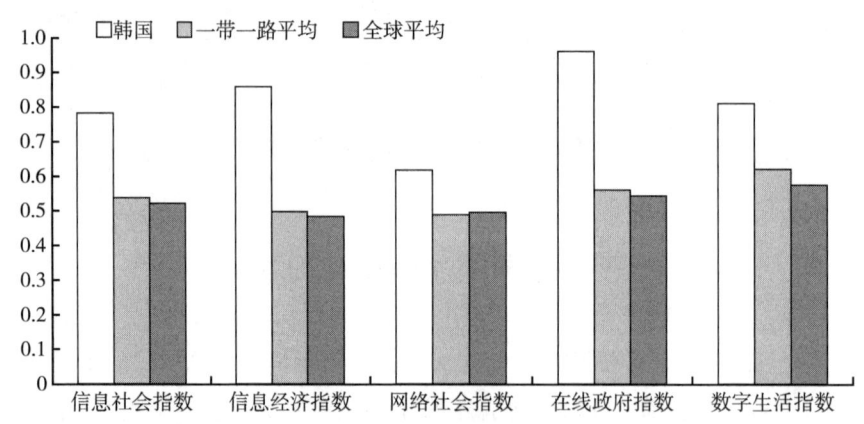

图7　2016年韩国信息社会指数

（一）国家信息化战略和规划

韩国的信息化建设之所以能领先全球，与韩国政府的大力推动是分不开的。20世纪90年代全球出现第一波互联网热潮后，韩国政府及时出台多项国家信息化规划、战略和政策措施。例如1992年出台了旨在提高主导产业技术国家竞争力的"G-7计划";1994年出台了促进光纤网络和超高效信息通信基础设施建设的"信息高速公路建设计划";1996年出台了加快韩国信息化进程的"促进信息化基本计划";1999年出台了"网络韩国21世纪"(Cyber Korea21),目的是强化信息化和电脑教育,通过开展行政业务的信息化提高政府工作效率和政服务水平;2000年出台了"电子商务人力资源计划"用于建立和运作电子商务人力资源发展中心;2001年的"信息化村计划",目的是通过信息化网络促进农产品的交流和流通;2004年的"u-Korea战略计划",目的是建设宽带网络基础设施信息社会;2005的"电子商务技术发展战略",目的是选定实施企业资产管理模块研发;2008年的"国家信息化基本计划",目的是建立创意和信任的先进知识信息化社会;2009年的"IT韩国未来战略",目的是实施信息核心领域与其他产业的融合[①]。韩国的国家信息化战略深受日本影响,尤其是韩国追随和借鉴日本的e-Japan战略、u-Japan战略,推出了本国的e-Korea战略、u-Korean战略,2009年的"IT韩国未来战略"也较多地借鉴了日本i-Japan战略2015。

其后随着国家信息化基础设施的日益完备,韩国调整了国家信息化发展的策略,更多地制订和出台了信息化专项领域的政策。如2009年的"云计算全面振兴计划"和2011年的"云计算扩散和增强竞争力的战略",目的是提高云计算国际竞争力;2014年6月韩国政府正式推出了被誉为韩国版"工业4.0"的《制造业创新3.0战略》,2015年3月又公布了经过进一步补充和完善后的《制造业创新3.0战略实施方案》[②],以促进韩国信息化与工业化的深度融合;2013年,韩国政府宣布实施"吉咖韩国"战略,计划到2026年创造69.4万个就业岗位和105.5万亿韩元(约合5800亿元人民币)收入。2013年初,时任韩国总统朴槿惠提出了实施"创新经济(Creative Economy)战略",将信息通信技术应用到全部产业上,促进产业和产业之间、产业和文化之间的结合,推动新产业发展。

不同于西方国家主要依靠市场力量推进信息化建设,在韩国的信息化建设进程中,韩国政府发挥了主导作用。为推进上述国家信息化战略规划,历年来韩国政府投入了巨额资金,为信息化战略的成效实施提供了坚实保障(见表5)。

---

① 赵意焕:《中美韩信息化战略对比研究》,《创新科技》2015年第一期。
② 《韩国发布〈制造业创新3.0战略〉》,http://www.hysang.com/news_414.htm,最后访问日期:2017年9月23日。

表5 韩国重要的信息化项目投资

单位：亿韩元

年份	投资项目	金额
1983	半导体普培育计划	2600
1986	面向2000年科学技术长期计划	16000
1989	尖端产业五年发展计划	2777
1992	G-7计划	10000
1994	信息高速公路建设计划	448000
1999	2000年国家社会信息化推进计划	2250
2000	信息通信技术开发五年计划	41400
2001	促进电子政务事业	2232
2004	u-Korea战略计划	114400
2009	IT韩国未来战略	1893000
2011	云计算扩散和加强竞争力的战略计划	25000

资料来源：李淑华：《韩国信息化建设及其对中国的启示》，《延边大学学报》（社会科学版），2013年第1期。

（二）信息化基础设施

韩国属于发达工业化国家，经济发达、工业基础较好。20世纪90年代以来，韩国政府特别重视先进网络信息基础设施的投入与建设，其信息化基础设施一直处于全球领先水平。ITU近三年（2013~2015年）的排名显示，韩国信息化基础设施排名2013、2014、2015年分别为第1名、第2名、第1名，尤其在信息通信技术应用（二级指标）、信息通信技术（二级指标）、固定电话普及率（三级指标）、互联网接入率（三级指标）等方面，始终保持世界前列。

与日本类似，韩国的固定电话和移动电话早已饱和，同时其家庭计算机普及率在2012年达到82.31%之后逐年下降，可能是由于平板电脑、智能手机等新型智能终端设备对计算机的替代作用日益显现。2006~2015年韩国固定电话、移动电话以及家庭计算机普及率数据如图8所示。

从图10来看，韩国的固定电话普及率在2012年达到61.42%的最高点之后逐步下降，而移动电话普及率则在2009年达到将近100%之后，每年保持小幅上升，2015年普及率为118.46%。从2000年至2015年韩国互联网普及率变化情况来看，韩国在2006年之前处于信息化高速发展期，其后处于平稳

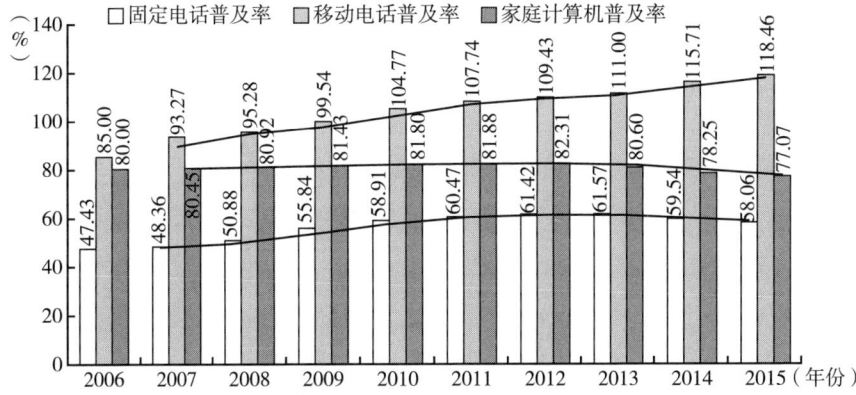

图8 韩国近十年固的电话和家庭计算机普及率

发展态势。从韩国互联网普及率变化情况来看,韩国移动互联网普及率除2014年略有下降外基本逐年上升(见表6)。

表6 2000~2016年韩国互联网普及率变化情况

单位:人,%

年份	互联网用户数**	占总人口比重	总人口	用户年变化率	用户年变化数
2016*	43274132	85.7	50503933	1.2	522375
2015*	42751757	85.0	50293439	1.2	524014
2014	42227742	84.3	50074401	-0.1	-27353
2013	42255095	84.8	49846756	1.3	549270
2012	41705825	84.1	49608451	0.9	365094
2011	41340731	83.8	49356692	0.6	252367
2010	41088364	83.7	49090041	3.2	1261823
2009	39826541	81.6	48807036	1.4	533569
2008	39292972	81.0	48509842	3.4	1307383
2007	37985589	78.8	48205062	1.5	574406
2006	37411183	78.1	47901643	6.9	2420874
2005	34990309	73.5	47605863	1.7	588339
2004	34401970	72.7	47320454	11.6	3588641
2003	30813329	65.5	47043251	10.9	3032199
2002	27781130	59.4	46769579	5.6	1466475
2001	43274132	85.7	50503933	1.2	522375
2000	42751757	85.0	50293439	1.2	524014

注:* 表示预计数据,截至2016年7月1日;** 互联网用户为通过任何设备在家能够访问互联网的个人用户。资料来源为 *South Korea Internet Users*,http://www.internetlivestats.com/internet-users/south-korea/,最后访问日期:2017年9月23日。

韩国不仅互联网普及率高，而且宽带发达，以光纤为主的固定宽带网络和以4G为主的移动宽带网络，发展水平全球领先，固定宽带普及率一直居于全球首位（见图9）。

图9　韩国近十年的固定和移动宽带普及率

说明：宽带普及率系每百名居民中宽带服务订阅数（subscriptions per 100 habitants）。

韩国宽带网络之所以领先全球，与韩国政府的大力支持与推动是分不开的。20世纪末韩国就将建设优质网络列为国家战略，2003年推出以"光进铜退"（即采用光纤宽带网络逐步替代原有的以电话线路为载体的窄带和宽带网络）为主要内容的"IT839战略规划"；2004年韩国又提出宽带融合网络（BCN）计划，通过光纤到户技术（FTTH）来解决网络接入的最后一公里难题；2009年7月，韩国发布《千兆互联网促进计划》，大力促进1000M（1G）以上带宽互联网的大规模普及应用①。2012年4月，韩国启动"吉咖韩国"项目，目标是到2020年建成传输速度达到1Gbps以上的无线宽带网络，是当时韩国无线网络平均速度的40倍，用户可以在网络无中断的情况下观看高质量的内容。除了大力促进宽带网络建设之外，韩国政府还采取各种措施加强宽带网络市场竞争、提升民众网络技能、培养网络文化，使得韩国的宽带网络无论是速度、质量、普及率还是价格方面，都领先于世界各国。韩国与部分国家宽带网络速度比较见图10。

---

① 曾勇、邱怡欣：《发展宽带，向韩国学什么》，《人民邮电报》2016年1月13日。

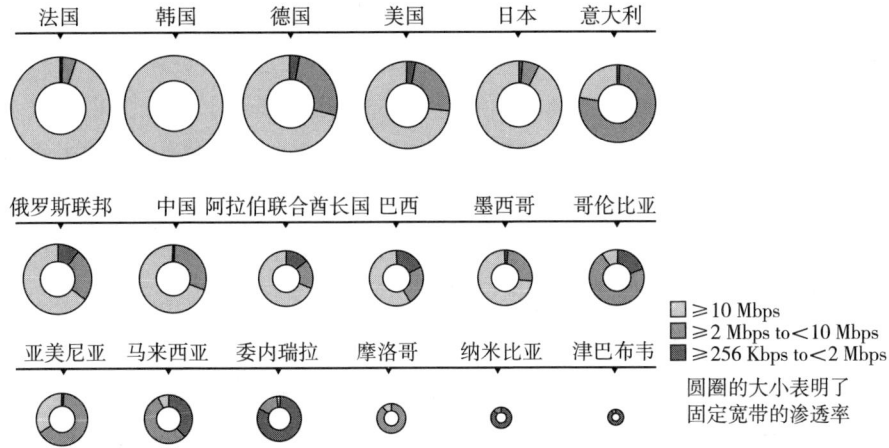

图10 部分国家固定宽带速度比较

（三）信息产业与数字经济

韩国是全球信息产业大国，尤其是在移动通信、消费电子产品、显示器材、半导体制造等行业处于世界领先位置，拥有三星电子、LG、SK海力士等一大批全球顶尖的电子行业巨头。《2016 ICT Industry Outlook of Korea》报告显示①，2015年，韩国信息技术产业产值同比增长1.3%，达到444.6万亿韩元（约3707亿美元）。具体各主要行业的发展情况如下。

2015年韩国通信服务收入为44.5万亿韩元，比上年下降了1.1%，主要原因为移动电话替代固定电话过程中产生的临时效应，以及固定宽带网络服务中集团用户的增加和个人用户的减少。而2016，韩国通信业务收入比上年同期增长1.5%，达到45.2万亿韩元，这主要得益于数据服务和LTE服务业务量的逐步扩大。

2015年韩国通信设备产值为72.3万亿韩元，比上年增加2.7%，出口比上年同期增加了7.8%，达到318亿美元；2016年韩国通信设备产值为73.2万亿韩元，比上年增加1.3%，出口比上年同期增加1.5%，达到322.6亿美元。虽然韩国电子政务仍保持了一定的增长，但随着韩国生产成本的不断提

---

① *2016 ICT Industry Outlook of Korea*，https：//www.kisdi.re.kr/kisdi/upload/attach/Outlook_2016.pdf，2017-9-23。

升,以及中国等国家通信设备制造企业的激烈竞争,韩国的通信制造行业将面临越来越大的压力。

2015年的韩国广播电视设备产值为14.65万亿韩元,比上年同期下降了4.1%,出口856亿美元,比上年同期大幅减少了13.4%;2016的广播电视设备产值为15.06万亿韩元,将比去年同期增长2.8%,呈现缓慢复苏趋势,而出口为898亿美元,比上年增长4.9%,这主要和得益于北美市场的复苏以及高附加值零部件在出口比重中的扩大。

2015年韩国信息设备产值为8.77万亿韩元,大幅下降20.1%,原因是全球计算出货量持续萎缩,而且计算机产品价格不断下降,出口为70.4亿美元,增长0.1%;2016年韩国信息设备产值为8.75万亿韩元,比上年小幅下降0.2%,出口为71.5亿美元,增长1.6%。

2015年韩国电子零部件产值为189.83亿韩元,比上年增长0.8%,出口1041亿美元,下降2.5%;2016年电子零部件产值为189.67亿韩元,比上年下降0.1%,出口1034亿美元,下降0.6%,这主要是因为全球市场特别是中国市场对半导体产品的需求缓慢下降。

2015年韩国软件产业保持了一定增长,其中软件业收入为38.6万亿韩元,比上年增长6.2%;系统集成业收入68.7万亿韩元,比上年增长4%;IT服务业收入31.7万亿韩元,比上年增长6.7%;软件产业出口达到62.5亿美元,大幅增长17.3%。2016年软件业收入为40.6万亿韩元,比上年增长5%,出口增长18.5%,保持较高的增长速度,这主要得益于物联网、大数据以及云计算市场的增加。

综上所述,韩国虽然也面临着市场饱和、创新乏力以及中国等新兴国家的激烈竞争,信息产业发展步伐趋于缓慢,但与日本相比,以三星为代表的一批韩国IT企业能不断调整技术研发和产品创新方向,目前仍保持了较强的全球竞争力,因此韩国信息产业的发展前景比日本更乐观。

(四)政府信息化与电子政务

韩国电子政务起步很早。早在1978年,韩国政府就开始逐步推进人事、工资、年金管理等各种统计的电子化①。1979年,韩国制定了《关于行政业

---

① 雷雯:《韩国的电子政务建设》,《当代亚太》2003年第2期。

务电算化的规定》，1986年韩国制定了《普及和促进利用网络法》。1987年，韩国在国防、行政、金融、教育、公安、研究等五大重点领域开始进行第一次国家骨干网建设，以提高行政工作效率和为发展信息产业打基础。1991年底五大重点领域中的居民、房地产、雇佣、通关、汽车和经济统计六大优先业务都实现了在线服务。1992年，韩国开展了二次国家骨干网的建设，到1996年底韩国在国税管理、护照管理、土地管理等11个重点业务实现了在线管理①。通过两次国家骨干网的建设，韩国基本实现了政府行政电子化网络管理。

1999年3月，韩国政府出台"Cyber Korea 21"计划（即"21世纪网络韩国"计划），其目标是消除不同地区和不同阶层的人群之间存在的"数字鸿沟"，促进"数字包容"与"数字公平"。2001年1月韩国政府发布关于建设知识信息社会的国家发展远景报告，并成立了电子政务特别委员会，积极听取民众的意见和建议，加快建设电子政务。同年2月，韩国国会通过了《关于实现电子政府和促进行政业务电子化的法律》。2002年4月韩国政府提出了"e-Korea Vision 2006"计划，其目标是通过信息化建设，显著提高政府工作效率；通过迅速准确地为公民服务、在线定制型服务和行政公开，在为公民创造参政议政的前提下，制定和执行政府决策。

2013年6月韩国发布了"政府3.0时代"计划。"政府3.0时代"是政府运作的新范式，通过向公众开放和分享政府所有的数据，鼓励政府部门之间的沟通和协作，创新服务方式以向民众提供定制化的公共服务，并创造新的就业机会。其核心是通过打造透明政府、有能力的政府和以服务为导向的政府，提高民众的幸福度。

一是透明政府。包括开放政府所有公共数据、鼓励私营部门利用公共数据、促进政府与企业合作。

二是有能力的政府。包括消除影响政府部门之间协作的障碍、加强政府内部的协作与沟通、通过大数据开展智能管理。

三是以服务为导向的政府。包括提供定制化的公共服务、提供一站式业务支援服务、缩小数字鸿沟、利用尖端IT技术来定制公共服务。

根据联合国经济和社会事务部发布的《2016联合国电子政务调查报告》，

---

① 胡延晟、张娇:《韩国电子政务建设对我国的启示》，《国土资源信息化》2009年第4期。

韩国的电子政务发展指数（EGDI）为0.8440，在全球近两百个国家排第3名，属于非常高等（其他分别为高等、中等和低等），这一得分既远高于世界平均水平、亚洲国家平均水平，也远高于世界高收入国家的平均得分，属于全球顶级水平。尤其是在线政府指数为0.9631，排名世界第一，电子参与度指数为0.9661，排名世界第四，显示出韩国电子政务发展处于全球领先位置（见图11）。

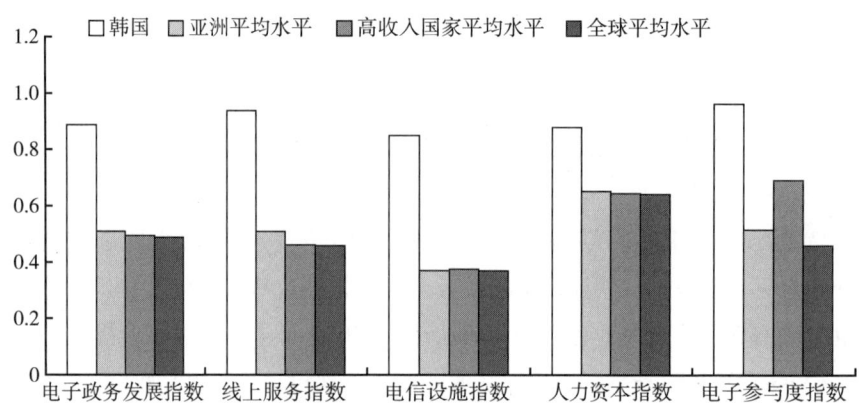

图11 韩国电子政务发展指数情况

参考文献

程永明：《"一带一路"与中国企业走出去——日本企业海外发展的启示》，《东北亚学刊》2015年第4期。

方旸、方苏春、王金翎：《日本国家信息化发展战略研究》，《情报科学》2012年第11期。

何芬兰：《日本互联网业：经验可鉴优势犹存》，《国际商报》2016年9月7日。

李彬、魏红江、邓美薇：《日本智慧城市的构想、发展进程与启示》，《日本研究》2015年第2期。

李淑华：《韩国信息化建设及其对中国的启示》，《延边大学学报》（社会科学版）2013年第1期。

李文：《"一带一路"建设背景下的东北亚合作问题》，《东北亚学刊》2015年第4期。

吕小刚、王庆福：《韩国"智慧政府实施计划"对我国智慧政府发展的启示》，《信息化建设》2016年第1期。

朴英爱、张林国：《中国"一带一路"与韩国"欧亚倡议"的战略对接探析》，《东北亚论坛》2016年第1期。

徐家蓓：《浅析日本互联网新服务发展缓慢的原因》，《新闻传播》2016年第21期。

衣保中、张洁妍：《东北亚地区"一带一路"合作共生系统研究》，《东北亚论坛》2015年第3期。

余波：《韩国的互联网管理政策变迁》，《管理观察》2015年第8期。

B.3
东南亚国家信息化状况

丁波涛*

摘　要： 东南亚是当今世界经济发展最有活力和潜力的地区之一，也是海上丝绸之路的第一站。东南亚国家之间信息化发展水平差异较大，其中新加坡一枝独秀，处于全球领先位置，而老挝、缅甸和柬埔寨则较为落后。东南亚各国普遍重视国家信息化建设。新加坡将信息化作为立国之本，是全球最早实施信息化建设的国家；马来西亚、菲律宾、印度尼西亚、泰国等国政府都在20世纪90年代末和21世纪初推出了多项国家信息化发展规划，并成立了专门的中央政府部门负责国家信息化建设工作；即使是目前经济发展和信息化建设水平还比较落后的柬埔寨、老挝、缅甸等国，近几年来也加快了网络通信基础设施建设，促进信息产业发展，推进信息技术在经济社会各领域的应用，力图通过信息化建设快速实现国家的现代化。随着未来区域经济的快速发展，东南亚信息化发展前景将十分乐观。同时东南亚也是中国开展国际信息化合作的优先地区，近年来中国与东南亚国家在网络通信设施、网络安全、信息技术创新等领域开展了广泛的合作，为加快东南亚国家信息化水平提升和经济社会发展、促进中国IT产业的国际化发挥了重要作用。

关键词： 东南亚　信息化　发展现状　国际合作

---

* 丁波涛，博士，上海社会科学院信息研究所副所长、副研究员，研究方向：信息社会、城市信息化、信息资源管理。

一 东南亚国家信息化发展整体概况

东南亚国家包括马来西亚、印度尼西亚、泰国、菲律宾、新加坡、文莱、越南、老挝、缅甸和柬埔寨，总面积约为444万平方公里，人口5.91亿。如果将东南亚作为一个整体，它将是世界人口第三大的地区、世界第七大经济体、世界第四大进出口贸易地区，是发展中国家吸收外商直接投资（FDI）的主要地区，也是当今世界经济发展最有活力和潜力的地区之一。

东南亚国家之间存在较大差异，既有新加坡、文莱这样的发达国家，也有泰国、菲律宾、印尼、马来西亚以及越南这样的新兴工业化国家，还有缅甸、柬埔寨、老挝等发展水平比较落后的国家。东南亚各国在信息化方面亦如此，不同国家的信息化发展水平差异较大。参考中国国家信息中心的《全球信息社会发展报告2016》，东南亚国家的信息化发展水平如表1所示（缺老挝、缅甸数据）。

表1 2016年东南亚地区8个国家信息社会发展指数

	信息社会	信息经济	网络社会	在线政府	数字生活	全球排名
柬埔寨	0.2867	0.2425	0.2129	0.3029	0.3992	115
菲律宾	0.38	0.3561	0.3034	0.4801	0.447	102
印尼	0.3841	0.3371	0.4041	0.4602	0.3857	100
越南	0.4254	0.353	0.3522	0.4768	0.5537	94
泰国	0.4443	0.3991	0.3959	0.4626	0.5318	88
马来西亚	0.6357	0.5563	0.5771	0.6119	0.7817	47
文莱	0.7152	0.6871	0.7362	0.5104	0.7907	23
新加坡	0.8846	0.8411	0.8686	0.9476	0.9231	2
"一带一路"沿线国家平均	0.5414	0.5021	0.4926	0.5637	0.6221	—
全球平均	0.5601	0.5508	0.5131	0.5763	0.6110	—

从表1可以看出，东南亚国家的信息化发展水平呈现出两极化的趋势。一端以新加坡、文莱两国为代表，新加坡的信息化发展水平排名更是达到全球第二、"一带一路"沿线国家第一；而其他国家中除马来西亚排名较高外，基本上都处于全球较低水平，柬埔寨的全球排名和"一带一路"沿线国家排名都

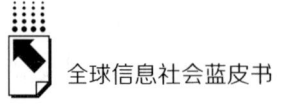

处于垫底位置；报告中缺失的老挝、缅甸，从国家经济发展状况来判断，其信息化水平应与柬埔寨相当，亦处于全球落后位置。

虽然东南亚国家信息化水平层次不齐，但该区域各个国家普遍重视信息化建设。新加坡将信息化作为立国之本，是全球最早实施信息化建设的国家，早在1980年就成立了国家计算机委员会，并制定了第一个五年发展计划——国家计算机化计划，2006年开始又先后推出了"智慧国2015"计划和"智慧国2025"计划，信息化建设方面一直引领全球发展。马来西亚、菲律宾、印度尼西亚、泰国等国政府都在20世纪90年代末和21世纪初推出了多项国家信息化发展规划，如马来西亚的"Wawasan 2020"，菲律宾的"Philippine ICT Roadmap 2006－2010""The Philippine Digital Strategy（PDS）2011－2016"，泰国的"IT2000""IT2010""IT2020"。同时这些国家都成立了专门的中央政府部门（如通信与信息技术部、科技创新部等）负责这些国家信息化战略的制订和实施。即使是目前经济发展和信息化建设水平还比较落后的柬埔寨、老挝、缅甸等国，近几年来也加快了网络通信基础设施建设，促进信息产业发展，推进信息技术在经济社会各领域的应用，力图通过信息化建设快速实现国家的现代化。

从发展趋势来看，东南亚国家信息化发展前景十分乐观。从外部环境来说，1997年亚洲金融风暴的影响逐步淡去，东南亚各国的经济得到了恢复并取得了新的增长。从内部环境来讲，不少东南亚国家曾长期面临政局不稳、社会动荡的问题，严重制约了经济发展，而近几年来这些问题都有所缓解。另外缅甸、老挝等国在近两年也缓和了与西方国家的关系，打开国门、走向开放。可见，在内外形势都向好的情况下，东南亚国家将进入新的经济增长周期。经济的发展和转型升级必然带来对信息化建设的迫切需求，再加之目前该区域大多数国家信息化发展水平还较低，因此可以判断，未来东南亚国家的信息化建设将快速发展进步。

中国与东南亚国家的信息化合作十分密切。东南亚地域广阔、人口众多，经济发展潜力巨大。中国与东南亚国家山水相连、文化相通，特别是中国改革开放以来，中国与东南亚国家的政治经济关系快速发展，经贸来往日益密切，中国已成为东盟以及大多数东南亚国家最大的贸易伙伴。与此同时，东南亚也是中国开展国际信息化合作的优先地区，近年来中国与东南亚国家在网络通信设施、网络安全、信息技术创新等领域开展了广泛的合作。例如在网络安全领域，2009年中国与东盟签订了《中国－东盟电信监管理事会关于网络安全问题的合作框架》，随后几年中国与东盟多次召开网络安全领域的论坛。在信息产业领域，中国IT企业"走出去"往往也将东南亚国家作为第一站，例如华为公司在东南亚国家进行了大量市场开拓，在泰国连续获得较大的移动智能网订单；腾讯公司的微信的海外拓展重点聚焦在东南亚等地，在马来西亚和新加坡，WeChat的用户以及应用商店排行榜排名已经超越Line；中国互联网企业茄子快传在印尼取得了较高的增长速度和超高的份额占比，长期稳居印尼Google Play工具榜第一；京东于2016年在印尼开店，并期望利用它们手里4000万以上SKU的产品组合和中国至东南亚的供应链，与像MatahariMall和Lazada这样的电商巨头竞争；阿里巴巴向新加坡邮政投资了近5亿美元，为阿里巴巴、天猫和淘宝打通了顺利进入东南亚的道路。

二 印度尼西亚国家信息化状况

印度尼西亚共和国，简称印度尼西亚或印尼，约由17,508个岛屿组成，是全世界最大的群岛国家，疆域横跨亚洲及大洋洲，别称"万岛之国"。印度尼西亚人口超过2.58亿，为世界上人口第四多的国家。印度尼西亚为东南亚国家联盟创立国之一，且为20国集团成员国。2000年，两国建立长期稳定睦邻互信的全面伙伴关系。2005年4月，中国国家主席胡锦涛访问印尼，与印尼总统苏希洛共同签署建立战略伙伴关系的联合宣言双边关系步入快速、稳定、健康发展新时期。

表2 印尼国家信息化发展水平简况

名称	印度尼西亚共和国		
简称	印度尼西亚或印尼		
首都	雅加达	官方语言	印尼语
人口	2.58亿(2015年)	国土面积	190万平方公里
GDP	8619亿美元(2015年)	人均GDP	3347美元(2015年)
固定电话普及率	8.75%(2015年)	移动电话普及率	132.35%(2015年)
互联网普及率	34.9(2015年)	固定宽带普及率	1.09(2015年)

根据中国国家信息中心发布的《全球信息社会发展报告2016》，印尼的信息社会指数（ISI）为0.3841，在参与评估的126个国家中排第100位，其中信息经济、网络社会、在线政府、数字生活指数分别为0.3371、0.4041、0.4602、0.3857，总指数和各分指数均低于全球平均水平（见图1）。

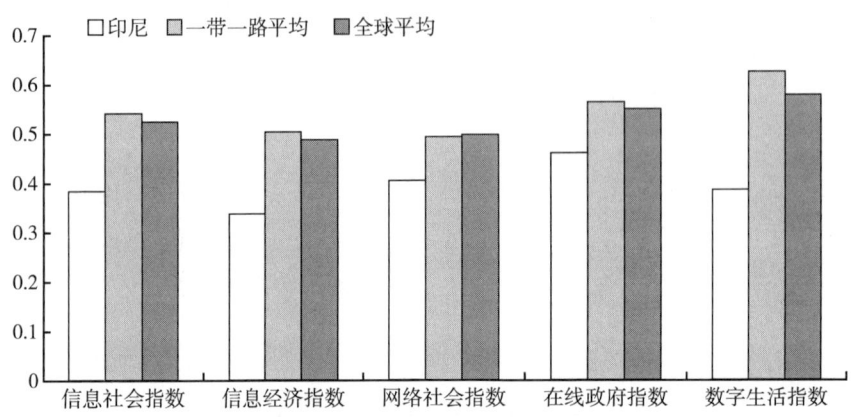

图1　2016年印尼信息社会指数

（一）国家信息化战略和规划

印尼政府十分重视信息化建设，早在2001年就推出信息技术发展五年计划（2001－2005）[①]，其目标是在未来5年内提升全国信息通信技术的效益，包括增强信息的透明度和平等获取信息的权力，提升民众借助网络信息技术获得服务和机会的能力，以及采取措施促进个人潜力的实现。其主要内容包括以下四点。

第一，完善政策法律框架，创造一个有利于ICT发展的法律环境，包括：（1）取消对现有ICT产业管制，起草必要的ICT相关法规，构建一个明确透明的法律框架；（2）促进利益相关方之间的互动；（3）促进ICT领域的国际合作，建设国家信息基础设施并覆盖偏远地区。

第二，培养ICT人力资源。包括：（1）在中小学和高校中引入ICT相关的

---

① *Five-year Action Plan For The Development And Implementation Of Information And Communication Technologies（ICT）In Indonesia*，http：//www.sdnbd.org/sdi/issues/IT－computer/policy/indonesia.pdf，2017－9－26.

教育内容；(2) 促进 ICT 技术在基础教育和高等教育中的应用；(3) 开展 ICT 职业培训，增强企业员工的 ICT 意识和能力。

第三，完善基础设施。加强政府与国内外私营部门的合作，增加 ICT 基础设施的接入度和覆盖率，特别是针对那些 ICT 服务不足和利润较低的地区。包括建设国家级信息基础设施，促进学校、医院等公共机构的互联网接入，促进新型信息技术的普及应用等。

第四，推广信息化应用。包括：(1) 公共部门的信息化应用，例如政府门户网络建设、政府的在线服务开发、政府信息公开、政府决策支持系统开发等；(2) 面向私营部门的信息化应用，如推广国家统一的 ID 卡和企业数据库、面向企业的各类行政管理系统、电子商务标准等。

2014 年 10 月，印度尼西亚政府推出了"国家宽带计划（2014～2019）"，其目的是使城市地区 71% 的家庭和 30% 的人口能接入固定网络（20Mbps），移动接入（1Mbps）则实现居民全覆盖；使农村地区，49% 的家庭和 6% 的人口能够接入固定网络（10Mbps），52% 的人实现移动接入（1Mbps）。该计划总预算为 278 万亿印尼盾（约 232 亿美元），其中 10% 来自国家预算[①]。需要说明的是，该计划虽然名为"宽带计划"，但其内容不限于网络设施，还包括各行业中的宽带应用，如电子政务、电子教育、电子健康以及电子物流、电子采购等企业应用。

从 2016 年开始，印尼又开始实施"帕拉帕环项目（The Palapa Ring Program）"。该项目从 1998 年开始准备，后来几经延迟，终于于 2016 年启动。"帕拉帕环项目"旨在建立一个全国性的光纤网络，从而形成国家信息化基础骨干网络，显著提升高速宽带并降低通信和网络接入成本，以应对该国在 IT 基础设施领域面临的诸多问题[②]，特别是要缩小印尼农村和城市地区在互联网接入方面的鸿沟。该项目采用公私合营的方式进行运作，政府将为此投入 2.7 万亿印尼盾（约 2.07 亿美元），建设七个相互连通的、总长超过 4700 公里的光纤环，覆盖全国 33 个省。

---

① *Indonesian Government to Boost Fixed Access by 2019*, http：//broadbandworldforum.wordpress.com/2015/12/02/indonesian – government – to – boost – fixed – access – by – 2019, 2017 – 9 – 26.

② *Improving Internet Access in Indonesia*, http：//www.gbgindonesia.com/en/services/article/2012/improving_ internet_ access_ in_ indonesia.php, 2017 – 9 – 26.

（二）信息化基础设施

印尼属于新兴工业化国家，其工业基础和信息化基础设施发展水平还较低。根据ITU（国际电信联盟）数据，2006年以来印尼固定电话普及率在10%上下徘徊，普及率比较低；而移动通信则突飞猛进，2011年普及率超过100%，2015年达到132.25%；拥有计算机的家庭仍比较少，而且增速缓慢，2015年家庭计算机普及率为18.71%（见图2）。

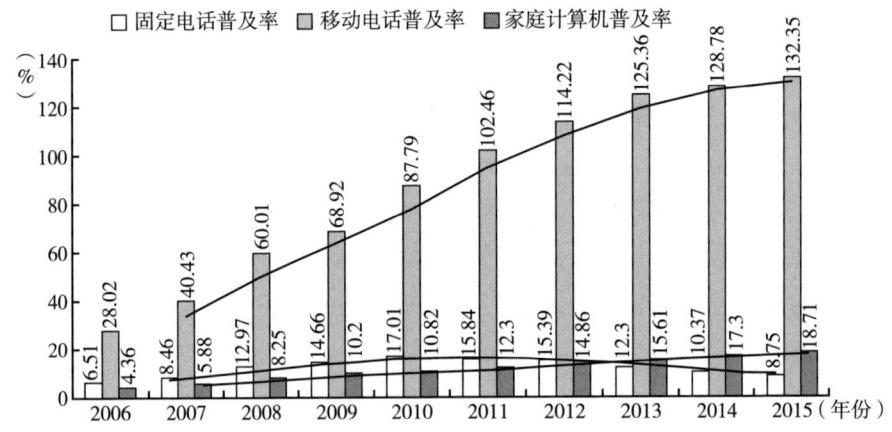

图2 印尼近十年的电话和家庭计算机普及率

印尼信息化基础设施普及具有以下特点。

一是网络普及率偏低。从2000年至2016年印尼网络普及率变化情况来看（见表3），印尼网络普及率总体上增长较慢，特别是2011年至今，年增长率都在15%左右，2013年仅增长4%，考虑到印尼较低的网络普及率基数，这个增长速度是偏低的。

二是宽带网络水平不高。根据ITU的统计，印尼固定宽带普及率极低，而且近十几年来几乎没有明显增长，2015年也仅为1%左右，相比前几年甚至还略有下降；移动宽带用户数虽然近几年增长很快，但2015年的普及率也只有约42%，远低于同等收入国家水平和东南亚平均水平，说明印尼急需提升网络设施的能级。

表3 2000～2016年印尼互联网普及率变化情况

单位：人，%

年份	互联网用户数	占总人口比重	总人口	用户年变化率	用户年变化数
2016*	53236719	20.4	260581100	6.5	3232544
2015*	50004175	19.4	257563815	14.7	6390626
2014	43613549	17.1	254454778	16.2	6074069
2013	37539480	14.9	251268276	4.2	1524384
2012	36015096	14.5	248037853	19.8	5952643
2011	30062454	12.3	244808254	13.9	3678300
2010	26384153	10.9	241613126	59.9	9882364
2009	16501789	6.9	238465165	-11.4	-2132851
2008	18634640	7.9	235360765	38.6	5193307
2007	13441333	5.8	232296830	23.0	2517333
2006	10924000	4.8	229263980	34.0	2774250
2005	8149750	3.6	226254703	40.4	2344128
2004	5805622	2.6	223268606	10.4	546831
2003	5258791	2.4	220307809	13.4	619840
2002	4638951	2.1	217369087	7.2	310068
2001	4328883	2.0	214448301	121.1	2370941
2000	1957942	0.9	211540428	111.2	1030694

注：*表示预计数据，截至2016年7月1日；**互联网用户为通过任何设备在家能够访问互联网的个人用户。资料来源，*Indonesia Internet Users*，http：//www.internetlivestats.com/internet-users/indonesia/，最后访问日期：2017年9月26日。

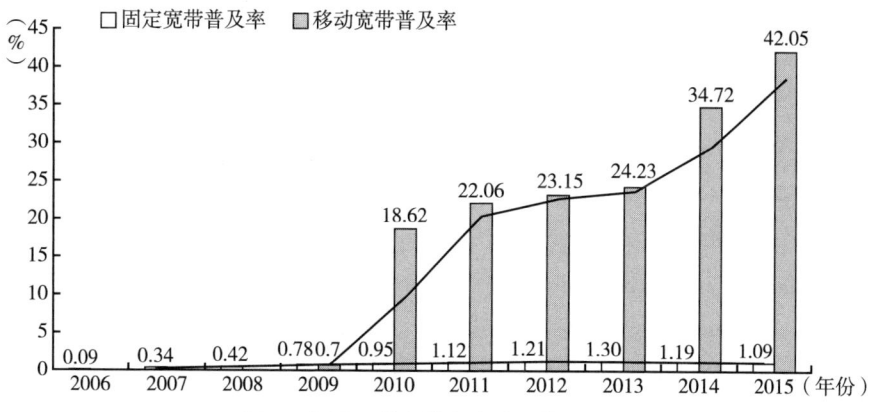

图3 印尼固定宽带和移动宽带普及率

说明：宽带普及率系每百名居民中宽带服务订阅数（subscriptions per 100 habitants）

三是区域差异很大。印尼是一个由近17000多个岛屿组成的岛国，国土广阔而分散，大多数人口和产业集中在少数几个大岛上，由此，不同地区在经济社会以及信息化发展水平上的差异很大。尤其是固定电话网络，国土分散、岛屿众多导致建设全国性固定电话网络的成本很高，所以印尼的固定电话用户主要集中在少数几个大岛和城市里，小岛和农村的固定电话普及率很低。固定电话网络不完善，又限制了固定宽带网络的发展。

四是呈现出后发优势的特点。从上述数据可以看出，印尼的固定电话普及率很低，近几年均约为10%，但移动电话普及率很高，高达132.35%，接近于发达国家水平，两者形成强烈反差，反映出印尼信息化发展具有后发优势。这也说明，未来印尼的互联网发展将极有可能超越其他国家"先固定网络、再移动网络"的发展路径，直接发展以移动互联网为主体的互联网体系。

专栏：印尼主要的电信运营商

Telkom。即印尼电信公司（全称PT Telekomunikasi Indonesia），是印尼最大的电信公司。Telkom是一家由国家控股的半私有化企业，在多个证券交易所上市。该公司的业务范围广泛，横跨电信、多媒体、房地产和金融服务等多个行业。

Indosat Ooredoo。印尼第三大电信运营商，目前卡塔尔电信Ooredoo为最大股东，提供手机用户的通信服务，该公司还提供固定语音服务（包括国际直拨电话）、多媒体、互联网和数据通信服务。

XLAxiata。即亚通公司印尼分公司。亚通集团（Axiata Group）是亚洲领先的电信运营公司，业务主要集中在南亚和东南亚地区，在《福布斯》2014年全球企业2000强中排第861位。

AxisTelekom。Axis公司成立于2008年4月，是印尼发展最快的国家级GSM移动运营商，该公司提供包括2G、3G和黑莓，以及移动语音，短信，数据和内容服务等在内的多种服务，业务覆盖印尼全国以及全球159个国家。

（三）信息产业与数字经济

尽管信息化基础设施相对滞后，但印尼人口众多，而且城市化率较高，在其2.58亿人口中，有51%居住在城市。因此从总数量上讲，印尼仍然是全球电信和互联网大国，例如在2015年：

- 互联网用户达到6300万；
- 移动网络用户数2.66亿；
- 脸谱网（Facebook）用户4250万（世界第四）；
- 推特（Twritter）用户570万（世界第三）。

作为一个发展中国家，印尼正致力于通过增加信息技术部门的投资来促进国家的经济发展。印尼财政部的数据显示，近几年印尼中央政府在ICT方面的财政支出增长速度都保持在18%以上。

根据国际数据公司（IDC）的研究，印尼已成为东南亚最大的ICT技术和产品消费国，其在ICT方面的开支排全球第十九名。印尼公共部门投入巨资来提升其内部信息化基础设施，私营部门也在ICT方面进行大量投资以提高客户服务、保持竞争优势。IDC预计，2025年，印尼互联网用户数将在2015年基础上翻一番，达到1.25亿。

庞大的互联网用户数催生了蓬勃发展的互联网产业。德勤统计，2016年印尼互联网产业对GDP的贡献率达到2.5%，较2011年的1.6%有较大增长，超过了该国液化天然气产业（1.45%）和电子电气设备出口产业（1.51%）对经济的贡献，比木材制造业的贡献率高3倍以上。

根据印尼电子商务协会和谷歌联合开展的研究，2016年印尼国内电子商务市场增至240亿美元，而在2010年该数字只有2亿3000万美元，不到国内生产总值的0.1%，6年间电子商务市场规模扩大了10倍以上。电子商务的高速增长得益于多方面的原因，包括互联网的普及使得民众搜索信息更加便利，以及该国电子支付体系的不断完善。同时2014年印尼《贸易法》（2014年第7号）的颁布，让居民在使用电子交易或在互联网上进行交易时可以得到法律保护。

在大力促进互联网产业发展的同时，印尼政府也不断完善法规体系，对互联网以及互联网产业加强监管。据报道，印尼通信与信息技术部将出台政策，要求互联网公司在该国设立长期实体机构，旨在增加税收以及为外国及本地企业营造公平的竞争环境①。对跨国公司而言，他们可以在当地成立一个正式的公司，也可以与当地企业建立合资企业或建立合作伙伴关系。按照新政策，数字内容提供商（如视频流媒体服务商 Netflix 等）将按照当地电视和电影政策要求审查其内容。政府还将在税收和法律问题上对跨国公司和本地企业一视同仁，而不再像以前那样对未在印尼设立实体机构的跨国公司免税。新规将改善印尼本土企业与跨国竞争对手在税务和法律问题上待遇不平等的状况。

专栏：印尼的主要互联网企业＊

1. Tokopedia

Tokopedia 号称印尼淘宝，成立于 2009 年，自成立以来增长迅速，目前已经成为印度尼西亚最大的电商平台。Tokopedia 平台上已经入驻了数以万计的商家，每个月的访问量都在千万人次以上，每月的销售商品数都能够达到 200 万件左右。2014 年，Tokopedia 获得了红杉资本和软银集团 1 亿美元的投资，成为当时印尼国内最大的一笔互联网融资项目。

2. Lazada

Lazada 是东南亚地区最大的在线购物网站之一，Lazada 的目标主要是印尼、马来西亚、菲律宾以及泰国用户。Lazada 于 2012 年进入印尼市场，主要对国际品牌进行跨境销售，目前 Lazada 约有 160 万件库存，累积约 4 万种卖家。在拥有自己的支付平台 helloPay 的同时，Lazada 还有自己的物流配送网络。2015 年 4 月中国阿里巴巴入股 Lazada，Lazada 在中国的知名度迅速攀升。

3. MatahariMall

MatahariMall 成立于 2015 年，由印尼最大的金融控股财团 Lippo Group 投入约 5 亿美金建立。目前，MatahariMall 约有 15 万件产品库存，该平台向消费者提供货到付款、分期付款等一系列快捷支付方式。

---

① 《印尼引入互联网企业监管政策》，http://www.cac.gov.cn/2016-03/11/c_1118306016.htm，最后访问日期：2017 年 9 月 26 日。

4. Zalora

Zalora 于 2014 年进入印尼市场，主打时尚概念，现在已拥有 600 个品牌共计 9 万种不同产品，其中近 70% 为本地品牌。Zalora 主要为独立设计师和个人销售商家提供自创品牌平台。

5. Blibli

Blibli 于 2010 年进入印尼电商市场，其特点在于主要销售本土品牌的产品。这些产品主要包括家居装饰品、传统服装、不同岛屿风味的料理、本国旅游以及艺术表演和体育赛事的门票。Blibli 屡获中国手机品牌青睐，2014 年 9 月，小米在 Blibli 发售小米 3 手机；2015 年 12 月，联想旗下 ZUK 携手 Blibli 在雅加达发布 ZUKZ1 国际版。

* 本专栏资料摘选自 http：//www.ebrun.com、www.wikipedia.org 等网站。

（四）政府信息化与电子政务

印尼民众渴望建立一个清廉高效、真正为民众服务的行政系统。2014 年上任的印尼总统佐科在竞选期间反复强调，印尼需要一个可靠、有为、干净的政府，为此他将推动国家预算、政府采购、税收审计等一系列政务电子化，加强政务公开、提高透明度、减少腐败，这也是印尼电子政务建设的主要目标[①]。

虽然印尼政府早就认识到电子政务的价值，并且自 2003 年以来采取了多种举措来推动电子政务的实施（包括开发可靠的电子政务系统、加强政府信息化基础设施建设、制订电子政务质量标准和服务指南以及加强公共服务事务监管等），但到目前为止这些举措尚未对该国电子政务服务发展产生实质性影响，其政府的信息化水平仍十分落后。

---

① 庄雪雅：《印尼新政府要在变革中求发展》，http：//world.people.com.cn/n/2014/0726/c1002-25345449.html，最后访问日期：2017 年 9 月 26 日。

联合国经济和社会事务部发布的《2016联合国电子政务调查报告》显示①，印尼的电子政务发展指数（EGDI）为0.4478，在全球近两百个国家中排第116名，属于中等（其他分别为非常高等、高等和低等）。这一得分既低于世界平均水平和亚洲国家平均水平，也低于世界中低收入国家的平均得分，显示印尼需要加快发展电子政务（见图4）。

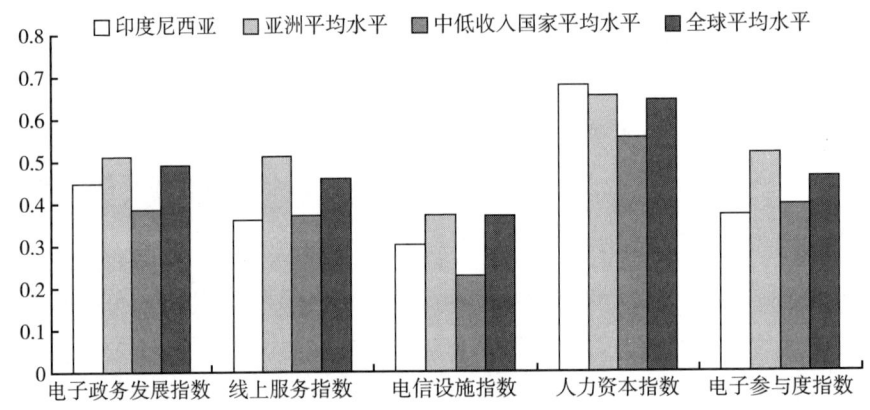

图4 印尼电子政务发展指数情况

同时该报告专门对发展中国家的电子政务发展状况进行了评估，并将这些国家分为两类，一类是人均收入低但电子政务发展水平较高的国家，如玻利维亚、菲律宾、越南、乌克兰等；另一类则是电子政务发展水平低于其他同等人均收入国家平均水平的国家，印尼就属于这一类。

根据有关机构的研究，目前印尼电子政务存在以下方面的问题。

一是网站的用户体验设计不合理，政府机构在建设网站时未认真考虑用户到底需要哪些数据，到底哪些信息应该被放在网站上。

二是用户交互渠道缺乏。绝大多数政府网站都没有提供在线交流渠道，用户只得使用电话和电子邮件等传统手段来查找和联系政府官员。同时政府也没有设置回应时间的标准，用户无法得知其提出的问题可以在多长时间内得到答复。

三是政府数据公开方面的问题，包括数据库不完善，数据库不能定期更

---

① 《2016联合国电子政务调查报告》，http://workspace.unpan.org/sites/Internet/Documents/UNPAN96420.pdf 最后访问日期：2017年9月26日。

新，数据不能保证长期可用。这些问题可能是某些政府机构故意造成的，这样可以迫使用户不得不向政府机构购买数据①。

从上述情况来看，印尼的电子政务发展目前仍处于起步水平。全球著名IT研究与咨询企业Gartner曾提出过电子政务发展的四阶段模型②（见图5）。

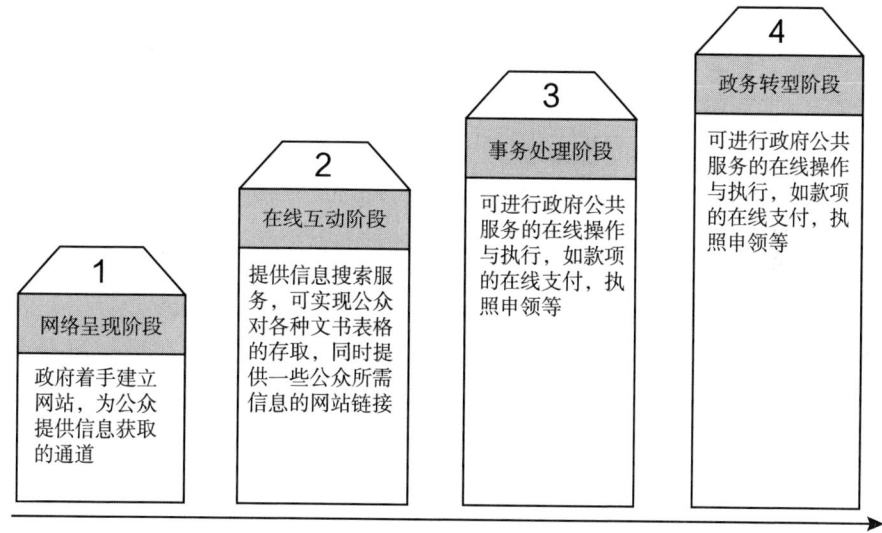

图5 Gartner的电子政务发展四阶段模型

根据Gartner的四阶段模型，印尼目前的电子政务发展水平还处在第一阶段，即"网络呈现阶段"，主要是通过政府网站为公众提供有关政府、机构和人员的简介、规章、联系方式等有限信息，印尼电子政务发展的空间还很大。

三 马来西亚国家信息化状况

马来西亚经济在20世纪90年代突飞猛进，为"亚洲四小虎"之一，已成

---

① Challenges in e-Government Implementation, http://www.thejakartapost.com/news/2015/07/27/challenges-e-government-implementation.html, 2017-9-26.
② 张红亮、梁晓鹏、亢爱国：《国内外电子政务发展阶段模型研究》，《新世纪图书馆》2009年第6期。

为亚洲地区引人注目的多元化新兴工业国家和世界新兴市场经济体。1974年5月31日,马来西亚与中国建交,建交以来,两国不断拓展和深化双边关系,给双方带来实实在在的利益,也为促进两国和本地区的繁荣与进步发挥了重要作用。

表4 马来西亚国家信息化发展水平简况

名称	马来西亚联邦		
简称	马来西亚或大马		
首都	吉隆坡	官方语言	马来语
人口	3030万(2015年)	国土面积	33万平方公里
GDP	2962亿美元(2015年)	人均GDP	9766美元(2015年)
固定电话普及率	14.65%(2015年)	移动电话普及率	143.89%(2015年)
互联网普及率	68.6%(2015年)	固定宽带普及率	10.00%(2015年)

在中国国家信息中心发布的《全球信息社会发展报告2016》中,马来西亚的信息社会指数(ISI)为0.6357,在参与评估的126个国家中排第47位,比2015年上升2位,在亚洲国家排第11位,在东南亚国家排第3位(仅次于新加坡、文莱)。其中信息经济、网络社会、在线政府、数字生活指数分别为0.5563、0.5771、0.6119、0.7817,总指数和各分指数均高于全球平均水平(见图6)。

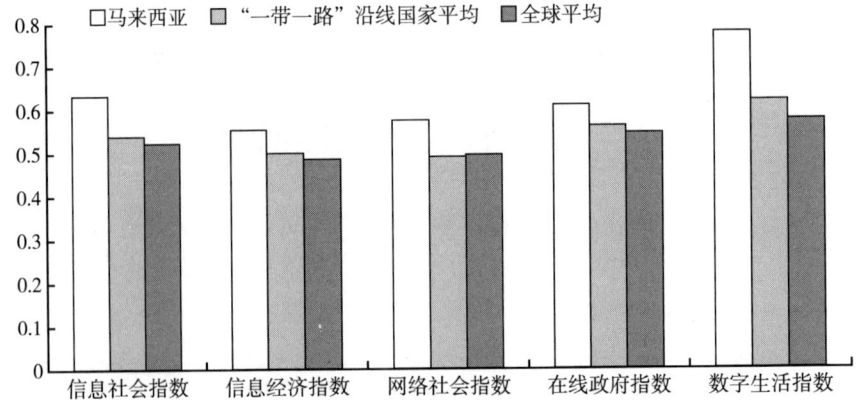

图6 马来西亚2016年信息社会指数

（一）国家信息化战略和规划

独立以来，马来西亚一直面临着国家建设的各方面任务。特别是在经济方面，马来西亚用了整整一代人的时间（从 1960 年代到 1980 年代），通过出口加工战略，将经济结构由农业为主转型为工业为主，初步成为一个工业化国家。但马来西亚也清楚地认识到不能仅依靠出口来维持经济的持续发展，而必须寻找新的经济增长点。况且，马来西亚在发展过程中还面临人口、资源、环境等各方面的压力。

为应对这种局面，马来西亚十分重视国家的信息化建设，力争通过信息技术应用和信息产业发展帮助马来西亚实现从工业社会到后工业社会的跨越。马来西亚将信息通信技术（以下简称 ICT）视为两个角色，一是将 ICT 视为一个新的生产部门；二是将 ICT 视为一种"助推器"，推动马来西亚迈入知识经济与知识社会[1]。

为此，从 20 世纪 90 年代开始，马来西亚制定和出台了一系列与信息化相关政策。1991 年，时任马来西亚首相马哈蒂尔宣布实施名为"2020 愿景"（Wawasan 2020 或 Vision 2020）的国家发展战略，该战略的目标是在 2020 年使马来西亚进入发达国家行列。该战略不仅致力于经济发展方面，也关注社会的繁荣，其中一项任务是信息通信技术的普及使用。

ICT 产业发展的关键项目是建设"多媒体超级走廊"（Multimedia Super Corridor，简称 MSC）[2]。MSC 项目启动于 1996 年，是马来西亚最大的 ICT 发展项目。MSC 的目的是构建一个世界领先的技术环境，吸引和培充 ICT 行业顶尖的世界级企业，促进该国信息产业由全球产业链中的低价值环节转向高价值环节，推动马来西亚向知识型社会转型。

多媒体超级走廊是从马来西亚首都吉隆坡市中心的国油双子塔向南延伸至新吉隆坡国际机场的走廊地带，这是一个空间规划科学、布局合理的高新技术产业带，南北长 50 公里，东西宽 15 公里，总面积 750 平方公里，比新加坡的

---

[1] Dr Tengku Mohd Azzman Shariffadeen，*National ICT Policy Planning and Strategic Intervention in Malaysia*. SitEXPO 2004，18 – 21 Février 2004，Casablanca，Morocco.

[2] *MSC Eligibility Criteria*，http：//www.mscmalaysia.my，2017 – 9 – 26.

国土面积还大。整个走廊地带由高速公路和高速轻轨连通,飞机即使在夜晚12点到达,也能在30分钟内进入市区。走廊内建有每秒流量达到2.5~10 Gb的光纤主干网,实现了与全球信息高速公路的无缝快速连接,可以高速连通世界主要国际性大都市①。

MSC项目是一项从1996年至2020年的长期计划,分成三个实施阶段②。

第一阶段：1996~2003年。该阶段以美国硅谷为蓝本建立多媒体超级走廊,配备世界顶尖级的软硬件基础设施,通过光纤将电子信息城、国际机场、新政府行政中心等大型基建设施联结起来,为区域内外市场提供多媒体产品和服务,该阶段目标已成功实现。

第二阶段：2003~2010年。该阶段陆续将多媒体超级走廊与国内外的其他智能城市相连,创建新的"数字城市"。在槟城和吉打州的居林高技术园区创建"小型多媒体超级走廊"。

第三阶段：2010~2020年。将整个马来西亚转型为一个大型信息走廊,届时将拥有12座"数字城市"与全球的信息高速公路连接。

MSC项目取得了一系列显著成效,吸引了包含Intel、AMD、DHL等在内的全球IT巨头来马来西亚投资设立分公司和研发中心,项目启动的十年间(1996~2005年),信息产业税收增长了9倍③。2014年MSC吸引的投资额为200.9亿马来西亚令吉(约60亿美元),总营业额达385.2亿令吉(约115亿美元),同比增长11%,其中信息技术占42%。共有229家企业获得MSC地位,MSC企业总数达到3632家④。

更为重要的是,虽然20世纪90年代以来马来西亚已成为全球主要的电子信产品生产及出口国,但其自主技术的研发能力和创新能力很低,多为外国投资设立的代工企业。随着多媒体超级走廊的顺利实施,以本国公司为主导的信息产业迅猛增长,信息产业已成为马经济的新增长点和推动力。

---

① 谢圣赞：《马来西亚建设"多媒体超级走廊"的经验与启示》,《中国科技产业》2006年第11期。
② 邓燕：《马来西亚多媒体超级走廊调研》,《公共商务信息导报》2006年第5期。
③ Rosyidah Muhamad," The Development of Ict and Its Political Impact in Malaysia"., *Journal of Borneo Social Transformation Studies* (JOBSTS), Vol. 1. No. 1, 2015.
④ 《马多媒体超级走廊去年吸引投资额突破200亿马币》, http://china. huanqiu. com/News/mofcom/2015 - 05/6439677. html, 最后访问日期：2017年9月26日。

在大力发展信息产业的同时，马来西亚政府也致力于不断提高该国的信息化基础设施水平。2008年9月，马来西亚政府和TM公司签署了一份协议，开始实施高速宽带项目（High Speed Broadband—HSBB），以发展该国下一代高速宽带基础设施和服务。该协议总额达到113令吉（约合38亿美元），是一公私合营（PPS）项目，其中政府出资24亿令吉，TM公司出资89亿令吉。HSBB项目的目标是为130万用户提供FTTH或VDSL服务，服务范围覆盖马来西亚特定城区的200多万户家庭及办公室[1]。截至2015年，HSBB项目的主承建商TM公司已建立了一个覆盖全国150万户家庭的光纤宽带网络。

（二）信息化基础设施

过去十年间马来西亚的信息化基础设施取得十分强劲的增长，但不同领域的增长并不平衡。比如固定电话用户数在经历过一轮快速增长后，近十年已基本稳定不变，甚至有所降低。虽然马来西亚政府将固定电话网络建设作为国家信息化建设的重要任务来进行大力推进，但固话用户数量未来仍未有复苏的迹象。

与此同时，2015年马来西亚的移动电话普及率达到了143.89%，市场竞争十分激烈，多家移动运营商在争取该国的移动电话市场：Celcom公司，拥有1230万用户，2015年市场份额排名第一（31.3%）；Maxis公司，市场份额为31.0%，以微弱差距排名第二；Digi公司的市场份额为30.0%。三家公司的市场占有率极为接近，可见马来西亚移动电话市场的竞争激烈程度。虽然近年来马来西亚移动电话市场增长放缓，但各大运营商正在雄心勃勃地推进下一代移动平台和移动宽带网络建设，积极申请政府发出的4G/LTE牌照[2]。

马来西亚的家庭计算机普及率较高，2010年之后一直保持在60%左右，在全球范围内也属较高水平，更是远远高于除新加坡之外的其他东南亚国家。近十多年来马来西亚的电话和家庭计算机普及率如图7所示。

---

[1] 《马来西亚电信加速转型》，http://www.docin.com/p-402688559.html，最后访问日期：2017年9月26日。

[2] *2015 Malaysia-Telecoms, Mobile and Broadband Publication Overview*, https://www.budde.com.au/Research/2015-Malaysia-Telecoms-Mobile-and-Broadband, 2017-9-26.

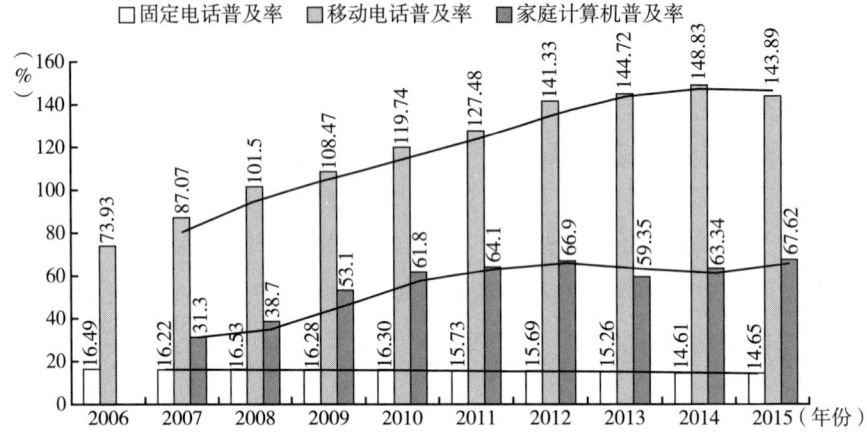

图7 马来西亚近十年的电话和家庭计算机普及率

马来西亚的宽带网络主要由移动宽带网络的发展来推动。通过固定宽带和移动宽带的有效结合,市场期望已久的互联网用户爆炸式增长阶段正在到来。特别是近两年来,光纤宽带业务迅速扩张,传统的基于固话网络的宽带(DSL)用户数量开始下降。

表5 2000~2016年马来西亚互联网普及率变化情况

单位:人,%

年份	互联网用户数**	占总人口比重	总人口	用户年变化率	用户年变化数
2016*	21090777	68.6	30751602	2.2	453560
2015*	20637217	68.0	30331007	2.2	453369
2014	20183848	67.5	29901997	2.3	450888
2013	19732960	67.0	29465372	3.3	636523
2012	19096437	65.8	29021940	9.6	1666925
2011	17429512	61.0	28572970	10.1	1598233
2010	15831279	56.3	28119500	2.4	368770
2009	15462509	55.9	27661017	1.9	286349
2008	15176160	55.8	27197419	1.9	287212
2007	14888948	55.7	26730607	9.8	1327238
2006	13561710	51.6	26263048	8.1	1017269
2005	12544441	48.6	25796124	17.2	1841086
2004	10703355	42.3	25332026	23.1	2006231

续表

年份	互联网用户数**	占总人口比重	总人口	用户年变化率	用户年变化数
2003	8697124	35.0	24869423	10.2	805963
2002	7891161	32.3	24401977	23.6	1505227
2001	6385934	26.7	23920963	27.5	1377469
2000	5008465	21.4	23420751	77.7	2190679

注：* 表示预计数据，截至 2016 年 7 月 1 日；** 互联网用户为通过任何设备在家能够访问互联网的个人用户。资料来源：*Malaysia Internet Users*，http：//www.internetlivestats.com/internet - users/malaysia/，最后访问日期：2017 年 9 月 28 日。

宽带网络发展方面，马来西亚固定宽带普及率增长较慢，近几年在 10% 上下起伏，属较低水平；而移动宽带在经历了长时期的低水平徘徊之后，2012~2013 年一年之间从 12% 不到猛然跃升为将近 60%，在 2014~2015 年年间从 60% 不到猛然跃升为超过 90%。这一发展的背景是 2012 年 12 月 5 日马来西亚通信与多媒体委员会（MCMC）向马来西亚 8 家公司颁发 2600MHZ 频段的 4G 网络牌照，促进了 4G 手机的大规模应用。

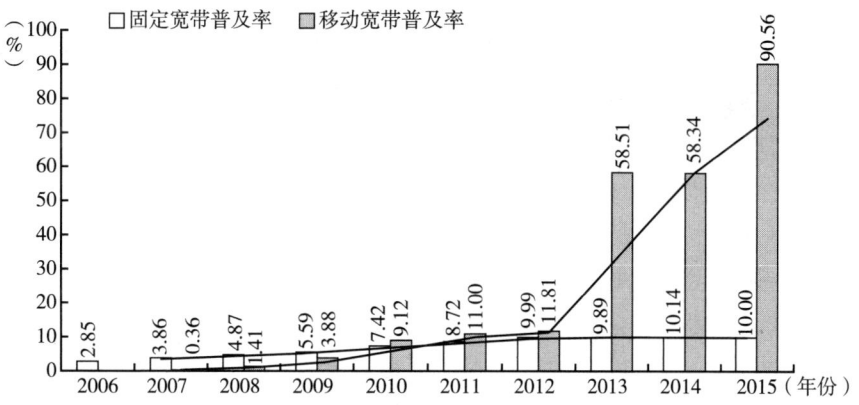

图 8 马来西亚固定和移动宽带普及率

说明：宽带普及率系每百名居民中宽带服务订阅数（subscriptions per 100 habitants）。

（三）信息产业与数字经济

（1）ICT 产业

马来西亚政府十分重视信息通信技术产业（ICT 产业）的发展，将其视为实现工业经济和知识经济的主要战略。经过多年的推动,目前ICT产业已成为马来西亚经济发展的一个重要部门。从全球ICT产品制造和出口的状况来看,马来西亚已初步摆脱低价值环节,转向ICT产品和服务的供应和出口价值链上的更高环节。马来西亚主要的ICT服务出口包括电子政府解决方案、电子商务解决方案,银行、金融、保险、医疗保健、教育等行业的软件开发和系统集成解决方案,信息安全解决方案,信息技术外包(ITO),业务流程外包(BPO),数据中心管理和托管,云计算服务,定制化商业解决方案和可扩展/定制的中小企业软件,网站托管和网络相关的各类服务。而在ICT产品方面,马来西亚制造的ICT硬件、电信设备、数据存储设备等目前已大量出口到全球市场。

(2)电子商务

目前马来西亚的电子商务发展水平还比较低。专业电子商务研究机构yStats.com发布的《2015马来西亚B2C电子商务报告》显示,2015年马来西亚网上零售额仅占国内零售总额的1%不到,但由于其较高的经济发展水平和较大的网民基数,yStats仍认为马来西亚是全球最具发展潜力的30个电子商务市场之一①。

马来西亚人均国内生产总值排名东南亚国家第二,仅次于新加坡;马来西亚低于19岁的人口占比达38%,消费需求旺盛②;马来西亚有将近2000万的互联网用户,在这些网民中,曾经有过网购经历的用户占比达到了两位数。另外,马来西亚的基础设施比较发达,其物流基础设施发展水平在东南亚以及中等收入国家中排名第一,在全球也排在30位之内。马来西亚政府于2013年出台了电子商务法规,严厉打击网络欺诈和网上失信,保障消费者权益,大大改善了电子商务发展的市场环境。淡马锡和谷歌的一项联合研究预计,到2025年马来西亚互联网产业的规模将达210亿美元,其中电子商务产业将占40%,综合增长率达24%③。

---

① *Malaysia B2C e-Commerce Market 2015*,https://www.ystats.com/product/malaysia-b2c-e-commerce-market-2015/,2017-9-26。
② 《马来西亚电子商务市场蕴藏巨大消费潜力》,http://www.chinairn.com/print/3834682.html,最后访问日期:2017年9月26日。
③ 《马来西亚电商业发展迅速》,http://sanwen8.cn/p/314ur7E.html,最后访问日期:2017年9月26日。

(四)政府信息化与电子政务

为推进政府信息化与电子政务建设,马来西亚实施了多个以五年为一周期的公共部门 ICT 战略计划(Public Sector ICT Strategic Plan,PSISP)。通过上一个 PSISP 计划(2011~2015 年)的实施,马来西亚 83% 的政府服务实现了在线服务,同时建立了一大批重要的电子政务和公共服务系统,例如:

- DDMS——电子档案管理系统(Digital Document Management System);
- 1Gov*Net Services——马来西亚政府建立的统一、安全、专业的云计算平台,为各政府部门提供基础设施、网络接入、安全保障以及呼叫中心、过滤、系统集成等多种云服务;
- 1GovUC Services——由政府开发和提供的综合通信服务,包括电子邮箱、社交软件、网上论坛等[1]。

与此同时,马来西亚有关机构通过对政府各部门的首席信息主管(CIO)进行调查,发现马来西亚政府信息化建设中存在着许多问题,包括:

- 政府员工缺乏 ICT 技能;
- 因职务晋升和调动等原因造成部门内 ICT 专家和人才不稳定;
- 信息化建设缺乏计划,许多应用项目开发都是临时性的、应急性的;
- 员工对政府的 ICT 规划不太了解;
- 部门信息系统分散建设,缺乏集成;
- 应用系统界面不够友好;
- 许多应用系统和门户网站都外包出去,政府部门缺乏主导。

同时政府部门的 CIO 也对未来政府信息化建设提出了希望:

- ICT 资源和人才能够共享;
- 将 ICT 服务视为专业服务,而不是辅助性工作;
- 为 ICT 工作人员提供一套明确的资质和专业发展空间;
- 推进信息共享;
- 政府部门服务应当充分集成、无缝联连;
- 政府工作应整体转向数字化;

---

[1] *1Gov*Net Services*,http://www.mampu.gov.my/en/1gov-net-services,2017-9-26.

- 应用系统开发应基于用户需要;
- 促进一些颠覆性新技术的应用;

根据联合国经济和社会事务部发布的《2016联合国电子政务调查报告》,马来西亚的电子政务发展指数(EGDI)为0.6175,在全球近两百个国家排第60名,属于高等(其他分别为非常高、中、低三等)。同时,这一得分既高于全球平均水平和亚洲国家平均水平,也高于世界中高收入国家平均水平(见图9)。

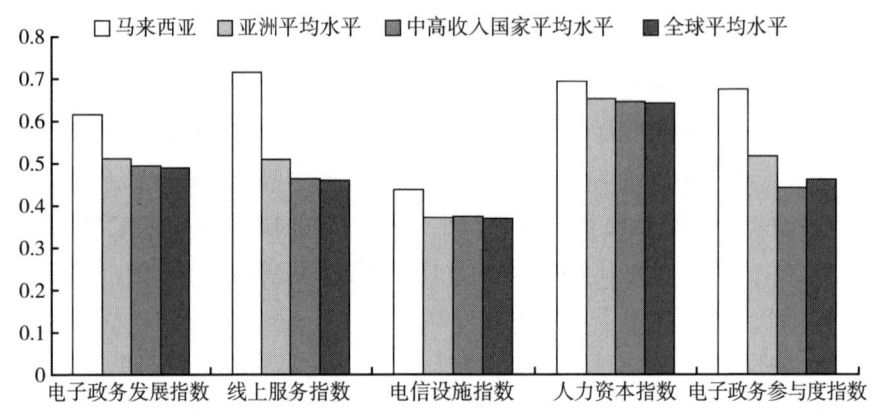

图9 马来西亚电子政务发展指数情况

为加快电子政务建设,2015年,马来西亚政府又推出了新一轮的公共部门ICT战略计划(2016~2020)(Public Sector ICT Framework 2016-2020),并以此作为未来几年马来西亚政府信息化建设的指导。公共部门ICT战略计划框架包括四个方面:ICT愿景(ICT Vision)、ICT战略举措(ICT Strategic Thrusts)、实施生态系统(Enabling Ecosystem)、基本原则(Basic Principles),各方面具体情况如下。

- ICT愿景——公共部门的ICT发展目标,以支持马来西亚第11个国家发展计划(Eleventh Malaysia Plan);
- ICT战略举措——实现ICT发展目标的战略措施;
- 实施生态系统——支持ICT计划实施和推进的各个战略要素;
- 基本原则——ICT实施中的基础性指导因素。

(1) ICT 愿景

ICT 愿景要支持马来西亚第 11 个国家发展计划以及远景 2020（Vision 2020）目标，并要结合信息技术发展趋势，尤其是加强那些突破性新型技术的应用，同时还要促进马来西亚以数字产业为基础的新型经济。

新一轮的政府信息化也要面对很多挑战，包括市场对电子政务更加复杂的需求、市民的电子化参与、青年人对电子政务的更高期待以及在技术、文化、人口等方面的新变化。

(2) 战略举措

新一轮政府信息化发展规划包括五方面的战略举措：

- 集成的数字服务，提供高质量的端对端数字服务，提供包容的、以市民为中心的数字服务；
- 数据驱动的政府，以综合、高效的方式实现对数据的管理和价值挖掘；
- 优化服务共享、保障网络安全，促进 ICT 资源的共享利用，保障数字服务的安全可信；
- 推进协同治理和动态治理，加强信息化政策措施的领导和协作，提升 ICT 管理和组织的动态性和效率；
- 加强 ICT 人才队伍建设，提升政府部门 ICT 工作人员的能力。

(3) 实施生态系统

马来西亚政府认为，要实施上述目标和任务需要建立一套综合性 ICT 生态体系，包括：

- 企业级架构（EA）；
- ICT 项目管理；
- 变革管理（Change Management）；
- 服务效果测评；
- 泛载网络；
- 战略协调；
- 网络安全。

(4) 基本原则

马来西亚政府认为，新一轮政府信息化应当基于以下原则：

- 以市场为中心；

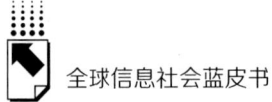

- 数据集中化；
- 可信可靠；
- ICT 兼容；
- 绿色科技；
- 数字创新；
- 开源软件。

马来西亚希望通过以上计划的实施，至 2020 年能实现以下十个方面的战略目标：

- 建立三个基于全生命周期的数字政府服务集群；
- 19 家政府机构实现移动支付服务；
- 完成 20 个大数据行动计划；
- 建立一个数据管理与共享中心；
- 建立两个新的注册机构；
- 建立 40 家按国际标准进行运作的国家关键信息基础设施管理机构；
- 建立一个综合性、安全的政府云平台；
- 建立一个 ICT 操作模型；
- 10% 的政府 ICT 工作人员获得专业资格认证；
- 25 个部级部门实现企业架构。

三 菲律宾国家信息化状况

菲律宾位于西太平洋，是东南亚一个多民族群岛国家，主要分为吕宋、米沙鄢和棉兰老岛三大岛群，共有大小岛屿 7000 多个，种族与文化为数众多。菲律宾是东盟（ASEAN）主要成员国，也是亚太经合组织（APEC）的 24 个成员之一。菲律宾为发展中国家、新兴工业国家及世界的新兴市场之一，但贫富差距很大。菲律宾于 1975 年 6 月 9 日与中国建交，两国签有贸易、文化、民用航空、科学技术合作、广播电视合作、新闻交换等协定。

在中国国家信息中心发布的《全球信息社会发展报告 2016》中，菲律宾的信息社会指数（ISI）为 0.3800，在参与评估的 126 个国家中排第 102 位，排名比较靠后，其中信息经济、网络社会、在线政府、数字生活指数分

表6 菲律宾国家信息化发展水平简况

名称	菲律宾共和国		
简称	菲律宾		
首都	马尼拉	官方语言	菲律宾语,英语
人口	1.01亿(2015年)	国土面积	29.97万平方公里
GDP	2919亿美元(2015年)	人均GDP	2899美元(2015年)
固定电话普及率	3.17%(2015年)	移动电话普及率	115.75%(2015年)
互联网普及率	42.3%(2015年)	固定宽带普及率	4.78%(2015年)

别为0.3561、0.3034、0.4801、0.4470,总指数和各分指数均低于全球平均水平(见图10)。

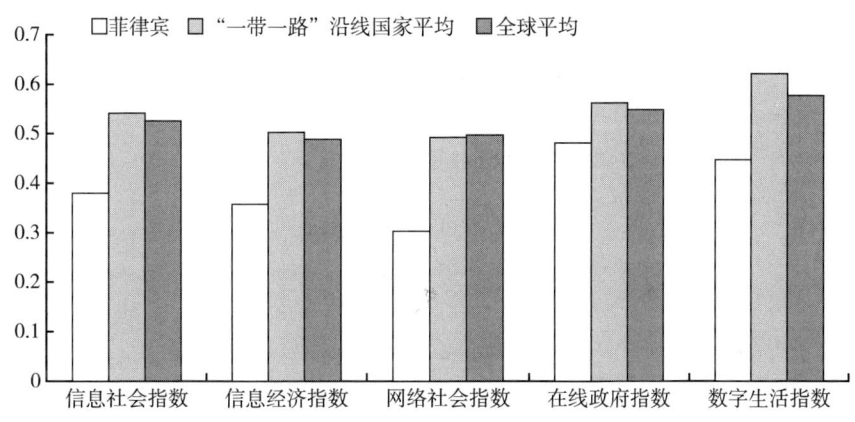

图10 2016年菲律宾信息社会指数

（一）国家信息化战略和规划

虽然菲律宾信息化发展水平总体落后,但其对信息化建设还是比较重视的。1971年,菲律宾成立了国家计算机中心,推动了菲律宾政府工作的自动化。1987年,菲律宾在宪法中确认了ICT技术在国家建设中的重要作用,后来的历届政府都将ICT技术视为推进经济社会发展的重要驱动力量。

2006年,菲律宾正式出台了专门的信息化规划——菲律宾ICT路线图(Philippine ICT Roadmap 2006 – 2010),提出要普及ICT技术应用,加强信息人才培养,建设电子政务促进政府效率和透明度提升,提升ICT产业的国际竞争

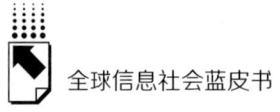

力,完善信息政策法规体系①。

在 ICT 路线图的基础上,2011 年菲律宾又推出了一项名为菲律宾数字化战略(2011~2016)[The Philippine Digital Strategy(PDS)2011-2016] 的信息化发展战略,其愿景是建立一个数字化、创新、具有全球竞争力和繁荣的社会,提供可靠、低价、安全的信息化基础设施,建设以民众为中心的、负责任的、卓越的在线公共服务体系,公私协同共促实现繁荣的知识经济"。该战略提出到 2016 年实现以下目标②:

- 80% 的乡镇具备至少 2 Mbps 的互联网接入;
- 100% 的高中和 80% 的小学有互联网接入;
- 80% 的其他公共机构有互联网接入;
- 100% 的政府机关有互联网接入;
- 所有中央商务区有 20 Mbps 的可用下载速率;
- 80% 的家庭拥有至少 2 Mbps 的宽带连接;
- 基本宽带互联网的平均价格每年至少降低 5%;
- 基础设施扩建投资每年至少增加 10%;

目前菲律宾信息化主管部门正致力于三方面工作③。

一是实施国家宽带网络计划(the National Broadband Plan),加速光纤网络和无线网络建设,提升互联网速度。该计划由菲律宾总统杜特尔特于 2016 年提出,预计于 2017 年启动。

二是在公园、广场、公立图书馆、学校、政府医院、火车站、机场和港口等公共区域提供免费 WiFi 上线服务。

三是建设国家 ICT 门户。

在近 30 年时间里,菲律宾先后规划了六个 ICT 战略计划和六个实施机构,如表 7 所示④。

---

① *Philippine ICT Roadmap* 2006-2010,http://www.unapcict.org/ecohub/resources/philippine-ict-roadmap/at_download/attachment1,2017-9-26.
② *Philippine Digital Strategy*,http://www.dict.gov.ph/philippine-digital-strategy/,2017-9-26.
③ *Republic Act No. 10844*,http://www.dict.gov.ph/republic-act-no-10844/,2017-9-26.
④ *Evolution of e-Government In the Philippines*,http://egov4women.unescapsdd.org/country-overviews/philippines/evolution-of-e-government-in-the-philippines,2017-9-26.

表7 1986~2016年菲律宾的ICT战略计划和实施机构

时间/实施机构	国家ICT战略/愿景	行动议程
1986~1992	1987年宪法第二章:《通信和信息在国家建设中具有重要地位》	利用ICT技术重建民主政府
1992~1998 实施机构: 交通和通信部 贸易和产业部 国家通信委员会	面向21世纪的国家信息技术计划(1997) 愿景:将菲律宾建成新兴工业化国家和亚洲知识中心	培养人力资源(技术和专业的); 增加高增长行业的研发投资; 加强与产业界和私营企业的合作; 通过颁布通信法案,加强基础设施建设
1998~2001 实施机构: 信息技术和电子商务委员会	e-Philippines战略 政府信息系统计划(2000) 愿景: 通过ICT改善生活质量	为IT服务(服务外包)产业提供人力资源; 促进政府、社区和学校中的应用; 通过电子商务法案; 实施政府信息系统计划的制度化
2001~2010 实施机构: 信息和通信技术部	菲律宾ICT战略路线图(2006~2011),愿景:通过ICT促进菲律宾信息社会建设 菲律宾数字化战略(2011~2016),愿景:通过ICT技术,将菲律宾建成一个相连的、网络化的社会,实现经济和社会发展,以及高效公共服务	促进ICT技术应用; 加强企业网络设施普及; 培养人力资源; 建立电子政务基金; 成立政府ICT部,建设国家宽带网络; 建设透明政府和开放政府; 促进数字包容; 提升数字技能
2010~2016 实施机构: 科技部信息和通信技术办公室(2016年为信息和通信技术部)	电子政务计划 愿景: 建立一个数字化、集成化政府,提供快速响应、透明运作、以市民为中心的在线服务,提升菲律宾全球竞争力	加快电子政务变革,实现高效、透明、可靠的在线服务,促进市民参与

(二)信息化基础设施

菲律宾信息化基础设施发展起步较晚。1992年,每100名菲律宾居民拥有的电话数量略高于1,普及率属亚洲最低水平之一。1995年,菲律宾拥有大约60家电话公司,但其中的大多数仅在城市中运营市话业务,长途电话业务被菲律宾长途电话公司(PLDT)一家垄断。1995年,菲律宾出台了新的电信政策法案——公共电信法案(The Public Telecommunications Act of the

Philippines），虽然其仍有利于那些垄断电信企业，但该法案逐步解决了电信管制，并提高了广大农村地区的电信覆盖率，全国的电话数量大幅增加，但随后增长趋缓，在2008年达到4.51%的顶峰后逐年下降，目前维持在3%左右的水平。

无论是与东南亚地区还是与全球经济发展水平同等的国家相比，菲律宾固定电话的普及率始终较低，其因素一方面是该国电信事业长期垄断经营，电信市场开放较晚；二是近十多年来固定电话业务受到移动电话快速普及的冲击较大，具有明显的电信"后发"特征；三是菲律宾由7000多个岛屿组成，地区分散且有海洋阻隔，基础设施建设十分困难。

菲律宾的移动通信业务开始于1990年代初，1996年移动电话普及率首次超过1%，但总体增长十分缓慢。进入21世纪之后，受移动通信市场竞争加剧、通信设备和服务价格大幅降低等因素的影响，菲律宾的移动电话普及率出现爆发式增长，2000年普及率不到4%，2005年已超过40%，2011年达到将近100%，2015年约为115%。虽然菲律宾的移动电话普及率已超过100%而且增长迅速，但与东南亚其他国家相比，仍然处于较低水平。

近十多年来拥有计算机的菲律宾家庭不断增多，2014年家庭计算机普及率达到27.30%的历史最高值，2015年有所下降，为24.30%。近十多年来菲律宾的电话和家庭计算机普及率如图11所示。

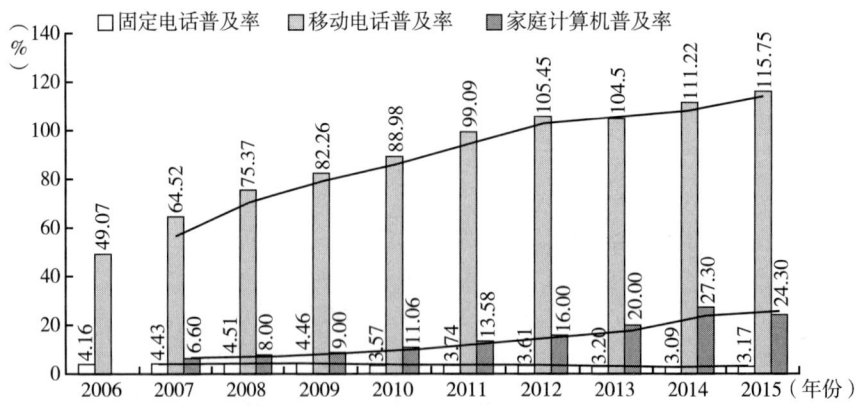

图11 菲律宾近十年的电话和家庭计算机普及率

菲律宾的互联网起步于 1994 年 3 月 29 日，当天菲律宾国家基础网络（PHNet）通过一条 64Kbps 的通道接入美国 Sprint 公司网络，标志着菲律宾正式连入全球互联网。1995 年菲律宾出台《公共电信法案》，该法案允许其他机构接入互联网、建立 Web 网站并向社会提供互联网服务，为菲律宾互联网行业的发展打下了良好基础。虽然受制于全国电信基础设施发展不均衡、政府腐败、网络使用成本高等不利因素，近年来菲律宾互联网发展仍然十分迅速，网络接入方式不断增加、网络用户不断增长、网络带宽不断提升。该国近来的互联网普及率如表 8 所示。

表 8　2000~2016 年菲律宾互联网普及率变化情况

单位：人，%

年份	互联网用户数**	占总人口比重	总人口	用户年变化率	用户年变化数
2016*	44478808	43.5	102250133	4.4	57771325
2015*	42623234	42.3	100699395	8.3	58076161
2014	39348146	39.7	99138690	9.0	59790544
2013	36101520	37.0	97571676	3.8	61470156
2012	34791973	36.2	96017322	27.0	61225349
2011	27405358	29.0	94501233	17.8	67095875
2010	23259726	25.0	93038902	182.0	69779177
2009	8247769	9.0	91641881	46.8	83394112
2008	5616481	6.2	90297115	5.7	84680634
2007	5311241	6.0	88965508	5.6	83654267
2006	5028346	5.7	87592899	8.1	82564553
2005	4649598	5.4	86141373	4.8	81491775
2004	4435913	5.2	84596249	10.1	80160336
2003	4030495	4.9	82971734	14.4	78941239
2002	3521897	4.3	81294378	75.3	77772481
2001	2009223	2.5	79604541	30.1	77595318
2000	1544814	2.0	77932247	41.5	76387433

注：* 表示预计数据，截至 2016 年 7 月 1 日；** 互联网用户为通过任何设备在家能够访问互联网的个人用户。资料来源：*Philippines Internet Users*，http：//www.internetlivestats.com/internet-users/philippines/，最后访问日期：2017 年 9 月 26 日。

菲律宾的宽带网络速度不甚理想。受政局不稳定、经济不景气以及岛屿众多等因素的影响，菲律宾固定宽带网络发展缓慢，2015 年固定宽带网络普及率刚超过 4%。移动宽带网络虽然在 2011 年之后取得了突飞猛进的发展，但 2015 年移动宽带网络的普及率也仅为 41.58%，与其超过 100% 的移动电话普及率形成鲜明对比，反映出菲律宾的移动通信网络比较陈旧，需要加快4G/LTE等先进移动网络建设，促进智能手机的大规模普及。

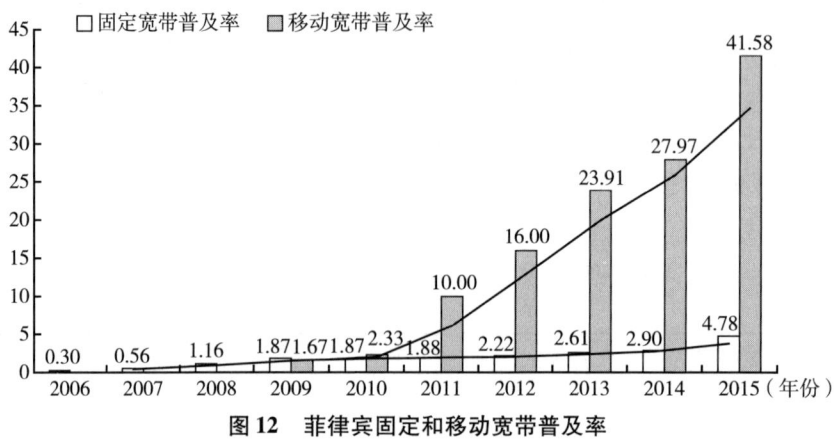

图12　菲律宾固定和移动宽带普及率

说明：宽带普及率系每百名居民中宽带服务订阅数（subscriptions per 100 habitants）。

专栏：菲律宾电信企业

1. 菲律宾长途电话公司（PLDT）

菲律宾长途电话公司成立于1928年，是菲律宾最大的电信企业，也是该国最大的企业之一。在相当长的一段时间内，PLDT垄断了菲律宾的长途电话业务以及大部分市话业务，一直到1995年菲律宾出台新的电信法案后，这一垄断局面才被打破。

2. 全球电信公司（Globe Telecom Inc.）

全球电信公司是菲律宾第二大电信企业，简称Globe，成立于1935年。目前拥有6200多名员工，100多万家销售网点，2014年销售收入为134亿菲律宾比索。Globe向个人和中小企业提供多种电信服务，目前约有移动电话用户4840万，宽带网络用户350万，固定电话用户85.9万。

（三）信息产业与数字经济

近年来菲律宾政府大力发展信息产业，对信息技术企业采取多种优惠政策，取得了初步成效。据该国信息和通信技术部预计，信息产业正在成为菲律宾的首要收入来源，其创造就业的能力将超过海外劳工。

菲律宾的信息产业中，信息服务外包产业可谓一枝独秀，原因有以下三点。一是因为菲律宾人力资源丰富且人力成本很低；二则受惠于语言优势，因为菲律宾长期为美国殖民地，英语是菲律宾的官方语言，民众的英文水平普及较高；其三是菲律宾独立之后，与美国的政治、经济、文化关系仍很密切。

菲律宾的信息服务外包产业依靠高素质的英语人才和先进的信息技术通信设施，发展十分迅速，成为菲近年来发展最快的行业之一。在菲投资服务外包企业的国家主要是美国、日本、韩国和欧洲国家。美国在菲服务外包市场占60%～70%，目前在菲的主要美国客户有宝洁、戴尔、美国国际集团、花旗集团等著名跨国企业[1]。

在过去的十多年中，菲律宾的信息服务外包产业年均增长率达到10%以上，目前已是该国最大的私营就业部门，也是仅次于外劳汇款的第二大外汇来源。同时，信息服务外包产业发展带来的丰厚外汇也刺激了该国的消费，拉动了其他行业的增长，特别是促进了房地产行业和零售行业的扩张。自2004年以来，菲律宾BPO业务的全球市场份额从2014年的4.0%增长到12.3%。据估计，到2020年这一数字可能上升到19.0%[2]。

另外据世界银行等机构的统计，2016年菲律宾离岸信息服务外包产业产值达到250亿美元，并创造150万个新的工作岗位。同时世行预计2020年该产业产值将达到550亿美元[3]。

菲律宾政府非常重视信息服务外包行业的总体规划制定和产业政策的研究和调整。隶属于菲律宾贸工部的投资署（BOI）作为投资政策的制定者和促进者，负责监管整个信息服务外包市场。2004年7月，菲律宾设立商业流程协会（Business Processing Association of the Philippines，简称BPAP），负责

---

[1] 《菲律宾服务外包行业发展状况》，http://ph.mofcom.gov.cn/article/law/201105/20110507538653.shtml，最后访问日期：2017年9月25日。

[2] *BPO View in Online Reader From The Report*：*Philippines* 2016，https://www.oxfordbusinessgroup.com/philippines-2016/bpo，2017-9-26。

[3] *The Outsourcing Industry in the Philippines*（2015 Edition Infographic），http://digitalmarketingphilippines.com/the-outsourcing-industry-in-the-philippines-2015-edition-infographic/，2017-9-26。

协调政府和民间涉及信息服务外包的各部门和企业，统一对外宣传，介绍菲律宾服务外包产业的总体发展规划、产业政策走向、政府扶持措施、行业市场规模、企业具体情况等。

（四）政府信息化与电子政务

菲律宾电子政务起步较晚，最初主要是各部门分散的信息化应用。近几年，菲律宾经济增长达到了5%～6%，实现了较快增长，但如何保持这种高速增长并增加经济发展的包容性，是菲律宾政府面临的重要挑战。为此菲律宾政府将增加开放性、提高服务效率、提升经济竞争力，这需要政府普及和优化信息和通信技术（ICT）在国家治理中的作用，需要增加电子政务系统的互操作性，实现政府资源最大化利用，创造更有价值和更有意义的公共服务。

为此，菲律宾政府于2012年推出了电子政务总体计划（E-Government Master Plan，EGMP），该计划是政府整合各部门、各条线ICT应用的蓝图。通过多年的探索，菲律宾政府认识到电子政务的互操作性和协作不仅仅是一个技术问题，还需要克服许多组织机构障碍。因此，该计划除了提出各种信息化应用之外，还描述了各项需要改革的管理制度（例如机构、程序、资源和政策等），从而使该计划实施成为可行的和可持续的。

菲律宾电子政府建设的愿景是"创建一个数字化和集成化的政府，提供快速响应、公正透明的、以公民为中心的在线服务，打造具有全球竞争力的国家"。为了实现这一目标，EGMP旨在为电子政务建设者提供以下路线图①。

第一，对于公民，EGMP将电子政府计划与国家发展目标联系起来。政府认识到高效地提供公共服务的重要性，并确定了可确保最大公民利益的重点实施领域。

第二，对于政府，EGMP为实施电子政务应用提供了蓝图。该计划重视价值提升、服务共享、互操作性和公共资源最大化。它还为开放政府建设提供了一个平台，促进政府的善治。

第三，对于民间社会组织、私营部门和其他合作伙伴，EGMP为其提供了

---

① *Introduction and Overview of e-Government in the Philippines*，http：//www.dict.gov.ph/introduction-and-overview-of-e-government-in-the-philippines/，2017-9-26.

空间,并促进了治理的协同。该计划强调了问责制的重要性,并承认公民社会组织作为治理伙伴的作用。

总之,EGMP 的最终目标是实现变革型电子政务。变革型电子政务有助于推进国家的良好治理,包括各项政府工作的效率、透明度和问责制,加强公民参与和有效提供公共服务,对于实现国家的发展目标至关重要。

另外值得关注的是,为解决政府信息化中的资金问题,菲律宾建立了"电子政务基金"(E-Government Fund—EGF)。该基金根据菲律宾有关法律,于 2003 年设立,主要为关键电子政务项目、影响重大的项目以及跨机构项目提供资金来源。其主要目标是:为关键的政府 ICT 项目提供充分资金支持,并形成制度化的机制;确保那些具有重要影响力的信息化项目成功完成,推进类似项目在全国的启动、推广和实施;促进 ICT 项目的专业化评估、选型和监测,从而形成更有效和高效的跨机构协作体系。

根据联合国经济和社会事务部发布的《2016 联合国电子政务调查报告》,菲律宾的电子政务发展指数(EGDI)为 0.5675,在全球近两百个国家排第 71 名,属于高等(其他分别为非常高、中、低三等),这也是菲律宾首次从中等 EGDI 值国家晋升至高 EGDI 值国家,同时这一得分既高于世界平均水平和亚洲国家平均水平,尤其是远远高于世界中低收入国家的平均得分,显示出菲律宾在电子政务建设方面取得了很大成效(见图 13)。

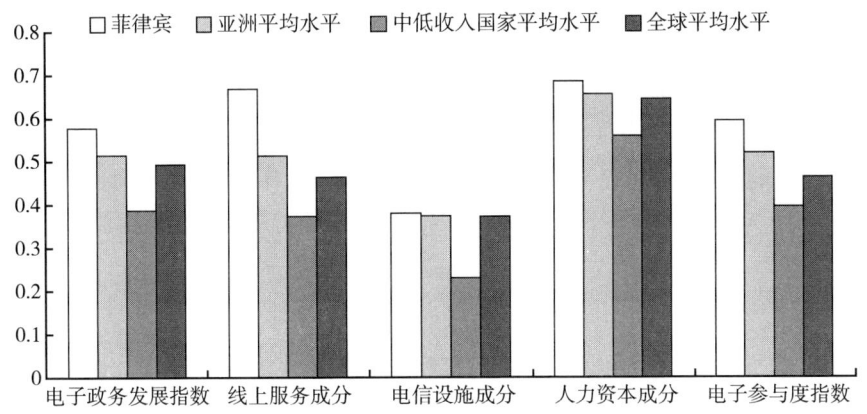

图 13 菲律宾电子政务发展指数情况

四 泰国国家信息化状况

泰国是一个位于东南亚的君主立宪制国家。泰国实行自由经济政策，在20世纪90年代经济发展较快，但于"九八经济危机"中受重大挫折，之后陷入衰退和停滞。泰国是新兴工业国家和世界新兴市场经济体之一，电子工业等制造业发展迅速，产业结构变化明显。泰国是东南亚国家联盟成员国和创始国之一，同时也是亚太经济合作组织、亚欧会议和世界贸易组织成员。1971年7月1日，中泰两国正式建交，建交后两国各领域友好合作关系全面、顺利发展。2012年4月，中泰两国建立全面战略合作伙伴关系，泰国也是东盟成员国中第一个与中国建立战略性合作关系的国家。

表9 泰国国家信息化发展水平简况

名称	泰王国		
简称	泰国		
首都	曼谷	官方语言	泰语
人口	6800万（2015年）	国土面积	51.3万平方公里
GDP	3952.82亿美元（2015年）	人均GDP	5816美元（2015年）
固定电话普及率	7.88%（2015年）	移动电话普及率	152.73%（2015年）
互联网普及率	40.3%（2015年）	固定宽带普及率	9.24%（2015年）

根据中国国家信息中心发布的《全球信息社会发展报告2016》，泰国的信息社会指数（ISI）为0.4443，在参与评估的126个国家中排第88位，其中信息经济、网络社会、在线政府、数字生活指数分别为0.3991、0.3959、0.4626、0.5318，总指数和各分指数均低于全球平均水平（见图14）。

（一）国家信息化战略和规划

泰国国家信息化战略起步较早，早在1992年泰国就成立了国家IT委员会（NITC），这是一个由首相担任主席的政策性机构，其成员包括各相关政府部门和私营企业的负责人，其职责是制定ICT领域的政策和促进国家信息化建设。同时泰国还在其科技和环境部下面设立了一个国家电子与计算机技

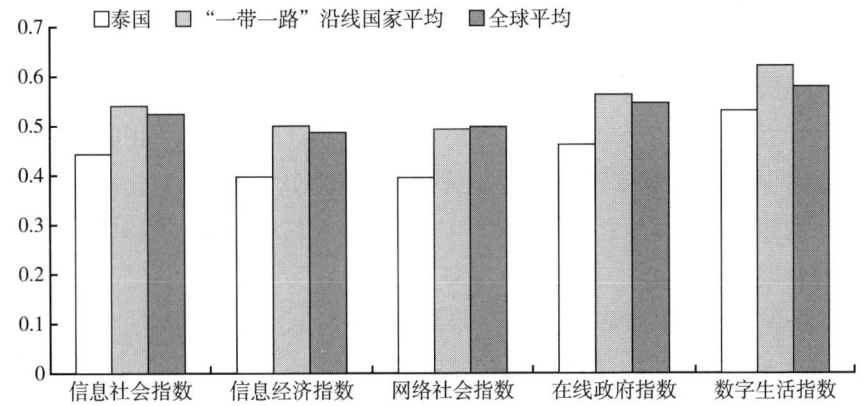

图 14 2016 年泰国信息社会指数

术中心（NECTEC）作为 NITC 的秘书处，负责各项政策和计划的实施。

1996 年，泰国推出第一个国家 IT 战略——IT 2000，力图通过信息化建设实现经济发展和社会进步。IT 2000 包括三方面重点内容：一是建设均等使用的国家信息化基础设施（NII），二是加强 IT 人力资源培养，三是通过 IT 在政府公共管理与服务领域的使用实现更好治理。与 IT 2000 相配套的还包括许多单项的行动计划，例如：国家互联网交流中心、泰国网络学校计划（SchoolNet Thailand）、政府信息网、信息法规发展计划。

IT 2000 战略的实施为泰国信息化建设奠定了比较坚实的基础，基本确定了国家信息化建设的基本框架和指导原则。随着 ICT 技术的发展以及 1997 年东南亚金融危机对泰国的剧烈冲击，泰国对信息化建设有了新的需求。于是在 2002 年，又推出了国家信息化战略的 2.0 版——IT 2010。

IT 2010 的整体目标是推动泰国知识经济发展，让泰国经济更强大和可持续。战略内容上，IT 2010 继承了 IT 2000 的基本框架，又有所拓展，主要包括三方面内容：一是加强信息基础设施投资，促进信息产业发展；二是构建 IT 人力资本；三是促进创新。IT2010 总战略之下也设置了许多具体行动计划项目，包括：

- 电子社会（e-Society），涵盖数字平等、网络文化、电子医疗等；
- 电子教育（e-Education），包括终生教育、计算机教育、虚拟教育等；

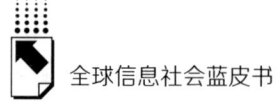

- 电子政府（e-Government），包括公共服务的网络化，信息化法规等；
- 电子商务（e-Commerce），包括不同行业的网络交易；
- 电子产业（e-Industry），重点是制造业信息化和IT相关产业。

2011年，泰国进一步推出国家ICT框架（2011～2020），即IT 2020。IT 2020的愿景是智慧泰国2020（Smart Thailand 2020），希望ICT成为引导泰国人民走向知识和智慧，引导泰国经济走向平等和可持续的关键驱动力。其主要目标包括以下六点。

第一，实现宽带网络的全民平等接入。2015年，80%的人口接入宽带网络；2020年，95%的人口接入宽带网络。

第二，为服务经济和创意经济提供充足的高素质人力资源。2020年，至少75%的人口具有信息技能，劳动人口中IT专业人才占比达到3%。

第三，提一步提升ICT产业在泰国经济的地位和作用，ICT产业（包括数字内容产业）增加值占GDP比重超过18%。

第四，增强国家的ICT准备度，使泰国成为网络准备度①指数较高的国家。

第五，增加政府财政收入以及互联网相关的工作机会，提高民众（特别是弱势群体）的生活质量。

第六，社会各行业都能充分意识到ICT的地位和重要性。至少有50%的人口能认识到ICT在促进环境友好型增长中的重要性。

IT 2020的整体框架如图15所示：

具体而言，IT 2020包括以下几大战略：

- 建设全覆盖和安全的ICT和宽带基础设施；
- 培养ICT人才和熟练劳动力；
- 提升ICT产业的竞争力、促进东盟ICT产业整合；
- 建设智慧政府：促进政府服务创新和治理优化；
- 通过ICT技术应用增强经济竞争力，振兴泰国经济；
- 通过ICT促进社会平等；
- 通过ICT促进环境保障，发展绿色ICT。

---

① 准备度指由世界经济论坛开发的"网络准备度指数"（Network Readiness Index-NRI）。

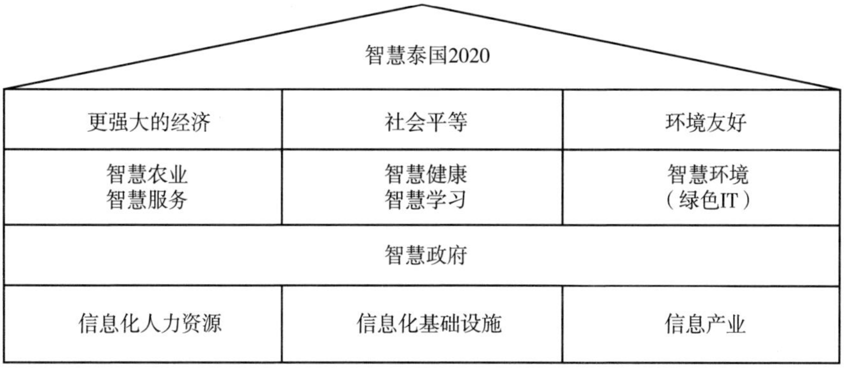

	智慧泰国2020	
更强大的经济	社会平等	环境友好
智慧农业 智慧服务	智慧健康 智慧学习	智慧环境 （绿色IT）
智慧政府		
信息化人力资源	信息化基础设施	信息产业

图 15　泰国 IT 2020 战略的整体框架

（二）信息化基础设施

与其他东南亚国家类似，泰国的固定电话普及率不高，不到 10%，而且近几年呈现逐步下降趋势，固定电话普及率的逐步下降与移动电话普及率的迅速上升有关。泰国的家庭计算机普及率实现了较为稳定的增长，近年来保持在 30% 左右（见图 16）。

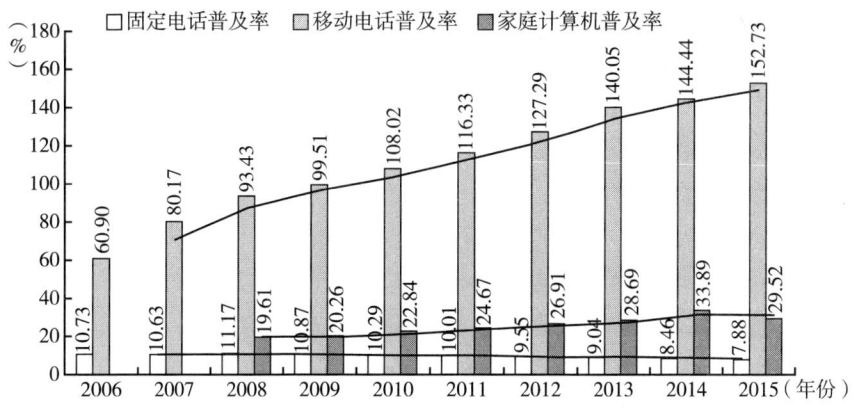

图 16　泰国近十年的电话和家庭计算机普及率

从图 16 可以看出，泰国的移动电话普及率在 2010 年就已超过 100%，到 2015 年超过了 150%，即人均 1.5 部移动电话，这在东南亚和全球都属较高水

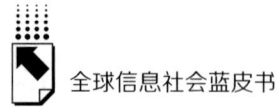

平。另一方面，泰国较高的移动电话普及率也制约了该国电信市场的进一步发展，传统的移动语音业务已趋于饱和，增长潜力十分有限。2015年，泰国拍卖了一些4G频段，试图通过这些举措来促进各运营商向4G投资，加快4G和移动增值服务（VAS）的发展。

专栏：泰国移动通信运营商

泰国的移动通信市场基本上被三家主要运营商垄断，分别是AIS、DTAC和True Move，2015年这三家企业的市场份额分别为45%、31%、22%，余下2%的市场份额被众多小型电信公司占有。

1. AIS

AIS全称为Advanced Info Service Public Company Limited，可译为"先进信息公共服务有限公司"，成立于1986年，最初为一家计算机租赁企业。1990年10月，它从泰国电话组织获得900 MHz模拟移动电话服务的20年垄断特许权，后来又成为第一家获得GSM 900频率的企业，目前是泰国最大的移动运营商。

2. Dtac

DTAC，全称为Total Access Communication Public Company Limited，可译为全面接入通信公共服务有限公司，成立于1989年，目前为泰国仅次于AIS的第二大移动通信运营商。2015年，DTAC报告总资产为110.965亿泰铢，收入为8775.3亿泰铢，净利润为58.93亿泰铢。

3. True Move

True Move为泰国True集团的子公司（True集团为泰国的一家综合性信息服务企业，掌握着该国最大的有线电视网络TrueVisions，和最大的互联网服务商True Internet）。其前身是1990年成立的亚洲电信（TelecomAsia），2001年亚洲电信与Orange公司合作成立了移动电话子公司并使用Orange品牌。后来为整合旗下的各类电信业务，TelecomAsia于2006年将移动业务所用的Orange更名为True Move。

泰国的互联网普及率相对较高,历年的互联网普及率如表 10 所示。

表 10　2000～2016 年泰国互联网普及率变化情况

单位:人,%

年份	互联网用户数**	占总人口比重	总人口	用户年变化率	用户年变化数
2016*	29078158	42.7	68146609	6.2	1708982
2015*	27369176	40.3	67959359	15.8	3739581
2014	23629594	34.9	67725979	21.1	4109153
2013	19520442	28.9	67451422	9.8	1748813
2012	17771629	26.5	67164130	12.2	1935748
2011	15835880	23.7	66902958	6.0	896867
2010	14939013	22.4	66692024	11.7	1562826
2009	13376188	20.1	66548197	10.6	1281695
2008	12094492	18.2	66453255	-9.0	-1196128
2007	13290620	20.0	66353572	17.0	1934606
2006	11356015	17.2	66174486	14.7	1459291
2005	9896723	15.0	65863973	41.7	2913284
2004	6983439	10.7	65404522	15.9	956065
2003	6027374	9.3	64817254	24.8	1197081
2002	4830293	7.5	64136669	37.1	1306739
2001	3523554	5.6	63415174	52.4	1210771
2000	2312783	3.7	62693322	53.8	809144

注:* 表示预计数据,截至 2016 年 7 月 1 日;** 互联网用户为通过任何设备在家能够访问互联网的个人用户。资料来源:*Thailand Internet Users*,http://www.internetlivestats.com/internet-users/thailand/,最后访问日期:2017 年 9 月 26 日。

近年来,泰国除了继续提升互联网普及率之外,还不断提升互联网的层级,加快宽带网络的应用,光纤到户(FTTH)业务在各大城市强劲增长,AIS 等公司的商用住宅光纤宽带服务可提供高达 1Gbps 的连接速度。由于泰国的市场基数较小,近几年该国固定宽带市场增长十分强劲,业界预计在 2021 年之前,泰国的固定宽带普及率仍将保持强劲增长[1]。而泰国的移动宽带从 2012

---

[1] *Thailand-Fixed Broadband Market, Digital Economy and Digital Media-Statistics and Analyses*,https://www.budde.com.au/Research/Thailand-Fixed-Broadband-Market-Digital-Economy-and-Digital-Media-Statistics-and-Analyses? r=51,2017-9-26.

年开始出现爆发式增长，2012~2013年，泰国移动宽带普及率从约10%跃升五倍，达到52.29%，2015年又进一步攀升至88.56%。

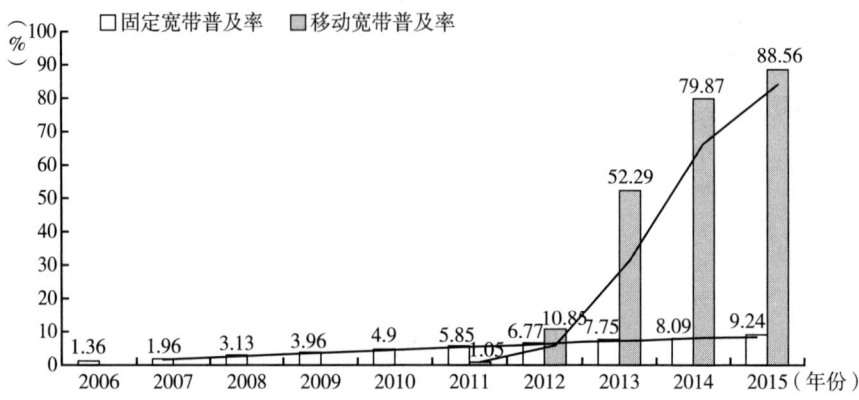

图17 泰国固定和移动宽带普及率

注：宽带普及率系每百名居民中宽带服务订阅数（subscriptions per 100 habitants）。

（三）信息产业与数字经济

泰国国家统计办公室和信息与通信技术部于2016年发布了《2015年企业使用信息通信技术情况调查报告》，这是两部门第十二次开展企业信息化调查并发布调查报告。泰国全国共有220万家企业（包括公共服务企业），2015年的调查涉及其中部分企业，覆盖贸易、商业服务、制造业、建筑业、运输、仓储、民营医院以及信息技术等行业，但不包括农业、电力、供水、金融中介、银行、教育、水路运输、邮局等。下面简要介绍该报告的主要内容。

1. 计算机与互联网使用

根据调查，2015年泰国企业的计算机普及率为24.9%，互联网普及率为20.6%，普及率都较低而且增长缓慢（见图18）。

在计算机使用方面，该报告显示被调查企业共拥有计算机约210万台，平均每家企业约3.9台。有超过200万企业员工在其日常工作中使用计算机，平均每家企业约3.6人。不同规模企业拥有的计算机数量如表11所示。

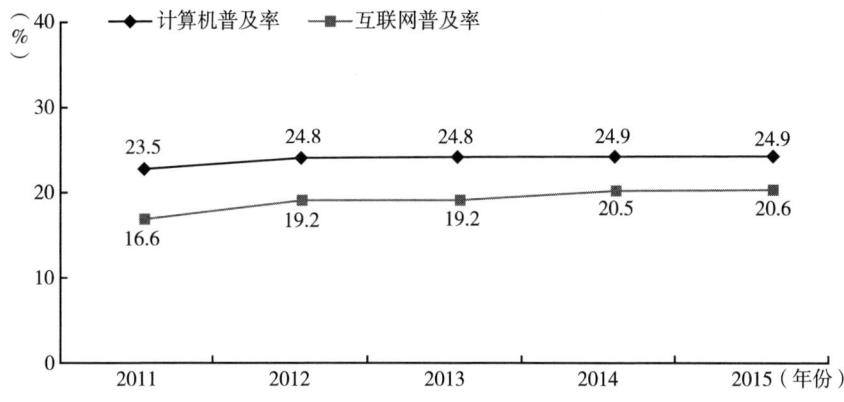

图18 2011~2015年泰国企业计算机和网络使用率

表11 不同规模企业拥有的计算机数量

员工数(人)	计算机总数量(台)	企业平均拥有计算机数量(台)
1~9	1016749	2.1
10~15	112051	3.8
16~25	85456	5.5
26~30	27820	8.0
31~50	97383	10.9
51~200	305835	24.6
200以上	486856	136.4
合计	2132150	3.9

在互联网使用方面，全部被调查企业中约有160万员工在其日常工作中使用互联网（每周至少1次），平均每家企业3.6人①。企业员工使用互联网主要有三个目的：一是获取有关商品和服务的信息（占79.8%），二是获取政府机构信息（占73.7%），三是收发电子邮件（占33.1%）。

调查同时发现，计算机和互联网的使用率与企业规模显著相关——企业规模越大，使用计算机和互联网的比例越高。规模在50人以上的企业，绝大多数都使用计算机和互联网；规模在200人以上的企业，几乎全部使用计算机和互联网（见图19）。

---

① 报告原文如此，企业基数不明确。

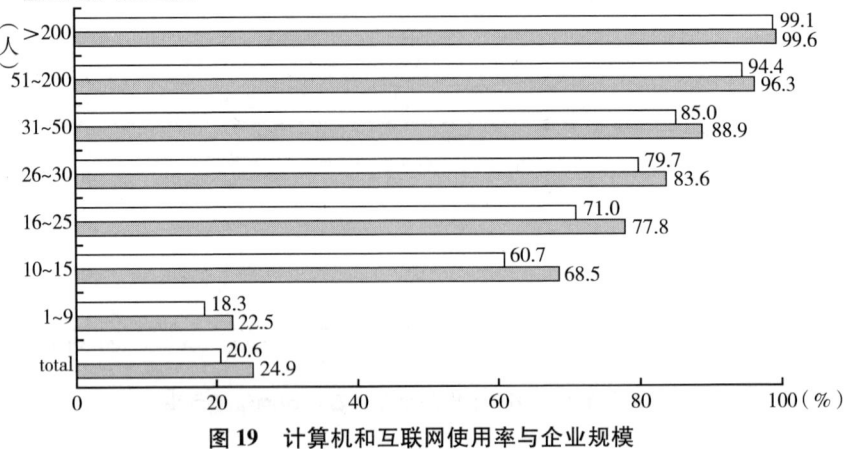

图19 计算机和互联网使用率与企业规模

从行业来看，计算机和互联网使用率比较高的企业是私营医院和IT行业，其互联网使用率远远高于其他行业。使用率最低的是制造业，计算机和互联网使用率均刚超10%（见图20）。

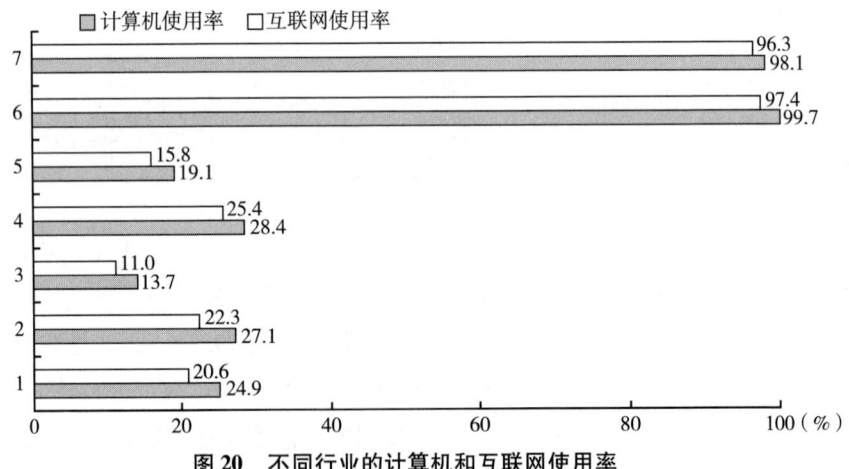

图20 不同行业的计算机和互联网使用率

说明：1－全部 2－商业贸易和服务业 3－制造业 4－建筑业 5－运输和仓储业 6－私营医院 7－信息和通信业。

2. 企业网站建设

根据调查，泰国有72.0%企业拥有自己的网站，24.2%的企业使用其他门户网站，有2.9%的企业既有自己的网站，也使用其他门户网站。与计算机和互联网使用率类似，建站率与企业规模密切相关，规模越大的企业越乐于建设自己的网站（见图21）。

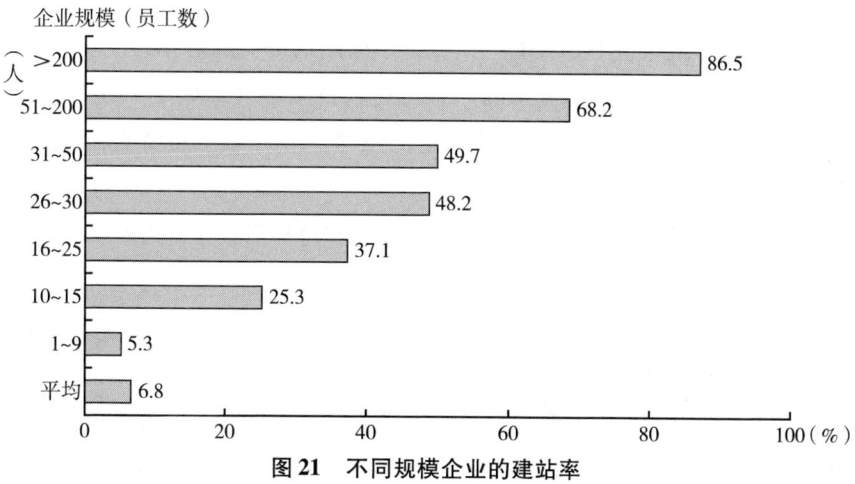

图21 不同规模企业的建站率

3. 企业电子商务

调查结果显示，目前泰国只有极少企业通过互联网进行采购和销售，其中通过网络采购的企业比重为3.1%，通过网络销售的企业比重为1.9%。与上述类似，规模越大的企业越喜欢使用电子商务（见图22）。

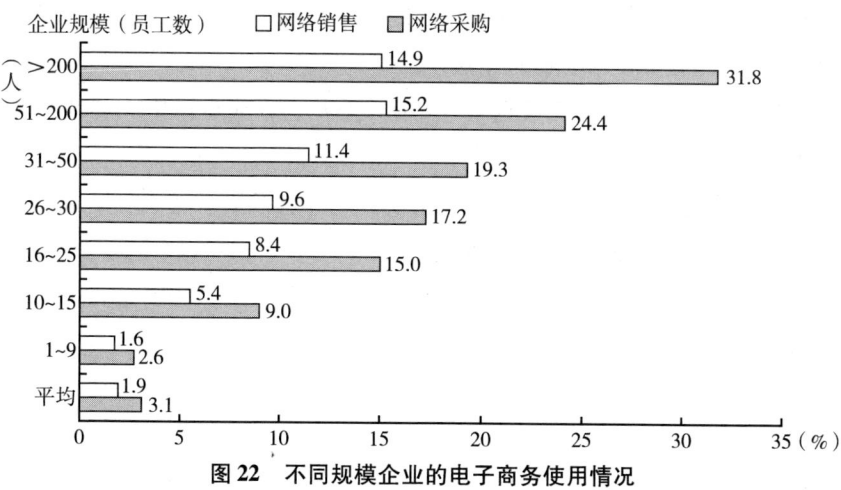

图22 不同规模企业的电子商务使用情况

（四）政府信息化与电子政务

泰国有 2000 多个政府部门和组织。为提升政府的管理与服务职能，泰国近十多年来不断推进各政府部门的信息化建设，并从 2006 开始实施"泰国电子政务互操作框架（TH-eGIF）"，促进不同政府部门的协作。

泰国的电子政务建设由原来的信息与通信技术部（MICT，即现在的数字经济与社会部）负责。在 2009～2014 年，MICT 的电子政务建设重点放在以下四个方面：

一是促进电子政务互操作，实现信息共享和跨部门服务，为民众和企业提供集成服务；

二是改革制度结构与治理机制，在政府电子政务实施中，建立相应的高层管理监督与监督机制；

三是创新公共服务，在政府服务的设计与交付中进行嵌入式创新，包括使用开源软件、众包（Crowd Sourcing）、群包（Community Sourcing）等措施。

四是彻底的、节省的政府流程再造，目标是花费更少、成效更多、受益更广，将更好的服务与更低的成本相结合并覆盖更多的民众。

IT 2020 将电子政务建设列为泰国七大战略之一，提出了建立一个智能的、集成的、包容的、良治的智慧政府的目标。为实现这一目标，泰国政府将采取以下措施：

• 建立一个专门负责电子政务建设的中心机构，制订一个指导电子政务建设、设计电子政务技术框架的计划；

• 建立和强化政府首席信息官（CIO）委员会，成员由中央和地方各政府部门的 CIO 组成；

• 根据"开放政府"的目标，在透明、可靠和政府、企业、民众合作的基础上，推动各政府部门开发电子服务；

• 优化电子政务系统设计，强化可复用的服务效果，特别是要采取以服务为导向的体系架框（SOA）；

• 按服务创新的演进要求来培养政府信息化人才，提升政府员工的信息化素质；

• 促进服务科学的研究与发展，提升政府对用户需求以及影响用户满意度的条件和因素的理解能力；

- 增强地方政府提供电子政务服务的能力；
- 建立泰国地理信息基础框架，提供给政府、企业和民众使用；
- 加强信息技术在有关安全和监控的政府部门中的应用，保障国家安全。

根据联合国经济和社会事务部发布的《2016联合国电子政务调查报告》[1]，泰国的电子政务发展指数（EGDI）为0.5522，在全球近两百个国家排第77名，属于高等（其他分别为非常高、中、低三等），这也是泰国首次从中等EGDI值国家晋升至高EGDI值国家，表明泰国电子政务绩效有较大改善。这一得分高于世界平均水平和亚洲国家平均水平，也高于世界中高收入国家的平均得分。其具体得分如图23所示。

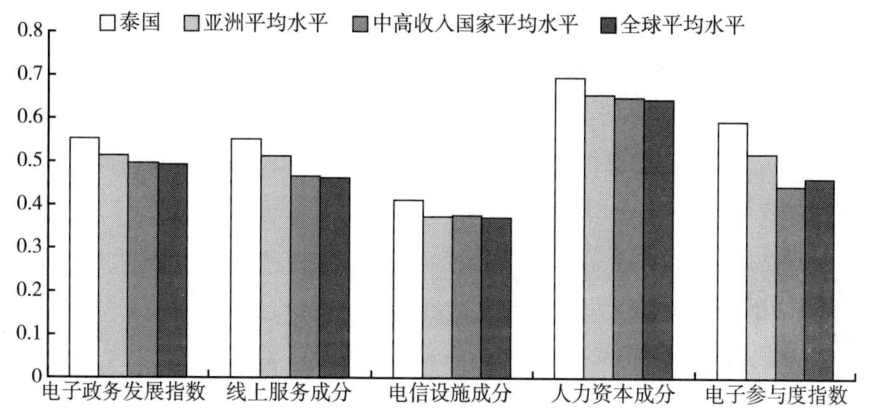

图23 泰国电子政务发展指数情况

五 越南国家信息化状况

越南位于中南半岛东端，北邻中国，西接柬埔寨、泰国和老挝，拥有约9,450万人口。越南为东南亚国家联盟、世界贸易组织、亚洲太平洋经济合作组织及法语圈国际组织成员，是未来11国之一。

---

[1] 《2016联合国电子政务调查报告》，http://workspace.unpan.org/sites/Internet/Documents/UNPAN96420.pdf 最后访问日期：2017年9月26日。

表12　越南国家信息化发展水平简况

名称	越南社会主义共和国		
简称	越南		
首都	河内	官方语言	越南语
人口	9400万(2015年)	国土面积	32.95万平方公里
GDP	1936亿美元(2015年)	人均GDP	2111美元(2015年)
固定电话普及率	6.32%(2015年)	移动电话普及率	130.64%(2015年)
互联网普及率	50.80%(2015年)	固定宽带普及率	8.14%(2015年)

在中国国家信息中心发布的《全球信息社会发展报告2016》中，越南的信息社会指数（ISI）为0.4254，在参与评估的126个国家中排第94位，其中信息经济、网络社会、在线政府、数字生活指数分别为0.3530、0.3522、0.4768、0.5537，总指数和各分指数均低于全球平均水平（见图24）。但值得注意的是，2015年越南的人均GDP只有2000多美元，远低于印尼和泰国等国家，但在信息化发展水平上却与两个国家不相上下，特别是互联网普及率达到了50.15%，远远超出同类国家，显示越南政府对信息化建设的重视，以及越南作为后发国家在信息化建设的优势。

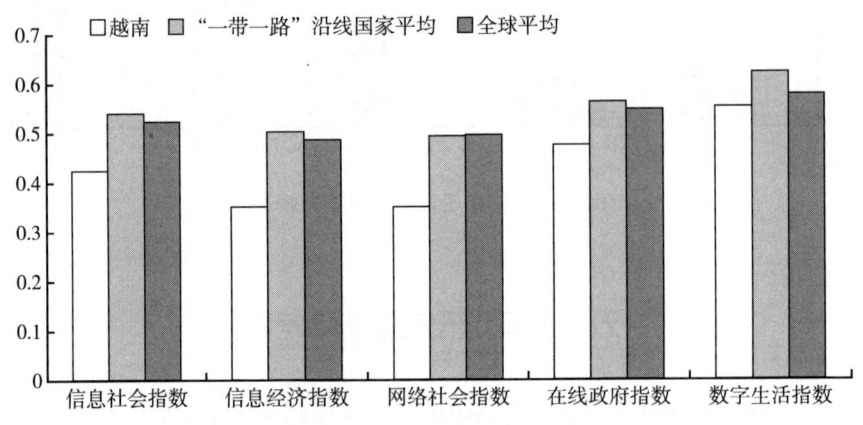

图24　2016年越南信息社会指数

（一）国家信息化战略和规划

作为工业化进程最迅速的国家之一，越南十分重视利用信息技术实现国家的跨越式发展。越南信息和通信部（MIC）提出了"将越南变成ICT先进国家发展战略"（National Strategy on Transforming Vietnam to an Advanced-ICT Country），提出了五大目标、六大任务和一项保障措施①。

五大目标是：

第一，形成具有国际竞争力的ICT人力资源体系；

第二，软件和内容产业成为经济发展的关键驱动力；

第三，建设覆盖全国的宽带网络设施；

第四，ICT应用于民众生活各方面，促进可持续发展，加强政府透明度；

第五，ICT产业增速双倍于GDP增速，到2020年，ICT产业对GDP的贡献率达到8~10%。

六大重点任务如下：

第一，培养ICT人力资源，形成具有国际竞争力的ICT人力资源体系，具体任务包括：

- 增加ICT人力资源的数量和质量；
- 增加与国外联合开展的人才培养项目；
- 增加专业培训；
- 支持学校培训和招生项目；
- 支持ICT企业和学校开展联合研究；
- 吸引国外ICT人才。

第二，发展ICT产业，目标是软件和内容产业成为经济发展的关键驱动力，成为全球排名前十位的信息服务服务外包目标国，信息产业对GDP贡献率达到8~10%，在国际市场中形成越南品牌。具体任务包括：

- 实施贸易促进行动；
- 实施投资促进行动；
- 促进越南品牌打入国际市场；
- 建设信息产业园区和网络城市；

第三，建设ICT基础设施，目标是所有教育机构连入互联网，高速移动宽

---

① Mr. Nguyen Trong Duong Director of Information Technology Department, http://slideplayer.com/slide/7678488/，2017-9-26.

带网络实现95%的覆盖率，在ITU的国家信息化排名中进入前55位。具体任务包括：

- 继续扩大移动宽带和光纤网络的覆盖率；
- 建立一个电子政务数据库系统；
- 建设下一代通信基础设施；

第四，促进信息普及，目标是到2020年，电视和数字电视实现全面普及，计算机普及率达到50%以上。具体任务包括：

- 向困难家庭提供通信设备和计算机；
- 组织针对地方官员的培训；
- 为地方电台和电视台提供设备。

第五，促进ICT应用

目标是扩大信息技术在所有社会经济活动中的应用，在联合国的电子政务排名中进入前三分之一的行列。具体任务包括：

- 促进ICT技术在国家机构和企业中的应用；
- 促进企业对ICT应用的投入；
- 组织ICT使用培训。

第六，促进ICT研究。

具体任务包括：

- 投资建设ICT联合实验室；
- 增加技术吸收和转化方面的投资；
- 支持企业开展研发以及成果商业化。

另外一项保障措施是指促进信息化的国际合作，具体任务包括：

- 促进ICT专家交换项目；
- 为在越南工作的外国专家提供适宜的工作生活条件；
- 促进国际贸易和投资；
- 促进建立高效、公正和有序的ICT市场；
- 将正当竞争条例的负面效应降至最低。

（二）信息化基础设施

在东南亚国家中，越南较晚实施对外开放，其信息化基础设施建设具有明显的后发国家特点。其固定电话发展起步较晚，1990年时普及率仅为0.10%，2000年普及率上升为3.10%，随后固话普及率上升较快，在2009年达到最高的19.76%，然后逐年降低，2015年的普及率仅为6.32%，在发展中国家和东南亚国家中也属于较低水平。

与之形成鲜明对应的是，越南的移动通信发展非常迅猛，2000年该国移动电话普及率仅为1.00%，2007年则飞跃至52.02%，随后继续快速上升，近年来趋于稳定，维持在140%左右。

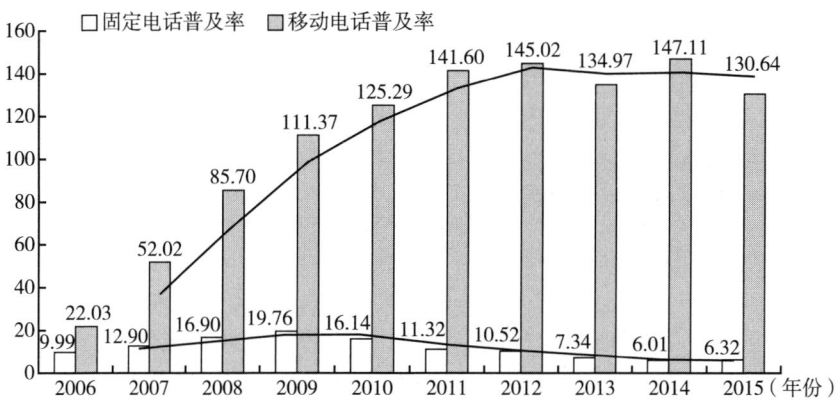

图25　越南近十年的电话普及率

越南的互联网发展虽然起步晚，但发展迅速。最近两年越南大力推进宽带网络建设，取得了良好效果，互联网用户数迅速增长，移动宽带用户数更是增长迅猛。截至2016年，越南9400多万人口中，大约有4900万网民，其中将近800万为固定宽带用户，其他为移动宽带用户。越南的互联网普及率变化如表13所示。

表13　2000~2016年越南互联网普及率变化情况

单位：人，%

年份	互联网用户数**	占总人口比重	总人口	用户年变化率	用户年变化数
2016*	49063762	52.0	94444200	3.3	1564346
2015*	47499416	50.8	93447601	6.4	2849701
2014	44649715	48.3	92423338	11.3	4534442
2013	40115272	43.9	91378752	12.5	4441765
2012	35673508	39.5	90335547	13.9	4348316

续表

年份	互联网用户数**	占总人口比重	总人口	用户年变化率	用户年变化数
2011	31325191	35.1	89321903	15.7	4243533
2010	27081658	30.7	88357775	16.6	3863943
2009	23217715	26.6	87449021	12.1	2505544
2008	20712171	23.9	86589342	16.3	2910077
2007	17802094	20.8	85770717	21.4	3139225
2006	14662869	17.3	84979667	36.7	3935362
2005	10727507	12.7	84203817	68.2	4350695
2004	6376811	7.6	83439812	104.0	3251160
2003	3125651	3.8	82683039	105.7	1606082
2002	1519569	1.9	81917488	4.08	492826
2001	1026743	1.3	81123685	403.0	822618
2000	204125	0.3	80285563	99.4	101757

注：* 表示预计数据，截至2016年7月1日；** 互联网用户为通过任何设备在家能够访问互联网的个人用户。资料来源：Viet Nam Internet Users,,, http://www.internetlivestats.com/internet-users/viet-nam/,,最后访问日期：2017年9月26日。

越南的固定宽带和移动宽带普及率如图26所示。可以看出，越南固定宽带普及率保持稳定增长，但普及率仍较低，2015年尚未超过10%。移动宽带普及率增长迅速，但由于基础较差，2015年仍不到40%，在东南亚主要国家中属最低水平，这也说明越南的移动网络市场拥有很大的发展潜力。

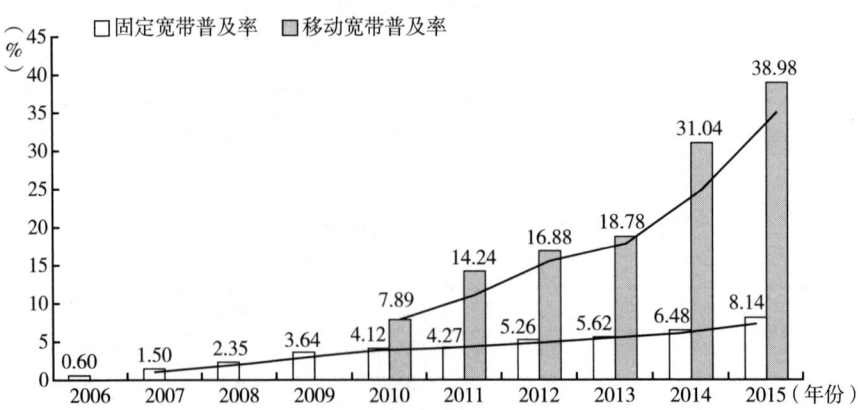

图26 越南固定和移动宽带普及率

说明：宽带普及率系每百名居民中宽带服务订阅数（subscriptions per 100 habitants）。

专栏：越南电信企业

1. Viettel

Viettel，即越南军用电子电信公司（亦翻译为军事电信集团等名称），成立于2004年，目前是越南十大企业之一。越南军用电子电信公司是越南最大的电信及移动通信运营商，为越国国家全资企业，主管部门为越南国防部。截至2014年，Viettel在国内外拥有8万名员工，用户超过6300万人。

值得注意的是，Viettel在保持国内市场份额的同时，大力扩大国际市场，特别是国际电信巨头不愿涉足的中小城市和农村电信市场，取得了突出成效。Viettel在世界其他地区建立了九家电信公司，总覆盖人口超过1.75亿。2014年，Viettel来自海外市场的营收总额达12.11亿美元，较2013年增长23%，其中利润高达1.4亿美元，较2013年增长41%。在柬埔寨、老挝、莫桑比克等已经稳定营业的市场，Viettel均占据领先地位。

2. VinaPhone

越南维纳风移动通信公司（VinaPhone）隶属于越南最大的全业务运营商越南邮电集团。

3. MobiFone

MobiFone为越南移动通信服务公司（Vietnam Mobile Telecom Services Company）旗下品牌，它是越南主要的移动网络运营商，总部位于河内，于1993年4月16日成立。现在越南移动通信服务公司是越南第三大电信运营商，仅次于Viettel和Vinaphone。与VinaPhone一样，MobiFone也隶属于越南最大的全业务运营商越南邮电集团。

4. 越南邮电集团

越南邮电集团（Vietnam Posts and Telecommunications Group，VNPT）成立于2006年，是越南最大的全业务邮电企业，是越南十大企业之一。越南邮电集团拥有Vinaphone和MobiFone两家子公司，这两家公司是越南三大移动网络运营商之一。该集团业务范围广泛，涉及越南国内和国外市场，涵盖金融投资和资本交易；邮政，电信，IT，通信和广告；勘探，咨询，设计，安装和维护电信和IT工程；制造，生产，进出口和供应电信和IT材料和设备*。

> 资料来源：《越南电信企业走向海外市场》，http：//www.ccpit.org/Contents/Channel_3431/2015/1020/494271/content_494271.htm；《越南邮电集团》，http://www.kguowai.com/html/11896.html，最后访问日期：2017年9月26日。

（三）数字经济与信息产业

受益于越南移动通信、互联网等基础设施迅速普及，以及越南政府的大力推进，近十几年来越南的数字经济和信息产业快速发展。2014年越南信息产业营收逾270亿美元。与中国类似，越南政府一直是推动国家进入数字经济时代的重要驱动力。

越南政府不断强调需要利用电子商务提高国家经济竞争力，十多年前就批准了电子商务发展计划，这一举措推动整个国家的电子商务蓬勃发展。越南也特别积极地完善网络法律，为电子商务发展提供良好的发展环境。2014年越南B2C电子商务交易额约为30亿美元，约占全社会零售总额的2%[1]。作为一个经济发展水平不高的国家，这一比例不算低。

2015年初，越南批准"2020年前信息技术园区发展指导计划及2030年展望"，推动越南各省市建设IT产业园区。建设这类园区的省市应满足一些条件，如有充足的资金进行基础设施建设、已有重要的IT项目和产品等。越南将在河内市、胡志明市和岘港市建设IT园区。越南要求相关部门改进IT园区监管、机制和优惠政策，鼓励各行业和外资参与IT园区开发尤其是技术基础设施建设。该计划鼓励在IT园区进行研发投资，加强园区同研究培训机构的联系。越南还将建立风险投资机制，鼓励IT园区内的创业活动。同时，越南政府大力推进信息技术在企业中的应用，取得了不俗成绩。2015年越南企业信息化发展水平如下[2]：

- 90%的企业连入了互联网；

---

[1] *Powering the Digital Economy in Vietnam*, http：//trpc.biz/goingdigital-vietnam2015/，2017-9-26.
[2] *Introduction of the National Strategy on "Transforming Vietnam into an Advanced - ICT Country"*, http：//slideplayer.com/slide/7678488/，2017-9-26.

- 67.7%的企业建立了本地局域局；
- 67.%的企业建立与业务应用系统。

另外值得注意的是，得益于较低的成本、丰富的人力资源、稳定的政治和社会环境，近几年越南在全球服务外包市场的地位不断上升。高纬环球每年发布关于服务外所的全球报告——《在世界何处：业务流程外包（BPO）和共享服务地点排行榜》，对世界各国可能影响 BPO 在全球业务的成功运营因素进行评估，并给出服务外包的最佳目标地区。越南 2014 年排名第五，但在 2015 年登上排行榜首位，成为全球服务外包的最佳目标国①。

（四）政府信息化与电子政务

越南作为新兴发展中国家，十分重视电子政务（越南常用"数字政府"表达）建设对加快国家经济社会发展的重要作用。据统计，目前越南大多数中央政府机构和省政府有了自己的网站，提供 263 种在线政府服务②。国家机关中 90% 的公务员都配备了电脑，国家机构实现了 100% 连接政务内网，60% 的国家机构和 40% 的省市政府装备了数字签名系统。同时，许多电子政务专业系统取得了很好的应用效果③④，如目前 90% 以上的越南企业都通过电子税务系统进行报税，企业在纳税上花费的时间从以前的 537 小时/年降到 167 小时/年；所有省市海关都实现了 100% 电子报关，货物清关时间平均从 21 天减少到 14 天，企业成本下降 10% ~ 20%。

但是，越南电子政务发展也面临着许多瓶颈和问题，尤其是网络信息基础设施不完善，影响了在线公共服务的部署和实施；另外，目前越南电子政务建设还是小规模的、分散的，政府部门之间以及各级政府之间的信息共享与系统

---

① 《中国跻身全球外包服务市场 TOP10 越南登榜首》，http：//chanye. focus. cn/news/2015 – 04 – 15/6187947. html，最后访问日期：2017 年 9 月 26 日。
② *Introduction of the National Strategy on "Transforming Vietnam into an Advanced – ICT Country*，http：//slideplayer. com/slide/7678488/，2017 – 9 – 26.
③ *Digital Government Development：Appropriate Mechanisms and Policies Needed*，https：//www. vietnambreakingnews. com/2016/04/digital – government – development – appropriate – mechanisms – and – policies – needed/，2017 – 9 – 26.
④ Nghị quyết 36a/NQ – CP Nghị quyết vềchính phủđiện tử，https：//luatminhgia. com. vn/nghi – quyet/nghi – quyet – 36a – nq – cp – nghi – quyet – ve – chinh – phu – dien – tu. aspx，2017 – 9 – 26.

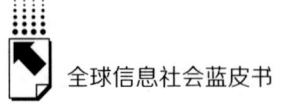

集成不足,制约了电子政务应用效果的提升①。

2015年10月,越南政府发布了《数字政府发展计划》,其目标是提高电子政务建设的质量和效果,增强政府的公开性和透明度,为市民和企业提供更好的服务,提升经济竞争力。这一计划的关键任务包括以下五点②。

第一,依据联合国经济和社会事务部每年发布的《电子政务调查报告》的指标设置,着力提升在线服务、信息化基础设施以及人力资本水平,促进越南电子政务发展指数排名的得高。

第二,建立连接省级政府、县级政府以及社区的电子系统,实现电子文本、电子数据的跨层级传输,加强对各级政府在线业务的监管。

第三,建立国家级电子政务门户,集成各类在线公共服务,为民众和企业提供一站式服务。

第四,电子政务建设要密切配合国家行政改革任务,促进越南经营环境改善和竞争力提升,加强信息化应用中的 ISO 管理。

第五,提升电信基础设施服务质量,加快偏远地区的移动通信和互联网基础设施部署,加强信息安全保障。

根据联合国经济和社会事务部发布的《2016 联合国电子政务调查报告》③,越南的电子政务发展指数(EGDI)为 0.5143,在全球近两百个国家排第 89 名,属于高等(其他分别为非常高、中、低三等),这也是越南首次从中等 EGDI 值国家晋升至高 EGDI 值国家,表明越南电子政务建设进展很快。这一指数高于世界平均水平,也高于世界中低收入国家的平均水平,与亚洲平均水平基本持平。各分项得分中,线上服务和电子参与得分具有明显优势,而基础设施和人力资本则得分不高,显示越南电子政务建设虽然基础较差,但注重应用(见图27)。

---

① *Experts Say e-Government in Vietnam Still Weak*,http://english.vietnamnet.vn/fms/government/154379/experts-say-e-government-in-vietnam-still-weak.html,2017-9-26.

② Nghị quyết 36a/NQ-CP Nghị quyết về chính phủ điện tử,https://luatminhgia.com.vn/nghi-quyet/nghi-quyet-36a-nq-cp-nghi-quyet-ve-chinh-phu-dien-tu.aspx,2017-9-26.

③ 《2016 联合国电子政务调查报告》,http://workspace.unpan.org/sites/Internet/Documents/UNPAN96420.pdf 最后访问日期:2017 年 9 月 26 日。

东南亚国家信息化状况

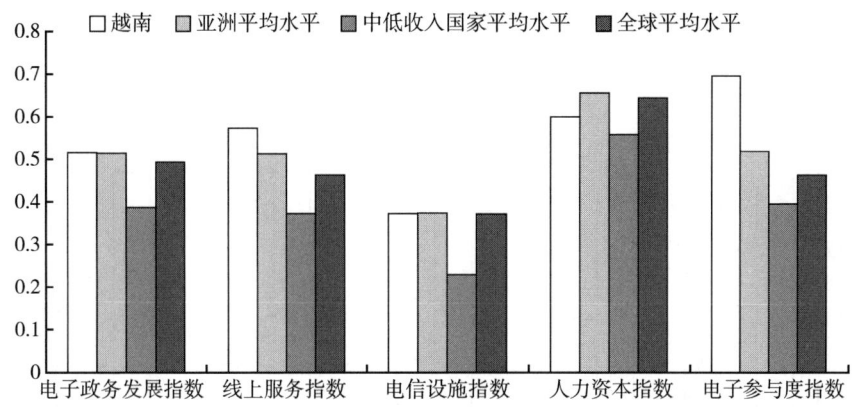

图27　越南电子政务发展指数情况

六　新加坡国家信息化状况

自1965年独立后，新加坡依靠着国际贸易和人力资本迅速成为富裕国家。新加坡是亚洲重要的金融、服务和航运中心之一。根据最新"全球金融中心指数"排名，新加坡为全球第三大金融中心，仅次于英国伦敦和美国纽约。中国和新加坡于1990年10月3日建交，建交以来两国高层保持良好交往传统，各领域合作不断深化拓展，取得丰硕成果。

表14　新加坡国家信息化发展水平简况

名称	新加坡共和国		
简称	新加坡		
首都	新加坡	官方语言	英语、马来语、汉语、泰米尔语
人口	554万(2015年)	国土面积	719平方公里
GDP	2927.39亿美元(2015年)	人均GDP	52889美元(2015年)
固定电话普及率	35.88%(2015年)	移动电话普及率	146.53%(2015年)
互联网普及率	82.20%(2015年)	固定宽带普及率	26.40%(2015年)

在中国国家信息中心发布的《全球信息社会发展报告2016》中，新加坡的信息社会指数（ISI）为0.8846，在参与评估的126个国家中排第2位，其

133

中信息经济、网络社会、在线政府、数字生活指数分别为 0.8411、0.8686、0.9476、0.9231，总指数和各分指数均处于全球领先水平（见图 28）。

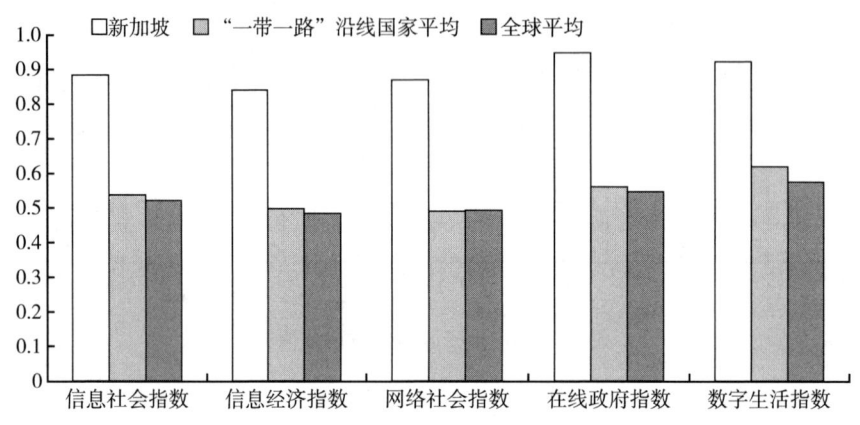

图 28　2016 年新加坡信息社会指数

（一）国家信息化战略和规划

20 世纪 60 年代独立以来，新加坡从一个国土狭小、基础薄弱、资源贫乏的岛屿，在很短时间内迅速跃升成为全球经济社会发展和信息化建设水平最高的国家之一，这主要得益于新加坡政府的大力推动。具体表现在三个方面：一是新加坡政府根据信息化发展形势不断制订适合国情并适当超前的信息化规划；二是政府大力推进电子政务建设，通过政府对先进信息技术的示范应用来引导和带动全社会的信息化；三是新加坡政府对信息化基础设施建设一直给予高度重视和大力投入，其网络通信设施处于全球领先水平。这一系列举措产生巨大推动作用，使得新加坡的国家信息化建设取得了举世瞩目的成就。

新加坡的信息化建设起步于 1980 年，随后 10 年的信息化发展可以分为两个阶段[1]。第一阶段是从 1980 到 1985 年，主要工作是启动公务员计算机计划和建立国家计算机委员会（NCB），目的是提高政府部门效率和公共服务

---

[1] IT 2000: Singapore's Vision of an Intelligent Island，http://www.sciencedirect.com/science/article/pii/B9780444823328500068，2017 - 9 - 26。

质量。第二阶段是从 1986 至 1990 年，这一阶段有两个目标：一是发展一个强大的、以出口为导向的 IT 产业，二是通过 IT 应用来提高企业生产率。到 20 世纪 90 年代初，新加坡已拥有蓬勃发展的信息技术产业，越来越多本土 IT 公司的产品出口到东亚、美国和欧洲，一些本土 IT 公司已成为其产品领域的国际行业领导者，这些成就为新加坡的信息化建设奠定了良好的基础[1]。

其后新加坡不断根据国家信息化发展进程和信息技术发展趋势，制定和出台了一系列国家信息化战略。其中最引人关注的是自 1992 年起先后实施的三个计划，即"智慧岛 2000"计划"智能国 2015"计划和"智慧国 2025"计划，这些计划对新加坡和东亚地区的信息化建设产生了很大影响。

（1）"智慧岛 2000"计划

1992 年，新加坡实施了国家信息基础设施计划——"智慧岛 2000"计划[2]。该计划的目标是将新加坡建设成为一个充满智慧的岛屿，打造全球先进的国家级网络信息基础设施，使信息技术渗透到社会、家庭、工作和娱乐等社会的方方面面，通过信息技术的广泛利用来提高经济竞争力和生活质量，促进新加坡发展成为一个发达国家。"智慧岛计划"确定了五个战略主题：建设全球 IT 枢纽、提高生活质量、打造经济引擎、促进国际合作、激发个人潜能。

（2）"智能国 2015"计划

2006 年新加坡发布"智能国 2015"计划（Intelligence Nation 2015）[3]。该计划为期 10 年，其目标可描述为 3 个"i"：一是"innovation"（创新），也就是创造新技术、新模式和新项目；二是"integration"（集成），即迅速和有效地组织利用不同地区和不同机构中的资源；三是"internationalization"（国际化），也就是要融入全球经济体系之中。计划的内容主要包括四个方面：一是

---

[1] IT 2000: Singapore's Vision of an Intelligent Island, http://choo.fis.utoronto.ca/FIS/ResPub/IT2000.html, 2017 - 9 - 26.
[2] 魏晓燕：《新加坡信息化的成功经验》，《化工管理》2009 年第 2 期。
[3] 江宜航：《新加坡为何公布"智慧国家 2025"计划》，《中国经济时报》2014 年 11 月 28 日。

建立超高速、普及、智能和可信的网络通信技术基础设施,二是发展具有全球竞争力的信息通信技术产业,三是培养信息通信技术工人和具有全球竞争力的信息通信技术人才,四是通过信息通信技术的深入应用加快政府和社会变革①。

(3)"智慧国2025"计划

2014年新加坡发布"智慧国2025"计划(Smart Nation 2025)。该计划是"智慧国2015"计划的升级版,也是从"智能(Intelligence)"到"智慧(Smart)"的全新跨越。其核心可以用三个C来概括:连接(Connect)、采集(Collect)和理解(Comprehend)。"连接"的目标是建设一个覆盖全国的安全、高速、经济且具有扩展性的网络通信设施;"采集"则是指通过遍布全国的传感器网络获取实时数据加强保障信息安全;"理解"的目标是加强数据的社会共享和分析利用,从而更好地预测民众的公共服务需求,并为其提供更优质的服务②。

(二)信息化基础设施

新加坡作为后发的工业化国家,十分重视新技术的引进和应用,信息通信基础设施被视为国家经济战略的一个重要方面。该国从20世纪80年代后期就开始在全国范围内建设高速通信网络,推广各类计算机应用。在这一过程中,新加坡政府通过统筹规划、资金投入和示范应用,发挥了主导作用,这也是新加坡信息化建设的特色经验,对全球特别是东亚国家的信息化建设模式产生了重大影响。

作为信息化的先行国家,新加坡的固定电话和移动电话高度普及,市场基本饱和。固定电话普及率近年来出现缓慢下降趋势;移动电话普及率在2013年达到155.92%的峰值后也开始逐步降低;新加坡家庭计算机普及率于2011年超过85%,这一数字不仅远远领先于其东南亚邻国,在全球也属顶尖水平。

1992年新加坡"智慧岛2000"计划的核心就是国家基础设施(NTI)建

---

① *Smart City Strategy*: *Intelligent Nation 2015 (Singapore)*, http://www.urenio.org/2015/02/12/smart-city-strategy-intelligent-nation-2015-singapore/, 2017-9-26.
② 《新加坡"智慧国家2025"计划发布,欲成为全球首个智慧国》, http://www.cheyun.com/content/4978, 最后访问日期:2017年9月26日。

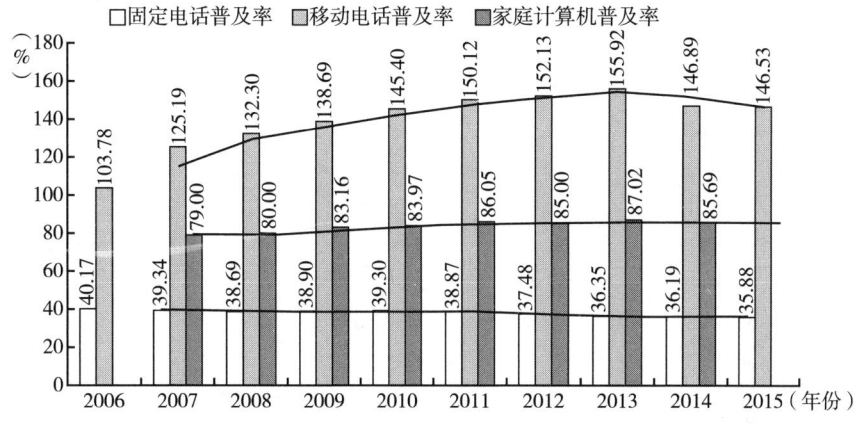

图 29　新加坡近十年的电话和家庭计算机普及率

说明：ITU 数据库中缺失新加坡 2015 年家庭计算机普及率数据。

设，目标是建成一个以 ATM 交换技术为核心，光纤同轴混合网（HFC）和非对称数字用户线路（ADSL）并举的新加坡综合网。1996 年 6 月新加坡启动国家信息高速公路项目，目的是在全社会普及计算机和网络，让每位新加坡公民都可以享用各项先进信息技术[①]。从 1997 年开始，新加坡启动 "新加坡一号计划"，鼓励市民和政府上网，目标是让 90% 的家庭拥有宽带网络。随后的 "智能国 2015" 计划和 "智慧国 2025" 计划中也都将先进网络通信基础设施建设作为核心内容。

通过政府的大力推动和社会的积极参与，新加坡的网络通信基础设施建设突飞猛进，网络设施建设水平和普及水平都居全球领先，甚至超越了包括美国在内的传统信息技术强国。目前新加坡拥有 2 家固定宽带运营商、3 家移动宽带运营商、87 家互联网接入服务商和 300 多家语音增值服务提供商，激烈的市场竞争为新加坡带来了更便宜的电信资费和更高的网速，也进一步促进了网络通信技术的广泛应用。

---

① 《新加坡信息化现状》，http://finance.sina.com.cn/roll/20030712/1319367198.shtml，最后访问日期：2017 年 9 月 25 日。

表15 2000～2016年新加坡互联网普及率变化情况

单位：人，%

年份	互联网用户数**	占总人口比重	总人口	用户年变化率	用户年变化数
2016*	4699204	82.5	5696506	2.0	90352
2015*	4608852	82.2	5603740	2.1	93451
2014	4515401	82.0	5506586	3.1	137343
2013	4378057	81.0	5405009	14.7	562400
2012	3815657	72.0	5299524	3.5	130284
2011	3685373	71.0	5190666	2.2	79311
2010	3606062	71.0	5078961	5.3	180140
2009	3425922	69.0	4965105	2.4	79670
2008	3346252	69.0	4849641	1.1	38036
2007	3308217	69.9	4732785	21.5	585581
2006	2722636	59.0	4614637	-0.7	-19638
2005	2742274	61.0	4495531	1.1	29631
2004	2712643	62.0	4375230	18.4	422079
2003	2290564	53.8	4254553	17.8	346596
2002	1943968	47.0	4136102	16.0	267468
2001	1676500	41.7	4023237	18.9	265954
2000	1410546	36.0	3918183	52.8	487176

注：* 表示预计数据，截至2016年7月1日；** 互联网用户为通过任何设备在家能够访问互联网的个人用户。资料来源，*Singapore Internet Users*, http://www.internetlivestats.com/internet-users/singapore/，最后访问日期：2017年9月25日。

从表15可以看出，新加坡的互联网普及率从2013年开始就超过了80%，除去不能上网的婴幼儿、高龄老人和特殊社会群体（如残疾人、服刑人员等），新加坡几乎实现了全体国民上网。而在互联网技术水平方面，新加坡亦表现不俗，据全球最大的CDN服务商Akamai公司2015年的统计数据，新加坡固定宽带平均上网速度为12.5Mbps，全球排名第17，其峰值网速达到135.4Mbps，高居全球第一。①2015年新加坡的活跃移动宽带普及率为143.23%；移动电话渗透率高达146.53%，移动3G或者4G使用率达106%，

---

① 《2015全球各国平均网速排行榜》，http://www.phbang.cn/tech/internet/151833.html，最后访问日期：2017年9月26日。

移动网速 16.2Mbps，新加坡还是全球智能手机普及率最高的地区，高达 87%的民众使用智能手机[①]。

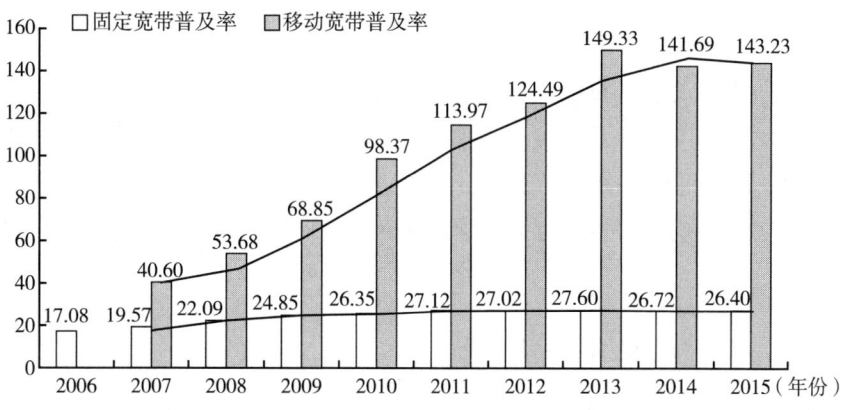

图 30　新加坡固定和移动宽带普及率

说明：宽带普及率系每百名居民中宽带服务订阅数（subscriptions per 100 habitants）。

新加坡是全球网络通信设施建设水平最先进、互联网应用最广泛的国家之一，与此同时，新加坡也对互联网进行十分严格的管理，可见互联网的严格监管与广泛使用并不矛盾。新加坡的网络监管体系主要由三个方面组成。

一是法律规章体系。早在 1996 年，新加坡就颁布了《广播法》和《互联网操作规则》，将网络管理法规与《国内安全法》《宗教法》《煽动法》等传统法律相结合，形成一套完整的互联网法规体系。根据这些法规，互联网上禁止发布宣扬色情、暴力、挑动民众和政府对立、煽动民族仇恨和宗教冲突、威胁国家安全和公共安全的信息[②]。

二是机构监管体系。2003 年 1 月，新加坡成立了新加坡媒体发展局，将原来分别管理出版、广播和电影的三个部门的功能并入该局。新加坡所有互联网企业必须在媒体发展局注册，接受媒体发展局监管，遵守新加坡的各项网络

[①] 《全球移动互联网市场数据——新加坡篇》，http：//www.sohu.com/a/39620978_227984，最后访问日期：2017 年 9 月 26 日。

[②] 《国外互联网管理　法律与自律并举》，http：//world.people.com.cn/GB/14539332.html，最后访问日期：2017 年 9 月 25 日。

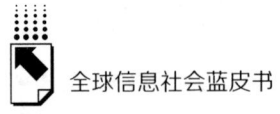

管理法规①。

三是行业自律体系。新加坡政府引导和鼓励互联网企业加强自律,完善企业内部的网络内容审查机制,并向用户提供带有内容过滤功能的网络接入终端②。新加坡还成立了家长咨询服务中心等志愿者组织,帮助孩子正确使用互联网,防止他们受到不良内容侵害③。

新加坡虽然是一个小岛城市国家,但民族、文化、语言都十分多元。新加坡一直保持政治和社会的高度稳定,与周边国家形成鲜明对比,这与其严格的网络管理政策是分不开的。因此新加坡在网络治理中的经验很值得其他国家学习借鉴。

(三)信息产业与数字经济

新加坡政府极为重视信息产业和信息经济的发展,在推动各经济领域的信息化转型方面给予充分指导和大力扶持。在"智能国2015""智慧国2025"计划中,新加坡都提出要发展具有全球竞争力的信息通信产业,实现产业多元发展,提高产业的科学技术水平。

新加坡的信息产业起步于20世纪60年代,承接了大量由欧美日等发达国家和地区转移出来的收音机、电视机等制造产业,为其成为亚洲"四小龙"之一奠定了基础。经过几十年的不断发展和产业升级,目前新加坡已成为全球重要的电子产品生产基地、研发基地和市场枢纽。下面列出了新加坡电子信息产业的主要成就④:

- 全球十分之一的晶片以及40%的硬盘媒体都制造于新加坡;
- 新加坡拥有十五家世界顶尖的无厂半导体公司中的九家和近30家集成电路设计中心;
- 新加坡拥有十四家硅半导体晶圆代工厂,其中包括世界排名前三的晶

---

① 陶杰:《新加坡严格网络管理维护社会稳定》,http://www.ce.cn/xwzx/gnsz/gdxw/201212/24/t20121224_23967025.shtml,最后访问日期:2017年9月25日。

②

③ 《从一个高中生被追责看新加坡互联网管理》,http://news.xinhuanet.com/world/2011-04/28/c_121358540.htm,1,最后访问日期:2017年9月25日。

④ 新加坡经济发展局,https://www.edb.gov.sg/content/edb/zh/industries/industries/electronics.htmll,最后访问日期:2017年9月25日。

圆代工厂；

● 新加坡拥有十五家半导体组装与测试作业处，其中包括世界排名前五的半导体组装和测试代工公司；

● 新加坡拥有六家世界顶尖的集成器件制造商；

● 新加坡拥有三家世界顶尖的硬盘制造商；

● 新加坡拥有五家世界顶尖的电子制造服务（EMS）供应商中的4家。

在发展电子信息产业的同时，新加坡也大力发展电子商务等互联网产业。新加坡虽然国土小、人口少，但其经济社会发展水平高且互联网十分普及，这为互联网发展发展提供了较好的土壤。淡马锡和谷歌的数据显示，2015年新加坡的电子商务市场价值达10亿美元，网上购物占零售销售的2.1%，是所有受访东南亚国家中比例最高的，数据还预计到2025年，预计新加坡的电子商务市场将达到54亿美元①。另一份报告显示，2015年新加坡电子商务用户普及率达到57.31%，预计到2020年可以达到74.2%，新加坡网民最常用的是Qoo10、Amazon、Lazada等在线购物网站。

（四）政府信息化与电子政务

新加坡从20世纪80年代起就开始大力发展电子政务，目前已成为世界上电子政务水平最先进、应用最广泛的国家之一。民众可以通过网络享受几乎所有政府服务，增强了新加坡的国际吸引力和国际竞争力。

新加坡在"智慧岛2000"、"智能国2015"以及"智慧国2025"等国家信息化计划中，都将电子政务作为主要内容。2011年，新加坡推出了专门的"电子政务2015计划"，其愿景是"与人民共创互连，建设合作型政府"，具体包括三方面内容。

1. 共同创造更大的价值

一是改进电子政务服务，开发电子政务服务新渠道，特别是基于智能手机的移动政务（mGov）；同时要推出个性化电子政务服务（OneInBox），为企业

---

① *Singapore Singapore E-Commerce Market to Exceed S＄7b in 2025*：Report，http：//www.channelnewsasia.com/news/singapore/singapore-e-commerce-market-to-exceed-s-7b-in-2025-report-8008460，2017-9-26.

和民众提供定制化的电子政务服务。二是加快政府数据开放，新加坡政府数据门户网（data.gov.sg）提供了 3000 多个数据集供公众下载，这些数据集既可用于研究，也有助于促进新系统和新服务开发。

2. 积极连接主动参与

借助信息化手段加强公共政策制订中的民众参与，包括利用社交媒体等方式听取民众对政策的意见，不断创造政府与民众之间互相的新渠道。

3. 促进政府整体转型

一是改善政府信息化基础设施，建立下一代宽带网络，利用云计算、大数据和节能技术。二是改革政府工作方式，鼓励部门间共享知识、加强协作，利用大数据技术改革业务分析和政策制定模式。

根据联合国经济和社会事务部发布的《2016 联合国电子政务调查报告》①，新加坡的电子政务发展指数（EGDI）为 0.8828，在全球近两百个国家排第 4 名，仅次于英国、澳大利亚和韩国，属于非常高等（其他分别为高等、中等和低等），同时这一得分既远高于世界平均水平、亚洲国家平均水平，又远高于世界高收入国家的平均水平，显示了新加坡电子政务建设在全球的领先地位，其具体情况如图 31 所示。

新加坡在政府信息化和电子政务建设中所取得的成就，与新加坡政府的努力是分不开的。1997 年新加坡就提出要在 5 年内实现 1/4 以上政府事务的电子化与网络化，时任新加坡总理吴作栋要求所有政府官员身先士卒，带头上网购物、使用电子邮箱和通过互联网来与民众进行互动②。为了方便民众上网使用各类政府在线服务，新加坡在每个社区设立了民众服务中心，提供 2 万多台公共电脑，不论是当地人还是外国观光客都可以随时上网使用政府部门的在线服务③。

新加坡信息通信管理局（IDA）曾总结了新加坡电子政务取得成功的主要

---

① 《2016 联合国电子政务调查报告》，http://workspace.unpan.org/sites/Internet/Documents/UNPAN96420.pdf 最后访问日期：2017 年 9 月 26 日。
② 《电子业给新加坡腾飞带来新动力》，http://www.shandongbusiness.gov.cn/public/html/news/201706/68167.html，最后访问日期：2017 年 9 月 26 日。
③ 夏露：《国外电子政务实践给我国的启示》，《武汉纺织大学学报》2005 年第 7 期。

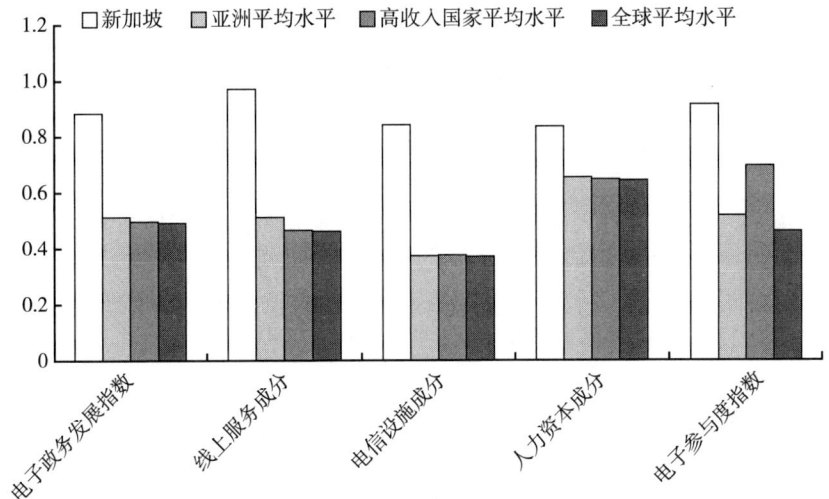

图 31 新加坡电子政务发展指数情况

经验①，分别是：
- 清晰的长期愿景和目标；
- 高层政府的支持与资金投入；
- 设立专门机构来推进电子政务的战略规划和实施；
- 以用户为中心整合各类政府服务；
- 政府、企业和民众建立伙伴关系，并明确各自角色。

参考文献

安邦咨询：《越南数字经济发展潜力巨大》，《时代金融》2015 年第 22 期。
毕海东：《"一带一路"在东南亚面临的地缘政治风险与中国的政策选择》，《战略决策研究》2016 年第 2 期。

---

① *The Singapore e The Singapore e-Government Government Experience*, http://www.carecprogram.org/uploads/events/2006/eGovernment – Forum/Day1 – SIN – eGovernment – Experience.pdf, 2017 – 9 – 26.

陈静：《"一带一路"下的东南亚经济合作》，《中国金融》2017年第9期。

陈扬：《浅析印度尼西亚互联网的发展》，《东南亚纵横》2011年第4期。

程心、尼文：《2015年东南亚地区经济形势：表现及展望》，《东南亚南亚研究》2016年第1期。

刘姝麟：《"互联网+东盟"，中国助推东南亚信息化》，《人民日报》（海外版）2015年9月17日。

刘杨钺：《泰国的互联网发展及其政治影响》，《东南亚纵横》2014年第1期。

田军：《中兴助力马来西亚UMobile建设全国最快4G网络》，《邮电设计技术》2015年第12期。

张建中：《越南互联网发展现状》，《传媒》2014年第17期。

B.4
南亚国家信息化状况

夏蓓丽　汪晓菲*

摘　要： 南亚是世界上最不发达的地区之一，其信息化总体水平不高。该地区的三个大国——印度、巴基斯坦、孟加拉的信息化水平排在全球110位之后，亟须改善信息化基础设施，促进信息技术在经济社会各领域的应用。但印度的信息服务外包产业十分发达，是全球数字经济大国之一；巴基斯坦和孟加拉的信息服务外包产业发展亦较快；其余国家中，斯里兰卡信息社会发展相对较快，在信息经济和电子政务方面表现突出；尼泊尔虽然信息化在初步发展阶段，但基础设施建设、信息经济、信息社会、政府信息化等发展比较均衡；不丹虽然人口很少，但该国十分重视信息化建设；马尔代夫虽然属于高收入国家，但由于国土面积很小，经济结构单一，其信息化建设只需支撑主要产业的需求即可。近年来中国与南亚国家的信息化合作较多，包括我国与孟加拉和巴基斯坦在信息化基础设施领域的合作，阿里巴巴与印度电商企业之间的经济合作，以及云南、西藏等边境省份与印度、斯里兰卡、尼泊尔之间的合作。

关键词： 南亚　信息化　发展现状　国际合作

---

* 夏蓓丽，硕士，上海社会科学院信息研究所助理研究员，研究方向：信息资源管理、政府数据开放；汪晓菲，上海社会科学院信息研究所情报学硕士研究生，研究方向：知识管理、科技创新。

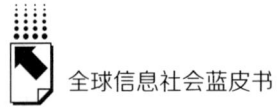

全球信息社会蓝皮书

一 南亚国家信息化发展整体概况

"一带一路"沿线国家南亚区域主要包括印度、巴基斯坦、孟加拉、斯里兰卡、尼泊尔、不丹、马尔代夫、阿富汗等国家,位于中国的南面和西南面。南亚拥有超过1/5的世界人口,包括3个人口过亿的大国(印度、巴基斯坦、孟加拉),成为世上人口最多和分布最密集的区域,但该区域大多数国家经济发展比较落后,是全球最贫穷的地区之一。近年来,南亚各国的政治局势趋于稳定,经济形势趋向好转,特别是南亚最大国家印度,通过市场化改革,大力发展工业和高科技产业,经济水平快速提升,已成为南亚经济发展的火车头。

中国国家信息中心发布的《全球信息社会发展报告2016》显示,"一带一路"沿线南亚主要有6个国家在评估之列,缺少阿富汗和马尔代夫数据。从该报告中列出的全球信息社会发展指数(ISI)平均水平值0.5237看,南亚诸国的ISI值普遍低于"一带一路"沿线国家及全球平均水平。根据国家信息社会指数评估分类①,南亚国家中斯里兰卡(0.4439)、不丹(0.3758)正处于工业社会向信息社会转型期;印度(0.2983)、巴基斯坦(0.2799)、孟加拉(0.2713)、尼泊尔(0.2352)等国家尚处在信息社会发展的起步期。可见,南亚国家的信息化水平较低,而且缺乏如新加坡这样的信息化发展一枝独秀的国家,信息化水平最高的斯里兰卡也仅排全球第89位(见表1)。

从排名变化情况看,斯里兰卡、不丹、巴基斯坦在2016年的全球排名均比2015年上升了2位,孟加拉排名保持不变,印度和尼泊尔下降1位。虽然与其他国家相比增速并不十分显著,但从2015~2016年和2011~2016年的ISI值增幅情况看,南亚各国的ISI值增幅较大,这与近年来各国提出的信息化国家战略、信息经济环境以及政策导向有一定关系。其中,巴基斯坦的增速最快,2015~2016年增速为9.08%,在被评估的126个国家中排名第3;孟加拉2015~2016年的增速为6.10%,排全球第10名;不丹、尼泊尔、斯里兰卡的

---

① 国家信息社会指数评估认为,指数小于0.3的国家处于信息社会发展的起步期,0.3和0.6之间的国家处于工业社会向信息社会转型期,大于0.9的国家步入信息社会发展的高级阶段。

表1 2016年南亚地区6个国家信息社会发展指数

	信息社会	信息经济	网络社会	在线政府	数字生活	全球排名
斯里兰卡	0.4439	0.3560	0.5613	0.5774	0.3698	89
不丹	0.3758	0.3148	0.4704	0.2887	0.3713	103
印度	0.2983	0.3060	0.2932	0.3901	0.2652	114
巴基斯坦	0.2799	0.2968	0.2954	0.2536	0.2562	116
孟加拉	0.2713	0.2818	0.3160	0.2689	0.2167	119
尼泊尔	0.2352	0.2350	0.2178	0.2288	0.2550	123
"一带一路"沿线国家平均值	0.5414	0.5021	0.4926	0.5637	0.6221	—
全球平均值	0.5237	0.4872	0.4966	0.5485	0.5790	—

增幅均排在全球前30名。印度是2015~2016年新进的国家，虽然总体排名情况并不理想，但在在线政府方面较有优势。

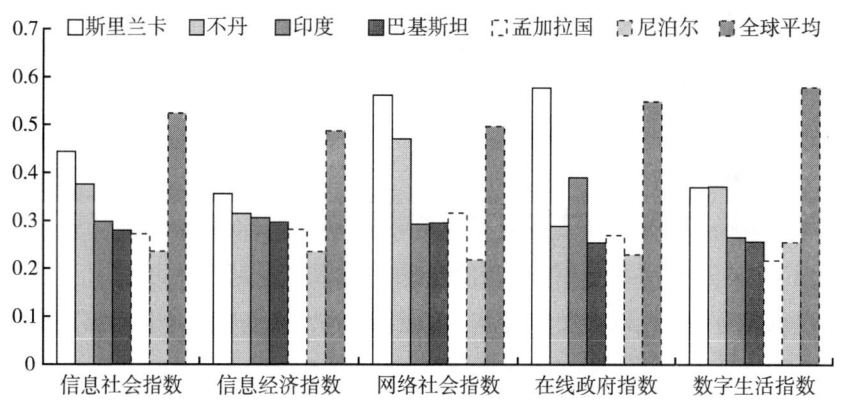

图1 2016年"一带一路"沿线南亚地区主要国家信息化指数比较

图1列出了国家信息化指数的单项排名比较。总体来看，印度信息化发展总体上处于全球中等偏下水平，但在线政府单项指数明显高于其他指数，跟不丹、巴基斯坦、孟加拉、尼泊尔相比有明显优势。这主要归因于印度政府对信息化高度重视，并投入巨大人力、财力和物力来推进信息化规划的实施。巴基斯坦、孟加拉、尼泊尔三个国家的信息社会发展水平相近，可基本代表南亚地区的平均水平。斯里兰卡总体在南亚处于领先位置，特别是在网

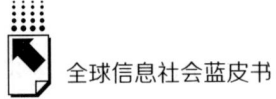

络社会、在线政府方面已经超过全球平均水平。不丹国家虽小，但信息化发展总体水平以及网络社会、数字生活这两个单项指数在南亚国家中比较突出。

阿富汗由于局势动荡，经济发展受到严重影响，是全球最不发达的国家之一，相应的，其信息社会发展水平也非常低，互联网普及率不足10%，因此，全球性的信息社会评估、信息准备度指数排名并不以阿富汗为调查对象。同样非常特殊的是马尔代夫，虽然一般认为高收入国家的信息社会发展水平相对较高，但受到地理环境以海岛为主、陆地面积很小、经济结构单一、以旅游业为主要经济来源等因素的影响，马尔代夫的信息化建设以能够支撑主要产业为限，因此也并未被列为全球性的信息社会评估、信息准备度指数排名的调查对象。

南亚与中国地理位置相近、面积广阔、人口众多、经济增长潜力巨大，其对信息技术、信息产品和信息服务的需求也不断增长。近几年中国与该区域各国在信息化方面开展了较为广泛的合作，特别是在信息化基础设施建设、网络通信设备贸易、跨境电子商务等领域的合作尤为密切。具体到国家，中国与不同国家的信息化合作有着不同的重点。

中国与巴基斯坦、孟加拉等国合作的重点是国与国层面上的信息化基础设施建设。2013年5月，中巴双方签署了卫星导航领域合作协议，优先开展包括巴基斯坦国家位置服务网等在内的具体项目建设，2014年该项目建成，巴基斯坦也成为除中国以外世界上第一个使用中国北斗高精度地基增强系统的国家。2007年中国移动收购巴基斯坦第五大电信运营商Paktel公司，该公司拥有2570万用户，使得中国移动成为巴基斯坦第三大电信运营商。2016年10月14日，工业和信息化部与孟加拉邮电和信息技术部共同签署《中国工业和信息化部与孟加拉邮电和信息技术部信息通信技术合作谅解备忘录》，根据该备忘录，双方将在信息通信基础设施、技术研发、普遍服务、网络安全和人力资源开发等领域开展合作。①

---

① 《中国工业和信息化部与孟加拉邮电和信息技术部签署信息通信领域合作备忘录》，http://www.miit.gov.cn/n1146285/n1146352/n3054355/n3057800/n3057805/c5284455/content.html，最后访问日期：2017年9月23日。

而中国与印度之间合作的重点是企业层面的技术经济。2015年以来，阿里巴巴先后投资印度本土最大和第二大电商企业Flipkart、Snapdeal，大举进入印度电子商务市场；2017年阿里巴巴更是向号称"印度支付宝"的Paytm E-Commerce公司注资1.77亿美元，成为该公司最大股东。以联想、华为、小米、金立等为代表的中国手机企业在印度市场耕耘多年，目前市场占有率已达三成。华为公司在班加罗尔先后建立了海外最大的研发中心及全球服务中心，而且从2016年起与当地电子设备制造商Flex India在印度生产智能手机。

中国与南亚国家信息化合作重点的差异，与各国的经济水平、地理位置以及对华关系有关。巴基斯坦等国位于中国西部走向印度洋的大通道上，战略位置十分重要，但这些国家长期政局不稳、经济发展水平相对滞后，因此中国将与之合作的重点放在国家层面信息化基础设施建设上。同时这些国家长期与中国保持稳固的友好关系，政治信任度高，与中国合作也有助于打消这些国家对于国际信息化基础设施合作中常常存在的国家安全顾虑。印度近几年国家发展蒸蒸日上，经济增速名列世界前茅，特别是通过大力发展软件和信息服务外包产业，实现了信息经济的高速增长，目前已成为全球信息产业的重要一极，但是印度的电子信息产品制造和互联网产业相对落后，市场增长空间很大。印度近年来不断进行经济改革，IT市场开放程度相对其他大国较高，成为中国IT企业的吸铁石。

另外，中国边境省份和城市也纷纷提出了面向南亚国家的信息化发展计划，比如西藏电子商务产业园将重点对接印度、斯里兰卡、尼泊尔等国的百余家企业；云南省则计划将云南展览业电商平台逐步打造成为面向南亚、东南亚，全面提供展览会议、参展组展、商品交易、项目投资等一揽子电子商务信息服务的重要平台；昆明市于2016年出台的信息产业发展规划提出要建设面向南亚和东南亚的信息产业发展创新高地。

二 印度国家信息化状况

印度东北部同中国、尼泊尔、不丹接壤，东部与缅甸为邻，东南部与斯里兰卡隔海相望，西北部与巴基斯坦交界，是南亚次大陆最大的国家。印度是世界人口第二大国，是金砖国家和G20国家之一，也是世界上发展最快的国家之一。印度经济产业多元，涵盖农业、手工业、纺织业和服务业，近年来服务业增长迅速，日益重要。印度已成为全球软件、金融等服务业最重要的出口国。

表2 印度国家信息化发展水平简况

名称	印度共和国		
简称	印度		
首都	新德里	官方语言	印地语、英语
人口	13.26亿(2016年)	国土面积	298万平方公里
GDP	2.095万亿美元(2015年)	人均GDP	1598美元(2015年)
固定电话普及率	1.99%(2015年)	移动电话普及率	78.06%(2015年)
互联网普及率	34.8%(2016年)	固定宽带普及率	1.32%(2015年)

根据中国国家信息中心发布的《全球信息社会发展报告2016》，印度的信息社会指数（ISI）为0.2983，在参与评估的126个国家中排第114名，排名比较靠后。其中信息经济、网络社会、在线政府、数字生活指数分别为0.3060、0.2932、0.3901、0.2652，总指数和各分指数均低于"一带一路"沿线国家平均水平和全球平均水平（见图2）。

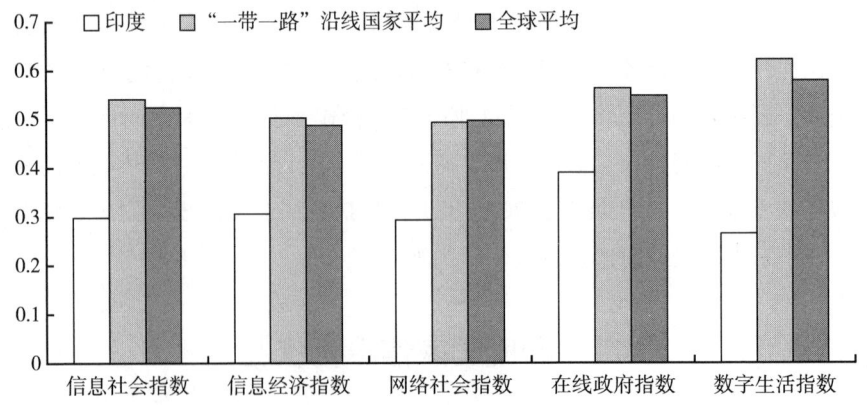

图2 2016年印度信息社会指数

(一)国家信息化战略与规划

印度的信息化起源于20世纪80年代,时任印度总理拉吉夫·甘地(Rajiv Gandhi)认识到信息技术产业对于国家发展的重要性,并从美国引进了一批印裔信息技术人才,其中就有山姆·皮特罗达(Sam Pitroda),他当时在卡西欧、夏普、美国德州仪器等公司拥有五十多项专利,后来担任印度第一任电信委员会主席。这些人才的引进为印度后来的信息化革命奠定了基础,其后印度信息技术和产业取得了发展,特别是在20世纪90年代末,印度发挥其人才和语言优势,向西方国家提供了大量的优质信息技术、产品和服务,较好地解决了"千年虫"问题,既为印度创造了大量外汇,提升了全国对该产业的关注度,也帮助印度信息技术产业取得了全球声誉,促进了后来印度软件和信息服务外包产业的飞速发展。

但与其他国家不同,印度的信息化革命由国际软件和信息服务业发展驱动,因此其主要集中在少数几个中心城市和教育水平高、英语水平良好的精英阶层,几乎没有触及穷人,也没有触及农村,而且政府的服务仍然没有受到变革之风的影响。因此,针对印度目前存在的两大数字鸿沟问题——城乡差距较大,以及信息技术发展迅速与国民IT使用率普遍较低之间的矛盾,2015年,印度政府推出"数字印度"(Digital India)计划。数字印度计划的目的是促进数字基础设施投资、提高公民数字素养、提供在线信息服务和提高公民参与率。

印度政府和企业将向"数字印度"投入700亿美元。为实现印度经济向知识经济、数字经济转型,数字印度计划提出三大愿景:数字基础设施建设为核心、打造服务型政府、赋予公民数字权利。该计划包括九大重点项目。

(1)建设宽带网络。本项目又包含三个任务,一是农村宽带网络建设,2016年和2017年实现25万个乡村接入国家光纤网络,本任务由印度电信部负责;二是城市宽带网络建设,在城市的新城区以及新建大楼中建设网络通信设施并提供网络服务;三是国家信息基础设施(NII)建设,2017年3月之前为包括村镇级政府在内的各级政府部门提供高速网络接入服务和云计算平台服务,本任务由印度电信部负责。

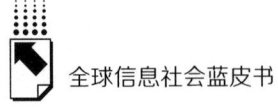

（2）普及移动通信。重点促进目前尚未实现移动网络覆盖的55619个村庄实现移动网络连接，本任务由印度电信部负责。

（3）建设公共互联网。本项目包括两项任务，一是建设公共服务中心，目标是覆盖25万个乡镇，提升民众使用电子服务的水平，本任务由印度电信部负责。二是将邮局改造为综合服务中心，将印度15万个邮局改造为能提供多种服务的中心，印度邮政部将负责此项任务。

（4）发展电子治理（e-Governance）。利用技术改造政府，创造更有效率、更简便的政府工作流程。

（5）推进电子革命（e-Kranti）。发展电子服务，实现税务管理、护照、养老金、土地记录、农业服务到出生和死亡证明等多种服务的电子化与网络化。

（6）全民信息共享（Information For All）。各政府部门向民众开放各类信息数据，政府应积极使用社交媒体与公众联络互动。

（7）发展电子信息制造产业。争取在2020年之前实现信息产业的零净进口。

（8）培养IT人才。提升IT人才的信息技术技能，增加青年人员在IT企业中的就业比例，重点是印度东北部诸邦。

（9）早期收获计划。本项目包括建立发布信息的IT平台，覆盖所有大学的无线网络，为政府官员提供安全的电子邮箱、教科书电子化等。

（二）信息化基础设施

印度是信息服务外包大国，虽然其软件外包的全球市场份额已经超过50%，但其国内的工业基础和信息化基础设施发展水平仍然较低。印度的固定电话普及率较低，而且从2006年至今一直处于缓慢下降过程中，2015年普及率约为2%；移动电话普及率在2010年之前取得了较高的增长速度，但2010年之后增长速度放缓，2015年普及率约为78%，在全球处于中等水平。

印度的互联网用户数量迅速扩大，2000年以来保持了每年两位数的增长速度。但由于印度人口规模庞大而且互联网用户基数较低，所以2016年印度互联网普及率也不到35%，在全球属较低水平。

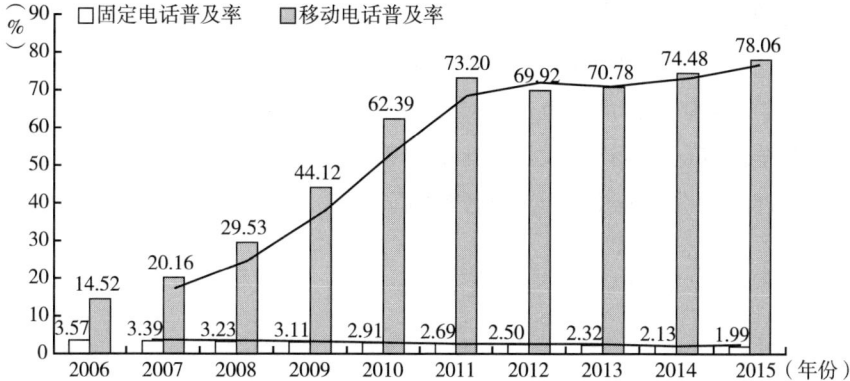

图3 印度近十年的固定电话和移动电话普及率

表3 2000~2016年印度互联网普及率变化情况

单位：人，%

年份	互联网用户数**	占总人口比重	总人口	用户年变化率	用户年变化数
2016*	462124989	34.8	1326801576	30.5	108010242
2015*	354114747	27.0	1311050527	51.9	120962270
2014	233152478	18.0	1295291543	20.7	39948148
2013	193204330	15.1	1279498874	21.5	34243984
2012	158960346	12.6	1263589639	26.5	33342533
2011	125617813	10.1	1247446011	36.1	33293976
2010	92323838	7.5	1230984504	48.5	30157710
2009	62166128	5.1	1214182182	18.6	9734457
2008	52431671	4.4	1197070109	12.5	5834088
2007	46597582	4.0	1179685631	42.9	13995197
2006	32602386	2.8	1162088305	19.3	5275016
2005	27327370	2.4	1144326293	22.8	5067787
2004	22259583	2.0	1126419321	19.1	3567041
2003	18692542	1.7	1108369577	11.5	1926786
2002	16765756	1.5	1090189358	136.9	9689725
2001	7076031	0.7	1071888190	27.3	1518576
2000	5557455	0.5	1053481072	96.5	2729647

注：* 表示预计数据，截至2016年7月1日；** 互联网用户表示通过任何设备在家能够访问互联网的个人用户。

资料来源：*India Internet Users*，http://www.internetlivestats.com/internet-users/india/，最后访问日期：2017年9月23日。

印度的宽带普及率增长更是缓慢，固定宽带普及率始终在1%上下徘徊，移动宽带普及率虽然增长迅猛，但在2015年也不到10%，在全球属落后水平，也低于南亚区域内的斯里兰卡和巴基斯坦等国。印度的互联网发展状况与印度作为全球信息技术产业大国的地位严重不相称，这也是"数字印度"计划将宽带网络建设与普及作为重点任务的原因。

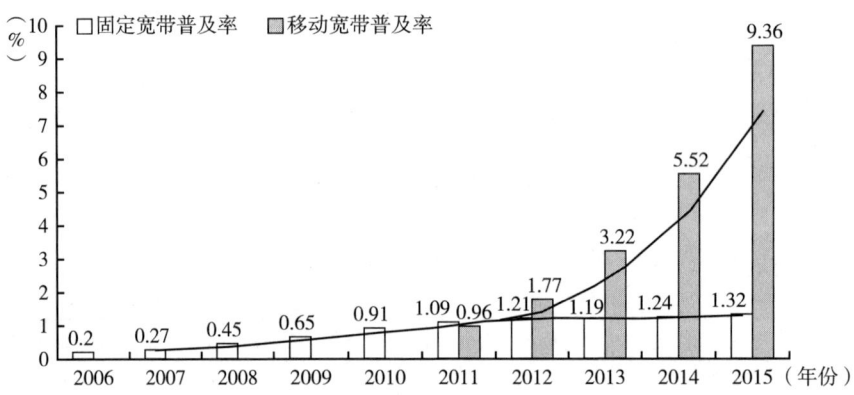

图4　印度近十年的固定宽带和移动宽带普及率

说明：宽带普及率系每百名居民中宽带服务订阅数（subscriptions per 100 habitants）。

（三）信息产业与数字经济

印度是全球重要的信息产业大国，其信息服务外包产业，一直独占世界鳌头。2015年，在全球信息服务外包和商务服务外包（ITES/BPO）业务中，印度的份额分别高达67%和38%。印度的IT公司已经遍布世界各地，大约成立了670家海外交付中心，服务八十多个国家的200多个城市。

2015~2016年，印度信息软件和信息服务外包出口达到1078亿美元，比2014~2015年的978亿美元增长了约10.3%。其中，信息服务是份额最大的细分市场，2015~2016年的出口收入约为610亿美元，比2014~2015年的553亿美元，增长了10.3%；其次，ITES/BPO（工程开发和产品研发）外包细分市场份额排第二，2015~2016年收入达244亿美元，较2014~2015年的225亿美元增长8.4%；工程研发和产品开发，已登记在册的企业约比2015年增长12.4%（见图5）。

美国和英国是印度的主要市场,然而来自亚太、拉丁美洲、中东的市场需求也在增加。在2016年第二届金砖国家通信部长会议期间,印度表示希望深化与中国在软件开发、信息技术服务等领域的合作,欢迎中国IT企业赴印度投资建厂①。

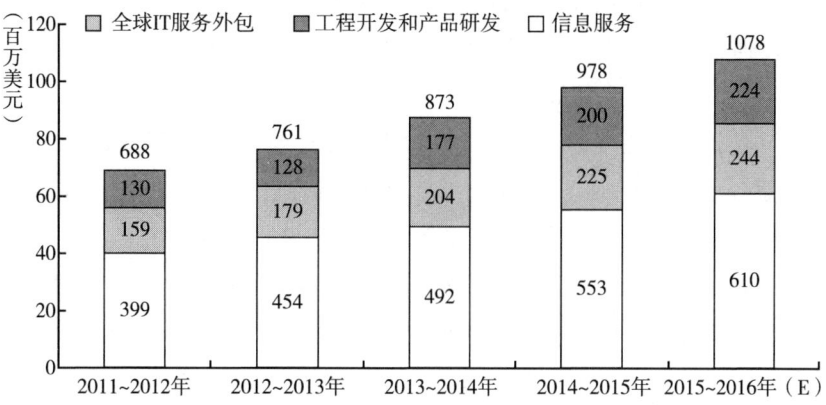

图5 2011~2016年印度IT技术与服务外包市场份额

资料来源:NASSCOM,Strategic Review 2016。

近年来,印度的互联网产业也得到了长足发展。印度电子商务统计数据显示,2015年,印度有942.6万人(15岁以上)使用电子商务,其中27.0%(约254.5万人)利用互联网进行交易,8.7%(约82.0万人)选择了在线购物。利用互联网交易的人群中,33.0%(约311.0万人)选择使用智能手机。

当前印度电子商务发展呈现出以下趋势②。

(1)政府积极利用电子商务及其数字平台为传统农业转型提供机遇,业已推出电子市场平台对接农民与各邦农贸产品集市。此外,数字印度(Digital India)、创业印度(Start-up India)、创新基金(Innovation Fund)、技能印度(Skill India)等行动计划都在助推电子商务产业发展。

---

① 《刘利华与印度通信部电信事务秘书长举行会谈》,http://www.miit.gov.cn/n1146290/n1146397/c5358612/content.html,最后访问日期:2017年9月23日。
② E-Commerce in India: A Game Changer for the Economy,https://www2.deloitte.com/content/dam/Deloitte/in/Documents/technology-media-telecommunications/in-tmt-e-commerce-in-india-noexp.pdf,2017-9-23。

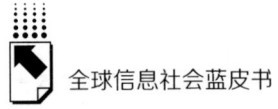

（2）互联网渗透率增加。政府大力推行国家光网计划（NOFN），提高乡村的互联网普及率，挖掘电子商务市场的潜力。

（3）智能手机用户的增加。随着智能手机销量远超传统手机销量，印度在移动端的电子商务全球市场份额为41%，居全球首位。

（4）电子支付迅速发展。目前货到付款仍是印度电子商务的主要支付模式。印度通过"Jan Dhan Yojna"银行计划，发放超过11亿张借记卡，为用户提供电子钱包、数字支付等功能。

（5）物流体系逐步健全。第三方物流公司正参与到电子商务的"最后一公里"服务中。印度邮局借助其19000个邮政编码区域和154725个邮政局信息，已经在全国各地建立服务电子商务最后一公里的专门窗口。

（6）电子商务税收改革。增值税将作为一种单一的综合税制运用于电子商务，与消费税、关税一样成为中央一级的国家税种，这将更有利于电子商务产业发展。

（7）加大对中小微企业的资助。中小微企业在印度高度分散且无组织，但其却创造了印度8%的GDP。目前对中小微企业的资助方向是协助贷款、培训、技术整合；鼓励中小微企业应用实时分析工具，为其适应未来IT发展趋势打好基础。

虽然印度电子商务增长迅速，但只有不到1000万的电子商务用户规模，相对于印度13亿多人口而言，印度电子商务的渗透率仍然偏低。根据印度互联网和移动通信联盟（IAMAI）与波士顿咨询公司共同编制的互联网发展报告测算[①]，2013年，印度的互联网产值为600亿美元，对GDP的贡献率为2.7%，已经超过医疗保健（2.5%）、军事（2.5%），但低于农业（14.0%）。该报告同时预测，到2020年印度互联网经济对GDP的贡献率将超过4.0%，其中电子商务销售额将达到170亿美元，覆盖印度1300万家中小企业中的800万家，超过2亿印度居民将使用电子商务。

另外印度在推出"数字印度"的同时也在大力推进"印度制造"战略，其中信息产业是"印度制造"战略的主攻方向，为此印度政府采取了简化产

[①] *11th Annual Report 2014 - 15*，http：//www.iamai.in/sites/default/files/annual_report/AnnualReport2014-15.pdf，2017-9-23.

业审批流程、鼓励新产品研发和生产等举措,并取得了一定成效。根据印度电信部 2016~2017 年的年报,近年来印度信息产业的各主要门类发展数据如下①。

表4 印度信息产业发展统计

单位:亿卢比

产业门类	2012~2013 年	2013~2014 年	2014~2015 年	2015~2016 年*	2016~2017 年*
消费电子	4044.7	4759.9	5580.6	5576.5	6475.2
工业电子	2580.0	3360.0	3937.4	4508.3	6221.4
汽车电子	562.9	727.8	—	—	—
计算机硬件	937.6	1748.4	1869.1	1988.5	2087.9
移动电话	3460.0	2665.0	1890.0	5400.0	9400.0
战略电子(军工电子)	900.0	1380.0	1570.0	1805.5	2076.0
电子零部件	2664.5	3210.2	3972.3	4538.3	5209.9
照明设备(LED)	127.5	194.1	217.2	509.2	713.4

注:1 美元约合 64.5 卢比,*为统计时预测值。

从表 4 数据可以看出,印度作为世界大国和信息技术大国,其信息产业规模并不大,2015~2016 年产值只有 24000 多亿卢布,约合 372 亿美元,而 2015 年中国信息产业产值为 11.1 万亿人民币②,约合 16323 亿美元,是印度的近 50 倍。值得注意的是,近年来印度有几项产业增速很快,特别是移动电话和消费电子行业,年均增速都超过了 100%,工业电子、电子零部件和 LEB 照明设备等行业的产值增速也十分可观。随着"数字印度"和"印度制造"战略的发展,印度的信息产业将进入一个快速增长期。

(四)政府信息化与电子政务

印度在 2001 年制定第十个五年计划(2002~2007)时,已经提出"智慧政府"(SMART Gov)的概念,该概念认为电子政务的本质是将信息和通信技术应用于政府运作,以创造简单(Simple)、道德(Moral)、负责

---

① Annual Report, http://meity.gov.in/content/annual-report, 2017-9-23.
② 《2015 年电子信息产业统计公报》, http://www.miit.gov.cn/newweb/n1146285/n1146352/n3054355/n3057511/n3057518/c4650836/content.html, 最后访问日期:2017 年 9 月 23 日。

(Accountable)、响应(Responsive)和透明(Transparent)的治理环境①。

2006年,印度国家电子政务计划(The National e-Governance Plan,NeGP)正式上升为国家战略,由电信部和行政改革与公共投诉部制定并监督实施。

NeGP的愿景是,为满足民众的基本需求,政府将通过统一的服务入口,为民众提供所有的政府服务,并确保费用的可承受性以及服务的高效、透明和可靠性。目前,该计划由核心基础设施项目以及33个任务模式项目组成,覆盖中央、邦两个层级(见表5)。截至2015年12月31日,已有25个邦提供了719项在线服务,2个邦正在测试阶段,4个邦处于执行阶段,2个邦在上线的最后阶段。

表5 印度任务模式项目

中央项目(Central MMPs)	邦项目(State MMPs)	整合项目(Integrated MMPs)
1. 银行(Banking)	1. 农业(Agriculture)	1. 服务中心
2. 中央消费(Central Excise)	2. 商业税(Commercial Taxes)	(Common Services Centres)
3. 所得税(Income Tax)	3. 电子服务区(e-District)	2. 电子商务(e-Biz)
4. 保险(Insurance)	4. 就业(Employment Exchange)	3. 电子法庭(e-Courts)
5. MCA21	5. 土地记录(Land Records)	4. 电子采购(e-Procurement)
6. 国家公民数据库	6. 电子城市(e-Municipalities)	5. 电子贸易(eTrade)
(National Citizen Database)	7. 健康(Health)	6. 国家服务门户网站
7. 移民、签证、外国人登记	8. 教育(Education)	(National Service Delivery Gateway)
(Immigration, Visa and Foreigners Registration & Tracking)	9. 公共配套(Public Distribution)	7. 印度国家门户网站
8. 养老金(Pensions)	10. 公路运输(Road Transport)	(India Portal)
9. 电子办公(e-Office)	11. 国库(Treasuries)	
10. 邮政(Post)	12. 犯罪和刑事追踪网络	
11. 护照(Passport)	(Crime and Criminal Tracking Networks)	
	13. 电子邮件(e-Panchayats)	

在"数字印度"战略中,政府信息化和电子政务也是主要内容之一,作为九大重点项目之一的电子革命(e-Kranti)被认为是印度国家电子政务计划的2.0版,也是"数字印度"战略中最大的一个项目。另外电子治理(e-Governance)、全民信息共享(Information for All)以及建设公共互联网等项目也属于政府信息化建设的组成内容。

---

① 1Paragraph 83, *Report of the Working Group on Convergence and E-Governance for The Tenth Five Year Plan*(2002-2007), Planning Commission, November, 2001.

电子革命（e-Kranti）项目下面设立了 44 个子项目，例如：

（1）电子教育：所有学校覆盖免费无线网络并提供大规模网络开放课程；

（2）电子医疗：网上医疗咨询、医疗记录、药品供应，获取患者信息；

（3）为农民提供技术支持：提供实时价格信息，网上订购，网上提现、贷款，以及通过手机银行发放补助金；

（4）公众安全技术保障：提供电话紧急救助服务及实时灾害救助服务；

（5）网络安全保障：建立国家网络安全协调中心，确保印度网络安全；

（6）技术支持普惠金融：利用手机银行、微型自动取款机、公共服务中心/邮局推动普惠金融；

（7）司法技术支持：电子法庭、电子警察、电子举报等。

根据联合国经济和社会事务部发布的《2016 联合国电子政务调查报告》[①]，印度的电子政务发展指数（EGDI）为 0.4637，在全球近两百个国家排第 107 名，属于中等（其他分别为非常高等、高等和低等）水平，各项分指数与平均水平比较如图 6 所示。

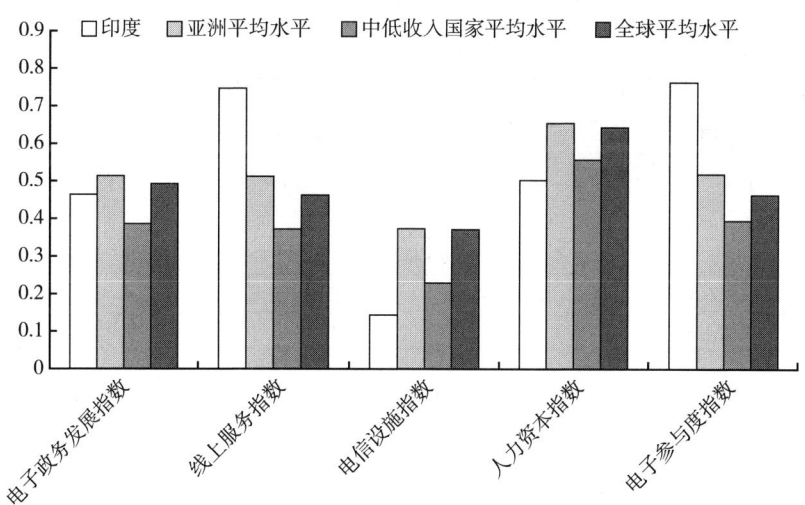

图 6　印度电子政务发展指数情况

---

① 《2016 联合国电子政务调查报告》，http：//workspace.unpan.org/sites/Internet/Documents/UNPAN96420.pdf，最后访问日期：2017 年 9 月 23 日。

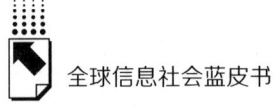

虽然印度电子政务的整体水平在全球排名并不靠前，但政府的线上服务以及电子参与度发展较快，在中低收入国家中位居前列，反映出印度电子政务建设十分注重实用和便利。

三 巴基斯坦国家信息化状况

巴基斯坦位于南亚次大陆西北部，南濒阿拉伯海，东接印度，东北邻中华人民共和国，西北与阿富汗交界，西邻伊朗。巴基斯坦是经济快速增长的发展中国家，是世界贸易组织、伊斯兰会议组织、77国集团、不结盟运动和英联邦成员国。1951年5月21日，中巴两国正式建立外交关系，长期以来两国保持了"全天候"的友好关系；1963年1月，两国签订第一个贸易协定；1982年10月，两国成立了中巴经济、贸易和科技合作联合委员会；2006年，两国签署自由贸易协定并于2007年7月开始实施；2009年2月，两国签署《中巴自贸区服务贸易协定》。

表6 巴基斯坦国家信息化发展水平简况

名称	巴基斯坦伊斯兰共和国		
简称	巴基斯坦		
首都	伊斯兰堡	官方语言	乌尔都语、英语
人口	1.89亿(2015年)	国土面积	88万平方公里
GDP	2710.50亿美元(2015年)	人均GDP	1435美元(2015年)
固定电话普及率	1.88%(2015年)	移动电话普及率	66.92%(2015年)
互联网普及率	17.8%(2016年)	固定宽带普及率	3.05%(2015年)

中国国家信息中心发布的《全球信息社会发展报告2016》显示，巴基斯坦的信息社会指数（ISI）为0.2799，在参与评估的126个国家中排第116位，其中信息经济、网络社会、在线政府、数字生活指数分别为0.2968、0.2954、0.2536、0.2562，总指数和各分指数均低于全球平均水平。但巴基斯坦信息化发展的增速很快，报告显示，2015~2016年巴基斯坦的ISI指数增幅为9.08%，2011~2016年增幅为10.69%，增幅在被评估的126个国家中排第3位。

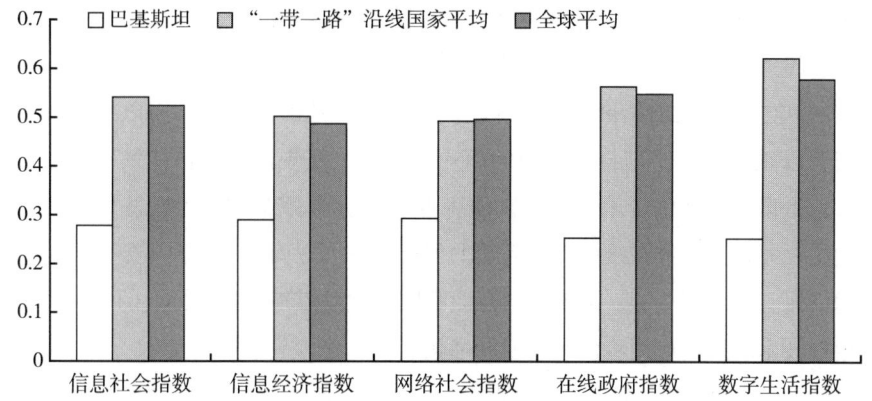

图7 2016年巴基斯坦信息社会指数

(一) 国家信息化战略与规划

巴基斯坦提出要在2047年进入中高收入国家行列，并将分短期、中期、长期等三个阶段来实现这一目标，"愿景2025"就是第一阶段目标。其主要任务是创建经济可持续发展的平台以及平衡机制。"愿景2025"将信息和通信技术（ICT）视为驱动创新、促进经济竞争力、增强社会包容性的一项重要因素，在计划中强调了采取高效、可持续的ICT措施来奠定国家的知识经济基础，并在青年群体信息素养和创新精神培养、信息产业培育、电子教育、电子商务、电子政府等方面制定了具体计划。

一是完善高校信息化基础设施。（1）建设智能校园，发展智能大学。巴基斯坦高等教育委员会致力于为所有大学和教育机构建设高性价比的学习环境，建设一批智能大学。目前，已有九十所大学部署了WiFi，计划每季度增加7~8所学校，三年内完成WiFi全覆盖。（2）实现笔记本电脑的本地组装。2016年，巴基斯坦高等教育委员会与中国海尔电器集团签订协议，从海尔采购20万台笔记本电脑，其中15万台在巴基斯坦拉合尔的海尔工业园组装①。

二是通过信息通信技术产业园区和企业孵化中心聚集人才。鉴于青年人才

---

① *Pakistan Vision 2025—Education*，http：//aan.ndu.edu.pk/download/Post - Report - Ex - NSW - 16.pdf，2017 - 9 - 23。

和劳动力的大幅增加，巴基斯坦将在全国范围内兴建ICT产业园及孵化中心，促进ICT产业就业。ICT产业园将作为产学研基地和协作平台和科学决策、制定技术和创新政策的集聚地。此外园区内还要兴建孵化中心，用以指导机构融投资，以技术孵化实现技术创新的商业化运作，实现产业可持续发展。

三是以信息通信技术产业带动服务业发展。服务业已成为巴基斯坦经济增长的主要驱动力，并在维持经济活动的可持续发展方面起着至关重要的作用。信息通信业、金融服务业、传统服务行业和国内批发零售业是服务业的主体，而信息通信技术的广泛应用将促进交通和通信、批发和零售、银行金融、教育以及远程服务等行业的增长。另外巴基斯坦将发展远程服务业（包括呼叫中心、医疗转录和软件开发），重点推进高附加值服务的出口。在电子商务方面，巴基斯坦将开发一套监管框架，用以促进部门协同、保护消费者权益、引入高效的电子支付系统。

四是建立国家NTC项目和国家ICT研发基金。巴基斯坦国家电信公司（National Telecommunication Corporation，NTC）项目长期资助国内ICT青年人才和国家ICT基础研究，其资助的常规项目有国家ICT奖学金计划、国家ICT基础研究计划。2015~16年获得资助的NTC项目包括物联网、绿色流视频、信息保护系统、网络通信平台、语音系统、屏幕阅读器、远程医疗视频编码系统、智能电网通信系统、智能无线相机安全网络、人脸识别系统、云计算非结构化数据处理、医疗服务监管和医疗普及保健测试平台、残疾人移动应用程序开发、端对端的业务流程管理、假体上肢、微型细胞注射系统、智能移动机器人用于减灾消防、开源代码项目、视频流自动监控系统、乌尔都语搜索引擎等，涉及的应用领域主要是安全、医疗、电信、教育、农业。而国家ICT研发基金主要用于资助信息通信技术领域的研发项目，促进产学研合作，关注信息通信技术人力和研发能力建设，推进信息通信技术教育项目，建设服务型、研发型外包产业环境，吸引国外投资，利用信息通信技术缓解国内贫富差距，在国家层面开展信息通信技术和产业的相关活动。

为实现"愿景2025"战略顺利实施，巴基斯坦于2015年推出了新的电信政策（Pakistan Telecom Policy 2015）[①]。该政策由巴基斯坦经济协调委员会

---

① *Pakistan Telecom Policy 2015—An Overview*，http：//www.ibexmag.com/featured/pakistan-telecom-policy-2015-overview/，2017-9-23.

(ECC)于2015年12月15日批准实施,旨在通过公开竞争为公民提供可负担、高质量的电信服务。政府部门负责管理市场,促进经济和社会效益最大化,目标包括:①普遍、可用、可负担、高质量的电信服务,②开放、自由竞争和良好管理的市场,③电信信号覆盖广且维护良好,④社会效益和经济效益兼顾。具体目标如表7所示。

表7 巴基斯坦2015电信政策目标

领域	目标
电信市场和服务	良好的进入和退出机制,保证市场有充足的财政资源来提供高质量的服务
宽带服务	提供可负担的固定宽带和移动宽带服务,鼓励新应用和新服务内容
电信基础设施	利用现有的电信基础设施,确保能直接访问
频段	合理分配频段,最大限度地利用稀缺资源产生的社会和经济效益
电信法规政策	营造良好的市场和监管环境,促进市场有序发展和保障消费者的权益
电信服务应用	普及各种电信服务和应用,促进社会和经济发展
国家资助项目基金	为电信欠发达地区提供可负担得起的高清电话和宽带
国家ICT研究与发展基金	由ICT部门为巴基斯坦的发展目标提供应用程序和相关内容支持,创造ICT生态系统,保护专利,特别是在电信、信息和通信技术领域
卫星通信	公平地鼓励国内和国外资本投资有线宽带、无线宽带和移动卫星服务

2016年10月,巴基斯坦信息技术部已经完成2016国家IT政策草案①,称预计到2020年,软件和电信业的出口额将达到60亿美元②。该政策的目标是加强软件产业和IT服务外包业,创造就业机会,并提高整体出口额。此外巴基斯坦政府鼓励跨国公司进入解决当地就业,为创业公司提供良好的环境和融资机制,在税收上给IT企业提供优惠。该政策已于2016年底提交至经济协调委员会,内容涉及15项目标,包括建设数字生态系统、发展数字化服务、加强行业标准化、促进教育信息化、帮助青年和妇女使用信息技

---

① *National IT Policy 2016*,http://moit.gov.pk/policies/National_IT_Policy_2016.pdf,2017 - 9 - 23.
② *Ministry Finalises Draft of National IT Policy* 2016,http://www.brecorder.com/it - a - computers/206:pakistan/97660:ministry - finalises - draft - of - national - it - policy - 2016/?date = 2016 - 10 - 29,2017 - 9 - 23.

术、促进电信业创新、加快软件出口和IT创汇、提升国家信息化的全球排名、减少数字鸿沟、建设电子政务、增加国内外投资、建设IT产业园、培育企业家精神、促进弱势群体使用信息技术、发展电子商务等。其中四个量化目标是：到2020年，在线教育数量翻番，软件出口额增长3倍，争取每个省、每个重点城市至少建成1个IT产业园，电子商务产值达到2015年的3倍。

同时该政策将聚焦以下14个重点领域：

（1）立法，包括知识产权、信息安全、电子商务消费者保护等方面；

（2）信息化人才培养，包括提高教育质量、促进校企之间人才培养对接、加强妇女的ICT就业等；

（3）信息化基础设施建设，主要是指促进ICT创新的各类产业园区、孵化基地、技术中心等的建设；

（4）信息产业中的企业家精神和创新精神培养，包括支持初创企业发展、建立技术创新中心、加强国际创新协作等；

（5）加快数字化进程，包括发展电子政务、电子农业、电子医疗、电子能源、电子商务等新型行业；

（6）促进软件出口，到2020年软件出口翻番，重点是移动应用软件、交互网络应用、大数据分析软件、物联网软件和动画等新兴领域；

（7）发展云计算和大数据，包括加强政府数据集成和数据挖掘，建设基于云计算的电子服务等；

（8）帮助残疾人使用ICT，包括建立残疾人友好的网站、鼓励软件企业向残疾人士宣介软件产品、建立社区残疾人协助中心等；

（9）发展开源软件，鼓励政府部门使用开源软件，鼓励软件企业开发开源软件；

（10）发展电子服务，利用智能手机和宽带网络发展移动政务，发展网络信息服务、网络金融、社交网络、网络视频等；

（11）保障网络空间安全，保护关键基础设施、建立国家网络安全研发中心、培养网络安全人才；

（12）加强ICT教育，包括促进产学研合作，提高中小学ICT教育质量，根据国际标准设置ICT高等教育学位等；

（13）地方性语言内容开发，包括加强地方性语言内容的创造，缩小地区间信息鸿沟，开发地方性语言的语音识别输入系统等；

（14）硬件本地化制造，包括建立硬件发展基金、吸引国际投资、降低关税等。

此外巴基斯坦还重视新技术环境下的信息安全问题，并于2015年提出电子犯罪预防法草案，法案共分四章，分别是定义、犯罪与刑罚、机构和程序立法、国际合作。该法案定义了数据、数据的访问、信息系统的访问、内容数据、信息系统、电子、身份信息、信息、情报、调查机构、未成年、犯罪年龄、服务提供商等明确概念，涉及22个具体犯罪行为与刑罚、11项机构和程序相关条例、3条与国际合作相关的内容[①]。

（二）信息化基础设施

巴基斯坦的信息化基础设施比较落后，固定电话普及率在2009年达到3.61%的峰值后逐年下降，2015年为1.88%。2006年以来，巴基斯坦的移动电话普及率取得了较快的增长，至2014年达到73.33%的历史最高，但2015年有所下降，普及率具体数据如图8所示。

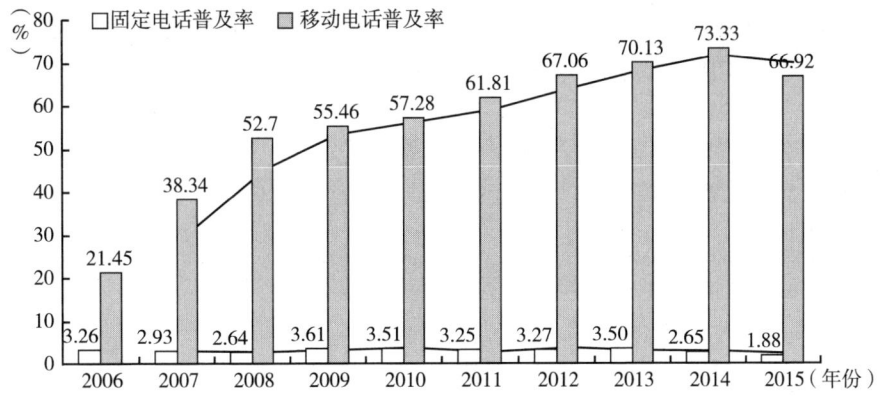

图8 巴基斯坦近十年的固定电话和移动电话普及率

---

① *PEC Bill As recommended by the National Assembly Standing Committee for National Assembly*, 22 April 2015.

2010年以来，巴基斯坦的互联网普及率保持着较快增长，至2016年互联网普及率为17.8%，这一普及率数据仅为印度同期的一半，远远落后于全球平均水平（见表8）。

表8 2000~2016年巴基斯坦互联网普及率变化情况

单位：人，%

年份	互联网用户数**	占总人口比重	总人口	用户年增长率	用户年增长数
2016*	34342400	17.8	192826502	9.7	3024054
2015*	31318346	16.6	188924874	22.6	5782235
2014	25536111	13.8	185044286	29.3	5786113
2013	19749998	10.9	181192646	11.8	2081730
2012	17668268	10.0	177392252	13.0	2038000
2011	15630268	9.0	173669648	14.9	2026755
2010	13603513	8.0	170043918	8.9	1114440
2009	12489074	7.5	166520983	9.4	1072285
2008	11416789	7.0	163096985	5.1	552587
2007	10864202	6.8	159767672	6.8	690129
2006	10174072	6.5	156524189	4.8	463041
2005	9711031	6.3	153356383	4.8	448030
2004	9263001	6.2	150267989	24.8	1839819
2003	7423182	5.0	147251530	99.6	3704688
2002	3718494	2.6	144271586	99.6	1855619
2001	1862876	1.3	141282077	96.2	913159
2000	949717	0.7	138250487	1169.3	874897

注：*表示预计数据，截至2016年7月1日；**互联网用户为通过任何设备在家能够访问互联网的个人用户。

资料来源：Pakistan Internet Users，http://www.internetlivestats.com/internet-users/pakistan/，最后访问日期：2017年9月23日。

2013~2015年，巴基斯坦的宽带网络进入一个快速发展期，固定宽带普及率明显提高；而移动宽带的普及率提高更为迅猛，但由于基数太小，目前巴基斯坦宽带的普及率仍然很低，2015年固定和移动宽带普及率分别为3.05%和15.70%，在全球属最低水平。预计未来随着巴基斯坦3G/4G牌照的发放，其移动宽带的增长将迎来新的爆发点。

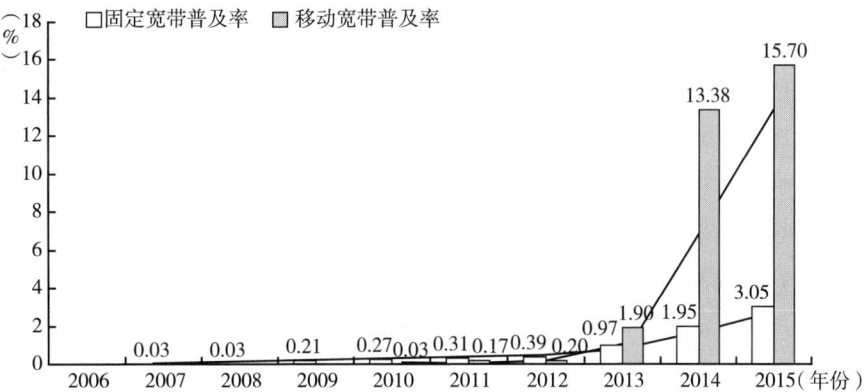

图9　巴基斯坦近十年的固定宽带和移动宽带普及率

说明：宽带普及率系每百名居民中宽带服务订阅数（subscriptions per 100 habitants）。

专栏：巴基斯坦官方推荐的电信运营商

NTC

NTC 是巴基斯坦国家授权的基础电信服务商，为联邦政府、州政府、自治组织等提供服务。提供的服务包括通信解决方案、第三代 IP 语音和数据网络服务等。

Wateen Telecom

Wateen Telecom 是一家综合性通信服务提供商，满足巴基斯坦各机构与个人的沟通需求。Wateen Telecom 提供完善的互联网、音频、多媒体与企业解决方案，是巴基斯坦通信需求领域最全面的提供商。作为 Abu Dhabi 集团的合资企业，Wateen 希望将巴基斯坦带入 21 世纪的数码革命中，使巴基斯坦成为地区性的通信枢纽。

Ufone

巴基斯坦电信有限公司（PTCL）于 2001 年 1 月正式以"Ufone"品牌的名义开始运营。作为 PTCL 私有化进程的成果，Ufone 于 2006 年成为阿联酋电信集团（Etisalat）的一部分。

Ufone 拥有约 10000 处网络覆盖点，覆盖巴基斯坦境内所有主要的高速公路。Ufone 目前为 160 多个国家超过 288 家运营商提供国际漫游服务。Ufone 同时还建设了巴基斯坦境内速度最快的 3G 网络，其黑莓漫游覆盖范围囊括 122 个国家的 200 多家运营商。此外，Ufone 还是 VAS 领域备受关注的领军者，是巴基斯坦的模范企业。

Mobilink

Mobilink 隶属于 VimpelCom 集团，是一家国际性通信与技术公司。该公司希望能够在引领数码世界的同时为客户带来新的机遇。VimpelCom 目前在全球最具有活力的几个市场均有设点，为超过 2 亿用户提供语音、固定宽带、数据与数码服务。

Telenor

Telenor 集团是全球主要的手机运营商，拥有 2.11 亿手机用户。在全球 13 个市场拥有手机业务，并通过对 VimpelCom 有限公司的部分所有权在另外 14 个市场经营业务。

Warid Telecom

Warid Telecom 是 Abu Dhabi 集团的全资子公司，在巴基斯坦 7000 多处地点提供先进的电信服务。

Transworld

Transworld 是 Orascom 电信媒体与技术控股有限公司与 Orastar 以及阿曼王国 Omar Abdul Mone'm Yousuf Al Zawawi 博士的合资企业。TWA 是巴基斯坦优质的互联网与国际通信提供商，通过向巴基斯坦领先的 ISP 与典型运营商提供可靠的回程连接服务建立了良好的声誉。Transworld 于 2006 年正式开始运营，是巴基斯坦境内唯一拥有长达 1300 公里海底光缆系统 TW1 的运营商，且有能力在巴基斯坦东西两侧进行路由分集与回弹。

（三）信息产业与数字经济

巴基斯坦信息产业不太发达。从劳动力人口分布看（见表 9），2015 年巴基斯坦信息产业的劳动力仅占劳动人口总数的 0.41%，而农业、林业、渔业，制造业的劳动人口占劳动人口总数的 57.60%。传统产业仍然是巴基斯坦的支柱产业，并提供了大多数的就业机会。

表9　2014~2015年巴基斯坦各经济部门劳动力分布情况

单位：%

主要经济部门	劳动力人口部门占比合计	农村劳动力人口占比	城镇劳动力人口占比
农业、林业、渔业	42.27	58.62	5.17
采矿采石	0.16	0.18	0.10
制造业	15.33	10.60	26.06
电力、燃气、蒸汽、空调供给	0.41	0.23	0.83
供水、污水、废物管理和整治	0.38	0.23	0.73
建筑业	7.31	7.10	7.78
批发零售、汽车修理	14.64	9.25	26.87
运输、仓储	5.00	4.08	7.08
饮食住宿服务业	1.60	1.06	2.82
信息产业	0.41	0.17	0.95
金融保险业	0.59	0.17	1.53
房地产业	0.38	0.15	0.90
专业研究科技活动	0.45	0.29	0.83
行政、支援服务	0.50	0.28	0.98
公共管理、国防、社会保障	2.44	1.49	4.60
教育	3.85	2.93	5.96
健康与社会工作	1.28	0.95	2.04
艺术和娱乐休闲	0.12	0.08	0.22
其他服务	1.80	1.48	2.52
家庭作坊及其他未细分的商品及服务	1.06	0.65	1.99
境外组织与机构活动	0.02	0.02	0.03
合　计	100	100	100

资料来源：*Vision 2025 – Population, Labour Force and Employment*。

巴基斯坦"2016国家IT政策"草案中的调查显示，近几年该国信息产业整体情况发展形势良好，2015年巴基斯坦信息产业的收入接近5.6亿美元，主要集中在软件开发和服务外包行业。同时从新注册公司情况看，巴基斯坦2016年新增公司6200家，比上年同期增长24%，其中信息技术公司虽然总量仅占公司总数的5.4%，但其新增公司数却占新增总量的近10%，排名第三（见表10）。另外，与信息通信相关行业（如广播电视、通信等）的新公司成立数量占新增总量的5.6%，两者相加超过了15%，成为新增企业数量最多的行业，信息产业的发展正在一定程度上改变着巴基斯坦的产业结构①。

表10　2016年巴基斯坦各产业部门新增公司统计（排名前十）

单位：个

部门	新成立公司数	公司总数	部门	新成立公司数	公司总数
贸易	777	8462	发电	192	1183
服务业	770	8423	通信	188	2900
信息技术	586	3962	农业	181	1558
建筑	517	3953	广播电视	162	834
旅游	433	7378	所有部门	6200	73207
食品饮料	199	2676			

注：本表统计数量截至2016年6月30日，按巴基斯坦财政年度时间统计。

信息产业投资方面，巴基斯坦软件出口局（PSEB）与巴基斯坦电信管理局（PTA）的数据显示，2010~2015年的五年中，软件公司与移动公司为信息技术领域带来51.38亿美元的投资，同时软件业业内人士认为到2018年，IT领域的投资将保持快速增长②。

巴基斯坦拥有庞大的英语人口，因此巴基斯坦十分重视软件出口产业的发展，目前共有14个软件技术园区，面积达一百多万平方英尺，园区规模仍在扩大。2005~2015年，巴基斯坦的IT出口增长了20倍，2015~2016年增长了41%。其中，巴基斯坦的手机软件、游戏与动画行业发展迅速。2016年，巴基斯坦每月的手机软件出口产值高达1000万美元，2016年底软件出口值已超20亿美元。

为扶持软件出口行业发展，巴基斯坦软件出口局在2015年国际信息通信展（ITCN）亚洲论坛上宣布将信息技术出口所得税免税期延长至2019年6月，同时要求巴基斯坦国家银行尽量配合IT企业资金进出，缩短IT企业与国外供应商之间外汇兑付的时间。

---

① *Annual Report 2016*, *Securities and Exchange Commission of Pakistan*, https：//www. secp. gov. pk/，2017-9-23.

② *Can IT Industry Steer Pakistan out of Economic Crisis*, https：//www. samaa. tv/economy/2016/06/can-it-industry-steer-pakistan-out-of-economic-crisis/，2017-9-23.

> **专栏：软件出口管理部门及行业领先者**
>
> 巴基斯坦软件出口局（Pakistan Software Export Board，PSEB）是主要负责IT行业国内、国际推广的政府机构，属于信息技术与电信部（MOITT）管辖。PSEB通过基础设施、人力资源、公司能力建设、国际营销、战略研究等方面的支持，推出一系列创新和技术项目为IT行业提供便利。巴基斯坦政府对国际外包团体的激励措施包括，100%的股权、100%资本股息回收，以及IT出口所得税的豁免等。主要功能：（1）ICT行业研究，竞争国家的法律法规研究，为巴基斯坦IT行业公共政策提供参考；（2）为在巴基斯坦注册的IT公司提供财政、监管和激励；（3）建立软件技术园区和IT园区；（4）制定和执行营销计划，帮助本地软件企业与国外潜在客户建立联系，吸引外资。
>
> 巴基斯坦电信局（Pakistan Telecom Agency，PTA）是电信监管机构，负责建立公平的监管制度，促进投资、鼓励竞争、保护消费者权益、确保高质量ICT服务。电信管理局1996年根据电信重组法成立，总部设在伊斯兰堡，主要管理巴基斯坦电信系统的建立、运行、维护及相关电信业务。
>
> NetSol公司是巴基斯坦软件出口行业领先者，已经在亚太地区获得影响，其软件租赁产品LeaseSoft和Netsol金融套件（NetSol Financial Suite，NFS）还将在欧洲、北美汽车和汽车租赁行业拓展市场，其他金融产品将服务于澳大利亚、新西兰、泰国、日本、新加坡、毛里求斯、沙特阿拉伯、美国、英国和中国。它也是目前巴基斯坦唯一一家在纳斯达克上市的公司。

（四）政府信息化与电子政务

目前巴基斯坦电子政务仍处于初级发展阶段，电子政务主要应用于：（1）利用技术和信息系统提高数据的可用性，处理政府及其部门的日常业务；（2）改善各部委之间的沟通；（3）推广自动化解决方案，如管理文档和工作流程、人力资源、办公场所等。

根据联合国经济和社会事务部发布的《2016联合国电子政务调查报告》[①]，巴

---

① 《2016联合国电子政务调查报告》，http://workspace.unpan.org/sites/Internet/Documents/UNPAN96420.pdf，最后访问日期：2017年9月23日。

基斯坦的电子政务发展指数（EGDI）为0.2583，明显低于全球平均水平0.4922，甚至低于中低收入国家平均水平0.3861。在全球近两百个国家中排第159名，属于较低水平，即第三梯队（其他分别为非常高、高和低），其具体得分如图10所示。

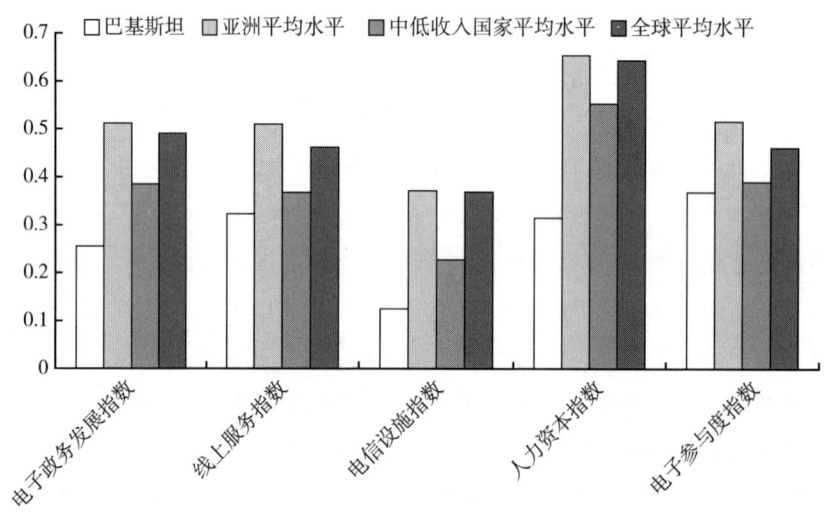

图10　巴基斯坦电子政务发展指数情况

巴基斯坦的电信设备指数较低，人力资本指数还不到亚洲平均水平的一半，即使在中低收入国家中也是比较落后的。

在巴基斯坦2016国家IT政策草案中，电子政务以及与电子政务相关的信息技术发展目标被单独列出，具体包括：①通过移动技术创新，搭建政府平台和提供技术解决方案，从电子化和自动化办公，逐步提升到加强公民服务能力建设上；②对地方政府建立统一的综合评价体系，用电子系统对政府绩效进行评估，并且建立相应的机制；③充分发挥IT政策和法案授予国会和议员的权力，进一步提高政府办事、决策、服务的效率，提高透明度；④在关键地区设立数据中心，整合政府数据库和应用系统，为内部信息共享提供保障，也为公民提供服务；⑤推进个人信息、车辆信息、不动产信息为主的国家数据库和注册机构库的建设，提升信息安全保障；⑥逐步实现所有公共部门采购的电子化；⑦将政务大数据应用于实时集成、商业智能、分析等领域。

云计算和大数据也将主要应用于电子政务和公民服务方面,具体内容包括:①利用大数据分析整个联邦的分布式数据库的数据资源,②避免各地区数据库的重复建设,③通过实时集成管理和数据分析提升电子政务服务质量,④向公民提供数据交换和模式分析服务,⑤以推进公共服务为中心的电子政务建设为基础,构建政务云,⑥云计算为电子政务提供有效工具,⑦改善政府与公民之间的沟通渠道,建立公私部门共享的基础平台,开发以服务公民为中心的应用程序。

2016年巴基斯坦对电信投入大幅提升,电信覆盖率已超过70%,并仍将继续扩大IT投资。相信在这些方面的共同带动下,未来几年巴基斯坦的电子政务发展指数和排名会有所上升。

四 孟加拉国家信息化状况

孟加拉位于孟加拉湾以北,东南山区一小部分与缅甸为邻,东、西、北三面与印度毗连。孟加拉是全世界人口密度最高的人口大国及世界最不发达国家之一,是伊斯兰会议组织、世贸组织、不结盟运动、77国集团等的成员。1975年10月4日,中国与孟加拉正式建立外交关系。建交后,两国友好合作关系一直健康、顺利地向前发展。2010年中孟建交35周年之际,两国领导人成功互访,宣布建立和发展中孟更加紧密的全面合作伙伴关系。2015年9月,习近平主席在纽约出席联大期间与孟加拉总理哈西娜举行双边会见。自此,中孟两国在双边贸易、经济技术、文化教育、军事等方面建立了密切合作关系。

根据中国国家信息中心发布的《全球信息社会发展报告2016》[1],孟加拉的信息社会指数(ISI)为0.2713,在参与评估的126个国家中排第119位,其中信息经济、网络社会、在线政府、数字生活指数分别为0.2818、0.3160、0.2689、

---

[1] 《全球信息社会发展报告2016》,http://www.sic.gov.cn/News/250/6354.htm,最后访问日期:2017年9月23日。

表 11　孟加拉国家信息化发展水平简况

名称	孟加拉人民共和国		
简称	孟加拉		
首都	达卡	官方语言	孟加拉语、英语
人口	1.61亿（2015年）	国土面积	14.757万平方公里
GDP	1950.79亿美元（2015年）	人均GDP	1212美元（2015年）
固定电话普及率	0.54%（2015年）	移动电话普及率	81.90%（2015年）
互联网普及率	13.2%（2016年）	固定宽带普及率	3.05%（2015年）

0.2167，总指数和各分指数均低于全球平均水平（见图11）。但从2011~2016年的ISI增幅情况看，孟加拉增幅为28.17%，2015~2016年增幅为6.10%，增幅排名全球第十。

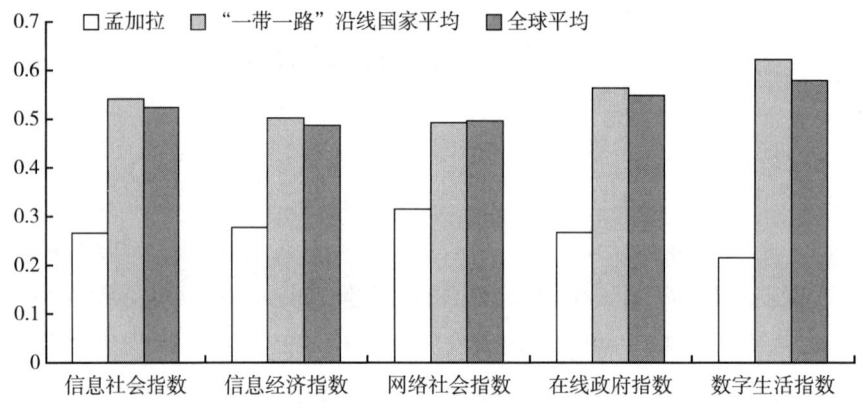

图 11　2016 年孟加拉信息社会指数

（一）国家信息化战略和规划

孟加拉于2012年提出了"愿景2021"和相关的2010~2021远景规划，是实现"将孟加拉从低收入经济体提升至中等收入国家"战略目标的初级阶段①。"愿景2021"旨在通过信息和通信技术的有效利用，将孟加拉发展

---

① "General Economics Division Planning Commission Government of the People's Republic of Bangladesh", *Perspective Plan of Bangladesh* 2010 – 2021, 2012, 04.

成资源丰富的现代化经济体。"愿景2021"中，孟加拉政府尤其强调了"全球化和区域合作"以及"ICT技术促进国家发展"的战略方向，相关内容如下。

（1）全球化和区域合作。以"资金流管理"和"促进国外直接投资"行动计划为主。根据"资金流管理"计划，孟加拉将构建现代化的银行体系，将资金流管理转移到技术支撑的系统中，包括有效利用ICT基础网络，将大型非政府组织纳入适当监管范围；另外，重视人才招聘，密切监督招聘单位在技能要求、工作条件、住宿、福利和义务等方面的做法。根据"国外直接投资"计划，孟加拉在基础设施、监管框架和政策环境等方面给予高度重视，尤其集中精力改善投资环境，大力支持新兴的和有潜力的高回报产业。在此领域，孟加拉将对标印度的软件业和中国的电子产业，发展本国的信息产业。

（2）ICT技术促进国家发展。主要针对ICT政策和新科技政策对国家的影响提出新要求，强调将重点放在尽可能利用本国资源进行科研和生产，解决本国农业、卫生、环境和气候变化中出现的问题。在孟加拉的"七五"计划中，政府对科技和ICT政策提出的目标是：建立更多的高等科技教育研究机构；增加研发投入在国内生产总值中的比重；促进生产力在所有经济领域的提高，包括中小微企业；将ICT纳入教育和研究的范围，扩大ICT在全国范围的影响；提高各级教育机构和政府部门的信息素养，鼓励创新。

"数字孟加拉"[1] 是"愿景2021"的子计划之一。该计划的四个关键目标是：为21世纪储备充足的人力资源；为市民建立切实的沟通和连接渠道；将公共服务送至市民家门口；通过数字技术手段提高私营部门的生产率，促进市场竞争。相应的ICT战略将围绕提升经济增长质量、提高教育质量、保障社会公平、促进政府透明、强化司法、强化相应执法、增强行政反应能力等方面推进。具体内容如下。

（1）提升经济增长质量：通过电子商务和电子贸易拓展市场，减少交易费用；通过公私合作（PPP）模式推进信息化建设；通过信息技术应用促进金

---

[1] "General Economics Division Planning Commission Government of the People's Republic of Bangladesh", *7th Five Year Plan FY2016 – FY2020*, 2015, 12.

融交易便利化；建立技术产业园，助力实现2020年50亿美元的出口目标；建立创新生态系统和创业孵化基地。

（2）通过ICT提高教育质量：每个学校配备多媒体教室；加强老师的绩效和创新激励；提高大学生的ICT技能；发展电视教育和网络教育；为ICT教育提供助学贷款和奖学金；建立国家层面的职业认证；建设虚拟大学。

（3）促进青年权益：加强青年的ICT能力培养，为青年创造更多就业机会。

（4）利用ICT保障社会公平：利用ICT提高土地市场效率；利用ICT完善地方自治和政府治理；促进农业信息化；利用ICT增强对贫困人口的健康保障；利用ICT提升社会治安管理效率。

（5）ICT促进政府更透明、治理更完善、服务更优质：业务流程优化、提供电子服务和信息权益（RTI）保护；建立网络服务站；激励公务员开展服务创新；促进行政管理电子化和扁平化；应用社交媒体（SNS）开展官民互动。

（6）完善市民服务：推进管理变革，建立创新基金，推行无纸化办公，加强电子信息流管理，完善公共网络设施，提升政府领导力和行政能力。

（7）强化司法：加强案例过程管理；加强记录存档和处理；加强档案管理；提供在线司法服务。

（8）强化执法：建设警用网络设施；提升执法人员的ICT技能；加强执法信息管理；加强犯罪信息管理与分析；为民众提供在线警务服务；预防和打击网络犯罪。

此外为了储备ICT人才，孟政府还提出"ICT的人力资源发展计划"，该计划分四个部分实现：建设电子化教育设施；ICT教育；ICT基础教育；为年轻人提供ICT职业培训。

（二）信息化基础设施

孟加拉是全球信息化水平最低的地区之一，其信息化基础设施十分落后。从图12可以看出，孟加拉的固定电话普及率从未达到1%，而且2010年以来呈现逐步下降趋势，属全球最低水平；移动通信发展相对较快，2015年普及率达到81.9%，高于本地区的巴基斯坦和印度。

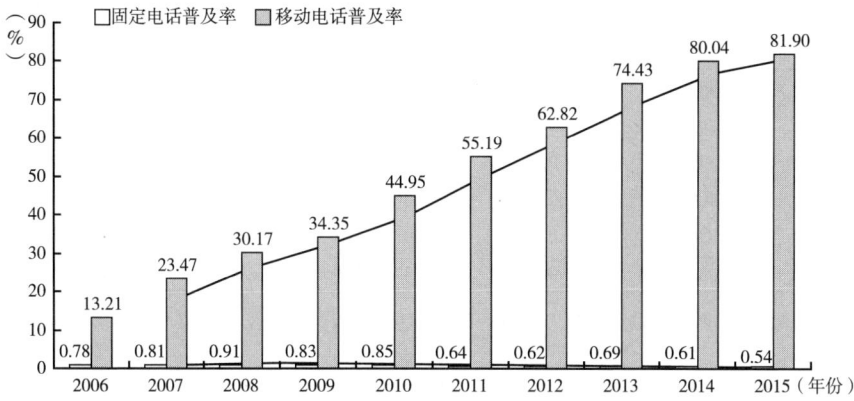

图12 孟加拉近十年的固定电话和移动电话普及率

为了实现"数字孟加拉"的愿景，孟加拉政府提出在全国建立4550个联合数字中心（UDC）的一站式信息服务亭，全国所有的县乡级地区已经连接上了互联网，促进该国互联网用户增加。表12是2000~2016年孟加拉互联网普及率的变化情况，可见近年来该国互联网用户数处于稳步增长状态。但由于孟加拉的互联网发展起点较低，到2016年互联网普及率也只有13.2%，落后于本区域中的印度和巴基斯坦，更落后于全球平均水平。

表12 2000~2016年孟加拉互联网普及率变化情况

单位：人，%

年份	互联网用户数**	占总人口比重	总人口	用户年变化率	用户年变化数
2016*	21439070	13.2	162910864	10.4	2018395
2015*	19420674	12.1	160995642	27.2	4149233
2014	15271441	9.6	159077513	46.6	4851906
2013	10419535	6.6	157157394	34.2	2656666
2012	7762869	5.0	155257387	12.5	859617
2011	6903253	4.5	153405612	23.1	1293432
2010	5609821	3.7	151616777	20.7	962740
2009	4647081	3.1	149905836	25.4	940769
2008	3706312	2.5	148252473	40.5	1067643
2007	2638668	1.8	146592687	82.2	1190276
2006	1448392	1.0	144839238	319.4	110320

续表

年份	互联网用户数**	占总人口比重	总人口	用户年变化率	用户年变化数
2005	345372	0.2	142929979	23.2	65042
2004	280330	0.2	140843786	23.4	53196
2003	227135	0.2	138600174	19.2	36523
2002	190611	0.1	136228456	9.8	16959
2001	173652	0.1	133776064	86.2	80391
2000	93261	0.1	131280739	100.3	46693

注：*表示预计数据，截至2016年7月1日；**互联网用户为通过任何设备在家能够访问互联网的个人用户。

资料来源：*Bangladesh Internet Users*，http://www.internetlivestats.com/internet-users/bangladesh/，最后访问日期：2017年9月23日。

与电话普及率类似，孟加拉的宽带网络也十分落后，其固定宽带普及率虽近年来有所增长，但2015年也仅为3.05%，而移动宽带用户数量虽然增长迅速，但由于基数太小，2015年普及率也仅为15.7%。未来实现"数字孟加拉"各项战略目标，孟加拉要加大对先进网络基础设施的投入，加快宽带网络的建设与应用。

图13 孟加拉近十年的固定宽带和移动宽带普及率

说明：宽带普及率系每百名居民中宽带服务订阅数（subscriptions per 100 habitants）。

孟加拉第七个5年计划要求通过建立电信中心和拥有网络设施的电子社区来进一步提高电话普及率，期望在2021年达到90%。预计在2017年，当"数字孟加拉"无线宽带网络项目结束后，高速光纤网络将全面普及，跨越所有64个区、300个乡村，建成一条长达19000公里的光纤电缆网，这些项目的实施有望大大提升孟加拉的网络通信设施能级。

（三）信息产业与数字经济

孟加拉作为全球最不发达国家之一，十分重视通过发展信息产业和数字经济来加快国家的现代化，并做出了很多努力。在其国家"七五"计划中孟加拉将发展ICT产业、实施"数字孟加拉"作为战略中的专门一章提及。但总体而言，孟加拉的信息产业和数字经济尚处于起步阶段，近几年的主要工作是进行基础设施建设、产业培育和环境营造，相关的统计也不完善，缺少量化的产业统计数据。

为加快信息产业发展，孟加拉于2010年出台了《高新技术产业园区法》，并成立了孟加拉高新技术园区管理局（BHTPA）。国家还投入建立一批高新技术园区，包括Kaliakoir高科技园区、Janata Tower软件技术产业园和Jessore软件产业园等，用以满足ICT产业发展对基础设施的需要。同时孟加拉还鼓励民营信息技术产业园区发展，建立了Mohakhali"IT村"、Rajshahi"硅城"、Sylhet"电子城"等园区。另外孟加拉还建立了一批高新技术企业孵化基地，全国首个基地建立在吉大港理工大学（Chittagong University Engineering and Technology）校内，促进高校与信息技术企业开展研究、创新、人才培养、职业发展等方面的合作，2013~2015年该基地共投入9500万塔卡（孟加拉货币，1塔卡约合0.0129美元）用于ICT技术研发与创新[1]。

与印度、巴基斯坦类似，作为前英国殖民地，孟加拉也拥有大量英语人口，为其信息服务外包和软件出口产业发展提供了丰富的人力资源，全球最具权威的IT研究与顾问咨询公司Gartner公司将孟加拉列为全球30个最有吸引力的信息技术/商务服务（IT/ITES）外包目标国之一。孟加拉第六个五年计划取得的成果显示[2]，孟加拉的ICT产业虽然起点很低，但近年来也取得了一定

---

[1] The Seventh Five Year Plan (Background Study), http：//www.plancomm.gov.bd/7th－five－year－plan/，最后访问日期：2017年9月23日。

[2] The Seventh Five Year Plan (Background Study), http：//www.plancomm.gov.bd/7th－five－year－plan/，最后访问日期：2017年9月23日。

进步，其ICT出口从2010财年的2.465亿美元，增长至2014财年的4.448亿美元（见图14）。

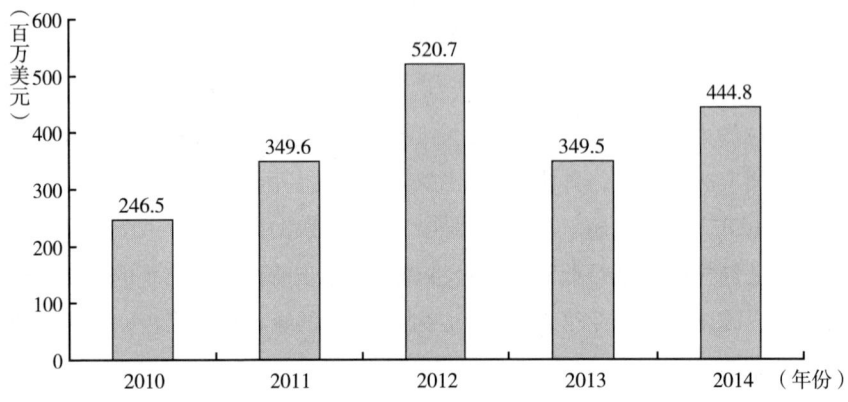

图14 孟加拉ICT出口变化

说明：此图中年份表示财年。

根据孟加拉软件与信息服务协会（BASIS）的统计①，目前孟加拉的软件行业收入不到2亿美元，该机构提出2018年软件产业力争创造10亿美元的收入，并认为孟加拉具有以下优势和特点，可以支持这一目标的完成。

(1) 不断增长的本土服务行业：从20世纪80年代初开始，孟加拉就开始向西方国家出口软件开发服务。根据相关出口统计数据，孟加拉已有200余家本土软件企业实现了软件出口（没有出口记录的公司也非常活跃）。但当前孟加拉的软件企业仍面临规模小、金融保障不足、人员流动大等问题。

(2) 拥有多家跨国企业研发中心：许多合资或外商独资软件企业都在孟加拉投资开发了专属研发中心，其主要业务是出口软件编码和测试服务，用以支持海外母公司的软件开发工作。虽然大多数专属研发中心是中小IT企业投资，但孟加拉的IT人才也吸引了如三星这样的大公司，在不到三年的时间里三星达卡研发中心已经发展成为一个拥有600名专业技术人员的强大团队。

(3) 信息服务外包产业（BPO）发展较快：2006年在科克斯巴扎尔海岸

---

① "Three Decades of Software Industry of Bangladesh"，http://print.thefinancialexpress-bd.com/2015/09/21/108745，最后访问日期：2017年9月23日。

铺设的光纤海底通信电缆系统为孟加拉提供了低延迟、高容量的国际网络服务，这种高水准的国际互联互通水平，以及丰富的人力资源、较低的工资水平，正吸引着外国公司前来孟加拉投资信息服务外包产业。

（4）全球化的劳动力市场：孟加拉的劳动力市场正向全球扩张，为孟加拉年轻人提供了更多就业机会。据全球最大的自由职业服务机构——Elance-oDesk全球劳动力在线平台统计，从2010年到2014年第一季度，孟加拉自由职业者在该平台上获得了435249份工作，其工时贡献占来自180个国家、超过800万名自由职业者总工时的5.0%~7.0%。由此显示许多孟加拉人通过互联网平台承接了大量海外工作任务，构成了一定规模的"隐形"商务外包产业。

另外，孟加拉也开始关注互联网产业的发展。2006信息通信技术法案（ICT Act 2006）对电子交易、电子商务、电子采购进行了规定，孟加拉政府陆续建立了电子签名和电子认证体系及相关管理机构，2009信息权利法案（RTI2009）对网上活动中的用户权利提供了保障，孟加拉银行建立了国家支付转换平台（NPS）来保障各个支付通道间的互通互联，各商业银行都开通了在线支付服务，解决了电子商务中的支付问题。这些政策环境和支撑体系的不断完善，加上孟加拉网络的日益普及和年轻人消费习惯的改变，孟加拉已经成为全球电子商务市场发展的重要潜力市场，全球知名物流服务商DHL已加大对孟加拉物流行业投资。

（四）政府信息化与电子政务

孟加拉在其第七个五年计划以及"愿景2021"和"数字孟加拉"等国家级战略中都对电子政务发展进行了规划，主要包括三大板块。

（1）数字政务

孟加拉数字政务分为两大类23个子目标，分别是电子行政管理类（如政府机构业务流程再造）和电子市政服务（如传统市政服务转为线上政务平台）。

电子行政管理方面，目前孟加拉所有的公共信息可以通过电子设备（包括手机等移动设备）访问，从乡镇级（最低级）至省部级（最高级）政府，国家门户提供了所有25000个政府网站的网络端口。

电子市政服务方面，孟加拉政府以透明孟加拉（TIB）推广电子政府服务，推行网上采购制度，认为由此将可减少30%的腐败现象。政府已经逐步

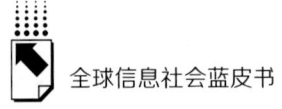

推行网上采购制度，无论是招投标还是合同管理均已通过电子政务平台进行集成化采购管理。这是数字孟加拉计划建设的一个重要的里程碑。

（2）电子政府采购系统［e-Government Procurement（e-GP）System］①

国家电子政府采购（e-GP）门户网站（http：//eprocure.gov.bd）为政府提供了一个通过公共机构——采购代理机构（PA）和采购实体（PE），进行所有采购活动的电子网络平台。该电子政府采购系统分为两阶段实施。

第一阶段，网上招投标系统：覆盖整个网上招投标流程，如用户集中登记、年度采购计划（APP）准备、招/投标文件准备、招/投标准备、邀请招标人、招标文件（ETD）出售、进行在线投标前会议、招/投标安全、在线招/投标提交、开标＆估价、谈判（如适用），以及签订合同。

第二阶段，电子合同管理系统（e-CMS）：覆盖整个电子合同管理流程，如工作计划准备和提交、确定转折点、跟踪和监测进展、生成报表、进行质量检查、生成运行费用单、供应商评级和生成完工证书。

网上招投标和 e-CMS（e-GP）的试点工作已经成功启动，现已扩大到所有公共采购的政府采购实体。

（3）政府开放数据门户

在 A2I 方案的技术支持下，孟加拉政府已率先建立起面向公众的开放式政府数据门户。公开政府数据的目的在于：鼓励人们开发能够提供更好的公共服务的创新性解决方案；扩大研究范围，以确定和开发创新性解决方案；创造新的就业机会和更多的投资机会；使政府工作更透明和负责。该门户网站定位：政府公开数据一站式访问服务，可视化显示政府数据和分析，推动应用开发创造价值，便于分析和研究。

该门户网站由总理府、内阁处、孟加拉计算机通信委员会、孟加拉统计局，以及统计和情报司共同提出计划，并于 2016 年推出开放式政府门户网站。截至 2016 年底，已有来自超过 35 个部委和相关机构的公开数据集。

尽管孟加拉在电子政务建设方面进行了不少努力，但从目前的发展状况

---

① About e-Government Procurement（e-GP）System，https：//www.eprocure.gov.bd/aboutUs.jsp，最后访问日期：2017 年 9 月 25 日。

看，成效还比较有限。根据联合国经济和社会事务部发布的《2016 联合国电子政务调查报告》①，孟加拉的电子政务发展指数（EGDI）为 0.3799，在全球近两百个国家中排第 124 名。这一得分既低于世界平均水平和亚洲国家平均水平，也低于世界中低收入国家的平均得分（见图 15）。

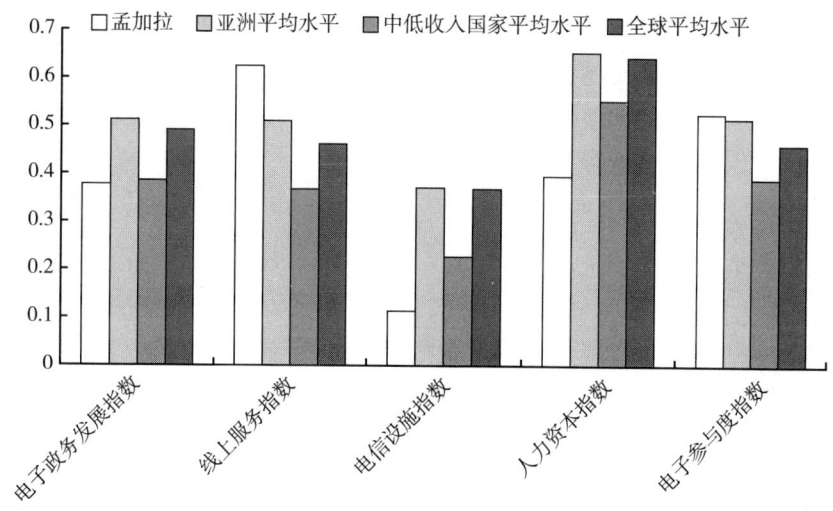

图 15　孟加拉电子政务发展指数情况

虽然总体水平较低，但该调查报告显示，孟加拉是 2003～2016 年电子政务方面取得巨大进展的最不发达国家与内陆发展中国家。在 2016 年孟加拉取得的进步最大，尤其是线上服务指数明显高于亚洲平均和全球平均水平。其中部分原因是高层的重视：孟加拉总理强调"艺术之国"的数字技术，把电子政务作为政府工作的第一要务。并在"愿景 2021"中提及"电子政务战略"时指出：健全电子政府政策，应考虑终端用户和以需求为核心的服务，强调通过电子政务平台提供服务，尤其提到政府应优先考虑提供"在线服务"，如收集录入信息、改进财务管理、创造更好的投资环境等。此外电子政务还将促进数字民主，认为数字民主是政治话语、政治过程和决策的信息化。

---

① 《2016 联合国电子政务调查报告》，http://workspace.unpan.org/sites/Internet/Documents/UNPAN96420.pdf，最后访问日期：2017 年 9 月 23 日。

参考文献

李玮:《物联网连接"印度制造"与"数字印度"》,《物联网技术》2016年第7期。

李迎旭:《"一带一路"战略下中国与南亚贸易的合作基础、推进机会与实现机制》,《甘肃社会科学》2016年第2期。

《印度外交部:数字化印度的9大支柱》,http://www.docin.com/p-1700875978.html,最后访问日期:2017年9月23日。

张亚东:《信息化和信息产业发展的国际比较》,上海社会科学院硕士学位论文,2014。

冷昕:《"金砖五国"信息产业国际竞争力比较研究》,吉林大学博士学位论文,2014。

逄健、朱欣民:《国外数字经济发展趋势与数字经济国家发展战略》,《科技进步与对策》2013年第8期。

蔡志旻:《从中印对比看中国软件服务业的发展和定位》,南京大学硕士学位论文,2015。

B.5
中亚及外高加索国家信息化状况

唐 涛 赵子瑞*

摘　要： 中亚及外高加索地区位于欧亚大陆的中心地带，石油和天然气资源丰富，但地区局势不稳影响了该地区信息化的发展。除哈萨克斯坦的信息化发展较好外，其他国家的信息化水平既低于全球平均水平，也低于"一带一路"沿线国家的平均水平。哈萨克斯坦十分重视信息化建设，先后出台了"信息哈萨克斯坦2020""数字哈萨克斯坦计划"等国家信息化战略规划，并投入了较多资金，有力地促进了信息化建设步伐。而其他中亚国家或因经济落后或政局不稳，信息化水平提升较慢。外高加索地区的国家信息化发展水平比较接近，都排在全球70位左右，但阿塞拜疆提出的"跨欧亚信息高速公路"项目是跨区域信息基础设施建设的亮点，吸引了相关国家积极参与。中国与这两个地区的信息化合作比较有限，但自从"一带一路"倡议提出以来，中国西向的国际通信网络设施资源、通信能力、服务水平不断提升，中国正不断加强与该地区的信息化合作。

关键词： 中亚　外高加索　信息化　国际合作

---

* 唐涛，博士，上海社会科学院信息研究所信息资源管理研究室主任、副研究员，研究方向：信息社会、两化融合、网络舆情；赵子瑞，上海社会科学院信息研究所情报学硕士研究生，研究方向：信息资源管理。

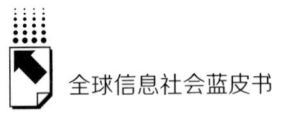

一 中亚及外高加索国家信息化发展概况

中亚及外高加索地区连接欧亚大陆、毗邻中东,"一带一路"倡议穿过其中八个国家,包括中亚五国(哈萨克斯坦、吉尔吉斯斯坦、土库曼斯坦、塔吉克斯坦、乌兹别克斯坦)和外高加索三国(阿塞拜疆、亚美尼亚、格鲁吉亚)。

中亚五国东与中国相邻,南与伊朗、阿富汗相接,北与俄罗斯联邦相接,西与俄罗斯、阿塞拜疆隔里海相望,总面积约400万平方公里,人口6600万,主体民族包括哈萨克族、土库曼族、乌兹别克族、吉尔吉斯族、塔吉克族、普什图族等,宗教以伊斯兰教为主。

高加索地区位于里海西部,分为外高加索和北高加索,里海外运欧洲的石油几乎都要经过这里,地缘政治地位重要。外高加索地区三国原是苏联加盟共和国,1991年苏联解体后独立。苏联解体后,外高加索地区动荡不安,成为全世界民族分裂主义、宗教极端主义和国际恐怖主义分子活动最猖獗的地区之一。

中国国家信息中心发布的《全球信息社会发展报告2016》包括了中亚及外高加索6个国家(不含乌兹别克斯坦和土库曼斯坦),这些国家的信息社会指数(ISI)及各分项指数如表1所示。

表1 2016年中亚及外高加索6个国家信息社会发展指数

	信息社会	信息经济	网络社会	在线政府	数字生活	全球排名
哈萨克斯坦	0.5993	0.4381	0.5503	0.7709	0.7523	54
吉尔吉斯斯坦	0.3725	0.3591	0.2818	0.4717	0.4436	104
塔吉克斯坦	0.3232	0.3497	0.3372	0.3375	0.2780	111
格鲁吉亚	0.5023	0.3991	0.4648	0.6497	0.5941	73
亚美尼亚	0.5001	0.3790	0.4911	0.6365	0.5847	75
阿塞拜疆	0.5169	0.3810	0.5227	0.5697	0.6293	68
"一带一路"沿线国家平均	0.5414	0.5021	0.4926	0.5637	0.6221	—
全球平均	0.5601	0.5508	0.5131	0.5763	0.6110	—

从表1数据来看，中亚及外高加索国家的信息化水平不高，在全球处于中等偏低水平。除哈萨克斯坦信息社会发展指数和排名较高之外，其他国家的信息化水平既低于全球平均，也低于"一带一路"沿线国家平均水平。

在中亚国家中，哈萨克斯坦得分明显高于其他国家，信息化发展一枝独秀，这与哈萨克斯坦的经济发展水平领先有关。在中亚地区，哈萨克斯坦经济规模最大，占区域经济总量的63%，而且经济发展水平最高，2016年人均GDP约为7200美元，远远超过其他中亚国家①。同时，哈萨克斯坦政府十分重视信息化建设，先后出台了"信息哈萨克斯坦2020""数字哈萨克斯坦计划"等国家信息化战略规划，并投入了较多的资金，有力地促进了信息化建设。而其他国家或因经济落后或因政局不稳，制约了国家信息化水平的提升，但这些国家近几年也加大了对信息化支持力度，力争迎头赶上。吉尔吉斯斯坦着力加强通信基础设施建设，铺设光缆通信主干线，提高偏远农村地区的电视网、互联网和基站覆盖率；土库曼斯坦制定了"土库曼斯坦交通通信领域2012~2016发展规划"，2007~2015年间通信业年均收入增长20%~40%，使得通信业在土库曼斯坦成为仅次于油气业的高收入行业；长期陷入内战的塔吉克斯坦近两年局势有所缓和，内战结束后塔吉克斯坦政府开始重视通信产业的发展，陆续出台了一系列相关的法律法规，鼓励外资及本国私营企业发展信息通信技术，培育通信服务市场；乌兹别克斯坦政府先后推出了包括《信息化法》《电子商务法》《数字电子签名法》《电子文件流通法》等在内的一些法律法规，鼓励外资及本国私有企业发展信息通信技术，培育信息通信服务市场，一批独资和合资信息通信企业开始产生并引进了新设备和新技术。

外高加索地区国家的信息化发展水平比较接近，都排名全球70位左右。事实上三个国家在许多方面都比较相似，例如外高加索三国同为原苏联国家，三国的经济发展水平比较接近，2015年人均GDP都在3000~5000美元之间，三国的工业基础都比较薄弱，经济主要依赖石油、天然气和农牧业，但外高加索三国政府都十分重视国家信息化建设。2016~2020年，阿塞拜疆提出信息

---

① 徐坡岭：《对中亚国家经济的几点思考》，http://www.sohu.com/a/116375184_473384，最后访问日期：2017年9月27日。

社会发展国家战略，并提出了"跨欧亚信息高速公路"（Trans-Eurasian Information Super Highway，TASIM）计划，得到联合国支持和沿线国家响应；2014年格鲁吉亚政府发布"格鲁吉亚2020经济社会发展规划"，提出注重广泛运用信息通信技术，加强国内信息通信领域基础设施建设，此前格鲁吉亚政府还发布了信息通信领域的"格鲁吉亚2014～2018年E-Georgia战略"；亚美尼亚政府也发布了"亚美尼亚ICT总战略"（ICT Master Strategy for Republic of Armenia）。

由于中亚和外高加索地区国家规模较小且经济发展水平不高，目前中国与这两个地区的信息化合作还比较有限，主要集中于网络基础设施领域。因为历史原因，目前我国国际通信网络布局主要以东向为主，西向的国际通信网络设施资源、通信能力、服务水平迫切需要不断提升。因此，自"一带一路"倡议提出以来，中国加强了与中亚和外高加索地区的信息化合作。2013年9月，中国—亚欧区域通信与合作论坛在新疆乌鲁木齐举行，中国电信、中国移动、中国联通分别与哈萨克斯坦、塔吉克斯坦、巴基斯坦、俄罗斯、蒙古等国相关企业签署了7项通信项目合作协议，中国提出将新疆作为面向亚欧大陆的区域国际通信中心加快建设①。中国积极参与阿塞拜疆提出的"跨欧亚信息高速公路"计划，2013年，中国电信公司、哈萨克斯坦电信公司、俄罗斯电信公司、土耳其电信公司与阿塞拜疆通信部就共建跨欧亚信息高速公路签署了最初谅解备忘录②。

二 哈萨克斯坦国家信息化概况

哈萨克斯坦是一个横跨中亚北部和东欧的世界第九大国家，也是世界上最大的内陆国。哈萨克斯坦与俄罗斯、中国、吉尔吉斯斯坦、乌兹别克斯坦、土库曼斯坦接壤，又毗邻里海。哈萨克斯坦是中亚经济的主导国家，GDP总量占据中亚的63%（主要靠石油和天然气工业）。哈萨克斯坦实行以巩固独立和

---

① 《中亚区域加快信息合作 打造"数字丝绸之路"》，http://www.gov.cn/jrzg/2013-09/02/content_2479792.htm，最后访问日期：2017年9月27日。
② 《土库曼和哈萨克签署跨欧亚信息高速公路协议》，http://news.cableabc.com/world/20151219067400.html，最后访问日期：2017年9月27日。

主权为中心的务实、平衡的外交政策,自 1992 年与中国建交以来,两国关系良好,双边贸易取得了一定成果。

表 2　哈萨克斯坦国家信息化发展水平简况

名称	哈萨克斯坦共和国		
简称	哈萨克斯坦、哈萨克		
首都	阿斯塔纳	官方语言	哈萨克语、俄语
人口	1749.81 万(2015 年)	国土面积	272.49 万平方公里
GDP	1281.09 亿美元(2015 年)	人均 GDP	7138 美元(2015 年)
固定电话普及率	24.73%(2015 年)	移动服务普及率	156.88%(2015 年)
互联网普及率	50.5%(2015 年)	固定宽带普及率	13.72%(2015 年)

中国国家信息中心发布的《全球信息社会发展报告 2016》显示：哈萨克斯坦的信息社会指数（ISI）为 0.5993,在参与评估的 126 个国家中排第 54 位,其中信息经济、网络社会、在线政府、数字生活指数分别为 0.4381、0.5503、0.7709、0.7523（见图 1）。

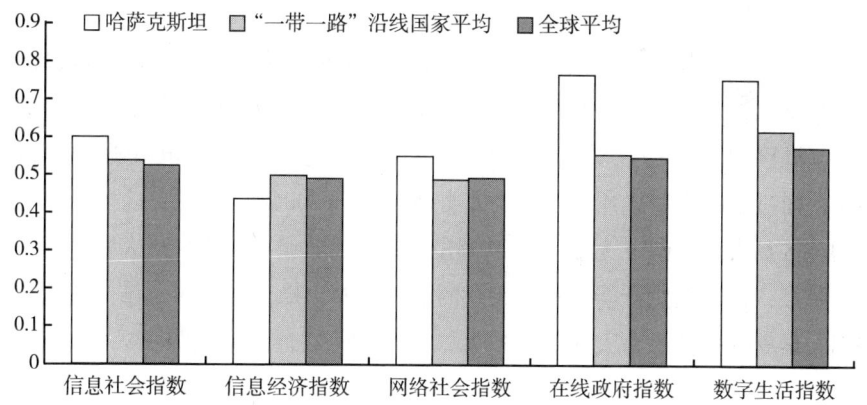

图 1　2016 年哈萨克斯坦信息社会指数

（一）国家信息化战略和规划

哈萨克斯坦是中亚地区最重视信息化建设的国家,近几年发布的国家信息化战略主要为以下两项。

1. 信息哈萨克斯坦2020①

2010年2月1日，哈萨克斯坦正式批准"哈萨克斯坦2020战略计划"中包含的"信息哈萨克斯坦2020"计划，该计划的时间跨度为2013~2020年，其中第一阶段是2013~2017年，第二阶段是2018~2020年，目的是创建过渡期的信息社会，具体目标包含提高国家系统的管理效率；确保信息和通信基础设施的可用性；构建利于社会经济、文化发展的信息环境；发展国家信息空间。

在第一阶段（2013~2017年），哈萨克斯坦计划创建一个新的政府体系结构，试点打造"移动政务"，建设电子政府的门户网站；在经济领域，大规模培训IT专家；在媒体领域，加强国内媒体的技术现代化，扩大大众媒体的传播地域，培训相关工作人员，让其参与、执行国家信息政策。在第二阶段（2018~2020年），哈萨克斯坦将巩固第一阶段的成果，继续落实相关计划，完成信息社会的目标。

2. 数字哈萨克斯坦计划②

"数字哈萨克斯坦计划"跨度为2017~2020年，主要目的是提高人口素质，通过逐步发展数字生态系统增强本国经济竞争力。项目财政总预算达5.12亿美元，项目具体内容如下。

第一，打造"数字丝绸之路"。在有宽带互联网接入的农村地区建设高科技信息基础设施，发展电信枢纽，维护信息安全，建设数据中心等。到2020年，互联网覆盖率达到78%，家庭网络普及率达到73%，电视普及率达到95%，通过哈萨克斯坦连接欧亚的宽带速率达到200Gbps，接受过信息安全培训的公务员占比70%，数据中心基础设施运行可靠性达到99.98%等。

第二，建设创意社会。提高大众的信息素养，提供专业的信息与通信技术培训，培养创造性思维人才等。到2020年，数字扫盲率达到80%，每年为经

---

① О Государственной программе "Информационный Казахстан – 2020" и внесениидополнения в Указ Президента Республики Казахстан от 19 марта 2010 года № 957 "Об утверждении Перечня государственных программ", http://mic.gov.kz/sites/default/files/pages/1.pdf, 2017 – 9 – 27.

② 《О Государственной программе 《Цифровой Казахстан》 и внесении дополнения в Указ Президента Республики Казахстан от 19 марта 2010 года № 957 《Об утверждении Перечня государственных программ》, http://mic.gov.kz/sites/default/files/pages/proekt_ukaza_rus.docx, 2017 – 9 – 27.

济部门培训信息通信技术专家25万人。

第三，发展数字经济。推动运输与物流系统自动化，在农业、工业领域引入数字技术，发展电子商务，制定矿产资源会计制度，保存、利用数字化地质信息，打造智慧城市等。到2020年，信息通信技术产业占国内生产总值的4.7%，信息通信技术产业的劳动生产率比2015年提高34%，利用数字技术生产的农产品占比达10%，利用数字技术的矿业公司达到4家，利用数字技术进行石油生产、销售的公司占比达100%，国家重要道路中采用数字技术的道路占比达80%，零售业中电子商务占比达1.2%，信息技术市场中一般信息技术服务成交量占比达43%，打造3个智慧城市。

第四，打造主动式政府。进一步发展电子政府，丰富电子公共服务，实现政务公开，建设国家空间数据基础设施等。到2020年，公众对以电子形式获得公共服务的满意度至少达到80%，开放数据占比达100%，公民对提供公共咨询服务的运营商的满意度至少为4.75分（5分制）。

（二）信息化基础设施

2004年以来，哈萨克斯坦电信市场开展自由竞争，众多电信服务商如雨后春笋般涌现出来，哈萨克斯坦的4G网络建设已取得了很大的成效。哈萨克斯坦通过为欧亚之间的直接信息交流提供最短路线，在国际通信运输市场获得了更多竞争优势，为本国争得了相当比例的国际带宽。

据"数字哈萨克斯坦"国家计划的法令草案①显示，哈萨克斯坦的信息化基础设施建设的主要成就有：地面数字广播覆盖率已达72%（2016上半年末），已有10个服务提供商提供长途或国际固话服务，4个运营商提供移动通信服务，11个运营商提供卫星移动通信服务，移动服务普及率为176%（2016年），4G网络的人口覆盖率为65.5%（2015年），从陆路过境欧洲的国际带宽已占亚洲国际带宽的10%，带宽速率达到75 Gbps，互联网普及率为55.5%（2015年），固定电话普及率为24.73%（2015年），固定宽带普及率为

---

① 《O Государственной программе 《Цифровой Казахстан》 и внесении дополнения в Указ Президента Республики Казахстан от 19 марта 2010 года № 957 《Об утверждении Перечня государственных программ》，http：//mic.gov.kz/sites/default/files/pages/proekt_ukaza_rus.docx，2017-9-27.

12.93%（2014年），移动宽带普及率为73.05%（2015年），家庭计算机普及率为73.8%①。截至2016年，哈萨克斯坦每18名学生拥有一台电脑，接入互联网的学校占比为98%，接入互联网的乡村学校占比为97%，接入宽带互联网的学校占比为34%。

国际电信联盟的统计数据（与哈萨克斯坦自身统计略有差异）也表明，近十几年来哈萨克斯坦的通信事业尤其是移动通信行业取得了突飞猛进的进步。具体而言，2006年以后哈萨克斯坦的固定电话普及率在25%左右徘徊，2012年开始呈逐年下降趋势，2015年为24.73%，在全球属于中等水平；而移动电话用户数则出现爆发式增长，移动电话普及率从2006年的约50%快速跃升到2012年的近186%，此后几年有所下降（见图2）。2015年哈萨克斯坦家庭计算机普及率为73.78%，意味着绝大多数哈萨克斯坦家庭都拥有计算机，在全球处于领先水平。

图2　哈萨克斯坦近十年的电话普及率

2001～2011年期间哈萨克斯坦互联网普及率保持着较快的增长速度，年平均增速保持在两位数以上，个别年分（2008年）达到176%以上；但从2011年以后增速明显放缓，2016年互联网普及率为55.8%，在中亚及外高加索地区属于中间水平。近年来哈萨克斯坦互联网普及率数据见表3。

---

① Kazakhstan Profile（Latest data available：2016），http：//www.itu.int/net4/itu-d/icteye/CountryProfileReport.aspx？countryID=277，2017-9-27。

表3　2000~2016年哈萨克斯坦互联网普及率变化情况

单位：人，%

年份	互联网用户数**	占总人口比重	总人口	用户年变化率	用户年变化数
2016*	9961519	55.8	17855384	1.8	176681
2015*	9784837	55.5	17625226	2.6	249555
2014	9535283	54.9	17371621	3.3	301528
2013	9233755	54.0	17099546	3.0	265284
2012	8968471	53.3	16821455	7.1	591993
2011	8376478	50.6	16554305	62.5	3222321
2010	5154157	31.6	16310624	75.9	2224256
2009	2929901	18.2	16098356	67.4	1179145
2008	1750756	11.0	15915966	176.4	1117396
2007	633361	4.0	15755242	24.2	123395
2006	509966	3.3	15603072	11.4	52330
2005	457636	3.0	15451752	12.9	52272
2004	405364	2.7	15294474	33.9	102515
2003	302849	2.0	15139324	20.5	51451
2002	251399	1.7	15010919	67.2	101056
2001	150343	1.0	14942788	50.3	50343
2000	100000	0.7	14956769	43.0	30080

注：*表示预计数据，截至2016年7月1日；**互联网用户为通过任何设备在家能够访问互联网的个人用户。资料来源：*Kazakhstan Internet Users*，http://www.internetlivestats.com/internet-users/kazakhstan/，最后访问日期：2017年9月27日。

2006年以来，哈萨克斯坦的宽带网络保持快速发展，固定宽带普及率平稳提高，从2006年的0.20%大幅提升至2015年的13.72%，在中亚属于较高水平；而移动宽带普及率提升更快，从2010年至2015年增长了2倍以上，2015年超过73%（见图3），但与其高达150%以上的手机普及率相比，哈萨克斯坦的移动宽带普及率仍较低，这说明大部分哈萨克斯坦居民仍在使用2G手机和传统的语音、短信业务。因此未来哈萨克斯坦应当加快4G/LTE等先进网络的建设，促进智能手机的普及应用。

值得一提的是，哈萨克斯坦十分重视数字广播事业的发展，将其视为保障国家信息安全的重要举措。卡巴斯基安全网络的数据显示，中亚地区85%的互联网攻击都是针对哈萨克斯坦的，而且其国家信息系统数据的损失故障或数据中心的临时故障也时有发生，哈萨克斯坦的信息安全面临严重威胁。除了创建高性能、高容错、高可靠的基础设施及做好数据的灾难恢复外，哈萨克斯坦

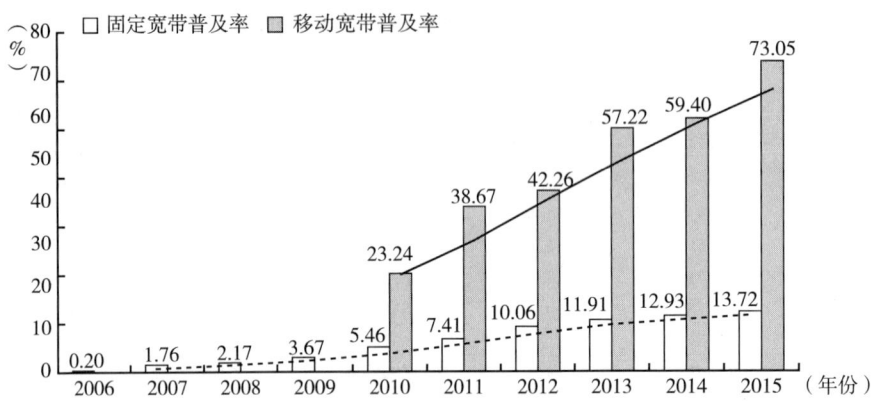

图3 哈萨克斯坦近十年的固定宽带和移动宽带普及率

说明：宽带普及率系每百名居民中宽带服务订阅数（subscriptions per 100 habitants）。

认为确保全国地面数字广播的全覆盖是未来几年应对信息安全问题的优先选择。对于地广人稀的哈萨克斯坦来说，地面数字广播是保障全国信息通畅最有效、最经济的手段。因此2011年哈萨克斯坦开展了由卫星网络过渡到数字标准DVB-S2/MPEG-4的各项转换，目前已实现绝大部分领土的数字化广播覆盖。

（三）信息产业与数字经济

哈萨克斯坦的在线商店于2000年首次出现，目前该国电子商务仍然不发达。但是国际电信联盟的数据显示，哈萨克斯坦互联网使用量在过去几年中持续增长，2015年超过了70%，这为电子商务的发展提供了极好的机会。同时，哈萨克斯坦的国民收入稳步增长，地域广阔而人口密度小，这对于电子商务发展是十分理想的。目前哈萨克斯坦拥有600多家互联网商店、B2B电子商务平台，在线销售的产品包括预付电话卡和互联网卡、多媒体、书籍、电脑硬件、电脑周边设备及配件、软件、化妆品、服饰以及消费电子产品和机票。目前哈萨克斯坦电子商务应用水平最高的是航空公司和铁路的在线售票系统，以及移动服务和公用事业的在线支付系统①。

---

① *Kazakhstan-E-Commerce*，https：//www.export.gov/article？id=Kazakhstan－ECommerce，2017－9－27。

从企业应用电子商务的水平来看，目前哈萨克斯坦大多数企业还停留在通过网站展示产品和服务阶段，没有借助互联网进行在线销售。2004年，哈萨克斯坦最大的银行Kazkommertsbank在IBM的支持下，启动了哈萨克斯坦首个通过互联网进行销售和招投标的电子贸易平台。截至2016年年中，该平台注册成员约21100人，完成招投标29500次。

专家估计，哈萨克斯坦电子商务市场在未来三年将以每年25%的速度增长。2016年底，哈萨克斯坦的电子商务产值达36亿美元，到2017年底将达到50亿美元[1]。

但与此同时，哈萨克斯坦电子商务发展也面临许多障碍，主要有互联网支付不发达，物流体系不完善，以及消费者对网上购物信心不足。哈萨克斯坦网络商店的互联网订单大多是通过货到付款或银行汇款完成付款的，很少使用信用卡或借记卡。同时现有网络商店都是一些中小企业创办的，目前还没有一家大型零售连锁店开设网上商店，原因是网络商店往往管理不善。另外哈萨克斯坦网络安全保障体系不健全，网络欺诈和网络侵权时有发生，是中亚地区发生网络安全事故最多的国家，这也影响了消费者的网络购物意愿。

（四）政府信息化与电子政务

哈萨克斯坦的政府信息化主要分为两大块内容：政府为公民和政务公开。前者侧重于居民服务中心和Connection Point网站的建设和管理，后者侧重于政务公开领域相关门户网站的建设和管理。哈萨克斯坦政府门户网站的发展历程可以很好地代表哈萨克斯坦政府信息化进程。

2004年，哈萨克斯坦总统在国情咨文中首次提出打造电子政府的想法。两年后哈萨克斯坦政府门户网站上线，初始阶段仅提供政府服务信息资料的查询。2008年，该网站通过简化系统，对许可证发放制度、合格证书、信托制度等进行了系统优化，减少了行政工作量。2009年，政府门户网站开始为用户提供电子公共服务。2010年，政府门户网站出现了第一批能够在线支付的服务。2012年，门户网站加入了户籍登记处、卫生部、内务部、教育部等

---

[1] *Kazakhstan-E-Commerce*, https：//www.export.gov/article？id＝Kazakhstan－ECommerce，2017－9－27。

部门的服务，同时开展的还有商业和国家监察领域的简政活动，该活动一直持续到2014年才结束，期间共减少3870份文件。2013年，哈萨克斯坦所有的社会服务被转化为电子形式，实现了435项许可文件的优化工作。2014年，哈萨克斯坦进入电子政府发展的转型阶段，用户填写一张电子申请表就可以获得多种服务。截至2016年，哈萨克斯坦的电子政府可以提供761项服务，门户用户超过540万人。近五年，哈萨克斯坦电子公共服务数量增长了100倍①。

（1）政府为公民②

2016年4月，哈萨克斯坦在居民服务中心、国家退休金支付总中心、土地资源与土地规划科学生产中心等国有事业单位基础上成立了国有企业集团"政府为公民"，该集团有超过2万名工作人员，提供了530项服务。集团还主办了"Connection Point"网站，专为个体公民提供政府公共服务。公民可以在网站上享受地址参考、缴纳养老金、查询房地产信息、注册SP证书（第二类增值电信业务中的移动网信息服务业务资质）等公共服务③。

2004年，哈萨克斯坦成立了四个居民服务中心作为试验区。2005年2月18日，哈萨克斯坦国家元首发布名为"哈萨克斯坦迈向稳固的经济、社会和政治的现代化之路"的国家计划，在该计划的支持下，居民服务中心建设步伐加快。2014年，哈萨克斯坦已经建立了259家居民服务中心。

哈萨克斯坦部际委员每年会都会研究并选出一批服务交给居民服务中心向公众提供，图4显示了2007~2015年间（2008~2010年除外）哈萨克斯坦通过居民服务中心提供的公共服务的数量，我们可以看出居民服务中心提供的公共服务数量在八年间增长了超过8倍。

2012年，居民服务中心实现大规模现代化作业后，居民获取公共服务所需的平均时间已大大缩短。从2005年的50分钟下降到2016年的10分钟，居民服务中心的服务效率得到了大幅提升（见图5）。

---

① Электронное правительство，http：//mic.gov.kz/ru/kategorii/elektronnoe-pravitelstvo-3，2017-9-27.

② Правительство для граждан，http：//mic.gov.kz/ru/kategorii/pravitelstvo-dlya-grazhdan，2017-9-27.

③ *Connection Point*，http：//mic.gov.kz/ru/kategorii/connection-point，2017-9-27.

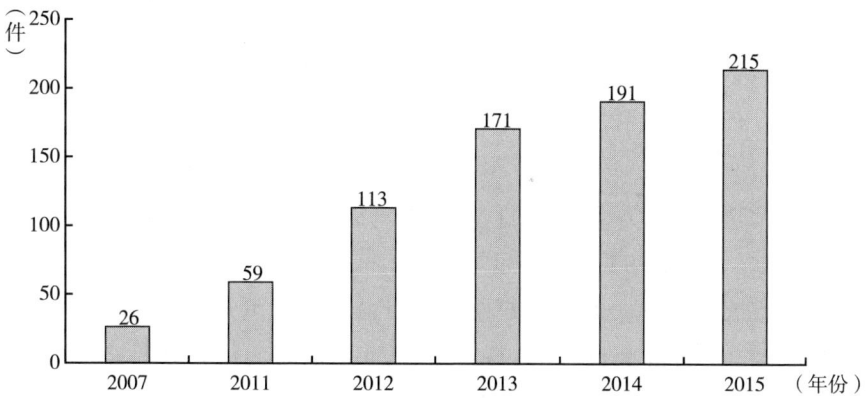

图4　通过居民服务中心提供的公共服务数量

资料来源：Страница не найдена，http：//mic. gov. kz/ru/kategorii/pravitelstvo – dlya – grazhdan，2017 – 9 – 27.

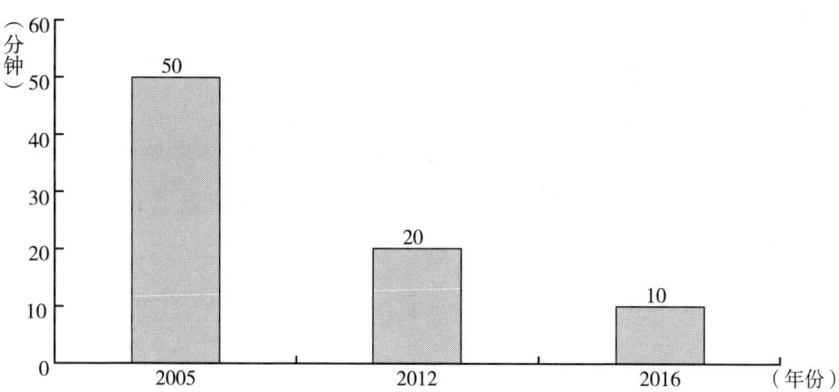

图5　居民通过居民服务中心获取公共服务所需的平均时间

资料来源：Правительство для граждан，http：//mic. gov. kz/ru/kategorii/pravitelstvo – dlya – grazhdan，2017 – 9 – 27.

（2）政务公开

哈萨克斯坦的政务公开由五部分组成：开放数据、开放国家行动方案、开放公共预算、开放对话、开放国有机构绩效评估。2016年1月1日，哈萨克斯

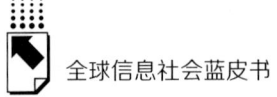

坦《信息获取法》正式生效，该法对政府网站的公开资料进行了一系列规定①。

• 开放数据。哈萨克斯坦政府门户网站②提供的公共服务包括房地产、医疗、税收、金融、法律援助、就业、交通、通信、社保、旅游、体育、移民等多个方面。

• 开放国家行动方案。政府门户网站提供公民参与审议社区活动、规范性法律行为、公共机构的决定项目等资料③。

• 开放公共预算。政府门户网站的目的是使公民知悉全国范围内的预算规划，调动公民参政议政的积极性。该网站的公共预算以预算报表的形式展现，公民能看到往年财政年度预算计划执行报告并参与讨论及提出建议④。

• 开放对话。政府门户网站是政府机构和公众之间有效的反馈平台，包含先前已有的政府机构高官博客平台、互联网会议系统、地方行政机构平台以及2015年底推出的民意调查系统⑤。

• 开放国有机构绩效评估。这项政策旨在加强公民与政府之间的互动，允许公民对公共机构公布的战略规划进行公开讨论，对公共机构的绩效展开评估⑥。

哈萨克斯坦政府信息化建设成效显著。据联合国经济和社会事务部发布的《2016联合国电子政务调查报告》⑦显示，哈萨克斯坦的电子政务发展指数（EGDI）为0.7250，远高于全球平均水平0.4922，在参评的193个国家中排第33位，位列亚洲第7，已属于EGDI高水平（0.50~0.75）。

---

① ткрытое правительство，http：//mic. gov. kz/ru/pages/otkrytoe - pravitelstvo，2017 - 9 - 27.
② Государственные Услуги и информация Онлайн，https：//egov. kz/，2017 - 9 - 27.
③ Открытые НПА，http：//mic. gov. kz/ru/pages/otkrytye - npa，2017 - 9 - 27.
④ Открытые бюджеты，http：//mic. gov. kz/ru/pages/otkrytye - byudzhety，2017 - 9 - 27.
⑤ Открытый диалогhttp：//mic. gov. kz/ru/pages/otkrytyy - dialog，2017 - 9 - 27.
⑥ Оценка эффективности деятельности государственных органов，http：//mic. gov. kz/ru/pages/ocenka - effektivnosti - deyatelnosti - gosudarstvennyh - organov，2017 - 9 - 27.
⑦ 《2016联合国电子政务调查报告：电子政务促进可持续发展》，http：//workspace. unpan. org/sites/Internet/Documents/UNPAN96420. pdf，2017年9月27日。

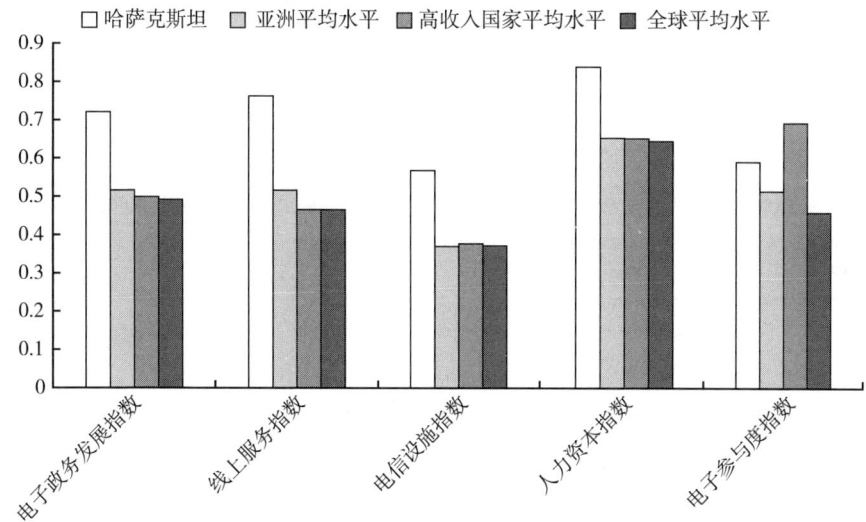

图 6　2016 年哈萨克斯坦电子政务发展指数

三　阿塞拜疆信息化发展情况

阿塞拜疆共和国是外高加索地区的一个国家，位于亚洲西南部和欧洲东南部的交汇处，东濒里海，北接俄罗斯，西北傍格鲁吉亚，西与亚美尼亚相邻，南面是伊朗。其飞地"纳希切万"的北部和东部与亚美尼亚接壤，南部和西部与伊朗相邻，西北部与土耳其接壤。苏联解体后，阿塞拜疆经济逐年下滑，1996 年开始止跌回升，此后十年间，经济进入恢复性增长期。2005 年，阿塞拜疆经济进入一个以石油为支撑的快速发展期；后金融危机时期，经济已进入一个低速、平稳的发展期。中国与阿塞拜疆自1992 年建交以来，双边贸易进展良好。2008 年，中国、阿塞拜疆等 19 个国家共同发起"丝绸之路复兴计划"，旨在激活古丝绸之路和其他一些古老的欧亚大陆通道，起到睦邻及经贸互利的效果。2015 年，上合组织乌法峰会决定接纳阿塞拜疆成为对话伙伴国，这也为中国与阿塞拜疆合作提供了新平台。

表4　阿塞拜疆国家信息化发展水平简况

名称	阿塞拜疆共和国		
简称	阿塞拜疆		
首都	巴库	官方语言	阿塞拜疆语
人口	965万(2015年)	国土面积	8.66万平方公里
GDP	375.66亿美元(2015年)	人均GDP	3897.42美元(2015年)
固定电话普及率	18.68%(2015年)	移动电话普及率	111.28美元(2015年)
互联网普及率	61.1%(2015年)	固定宽带普及率	19.76%(2015年)

中国国家信息中心发布的《全球信息社会发展报告2016》显示，阿塞拜疆的信息社会指数（ISI）为0.5169，在参与评估的126个国家中排第68位，略低于"一带一路"沿线国家平均水平和全球平均水平。其中信息经济、网络社会、在线政府、数字生活指数分别为0.3810、0.5227、0.5697、0.6293。信息经济得分较低，但网络社会、在线政府和数字生活指数都稍高于"一带一路"沿线国家平均水平和全球平均水平（见图7）。

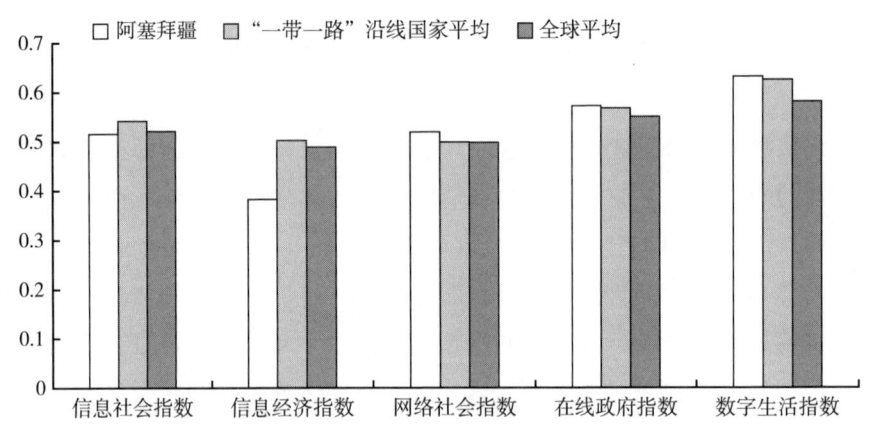

图7　2016年阿塞拜疆信息社会指数

（一）国家信息化战略和规划

阿塞拜疆于2016年9月20日正式批准"2016～2020年阿塞拜疆共和国信息社会发展国家战略"，该战略由阿塞拜疆共和国通信和高科技部担任实施协调机构,主要内容如下①。

第一,发展航天工业。阿塞拜疆将采取适当措施发展本国航天工业,进入拥有自主人造卫星国家行列,努力发展基于卫星传输技术的国家广播电视产业。

第二,发展电子商务。借助"跨欧亚信息高速公路"项目,消除区域各国之间的数字差异,建设完善的信息基础设施,提供廉价、高品质的宽带互联网,加快阿塞拜疆融入全球信息空间的进程。发展电子商务,加强电子商务领域的立法,保障电子商务交易安全。

第三,保护知识产权。创建一个管理数字权利的知识产权保护系统,提供在线电视节目和一站式商店等服务。

第四,发展互联网与通信产业。通过征收互联网和通信关税、扩大 WiFi 技术使用范围、建立更多 CDMA 站点等多种方式发展 4G 移动互联网与通信产业,提高通信业从业人员比重、家庭互联网普及率、学生计算机普及率等。

第五,发展电子政府。运用现代信息通信技术提供多功能的电子政务系统,培训更多用户,确保现有系统的信息安全。

(二)信息化基础设施

虽然阿塞拜疆人口只有 900 多万人,但截至 2016 年,已拥有 281 个广播电视台、509 个电视发射机、129 个广播发射机、23 个电视频道(广播与卫星接收各占比 50%)、15 个广播频道(10 个通过卫星接收)②,其广播电视事业基础良好。

阿塞拜疆的电话网络发展较快,特别是移动电话普及率增长迅猛,2007 年普及率刚超过 50%,2010 年已超过 100%,其后增速放缓,2015 年达到 111.28% 的历史最高水平,说明阿塞拜疆的移动通信基础设施已比较完善。而其固定电话普及率在近几年基本保持不变,可以看出,阿塞拜疆与其他国家一样,其通信行业也正在经历由固定电话向移动电话转换的阶段。

2000 年至今,阿塞拜疆互联网发展经历了一个迅猛增长到平稳发展的过

---

① *Azerbaijan 2020: Lookinto the future*, http://www.president.az/files/future_en.pdf, 2017-9-27。
② 《2016 阿塞拜疆统计年鉴之通信业》,http://www.stat.gov.az/menu/6/statistical_yearbooks/source/communication_2016.zip,最后访问日期:2017 年 9 月 27 日。

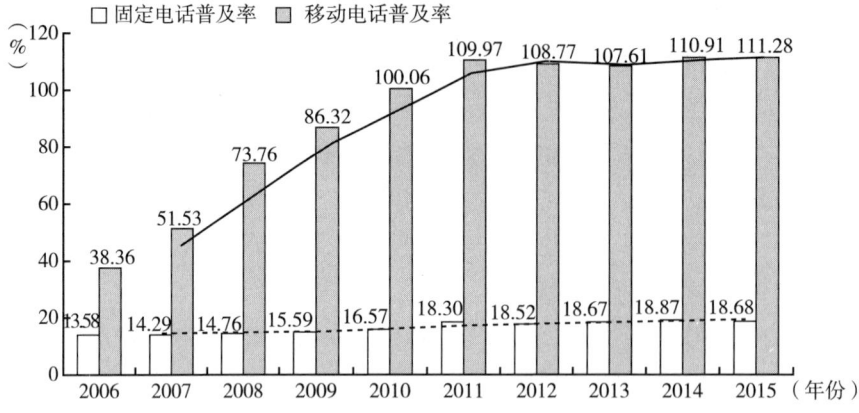

图8 阿塞拜疆坦近十年的电话普及率

程。2000~2012年间的绝大多数年份阿塞拜疆互联网普及率都保持了10%以上的增长，不少年份（如2000、2001、2002、2009、2010等）甚至在50%以上，但从2011年开始阿塞拜疆互联网普及率的增速显著下降。近年来阿塞拜疆互联网普及率数据见表5。

表5　2000~2016年阿塞拜疆互联网普及率变化情况

单位：人，%

年份	互联网用户数**	占总人口比重	总人口	用户年变化率	用户年变化数
2016*	6027647	61.1	9868447	1.2	72153
2015*	5955494	61.1	9753968	1.4	81329
2014	5874165	61.0	9629779	5.4	299135
2013	5575030	58.7	9497496	9.9	501110
2012	5073921	54.2	9361477	10.0	460165
2011	4613756	50.0	9227512	10.2	427805
2010	4185951	46.0	9099893	70.1	1725297
2009	2460654	27.4	8980488	62.4	945878
2008	1514776	17.1	8868713	18.9	240584
2007	1274192	14.5	8763359	22.7	235414
2006	1038779	12.0	8662137	51.1	351106
2005	687673	8.0	8563398	1.5	10029

续表

年份	互联网用户数**	占总人口比重	总人口	用户年变化率	用户年变化数
2004	677644	8.0	8466304	34.7	174520
2003	503124	6.0	8371536	21.5	89118
2002	414006	5.0	8280599	1553.2	388963
2001	25043	0.3	8195648	108.8	13048
2000	11995	0.1	8117742	50.2	4009

注：*表示预计数据，截至2016年7月1日；**互联网用户为通过任何设备在家能够访问互联网的个人用户。资料来源：Azerbaijan Internet Users，http：//www.internetlivestats.com/internet-users/azerbaijan/，最后访问日期：2017年9月27日。

2006年以来，阿塞拜疆的固定宽带和移动宽带都保持了快速发展的态势。固定宽带用户数量增长较快，2006年阿塞拜疆的固定宽带网络普及率仅为0.05%，在其后的短短5年间大幅增长10多倍，至2010年达到5.23%，随后5年间又增长将近3倍，至2015年达到19.76%，在发展中国家中属较高水平；而移动宽带网络发展更为迅猛，2009年仅为0.21%，至2015年达到61.1%，6年间增长了近30倍。阿塞拜疆的固定和移动宽带网络普及率的快速增长，说明该国的宽带网络建设正处于飞跃时期（见图9）。

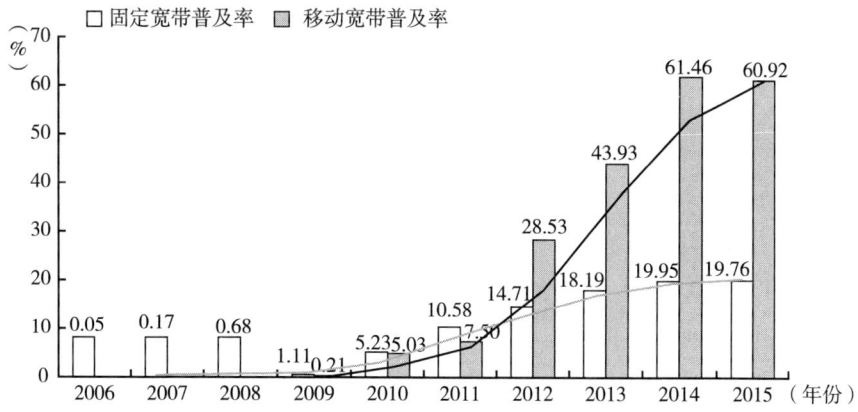

图9 阿塞拜疆近十年的固定和移动宽带普及率

说明：宽带普及率系每百名居民中宽带服务订阅数（subscriptions per 100 habitants）。

另外值得一提的是阿塞拜疆倡议的"跨欧亚信息高速公路"（Trans-Eurasian Information Super Highway，TASIM）计划。该计划是2008年11月第十四届国际通信和信息技术会议期间，由阿塞拜疆共和国通信和高科技部提出的，旨在建造一条从西欧到东亚的跨国光纤骨干网（又称"虚拟丝绸之路"），推进欧亚地区网络通信一体化。该骨干网的其中一条光纤全长1.1万公里，初始带宽在Tbps级别，途经土耳其、格鲁吉亚、阿塞拜疆、哈萨克斯坦等国，将德国法兰克福与中国香港连接起来，欧洲和亚洲的信息交换中心在其中起联接作用；另一条北部路线经过波兰、乌克兰、俄罗斯等国。2009年12月的联合国大会上，30个国家一致通过共同主办该项目的决议。2012年12月21日，为加速项目的实现，联合国大会通过一项决议，促成了与国际电信协会（International Telecommunication Institute）相结合的欧亚连接联盟（Eurasian Connectivity Alliance）的建立。

该计划将分两个阶段实施：第一阶段，重点区域国家将建立重大通信基础设施连接东西部，继而让TASIM有商业可行性；第二阶段，在原先建立的通信设施基础上，建立联通欧亚和中亚国家、在成本上可负担的网络设施，现有线路将进行升级以对接新的光纤网络。近年来随着中亚经济日益活跃，该计划得到了越来越多国家的支持。2013年中国电信公司、哈萨克斯坦电信公司、俄罗斯电信公司、土耳其电信公司与阿塞拜疆通信和高科技部就共建跨欧亚信息高速公路签署谅解备忘录①，表明中国、俄罗斯等世界大国也参与了该计划的建设。

3. 信息产业与数字经济

近两年阿塞拜疆电子商务发展十分迅猛。阿塞拜疆国家统计局的数据显示，2015年全国电子商务交易额相比上一年增长了1.9倍，而同期全国零售业额仅增长了10.9%。然而从绝对数量来看，2015年电子商务量仅为1.28亿马纳特（约1900万美元），与当年全国零售总额257亿马纳特（约37.5亿美元）相比几乎微不足道，说明阿塞拜疆的电子商务仍有很大的发展空间。

---

① 《土库曼和哈萨克签署跨欧亚信息高速公路协议》，http://news.cableabc.com/world/20151219067400.html，最后访问日期：2017年9月27日。

阿塞拜疆电子商务发展之所以如此迅速有多方面的原因，一是该国互联网普及率快速上升，目前已超过 70%，在全球属较高水平；二是互联网日益普及也促使民众的信息技能得到了提升；三是该国加强了信息安全保障体系建设，民众网上购物的信心和意愿大大增强；四是阿塞拜疆的运输和邮政部门发展较快，为电子商务发展提供了有力支撑①。

4. 政府信息化与电子政务

早在 2003 年，阿塞拜疆就制定了"信息与通信技术国家战略（2003~2012 年）"（National Strategy on Information-Communication Technologies for the Development of the Republic of Azerbaijan (2003-2012)），该战略中包含了"电子阿塞拜疆"（e-Azerbaijan）计划②，旨在提供国家行政机关进行政务活动时的最优化方案，并利用新平台重塑官民关系，满足民众对信息的需求，保证政府执政透明度。

阿塞拜疆电子政务基础设施组成部分包括国家机关的综合网络基础设施、电子政务门户网站、信息资源与系统的状态登记、国家电子签名基础设施、国家电子公文流通基础设施、电子政务数据中心等，涉及的政务服务包括企业所得税、求职、文件申请与审批（护照）、公民登记行为（出生、死亡、婚姻）、车辆登记、大学入学、工程审批、养老金审批、居住地登记、卫生服务（电子通知书）、向社会基金付款、电子报关、电子税务、注册新公司、电子认证、电子采购、电子拍卖等。

项目主要内容包括建立规范的法律依据，规范电子政务服务及用户的行为；增加针对国家的现代管理技术的应用；建立电子政务所需的主要基础设施；按照"一站式原则"发展和应用电子服务；提高公务员与 ICT 专家的训练水平；通过确保信息完整性来保护个人信息以及与电子政务相关的基础设施和信息系统的安全；提升民众识字水平，并为他们提供电子政务服务。

具体预期效果包含：通过现代技术的广泛应用，提升国家机关政务活动的

---

① E-commerce in Azerbaijan amounted to AZN 8.2 million, http://www.mincom.gov.az/media-en/news-2/details/10909，2017-9-27.

② E-government About the Project, http://www.mincom.gov.az/activity/e-government/，2017-9-27.

合理性；降低预算费用，提高政府工作效率；实现国家机关数据的集中存储，保证信息安全；建立一个有效、透明的市政管理系统；鼓励公民积极参与国家管理，方便公民获取信息，简化公民与国家机关之间的沟通途径，减少民众与国家机构的沟通成本；给予民众有限制的访问电子政务网站的权利；发展本国经济，为本国企业进入国外市场提供良好机会。

截至2016年12月29日，阿塞拜疆电子政务门户网站www.e-gov.az已集成了331项服务，各个国家机构网站提供的服务共计490项，覆盖社会福利、教育、通信、在线支付、税收、法律、车辆登记、兵役登记、考古发掘、古迹保护、电子签名、能源活动特别许可证、修理或更换水表等多个领域，网站访问量已突破3600万①。

据联合国经济和社会事务部发布的《2016联合国电子政务调查报告》显示，2016年，阿塞拜疆电子政务发展指数（EGDI）为0.6274，位列全球第56位，属于高EGDI国家（处于0.5~0.75区间），具体得分情况如图10所示。

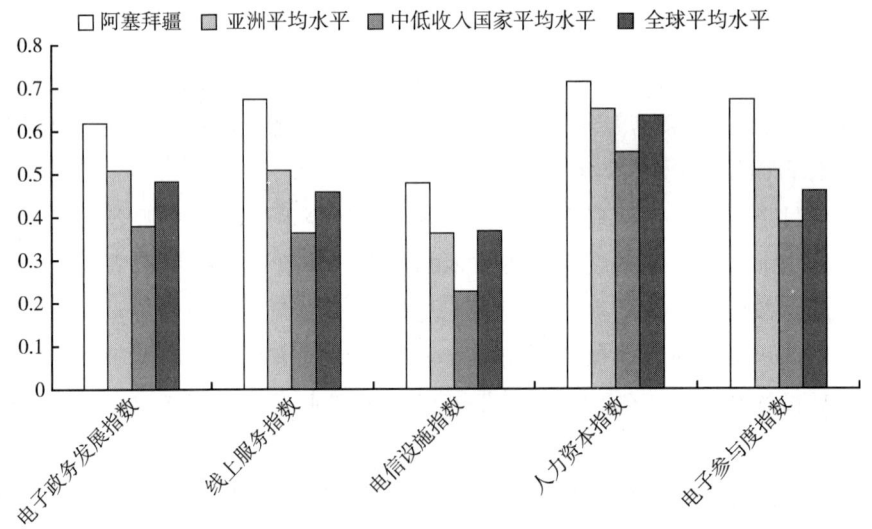

图10　2016年阿塞拜疆电子政务发展指数

① E-Government Portal, https://www.e-gov.az/en, 2017-9-27.

参考文献

白联磊：《阿塞拜疆的"大丝绸之路"计划》，《世界知识》2016年第3期。

马建花、张力：《哈萨克斯坦电子商务现状及其发展限制因素分析》，《牡丹江师范学院学报》（哲学社会科学版）2015年第6期。

任保平、甘海侠：《开启丝绸之路经济带互联网合作的新时代》，《开发研究》2016第3期。

魏敬华：《阿塞拜疆经济转型新机遇》，《中国投资》2017年第2期。

谢金智：《新疆中亚跨境电子商务模式分析及建议》，《北方经贸》2017第1期。

辛星：《参与外方发起的国际通信网络项目我国企业需把握四个原则》，《世界电信》2013年第5期。

杨军：《移动互联网助阿塞拜疆青年融入多元化世界》，《中国青年报》2015年2月4日。

B.6
西亚及北非国家信息化状况

唐涛 赵子瑞*

摘　要： 西亚及北非地区战略位置极其重要，同时又是世界上石油储量和输出量最大的地区。该地区国家信息化水平总体处于全球中等偏上水平，但也因国家经济水平、科技能力、社会稳定程度和国家投入的不同，存在较大差异。其中，巴林、以色列、阿联酋、科威特处于全球先进水平，也门、叙利亚、埃及处于全球落后水平。沙特已经迈入信息社会发展的初级阶段，在政府服务信息化和数字生活方面表现突出，强劲的经济增长、稳定的政治环境、人口年轻化以及国家经济政策也驱动信息经济向好发展。土耳其作为新兴发展中国家，十分重视信息技术在各领域中的应用，一方面通过信息化加快本国经济社会发展，另一方面积极对接欧盟的各类信息系统和标准。埃及在信息基础设施、信息经济、政府信息化、数字生活等方面均低于全球平均水平，但市场空间和发展潜力很大，其国家信息化战略的总体目标是利用ICT资源帮助实现开放、市场自由竞争、民主和社会正义。以色列极为重视信息通信技术的研发创新和深入应用，拥有中东地区最发达的网络通信设施体系，信息产业发展很好，网络安全水平世界领先，电子政务发展水平极高，享有"中东硅谷"的美誉。

关键词： 西亚　北非　信息化　发展现状　国际合作

---

* 唐涛，博士，上海社会科学院信息研究所信息资源管理研究室主任、副研究员，研究方向：信息社会、两化融合、网络舆情；赵子瑞，上海社会科学院信息研究所情报学硕士研究生，研究方向：信息资源管理。

一 西亚及北非国家信息化发展整体概况

西亚及北非，指地中海东部与南部的大片区域，主要国家有巴林、埃及、伊朗、伊拉克、以色列、约旦、科威特、黎巴嫩、阿曼、卡塔尔、沙特、叙利亚、巴勒斯坦、阿联酋、也门、土耳其等，西方国家往往称之为中东地区。中东联系了亚、欧、非三大洲，沟通大西洋和印度洋，自古以来是东西方交通枢纽，位于"两洋三洲五海"之地，战略位置极其重要。同时中东也是世界上石油储量最大、生产和输出石油最多的地区，对全球能源市场和经济发展具有重要影响。

中国国家信息中心发布的《全球信息社会发展报告2016》包括了西亚及北非13个国家（不含伊拉克、巴勒斯坦、卡塔尔），这些国家的信息社会指数（ISI）及各分项指数如表1所示。

表1 2016年西亚及北非地区13个国家信息社会指数

	信息社会指数	信息经济	网络社会	在线政府	数字生活	全球排名
巴林	0.8042	0.6190	0.8040	0.8271	0.9820	17
埃及	0.4334	0.3502	0.3257	0.5282	0.5926	92
伊朗	0.5205	0.4036	0.6752	0.4577	0.5036	66
以色列	0.7810	0.9065	0.6190	0.8565	0.7923	23
约旦	0.5611	0.5655	0.4922	0.5139	0.6412	60
科威特	0.7629	0.7099	0.8356	0.6513	0.7805	25
黎巴嫩	0.5778	0.5248	0.4996	0.5131	0.7307	58
阿曼	0.7175	0.6057	0.6612	0.6697	0.9014	32
沙特	0.7046	0.6961	0.5803	0.7340	0.8276	35
叙利亚	0.4141	0.4241	0.4411	0.3142	0.4105	96
土耳其	0.5298	0.5484	0.4587	0.5609	0.5719	64
阿联酋	0.7667	0.6806	0.6384	0.7583	0.9840	24
也门	0.2761	0.3273	0.2509	0.2862	0.2469	118
"一带一路"沿线国家平均	0.5414	0.5021	0.4926	0.5637	0.6221	—
全球平均	0.5601	0.5508	0.5131	0.5763	0.6110	—

从表1来看，西亚及北非国家的信息化水平总体处于全球中等偏上水平，大多数国家的信息社会指数都高于全球平均值和"一带一路"沿线国家平均

值。其中，排名进入全球前30名的有四个国家，包括巴林（17名）、以色列（23名）、阿联酋（24名）、科威特（25名），这些国家的信息化建设处于全球先进水平；但也有几个国家处于全球落后水平，包括也门（118名）、叙利亚（96名）、埃及（92名）。其余国家的信息社会指数排名则处于30位至70位之间。具体排名如图1所示。

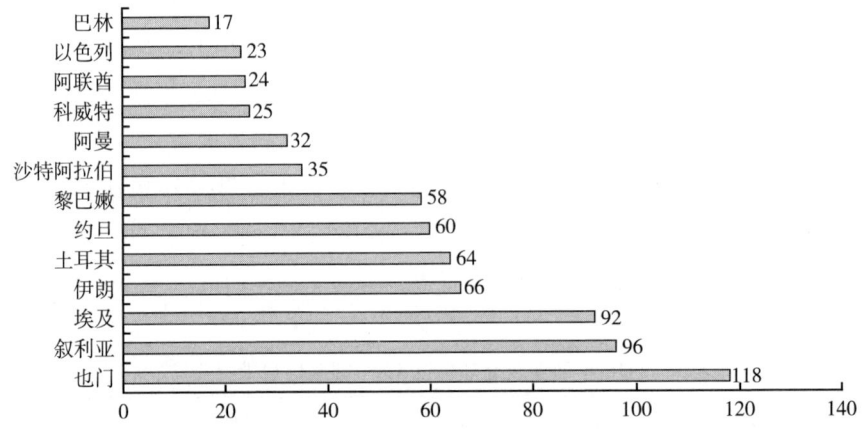

图1　西亚及北非国家信息社会化指数的全球排名

西亚及北非国家在信息化发展水平上的差异，主要是因为各个国家的经济发展阶段、科技创新能力、社会稳定程度和国家投入水平不同。巴林能在信息化发展方面居西亚及北非国家首位，与该国经济基础好、较早开展经济转型以及国家重视信息化有关。巴林是海湾地区最早开采石油的国家，而从2010年开始巴林逐步向多元化经济发展，相继建立了炼油、石化及铝制品工业，同时大力发展金融业，成为海湾地区的金融中心和物流中心。目前巴林是中东产油国中为数不多的不依赖石油的国家。产业调整和经济转型有力带动了巴林国家信息化水平的提升。同时巴林也是西亚及北非最重视信息化建设的国家之一，相关产业发展以及市场开放程度均走在地区前列。另一个信息社会指数排名比较靠前的是以色列。众所周知，以色列是全球科技创新大国，同时也是西亚及北非地区经济发展水平最高、先进技术产业最发达、产业结构最合理的国家。以色列高度重视信息技术的创新与应用，通过健全立法、政府支持、资金扶持、培养人才等多方面举措，不断加快国家信息化建设步伐。

而从分项指标来看，西亚及北非国家的信息化建设各有侧重、各有特色。其中以色列的信息经济十分发达，信息经济指数高达 0.9065，全球排名第二，仅次于日本，其他西亚及北非国家的信息经济指数普遍不高，基本都在 0.7 以下，与以色列有较大差距；在数字生活方面，西亚及北非国家普遍得分较高，特别是阿联酋、巴林两国的数字生活得分超过 0.9，这归功于这些国家较高的电话、手机和家庭计算机普及率。如韩国 KT 经济经营研究所发表的《2015 年上半年手机趋势》报告显示，2015 年阿联酋智能机普及率全球第一[①]；而巴林也具有超高的移动电话普及率，早在 2006 年这一数字就超过了 150%，2015 年该国移动电话普及率达到 182%。

西亚及北非地区人口总量将近 5 亿，而且人均消费能力是中国的 3~5 倍，加之西亚及北非国家以石油产业为主，轻工业和高技术产业不发达，因此近几年逐步成为中国 IT 企业重要的海外市场。据笔者统计，西亚及北非占到了中国向"一带一路"沿线国家出口信息产品的 15.5%，而其中 90% 以上都是向阿联酋、埃及、沙特、土耳其、伊朗、以色列等六个国家出口的。华为公司早在 2000 年就开始进入西亚及北非市场，经过十多年的苦心经营，至 2015 年，华为在中东地区已有员工 5000 多名，收入超过 50 亿美元，成为西亚及北非 ICT 产业领导者之一[②]。近几年，华为、联想、中兴、OPPO 等中国手机企业大举进入西亚及北非市场，市场占有率逐步提高，华为、联想在阿联酋、埃及等国的市场占有率进入前三名。值得一提的是，以色列作为全球领先的信息技术创新国家，与中国的 IT 贸易联系比较紧密，它既是中国在西亚及北非地区重要的 IT 产品出口市场，也是西亚及北非地区向中国出口 IT 产品最多的国家，占该区域对中国 IT 产品出口的 98%，其他西亚及北非国家几乎没有对中国出口 IT 产品。

---

① 《阿联酋智能机普及率全球第一》，http://www.techweb.com.cn/tele/2015-07-08/2172758.shtml，最后访问日期：2017 年 9 月 25 日。
② 《华为举办中东 15 周年庆典》，http://dubai.mofcom.gov.cn/article/jmxw/201510/20151001144111.shtml，最后访问日期：2017 年 9 月 25 日。

二 沙特阿拉伯国家信息化状况

沙特阿拉伯王国位于亚洲西南部的阿拉伯半岛，东濒波斯湾，西临红海，同约旦、伊拉克、科威特、阿拉伯联合酋长国、阿曼、也门等国接壤。沙特是名副其实的"石油王国"，石油储量和产量均居世界首位，石油收入是国家最主要的经济来源，使其成为世界上最富裕的国家之一。2015年，其人均GDP已经超过2万美元。沙特政府鼓励私有经济的发展，以减少国家经济对石油出口的依赖，沙特的金融体系完善，旅游业也比较发达。沙特奉行独立自主、温和务实、不结盟的外交政策，主张国与国之间相互尊重、和平共处、互不干涉内政。中国和沙特于1990年建交，2008年中沙双方建立战略性友好关系。当前，中国是沙特最大的贸易伙伴，而沙特是中国在西亚非洲地区最大的贸易伙伴，也是中国重要的原油进口来源地。2016年，习近平主席对沙特进行国事访问。2017年3月，沙特国王萨勒曼访华，两国元首讨论了沙特"2030愿景"与"一带一路"倡议的对接，并希望以此为基础，推进中沙两国在能源、金融、基础设施建设等方面合作。

表2 沙特阿拉伯国家信息化发展水平简况

名称	沙特阿拉伯王国		
简称	沙特阿拉伯、沙特		
首都	利雅得	官方语言	阿拉伯语
人口	3150万(2015年)	国土面积	225万平方公里
GDP	6460.02亿美元(2015年)	人均GDP	20482美元(2015年)
固定电话普及率	12.53%(2015年)	移动电话普及率	176.59%(2015年)
互联网普及率	64.2%(2015年)	固定宽带普及率	11.92%(2015年)

根据中国国家信息中心的评估，2016年沙特信息社会指数为0.7046，全球排名第35位，在"一带一路"国家中居第11位，其中信息经济、网络社会、在线政府、数字生活指数均高于全球平均水平和"一带一路"平均水平，已经迈入信息社会发展的初级阶段。近5年来，沙特的信息经济、网络社会、在线政府、数字生活指数总体保持增长，特别是在线政府和数字生活指数增长较快。

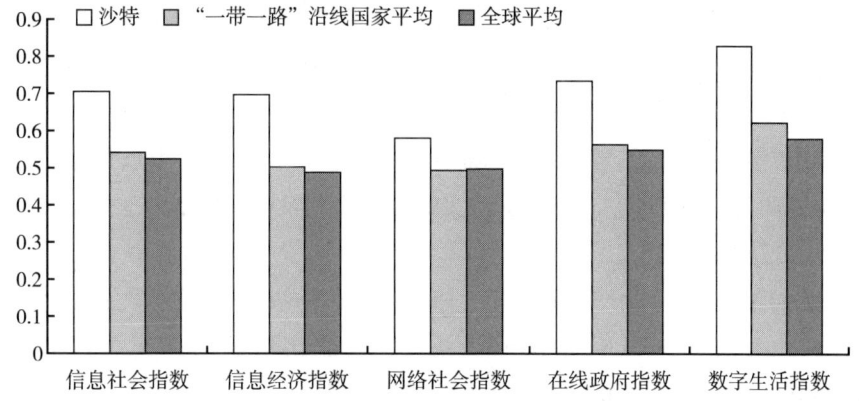

图 2　2016 年沙特信息社会指数

（一）国家信息化战略和规划

2007年5月，沙特开始推行国家通信和信息技术计划（National Plan for Communications and Information Technology），其愿景是使沙特逐步转型为信息社会，通过数字经济提高生产力，为各阶层国民提供高效的通信和信息技术服务，建设强大的ICT产业，并将其作为国家收入的主要来源。具体目标是：

- 通过优化配置ICT资源，提高政府、企业、社会组织的效率；
- 提升ICT产业的投资吸引力；
- 加强科学研究和创新发明，提升ICT产业的全球竞争力，促进区域和国际合作；
- 加强ICT教育和培训；
- 使社会各阶层公平地使用ICT技术，有效弥合数字鸿沟；
- 通过ICT技术传播伊斯兰和阿拉伯文化；
- 培养在全国和国际具有竞争力的ICT人才。

沙特将总计划的任务分解到若干个"五年规划"。自2007年开始，第一个"五年规划"顺利实施，它包括26个具体目标、62项政策和98个项目，参与的组织包括通信和信息技术部、贸易和工业部、教育部、高等教育部、内政部、社会事务部、伊斯兰事务部、城市和农村事务部、卫生部、劳动部、财政部、工业产权局等政府部门，阿卜杜拉国王科技大学、人力资源发展基金会、平衡经济委员会、法赫德国王国家图书馆等教育机构,以及各类投资机构和职业技术培训公司。可以说,沙特将国家通信和信息技术计划作为促进经济转型的重大战略,集合各方力量共同推进。

2012年,沙特继续围绕总目标推进第二个"五年规划",重点是通过发展ICT提高国民的福利水平,重点支持实施若干重大项目以及加快建立强大的国家信息安全系统。

沙特还通过数字化杰出贡献奖(Digital Excellence Award)、数字文化和知识项目(Digital Culture and Knowledge)、电子化培训大篷车(e-Training Caravans)、媒体培训等推动全社会的信息化发展。

(1)数字化杰出贡献奖于2005年设立,其目的是奖励杰出的阿拉伯语互联网服务商和阿拉伯语网站,以鼓励和丰富阿拉伯语网页内容及相关应用,提高具有优秀阿拉伯语内容的网站知名度,鼓励宣传沙特阿拉伯,支持互联网领域的阿拉伯语创新、保护阿拉伯语网络知识产权、营造安全的阿拉伯语数字化环境、鼓励富有创意的互联网民营企业发展,从而全面提升网络空间中阿拉伯语和沙特阿拉伯的地位。

(2)数字文化和知识项目通过开设各种讲座、课程、展览、会议等,提高国民的数字化意识。课程主要以中学生、高校学生为主,主题包括前沿ICT技术介绍、信息安全和隐私保护、信息法律法规、如何防范计算机犯罪等。

(3)电子化培训大篷车项目建设了一批融数字化移动教室、培训师、培训课程和教材于一体的大篷车,穿梭于城市和乡村之间,在每个地方停留一周,主要为低收入人群、中等教育水平的学生提供免费的10小时计算机和互联网技能培训。自2011年4月开始至2014年12月的三年半期间,累计推出了459辆大篷车,开行了24万多公里,开设了1772个培训班,总课时17720小时,培训了近27000人。

(4)媒体培训项目的推出源于沙特政府认识到在信息时代,媒体在塑造人们认知方面的重要作用。该项目的主要目标包括突出ICT技术在媒体领域的应用,推广新媒体,增加人们对数字化媒体内容的使用,促进新媒体在文化传播中发挥积极作用,研究媒体与科技文化等。

通过近年来实施一系列数字化行动,沙特力图引导全社会迈入信息社会的大门。

（二）信息化基础设施

沙特阿拉伯电信市场曾长期由政府垄断运营，随着沙特加入 WTO 以及世界经济的一体化和国际化，铁板一块的沙特电信市场有所松动，开始朝着自由化和私有化的方向发展。1998 年沙特政府将电信市场交由一家股份制公司沙特电信公司（STC）运营，标志着沙特开始电信市场化改革进程。2001 年 6 月沙特内阁通过了一项新的法案，决定开放电信业，对电信市场实行私有化，引入外资和竞争，阿联酋电信集团（Etisalat）、巴林电信公司相继获得沙特移动和固定通信运营牌照，打破了 STC 对沙特电信业的垄断，沙特电信事业进入了飞速发展时期。

图 3 显示了沙特 2006 年以来的固定电话和移动电话普及率变化情况。可以看出，一方面，相比于其经济发展水平，沙特固定电话普及率一直不高，而且近几年来持续减少，原因主要是移动通话价格的降低以及其他一些通信方式对固话的替代；另一方面，沙特的移动通信极为发达，自 2007 年沙特移动电话普及率超过 100% 之后，几年之间快速跃升为将近 200% 的全球最高水平，随后逐步下降，原因之一是沙特加强了对手机的监管，要求所有手机用户都进行指纹验证。尽管移动电话普及率有所下降，但 2015 年仍达到 176.59%，在全球处于先进水平之列。2013 年和 2014 年沙特的家庭计算机普及率分别为 80% 和 67%，其他年份没有统计数据，但从两个年份的数据来看，拥有计算机的沙特家庭十分普遍。

图 3　沙特近十年的固定电话和移动电话普及率

由于社会需求的增加，特别是政府大力推动信息基础设施和电子政务系统建设，互联网服务市场快速增长。民众可以通过网络获得更多政府服务，也可以在互联网上下载到诸如社交网络、商业应用、文本消息、安全工具、游戏等数十万个APP。因此，2006年以来沙特互联网普及率迅速增长，见表3。与手机相似，沙特政府也要求所有互联网用户进行指纹认证，这项政策在一定程度上影响了近几年互联网普及率的增长速度。

表3　2000～2016年沙特互联网普及率变化情况

单位：人，%

年份	互联网用户数**	占总人口比重	总人口	用户年变化率	用户年变化数
2016*	20813695	64.7	32157974	2.8	561748
2015*	20251947	64.2	31540372	2.9	577218
2014	19674729	63.7	30886545	7.7	1403093
2013	18271636	60.5	30201051	14.7	2343770
2012	15927865	54.0	29496047	16.5	2253357
2011	13674508	47.5	28788438	18.7	2157343
2010	11517165	41.0	28090647	10.6	1101559
2009	10415607	38.0	27409491	8.2	788183
2008	9627423	36.0	26742842	23.0.	1802367
2007	7825057	30.0	26083522	58.2	2878439
2006	4946618	19.5	25419994	57.3	1802727
2005	3143890	12.70	24745230	27.70	681915
2004	2461976	10.2	24055573	31.7	592975
2003	1869001	8.0	23357887	29.1	421709
2002	1447291	6.4	22668102	40.5	417088
2001	1030203	4.7	22007937	117.8	557286
2000	472917	2.2	21392273	360.1	370123

注：*表示预计数据，截至2016年7月1日；**互联网用户为通过任何设备在家能够访问互联网的个人用户。

资料来源：Saudi Arabia Internet Users，http://www.internetlivestats.com/internet-users/saudi-arabia/，2017-9-27。

在宽带网络领域，沙特目前是以发展和普及移动宽带为主，2015年沙特移动宽带普及率超过111%，这在很大程度上是受益于沙特庞大的手机用户。而固定宽带服务则发展较慢，2015年固定宽带普及率接近12%（见图4）。

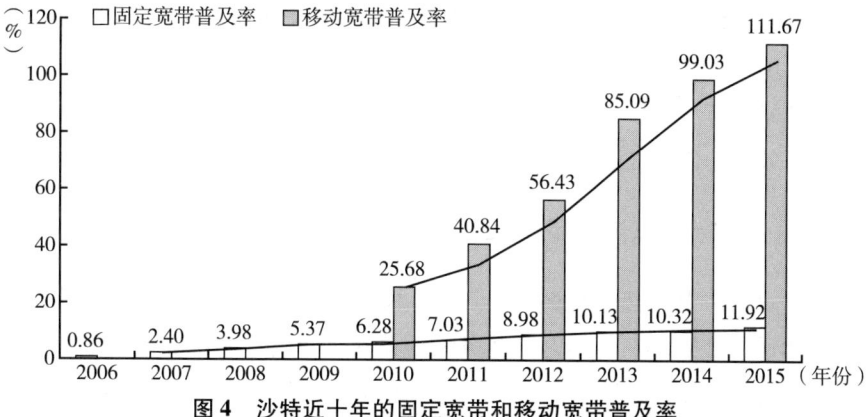

图4　沙特近十年的固定宽带和移动宽带普及率

说明：宽带普及率系每百名居民中宽带服务订阅数（subscriptions per 100 habitants）。

（三）信息产业与数字经济

发展知识经济已经成为沙特的国家经济发展战略。近年来，沙特大量投资于ICT领域，国家通信与信息技术委员会的《沙特阿拉伯ICT投资报告2015》[①]显示，2014年，沙特的ICT支出总额为1119.8亿里亚尔（约合298.6亿美元），超过其他海湾国家（GCC）的支出总和，其中通信服务和硬件支出占65%；ICT投资总额为178.3亿里亚尔（约合47.5亿美元），其中软件开发方面的投资份额最大，占47%；ICT行业增加值总额为265.7亿里亚尔（约合70.9亿美元），其中通信行业增加值占76%。

国家通信和信息技术委员会预测[②]，2017年，沙特的ICT专业技术人才数量将增长至约21.3万人，尽管如此，2014~2017年间，ICT人才缺口仍将超过3.7万人。

沙特强劲的经济增长、稳定的政治环境、人口年轻化以及国家经济政策驱动信息经济向好发展。同时，智能设备的广泛使用、互联网的普及、科学研究和知识创新的增加、国家电子政务服务系统Yesser的投入使用也是支撑沙特信息经济的重要因素。

---

① *ICT Investments in the Kingdom of Saudi Arabia* 2015，http：//www.citc.gov.sa/en/reportsandstudies/Reports/Pages/IT - Report.aspx，2017 - 9 - 27.

② Communications And Infomations Technology Commission，http：//www.citc.gov.sa，2017 - 9 - 27.

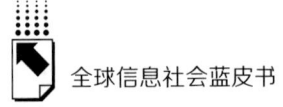

在国家通信和信息技术委员会的领导下,沙特未来将聚焦产业自动化、政府服务、IT基础设施,稳步推动IT产业发展。与此同时,沙特ICT行业也正在经历技术变革。业界权威人士预计,云计算、移动互联网、大数据、社会化网络将引领沙特信息经济发展的下一次浪潮。

(四)政府信息化与电子政务

沙特政府认为,电子政务发展是国家ICT计划的重要组成部分,是通向信息社会的远景目标之一,其电子政务的愿景是"使每个人都能通过多种电子化渠道,安全、综合、简单地使用有效的政府服务"。为此,沙特通信和信息技术部联合财政部及通信和信息技术委员会共同制定了国家电子政务项目——Yesser,该项目的主要目标有:

- 提高公共部门效率;
- 为企业和个人提供优质便捷的服务;
- 提高投资回报率;
- 及时准确地提供所需信息。

沙特政府通过实施Yesser第一阶段计划《国家电子政务战略和行动计划(2006~2010年)》,为公众和企业提供了更好的服务,提高了服务效率,支持了向信息社会迈进的目标。Yesser第二阶段计划《电子政务行动计划(2012~2016年)》的目标包括建立可持续的电子政务队伍,改善民众与政府互动的体验,培养合作创新文化,提高政府效率。

目前,多个部委正积极实施转型计划,依靠数字创新解决公共政策中的主要问题,提升民众对公共服务的体验。例如,沙特劳动部和人力资源发展基金会正在推出大型生态系统"虚拟劳动市场",为劳动力市场中的所有利益相关方提供服务。此举意在创建可靠的职位数据库,让求职者轻松寻找到合适的工作。虚拟劳动力市场不仅为公民搜索职位提供必要的支持,还提供在线培训和咨询服务。该项目通过帮助私企寻找合格的人力资源,增加沙特公民(包括女性和残疾人)的就业机会。

沙特政府还采用新的方式鼓励民众参与到改善公共服务体验的决策中。例如,沙特工商部主导的众包项目鼓励民众积极参与举报商业违法行为,保护消费者权益。沙特工商部已为这一项目开发了手机应用,公民可以通过客户端举报。

沙特政府还创建了全国电子政府门户网 SAUDI，沙特公民、居民、企业和游客可通过该门户网站链接沙特各政府部门和相关机构，快速高效地享受各类服务。该网站还是沙特政府的公共关系工具，发布全国各地的新闻和活动。该网站还是政府开放数据的门户，用户可以通过网站查询到各部门的开放数据。此外，网站还为用户提供了统一的政府机构目录和沙特法律法规、方案计划等文件的链接。

据联合国经济和社会事务部发布的《2016 联合国电子政务调查报告》①，沙特的电子政务发展指数（EGDI）为 0.6822，在全球近两百个国家排名第 44 位，电子政务发展指数水平为第二梯队。这一得分既高于亚洲平均水平和世界平均水平，也高于世界高收入国家的平均水平，显示出沙特电子政务建设取得了较为显著的成效（见图 5）。

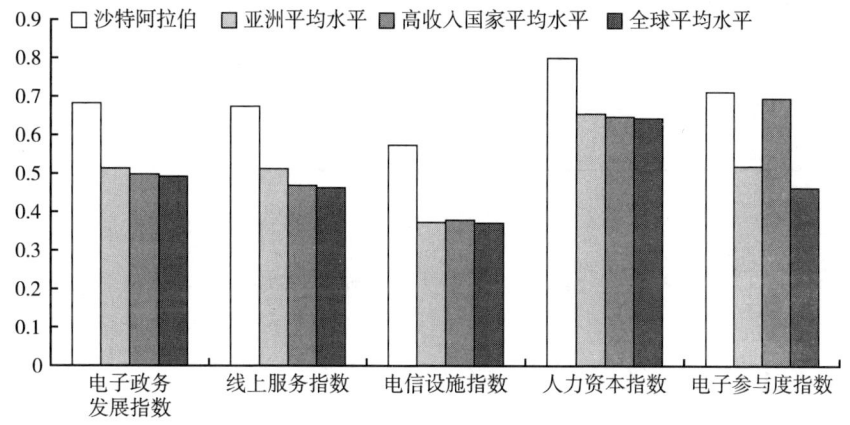

图 5　沙特电子政务发展指数情况

三　土耳其国家信息化状况

土耳其共和国是一个横跨欧亚两洲的国家，地理位置和地缘政治战略意义

---

① 《2016 联合国电子政务调查报告》，http：//workspace.unpan.org/sites/Internet/Documents/UNPAN96420.pdf，最后访问日期：2017 年 9 月 26 日。

极为重要，是连接欧亚的十字路口。1971年8月4日，中国和土耳其建交。20世纪80年代以来，两国高层互访增多，双边关系发展较快。两国经贸合作持续发展，交通、电力、冶金、电信是双方合作的重点。2015年7月，土耳其总统埃尔多安对中国进行国事访问，双方签署《中华人民共和国政府和土耳其共和国政府关于建立副总理级合作委员会的谅解备忘录》。2015年11月，习近平主席赴土耳其出席二十国集团领导人安塔利亚峰会，双方宣布建立两国外长磋商机制。

表4 土耳其国家信息化发展水平简况

名称	土耳其共和国		
简称	土耳其		
首都	安卡拉	官方语言	土耳其语
人口	7870万（2015年）	国土面积	78.3562万平方公里
GDP	7182.21亿美元（2015年）	人均GDP	9130美元（2015年）
固定电话普及率	14.99%（2015年）	移动电话普及率	96.02%（2015年）
互联网普及率	55.9%（2015年）	固定宽带普及率	12.39%（2015年）

根据中国国家信息中心的评估，2016年土耳其信息社会指数为0.5298，在被评估的全球126个国家中排第64位，在"一带一路"国家中居第27位，从信息社会指数以及各分项指数来看，土耳其的信息化发展水平与"一带一路"沿线国家平均水平及全球平均水平都比较接近。2011~2016年，土耳其的信息经济、网络社会、在线政府、数字生活指数总体保持增长。

（一）国家信息化战略和规划

作为新兴发展中国家，土耳其十分重视信息技术在国家发展各领域中的应用，一方面要通过信息化加快本国经济社会发展，加速国家现代化；另一方面要对接欧盟的各类信息系统和标准，促进土耳其加入欧盟的目标的实现。

为此，土耳其制订了多个国家信息化战略规划，其2006年发布的《信息社会战略（2006~2010）》，对土耳其的信息社会发展机遇进行了详细分析，

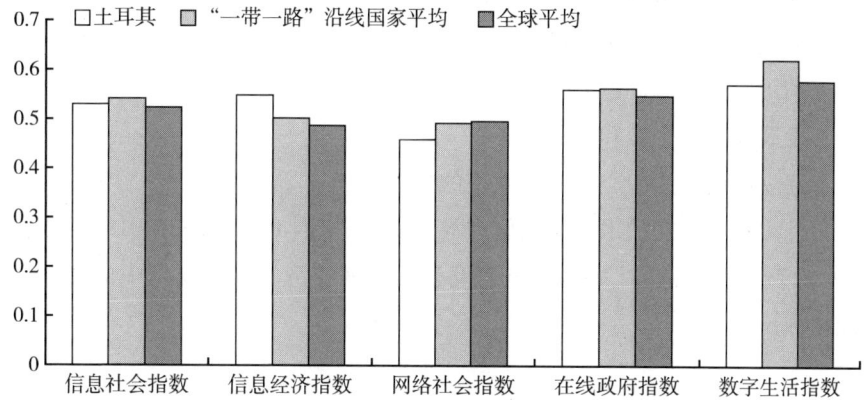

图6 2016年土耳其信息社会指数

并提出了几个重点任务[①]：
- 加快社会转型；
- 促进企业信息技术应用；
- 实现面向民众的服务转型；
- 促进行政管理现代化；
- 建立具有全球竞争力的信息产业；
- 提供竞争力强、应用广泛、价格便宜的通信基础设施及服务；
- 加强信息技术研发与创新。

随后土耳其推出了多个信息社会发展规划，最新的是2015年推出的《土耳其信息社会战略和行动计划（2015~2018）》，该战略提出了8个重点发展领域，72项行动计划。重点发展领域包括[②]：
- 壮大信息技术产业；
- 加快宽带网络建设；
- 培养高素质的人才队伍；

---

① *Information Society Strategy* (2006 – 2010), http://unpan1.un.org/intradoc/groups/public/documents/unpan/unpan025636.pdf, 2017 – 9 – 27.
② *2015 – 2018 Information Society Strategy and Action Plan*, http://www.bilgitoplumu.gov.tr/en/2015 – 2018 – information – society – strategy/, 2017 – 9 – 28.

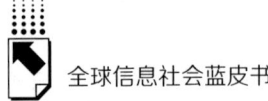

- 促进信息技术在社会中的应用；
- 促进信息安全和用户信任；
- 利用信息技术促进创新；
- 发展互联网企业和电子商务；
- 建立以用户为中心的、高效率的公共服务。

另外土耳其信息技术和通信管理局于2015年推出《2016~2018年战略规划》①，该规划主要针对基础设施建设和互联网经济发展，规划中的主要ICT发展指标见表5。

表5 土耳其ICT发展指标规划

	2006年	2012年	2013年	2018年
宽带用户普及率(%)	3.8	26.5	45.0	70.0
宽带接入成本/人均GDP(%)	—	2.0	1.8	1.0
使用互联网的个人用户(16~74岁)占比(%)	30.1(2007年数据)	47.4	50.0	75.0
信息化市场(亿美元)	5.1	10.5	11.6	23.0
信息技术出口(亿美元)	0.1	0.5	0.8	2.0
电子商务交易额(亿里拉)	2.4	30.7	40.0	170.0
统计日之前三个月网络购物人数占比(%)	—	14.3	20.0	70.0

土耳其极为重视网络信息安全工作。2013年6月，土耳其公布了《国家网络安全战略和2013~2014年行动计划》②，提出了以下方面的任务：

- 完善网络安全法规体系；
- 健全信息安全工作机制；

---

① 2016-2018 Strategy Plan, https://btk.gov.tr/tr-TR/Sayfalar/Stratejik-Planlar, 2017-9-28.

② *Republic Of Turkey Ministry of Transport, Maritime Affairs and Communications National Cyber Security Strategy and 2013-2014 Action Plan*, https://www.unodc.org/res/cld/lessons-learned/national_cyber_security_strategy_and_2013-2014_action_plan_html/National_Cyber_Security_Strategy_and_2013-2014_Action_Plan.pdf, 2017-9-28.

- 成立国家网络事故应急处理机构；
- 加强国家网络安全基础设施；
- 加强国民网络安全教育、提升安全意识；
- 研发网络安全技术；
- 将网络安全纳入国家安全体系之中；

在此基础上，土耳其于 2015 年又提出了新版本的国家网络安全战略——《2016~2019 网络空间安全战略》[①]，提出的主要战略任务包括：

- 加强关键网络基础设施保护；
- 打击网络犯罪；
- 提升国民网络安全素质和意识；
- 构建网络安全生态系统；
- 将网络安全与国家安全相结合。

（二）信息化基础设施

近几年土耳其通信网络市场继续保持良好的发展势头。截至 2016 年 11 月，土耳其共有 615 家电信运营商。2015 年运营商的总销售额为 396 亿里拉，2016 年第二季度达到 111.4 亿里拉，2016 年第三季度达到 116 亿里拉[②]。

从 2010 年以来的数据来看，土耳其的固定电话普及率逐步下降，移动电话普及率则逐步提升。截至 2016 年第三季度末，固定电话有 1108 万部，移动电话用户数量超过 7446 万，全体国民的移动电话普及率为 94.6%，排除 M2M 的数量用户和 0~9 岁年龄段用户数量，移动电话普及率为 107%。同时，土耳其拥有较高的家庭计算机普及率，2015 年超过 55%，这意味着有超过一半的家庭拥有计算机（见图 7）。

虽然土耳其的移动电话普及率在欧洲国家中排名靠后，但平均使用时长排名却很高。2016 年第三季度，平均每位用户每月移动电话使用时长为 436 分

---

① *2016 - 2019 National Cyber Security Strategy*, http：//www.udhb.gov.tr/h - 12 - siber - guvenlik.html, 2017 - 9 - 28.
② Electronic Communications Market In Turkey, https：//eng.btk.gov.tr/en - US/Pages/Market - Data, 2017 - 9 - 28.

图7 土耳其近十年的电话及家庭计算机普及率

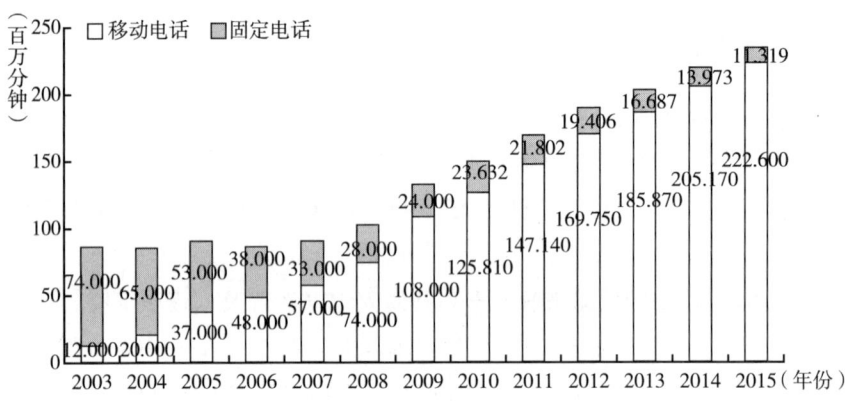

图8 土耳其移动电话和固定电话通话时长

钟,在欧洲国家中排名第一。

2010年以来,土耳其互联网用户数保持了较快增长,2016年互联网普及率达到58.0%,详细数据可见表5。

土耳其十分重视宽带网络建设,截至2016年第三季度,土耳其的光纤总长度从2015年第三季度的261337公里增加到284044公里,增长率约为9%,同时土耳其于2016年4月1日推出4.5G移动服务。尽管如此,目前土耳其的宽带用户数并不多,固定宽带普及率逐步有所上升,2015年为12.39%;移动

表6 2000~2016年土耳其互联网普及率变化情况

单位：人，%

年份	互联网用户数**	占总人口比重	总人口	用户年变化率	用户年变化数
2016*	46196720	58.0	79622062	5.1	2242750
2015*	43953971	55.9	78665830	11.1	4385829
2014	39568141	51.0	77523788	12.2	4314708
2013	35253433	46.3	76223639	4.4	1473995
2012	33779438	45.1	74849187	6.7	2118819
2011	31660619	43.1	73517002	10.0	2866612
2010	28794008	39.8	72310416	11.0	2854892
2009	25939116	36.4	71261307	7.3	1761760
2008	24177356	34.4	70344357	21.5	4275070
2007	19902285	28.6	69515492	58.8	7370544
2006	12531741	18.2	68704721	19.4	2040490
2005	10491251	15.5	67860617	7.4	726506
2004	9764745	14.6	66973561	19.9	1619532
2003	8145213	12.3	66060121	9.9	733901
2002	7411312	11.4	65125766	122.5	4080563
2001	3330749	5.2	64182694	40.0	951853
2000	2378896	3.8	63240157	66.6	951007

注：*表示预计数据，截至2016年7月1日；**互联网用户为通过任何设备在家能够访问互联网的个人用户。资料来源：*Turkey Internet Users*，http：//www.internetlivestats.com/internet - users/turkey/，2017 -9 -28。

宽带普及率提高较快，但由于土耳其的4G网络建设较晚，影响了移动宽带用户数量的扩大，2015年移动宽带普及率仅有50%左右，远低于移动电话的普及率，这说明大多数土耳其手机用户仍只是使用传统的语音和短信服务（见图9）。

（三）信息产业与数字经济

市场调研机构Research and Markets关于2016年土耳其B2C电子商务市场的报告显示，土耳其是东欧最大的B2C市场，也是增长最快的一个市场①。

---

① 《土耳其B2C电商市场发展迅猛，服装类产品最受欢迎》，http：//www.sohu.com/a/69470868_ 115514，最后访问日期：2017年9月28日。

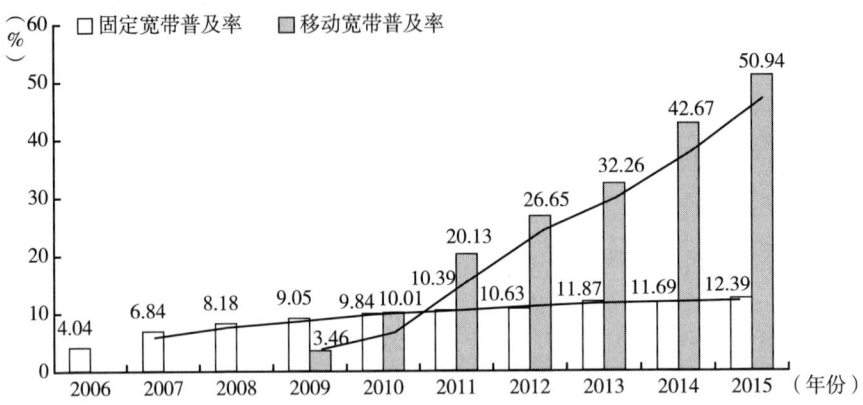

图9 土耳其近十年的固定宽带和移动宽带普及率

说明:宽带普及率系每百名居民中宽带服务订阅数(subscriptions per 100 habitants)。

2014年,土耳其的电子商务市场规模为63.4亿欧元,比上年增长了35%。根据ETID和电子商务基金会的信息,2015年土耳其的电子商务市场规模为85亿欧元。土耳其工业和商业协会报告称,2016年土耳其的电子商务市场规模为79.5亿欧元[1]。而据Statista公司估计,从2017年到2021年,土耳其电子商务市场规模可保持13.4%的复合增长率,届时土耳其电子商务市场规模将达到96.74亿美元。土耳其统计研究所的一项调查显示,土耳其16~74岁的互联网的用户中,有24.8%会在线购买商品和服务[2]。

从商品类型来看,土耳其人网上购买最多的是衣服和体育用品,占到了网购总数的一半;其次是电子设备以及家庭用品和旅行安排;其他电子商务业务活动包括票务、旅行、食品、娱乐、服装和消费产品。土耳其最主要的电子商务网站有Gitti Gidiyor、Hepsiburada、Araba和Trendyol等。

土耳其电子商务发展很快的原因如下。一是庞大的网民数量,虽然土耳其互联网普及率低于大多数欧洲国家,但由于土耳其拥有将近8000万人口,网民总数仍达到将近5000万人,位列欧洲第五,同时土耳其人口结构比较年轻

---

[1] *Ecommerce in Turkey*,https://ecommercenews.eu/ecommerce-per-country/ecommerce-turkey/#market,2017-9-27。

[2] *The Statistics Portal*,https://www.statista.com/outlook/243/113/e-commerce/turkey#,2017-9-27。

化，劳动力人口比例高达68%，青年人群更容易接受电子商务。二是土耳其电子支付体系十分发达，大部分电子商务交易都通过互联网金融来完成，信用卡支付占比达90%以上，货到付款仅占5%[①]。三是土耳其电子商务发展环境日益完善，土耳其议会于2015年5月1日批准了《电子商务法》（6563号法案），其目的是建立一个更安全、更透明和更便利的电子商务环境。法律加强了对电子商务用户个人和支付信息的安全保障，还明确了电子通信服务商和网站服务商的责任，对于电子合同、信息提供以及垃圾信息等问题都做出了规定[②]。四是政府对电子商务给予大力支持，2017年3月，土耳其经济部宣布，对于入驻阿里巴巴、康帕斯（Kompass，全球领先的B2B国际贸易电子商务平台）、土耳其出口商（Turkish Exporter，土耳其电商平台）等三家电商平台的企业，政府将支付80%的注册费，以鼓励土耳其电商领域整体提升，帮助土耳其企业特别是中小企业借助电商平台实现跨越式发展[③]。

虽然近几年土耳其电子商务增长迅猛，但总体水平仍不高。目前土耳其电商用户数约为1500万，占互联网用户数的1/3，占土耳其总人口的19.7%[④]，比例仍然偏低；电子商务收入仅占全社会零售总额的约2%，而在发达国家市场，电子商务收入占零售总额的7.1%，新兴国家市场这一比例也达到5.1%，是土耳其当前水平的两倍以上[⑤]。因此，未来土耳其电子商务产业仍有巨大的发展空间。

（四）政府信息化与电子政务

土耳其的电子政务建设始于2001年，当时土耳其为加入欧盟并对接欧盟的"eEurope+"项目，启动了本国的E-Turkey项目，2003年该项目更名为E-

---

① 《掘金土耳其电商市场 先看清这几点》，http：//www.chinaz.com/biz/2017/0531/712787.shtml，最后访问日期：2017年9月25日。
② *Turkey-Ecommerce*，https：//www.export.gov/article? id = Turkey – ecommerce，2017 – 9 – 27.
③ 《土耳其经济部宣布加大对电商发展的资金支持》，http：//www.mofcom.gov.cn/article/i/jyjl/j/201703/20170302537488.shtml，最后访问日期：2017年9月25日。
④ 《一带一路上，有一个247亿美元的市场等你发掘！（土耳其电商攻略）》，http：//www.sohu.com/a/145231201_611350。
⑤ 《土耳其年轻族群追捧电商 市场潜力有待挖掘》，http：//www.linkshop.com.cn/web/archives/2016/352662.shtml，最后访问日期：2017年9月25日。

Transformation Turkey Project（"土耳其电子转型"项目）。在此项目的基础上，土耳其逐步形成了本国的电子政务战略，其目标是：实现社会转型、促进信息技术应用、构建以公民为中心的电子政务服务，加快公共行政现代化，推进社会创新。2008年推出国家级"电子政务门户"——www.turkiye.gov.tr，为民众提供了一个获取公共服务和相关信息的一站式网站。网站将所有访问者分为四类——游客、企业用户、教育相关人士以及移民，提供个性化的在线服务。

经过多年发展，土耳其电子政务建设已取得很大成效。根据联合国经济和社会事务部发布的《2016联合国电子政务调查报告》，土耳其的电子政务发展指数（EGDI）为0.5900，在全球近两百个国家中排第68位，电子政务发展指数水平为高等（其他分别为非常高等、中等、低等），这一得分既高于亚洲平均水平和世界平均水平，也高于世界高收入国家的平均水平。具体到各分项得分中，线上服务指数、人力资本指数得分较高，但电子参与度指数得分低于高收入国家水平，显示土耳其还需要进一步提高电子政务的民众参与和使用率（见图10）。

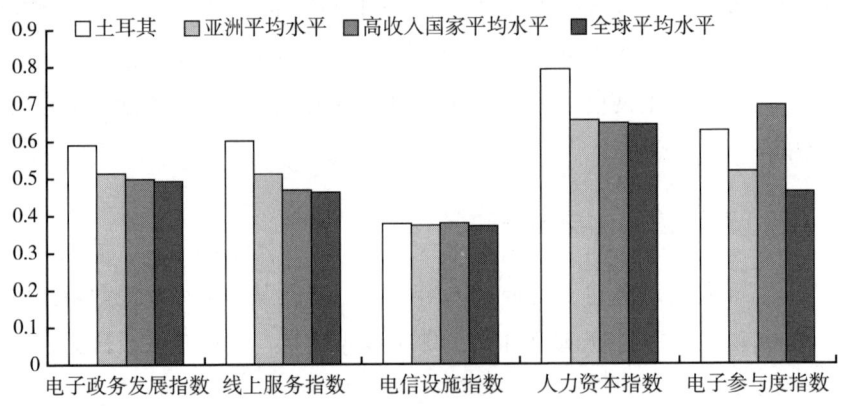

图10 土耳其电子政务发展指数情况

四 埃及国家信息化状况

埃及位于北非东部，既是亚、非之间的陆地交通要冲，也是大西洋与印度洋之间海上航线的捷径，战略位置十分重要。埃及是中东人口最多的国家,也是非洲人口第二大国,在经济、科技领域长期处于领先态势,是非洲第三大经济体,是一个非洲强国。自1956年5月30日埃及同中国建交以来,两国关系一直发展顺利。中埃两国于1956年正式签署文化合作协定,此后双方共签署9个文化合作执行计划。2014年12月22~25日,应中华人民共和国主席习近平邀请,阿拉伯埃及共和国总统阿卜杜勒-法塔赫·塞西对中华人民共和国进行国事访问。2014年12月,两国建立全面战略伙伴关系。2016年1月20日,中国国家主席习近平在开罗阿比丁宫会见埃及总统塞西。

表7 埃及国家信息化发展水平简况

名称	阿拉伯埃及共和国		
简称	埃及		
首都	开罗	官方语言	阿拉伯语
人口	9150万(2015年)	国土面积	100.14万平方公里
GDP	3307.99亿美元(2015年)	人均GDP	3615(美元)
固定电话普及率	7.36%(2015年)	移动电话普及率	110.99%(2015年)
互联网普及率	32.6%(2015年)	固定宽带普及率	4.52%(2015年)

根据中国国家信息中心发布的《全球信息社会发展报告2016》,埃及的信息社会指数(ISI)为0.4334,在参与评估的126个国家中排第92位,其中信息经济、网络社会、在线政府、数字生活指数分别为0.3502、0.3257、0.5282、0.5926,总指数和各分指数均低于全球平均水平,其中信息经济和网络社会指数较全球平均相差较远,发展水平比较落后(见图11)。

(一)国家信息化战略和规划

根据埃及政府发布的《National ICT Strategy 2012-2017》[①],埃及国家信息化战略的总体目标是利用ICT资源,实现开放、自由、民主和社会正义,同时也希望借此提高埃及经济的吸引力,增加政府和私营部门的收入,并促进必要

---

① *National ICT Strategy* (2012-2017): *Towards a Digital Society and Knowledge-based Economy*, http://www.mcit.gov.eg/Upcont/Documents/ICT%20Strategy%202012-2017.pdf,2017-9-27。

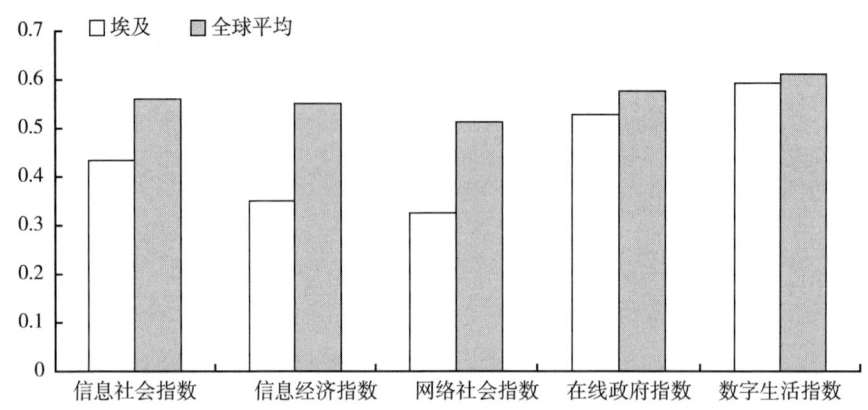

图11　2016年埃及信息社会指数

的新兴行业开展全球领域的创新。该战略的目标不仅在于建立能够提高出口红利和为青年创造就业机会的强大民族工业，还在于提高公共服务的水平和质量。

埃及制定该策略主要基于三点考虑：一是通过不断发展ICT基础设施来满足国内对通信服务日益增长的需求，这可以通过市场研究来确定消费者和商业部门的优先需求，同时了解消费部门对提供这些服务所面临的挑战；二是使埃及在利用信息技术促进发展方面做得更好，这可以通过在边缘化地区提供ICT基础设施，鼓励公司使用ICT，增加阿拉伯语用户的ICT接入，以及为中小企业提供ICT支持来实现，可以在ICT服务出口和阿拉伯文数字内容的生产中发挥重要作用；三是目标具有可量化性和可实现性。

埃及的这个ICT五年发展战略也给出了一些定量的发展目标和衡量指标。

第一，在促进信息社区建设和提高公民信息素养方面，目标包括在2015年埃及国内接入高速互联网用户达到1300万，五年内至少有40%的埃及家庭拥有个人电脑，在全国范围内建立起包括1000个网络中心的信息网络。

第二，在信息化发展方面，目标包括保障所有学校和教育机构高速上网，推进在政府机构中使用电子签名申请，电子商务体量提高20%，客户使用在线或移动银行的比例提高到30%；通过增加8%~10%的可信网站数量来提高埃及在阿拉伯文数字内容贡献中的排名。

第三，在发展经济方面，目标包括保持ICT行业在下一个五年的增长速度为7%~10%；使ICT部门对国家收入的贡献增加到5%；使外包服务收入增加到25亿美元；从知识产权获利收入增加到10亿美元；使ICT部门投资量扩大20%，达到550亿美元；在两年内将出口软件和嵌入式软件的销售额提高到5亿美元。

第四，在增加就业方面，计划在服务外包从业人员、IT工作者、创新创业活动者中分别增加75000、30000、10000名专业人员。该计划还包括使国家科技网络园区数量增加到20个，作为主要储蓄机构的埃及邮政的年均增长率提高约15%。

第五，在高速互联网和移动服务的接入和覆盖方面，目标包括到2015年，埃及75%的家庭宽带用户网络接入速度达到2Mbps，3G移动服务覆盖90%的人口，450万家庭宽带用户（约22%的埃及家庭）享受到高速互联网服务，移动互联网用户达到800万，50%的政府机构连接互联网的速度达到25Mbps，50%的地方的公共接入点网速达到25Mbps。到2021年，90%的家庭宽带速度达到25Mbps，90%的人口能够享受4G移动服务，家庭高速宽带用户达到900万，移动互联网用户达到1400万，所有政府机构连接到互联网的速度达到25Mbps。

为了实现这一愿景，埃及需要在ICT领域持续发展，并按照政府的目标，推进发展知识经济。埃及ICT战略的四个主要目标是：促进社会向民主过渡，促进公民信息素养的提高和信息社会的发展，促进可持续发展，增强国民经济实力。

（二）信息化基础设施

埃及电信市场是非洲规模最大的电信市场之一，根据咨询顾问公司OVUM的数据，截至2016年一季度，埃及移动通信用户数约为9463万，约占非洲移动用户总量的10%，仅次于尼日利亚。从市场价值来看，埃及仅次于南非和尼日利亚，是非洲第三大移动通信市场。2015年埃及电信行业中移动通信的总收入达到45.17亿美元。

在移动通信崛起的背景下，又因为埃及固定电话行业被埃及电信公司（Telecom Egypt）垄断，埃及固定电话用户数量呈现下滑趋势。根据咨询顾问公司OVUM的数据,埃及固定电话用户数量从2013年一季度的818.7万下滑到2015年年底的558.5万。

根据咨询顾问公司OVUM的数据,2003~2015年,埃及的活跃移动电话用户数从563万增长到9398万,移动电话普及率达到110.99%,年复合增长率达到26.43%。OVUM预计,埃及移动电话用户数年复合增长率在2015~2020年间会达到21.45%。当前埃及移动市场正处于2G向3G、4G升级阶段,埃及于2016年一季度开展4G网络服务,预期在2019年4G用户人数达到1680万,2021年4G网络能够覆盖90%的埃及人口。从移动技术的时代看,目前2G网络依然占据主流地位,市场份额高达76%,3G用户数量正迅速扩大,目前份额已经达到24%。

作为一个经济比较落后的国家,埃及拥有较高的家庭计算机普及率,2014年普及率超过47%,也就是说将近一半的埃及家庭拥有计算机,这一比例大大超出世界其他同等经济发展水平的国家(见图12)。

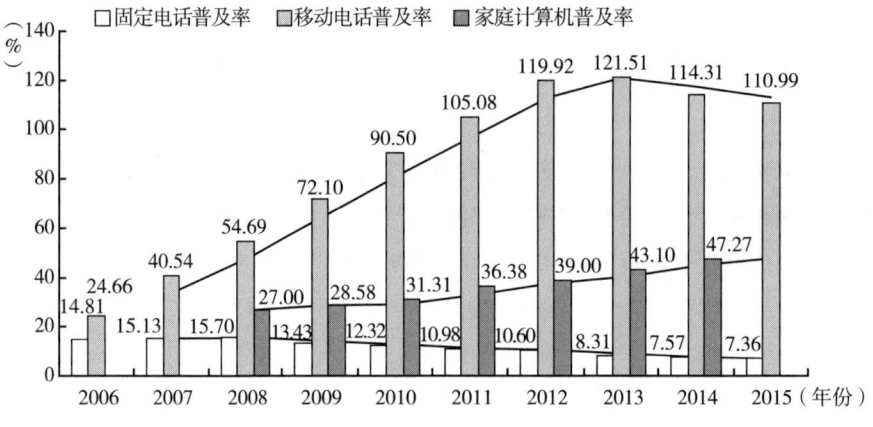

图12 埃及近十年的电话及家庭计算机普及率

说明:ITU数据库中缺失埃及2015年家庭计算机普及率数据。

2006年以来,埃及互联网用户数保持了持续较快增长,但2014年以来受政局不稳、社会动荡和经济下滑等因素的影响,埃及的互联网用户增长速度明显下降,2016年互联网普及率为33.0%,用户年变化率仅为3.3%(见表8)。

表8 2000~2016年埃及互联网普及率变化情况

单位：人，%

年份	互联网用户数**	占总人口比重	总人口	用户年变化率	用户年变化数
2016*	30835256	33.0	93383574	3.3	990548
2015*	29844708	32.6	91508084	5.1	1447953
2014	28396755	31.7	89579670	10.2	2638266
2013	25758489	29.4	87613909	13.9	3144011
2012	22614478	26.4	85660902	5.4	1164844
2011	21449634	25.6	83787634	21.0	3728780
2010	17720855	21.6	82040994	10.1	1632366
2009	16088489	20.0	80442443	13.1	1864889
2008	14223600	18.0	78976122	14.3	1783466
2007	12440134	16.0	77605327	19.4	2021067
2006	10419067	13.7	76274285	9.0	863948
2005	9555120	12.8	74942115	8.9	782468
2004	8772651	11.9	73596068	200.7	5855375
2003	2917276	4.0	72247626	51.3	988559
2002	1928717	2.7	70908710	230.3	1344811
2001	583906	0.8	69599945	33.2	145698
2000	438208	0.6	68334905	124.8	243282

注：*表示预计数据，截至2016年7月1日；**互联网用户为通过任何设备在家能够访问互联网的个人用户。资料来源：*Egypt Internet Users*, http://www.internetlivestats.com/internet-users/egypt/, 2017-9-28。

埃及的固定宽带普及率总体处于较低水平，2015年固定宽带普及率仅为4.52%，移动宽带普及率也只有50.66%（见图13）。埃及目前最主要的固定宽带技术是xDSL技术，市场份额高达99%，其中又以ADSL技术占主导地位，最重要的移动宽带接入方式则是通过3G移动适配器接入。

（三）信息产业与数字经济

支付公司ORT发布报告称，2020年，整个阿拉伯国家电子商务市场将达到134亿美元，埃及市场将达到27亿美元，是2014年的两倍。在线娱乐市场

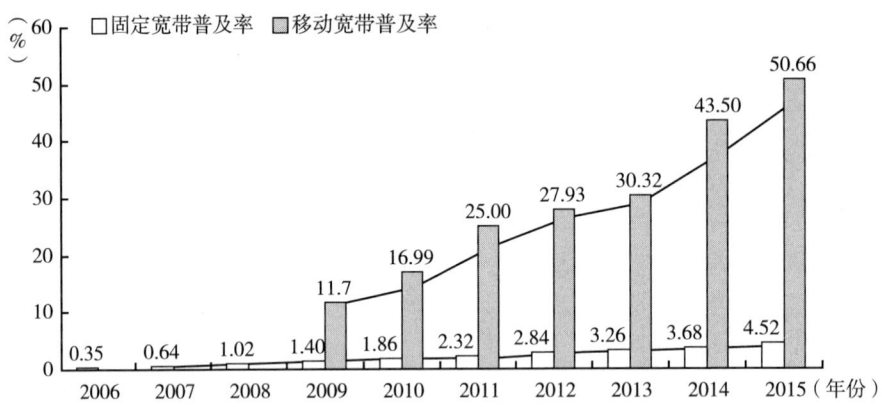

图 13 埃及近十年的固定和移动宽带普及率

说明：宽带普及率系每百名居民中宽带服务订阅数（subscriptions per 100 habitants）。

方面，阿拉伯国家市场将达到 2 亿美元，埃及市场将达到 1000 万美元。网上销售旅游产品方面，阿拉伯国家市场将达到 36 亿美元，埃及市场将达到 8.7 亿美元。网上购机票方面，埃及市场将达到 28 亿美元。报告称，埃及目前超过 4000 万人使用互联网，拥有阿拉伯国家最多的在线购物人数（约为 1520 万人）。所以，埃及的电商市场有很大的发展空间[①]。

埃及网络搜索引擎公司 Yatoota 报告显示，埃及电子商务的规模正在扩大。该报告称，75% 的电子商务网站使用者为 35 岁以下人口，女性网民网购比例超过男性网民。至 2015 年底，埃及约有电子商务网站 450 家，其中最著名的有 Compune、Jumia、Souq、Cario Cart、Computer Shop、Yashry、Hedeya、Radioshack 等。2015 年有 24.4% 的网购者购买电子产品，19.6% 的网购者购买服装，11.7% 的网购者购买家用电器，7.7% 的网购者购买母婴产品。该报告显示，电子商务网站每天的访问量为 1200 万~1800 万，而新闻网站每天访问量为 1700 万~2000 万[②]。

---

① 《埃及电子商务市场 2020 年将达到 27 亿美元》，http：//www.mofcom.gov.cn/article/i/jyjl/k/201506/20150600998170.shtml，最后访问日期：2017 年 9 月 25 日。
② 《截至 2015 年底埃及电子商务网站达 450 家》，http：//www.ccpit.org/Contents/Channel_4115/2016/0606/654934/content_654934.htm，最后访问日期：2017 年 9 月 26 日。

埃及有三个著名的电商平台：Nefsak、Souq 和 Jumia。2011 年 Ideavelopers 投资 1000 万美元创立 Nefsak。这是一个销售各种品牌产品的电子商务网站，网站于 2008 年年底上线，现在是埃及销售多品类产品的三大网站之一。Souq 埃及网站由迪拜的贾巴尔互联网集团于 2011 年初投资成立，根据 Alexa 网站分析，Souq 名列埃及前 40。Jumia 由德国公司 Rocket Internet 投资，在埃及排名直线上升。

（四）政府信息化与电子政务

虽然埃及政府早在 2000 年 10 月就制定了电子政务规划并采取了相应的措施，但由于后期国内社会动荡，互联网发展受到了严重挑战，政府信息化程度较低。

根据联合国经济和社会事务部发布的《2016 联合国电子政务调查报告》[1]，埃及的电子政务发展指数（EGDI）为 0.4594，在全球近两百个国家排第 108 名，属于中等（其他分别为非常高等、高等和低等），这一得分低于世界平均水平，但稍高于非洲国家平均水平和世界中低收入国家的平均得分（见图 14）。

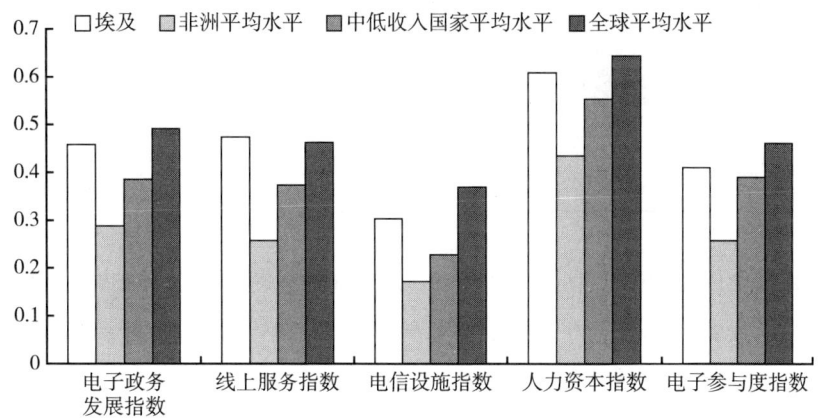

图 14　埃及电子政务发展指数情况

---

[1] 《2016 联合国电子政务调查报告》，http://workspace.unpan.org/sites/Internet/Documents/UNPAN96420.pdf，最后访问日期：2017 年 9 月 26 日。

五 以色列国家信息化状况

以色列地处西亚,在地中海的东南沿岸,北靠黎巴嫩,东濒叙利亚和约旦,西南是埃及。1948年5月14日,以色列正式宣布独立,成为世界上唯一的以犹太人为主体民族的国家。以色列在世界上属于发达国家,其经济以知识和技术性产业为主,是中东地区经济发展程度、商业自由程度、新闻自由程度和整体人类发展指数最高的国家,其科技水平很高。1992年1月24日,以色列与中国正式建立大使级外交关系。至今,双方已建立了牢固的政治互信,在贸易、关税、投资保护、财政、文化、民用航空、劳务输出、体育、教育、旅游、邮电通信、农业、工业技术研发、医疗等诸多方面签署了合作协定。2017年3月,以色列总理内塔尼亚胡对中国进行正式访问,两国发表了关于建立创新全面伙伴关系的联合声明。

表9 以色列国家信息化发展水平简况

名称	以色列国		
简称	以色列		
首都	特拉维夫	官方语言	希伯来语
人口	850万(2016年)	国土面积	2.57万平方公里
GDP	2960.75亿美元(2015年)	人均GDP	35329美元(2015年)
固定电话普及率	43.08%(2015年)	移动电话普及率	133.47%(2015年)
互联网普及率	72.2%(2015年)	固定宽带普及率	27.44%(2015年)

根据中国国家信息中心发布的《全球信息社会发展报告2016》,以色列的信息社会指数(ISI)为0.7810,在参与评估的126个国家中排第23位,其中信息经济、网络社会、在线政府、数字生活指数分别为0.9065、0.6190、0.8565、0.7923,总指数和各分指数均远高于"一带一路"沿线国家平均水平和全球平均水平(见图15)。

(一)国家信息化战略和规划

以色列坚持科技立国,通过建立全球领先的科技创新体系、发展高新技术

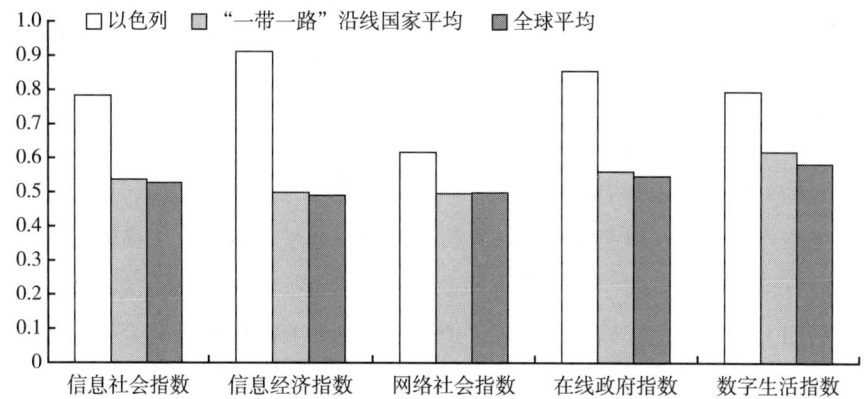

图15 2016年以色列信息社会指数

产业来增强综合国力和军事实力，保障国家繁荣发展和主权领土完整。

以色列极为重视信息通信技术的研发创新和深入应用。2013年12月，以色列总理内塔尼亚胡推出了"数字以色列"国家计划（"Digital Israel" National Initiative）①，该计划将建设1000M高速光纤网络，向公众提供最优质的数字化政府服务和商务服务。该计划有三个主要目的，一是通过缩小以色列边远地区和中心城市之间的信息鸿沟，减少边远地区居民生活成本，促进其在医疗和福利方面充分享受权利，缩小不同地区之间的社会和地理差距；二是加快数字经济和数字企业的发展，加快信息化基础设施建设、促进现代就业市场发展，刺激经济的快速增长；三是利用信息技术改善中央政府和地方政府部门的公共服务，使政府服务变得更智能、更人性化。预计该计划至少要到2020年才能完成，以色列每年都会制订年度计划和专项预算，2016年以色列向"数字以色列"国家计划项目投入15亿谢克尔（New Israeli Shekel-NIS，以色列货币，1美元约合3.58谢克尔）②。

以色列的国家信息化建设取得了很大成效，赢得了世界赞誉。2016年2

---

① "Digital Israel" -A Fibre Optic to Connect Israel at a Speed of 1,000 MB, http://embassies.gov.il/delhi/NewsAndEvents/Pages/Digital%20Israel%20-%20National%20Initiative.aspx, 2017-9-28.

② Gov't Approves NIS 1.3b "Digital Israel" Program, http://www.globes.co.il/en/article-govt-approves-nis-13b-digital-israel-program-1001192128, 2017-9-28.

月，世界银行与联合国贸易和发展会议联合发布了《2016世界发展报告》及系列专题研究报告，其中《ICT领域创新中最佳实践与借鉴：以色列研究》[①]详尽阐述了以色列政府为提高ICT产业的国际竞争力所采取的各项具体措施，包括健全立法、政府支持、资金扶持和完善的退出机制，进而有效利用国内的人才资源，吸引民间和国际投资。

据报告阐述，在以色列成为高科技强国的过程中，政府对于提升私营部门的国际竞争力起到重要作用。以色列政府的主要措施有：一是巨额投资教育，同时利用大规模移民提高人力资源供给；二是利用有效的投资政策吸引外国投资者，以提升产业发展动能；三是拥有比其他发达国家更高的研发投入占比；四是利用孵化器和风险投资将科研成果转化为最前沿的商业项目；五是对国防科技巨额投资。

另外，以色列在信息化过程中也十分重视网络安全，2010年专门制定新的网络安全发展战略。2011年，以色列总理内塔尼亚胡提出"以色列要建成网络安全产业的全球孵化器，要进入网络安全世界五强"的目标。此后，政府不断整合学术界、产业界、军情部门和政府的优势资源，出台多项政策措施，设立多个发展平台，推出系列化的激励政策，构建了一个由观念理论、政策工具、主管机构、产业平台、人才培养等各种要素组成的网络生态系统[②]。特别是2014年，以色列政府在贝尔谢巴成立了国家级的网络安全创新平台——Cyberspark工业园，大大促进了以色列网络安全产业的集群式发展。

（二）信息化基础设施

作为全球科技创新大国，以色列拥有中东地区最发达的网络通信设施体系。在20世纪90年代之前，以色列的电信市场由国企Bezeq主导。20世纪90年代以色列电信行业从政府垄断行业转型为多元化私营竞争，涌现出一系列新的电信公司。截至2014年，以色列的电信行业收入超过150亿美元，占GDP

[①] 世界银行，www.worldbank.org.cn，最后访问日期：2017年9月25日。
[②] 吴世忠：《以色列网络安全产业的创新及其启示》，http://mt.sohu.com/20160817/n464701258.shtml，最后访问日期：2017年9月25日。

的2%左右。

以色列的固定电话网络建设起步较早，普及率比较高，虽然近几年来逐年下降，2015年仍达到43.08%，远远高于中东地区其他国家；移动电话普及率早在2006年就已超过120%，后来有所起伏，2015年以色列移动电话普及率为133.47%，在全球属较高水平。同时以色列的家庭计算机普及率极高，2015年，超过80%的以色列家庭拥有计算机。详细数据见图16。

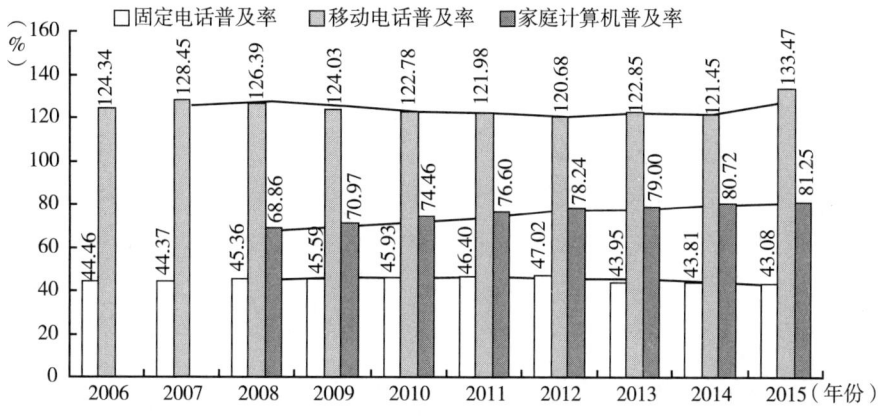

图16　以色列近十年的电话及家庭计算机普及率

2000~2010年，以色列互联网用户数保持了持续较快增长，大多数年份都达到了两位数的增长速度，2010年互联网普及率已达到67.5%。但随着互联网市场的饱和，2011年以后以色列的互联网用户增长速度明显下降，用户年增速都在5.0%甚至3.0%以下，2016年互联网普及率为72.5%，用户数仅比上年增加2.1%，详细数据可见表10。

以色列十分重视发展宽带网络、提升互联网服务水平。但由于大部分人口居住于北部的海岸平原，而南部占国土面积一半以上的内盖夫沙漠中的人口只占全部人口的5%以下，要想让光纤网络覆盖全部国土很困难，因此以色列选择了一种独特的宽带网络体系。2012年，以色列国家电力公司开始在全国范围内采用电力架空线路基础设施扩展光纤网络，为国民提供至少100Mbps的访问速度，而且未来理论上可以达到1Gbps，计划到2019年覆盖2/3的国土，

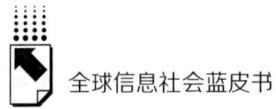

表10 2000~2016年以色列互联网普及率变化情况

单位：人，%

年份	互联网用户数**	占总人口比重	总人口	用户年变化率	用户年变化数
2016*	5941174	72.5	8192463	2.1	119516
2015*	5821658	72.2	8064036	2.6	148897
2014	5672761	71.5	7939483	2.5	137745
2013	5535015	70.8	7817818	1.6	87304
2012	5447711	70.8	7694507	4.6	238550
2011	5209161	68.9	7563334	4.0	200413
2010	5008748	67.5	7420368	9.3	424366
2009	4584383	63.1	7262964	8.8	371370
2008	4213013	59.4	7093808	26.5	882184
2007	3330829	48.1	6920762	76.9	1447508
2006	1883321	27.9	6754836	13.2	219588
2005	1663733	25.2	6603677	12.9	190473
2004	1473261	22.8	6470045	18.4	228931
2003	1244330	19.6	6350762	12.2	135781
2002	1108549	17.8	6240215	4.1	43243
2001	1065306	17.4	6129980	-15.1	-189983
2000	1255289	20.9	6013711	58.6	463732

注：* 表示预计数据，截至2016年7月1日；** 互联网用户为通过任何设备在家能够访问互联网的个人用户。资料来源：Israel Internet Users，http：//www.internetlivestats.com/internet - users/israel/，访问日期：2017年9月28日。

并最终成为全球网速最快的国家①。2014年下半年开始，以色列通信部批准4G网络业务在以色列运营，允许移动运营商向客户提供第四代网络服务；同时以色列已推出新一代4G网络业务，即LTE-Advanced业务，使得下载速度高达300Mbps②。

出人意料的是，尽管近年来以色列宽带网络发展迅速，但目前普及率水平

---

① 《以色列宣布将把光纤宽带铺遍全国》，http：//roll.sohu.com/20120128/n333049166.shtml，最后访问日期：2017年9月25日。
② 《4G业务在以色列运营》，http：//d.youth.cn/newtech/201407/t20140723_5551732.htm，最后访问日期：2017年9月25日。

并不高。以色列固定宽带普及率保持稳定增长，2015年为27.44%；以色列的移动宽带普及率近几年来在53%上下徘徊，2015年约为56%，两项指标在中东地区只能算中等水平，在发达国家中则属落后之列。根据经合组织（OECD）2017年发布的报告显示[1]，2016年OECD国家固定宽带的平均普及率为29.8%，最高为瑞士（51%），丹麦、荷兰、法国、韩国都超过了40%，以色列居34个OECD国家中的倒数第8位。OECD国家移动宽带的平均普及率为95%，34个OECD国家中有12个国家移动宽带普及率超过100%，而以色列移动宽带普及率排倒数第3位，仅仅排在葡萄牙和希腊之前。有分析认为主要有两个方面原因[2]：一是约占以色列人口10%的"极端正统派"在文化上非常保守，行为上严格恪守传统信仰和礼俗，他们往往抵制包括互联网在内的许多新生事物；二是约占以色列人口20%的阿拉伯人，由于家庭贫困、文化习俗等方面原因，使用互联网的比例也很低。可见以色列未来要进一步提高宽带网络普及水平，还需要克服文化、宗教、民族等问题上的诸多障碍。

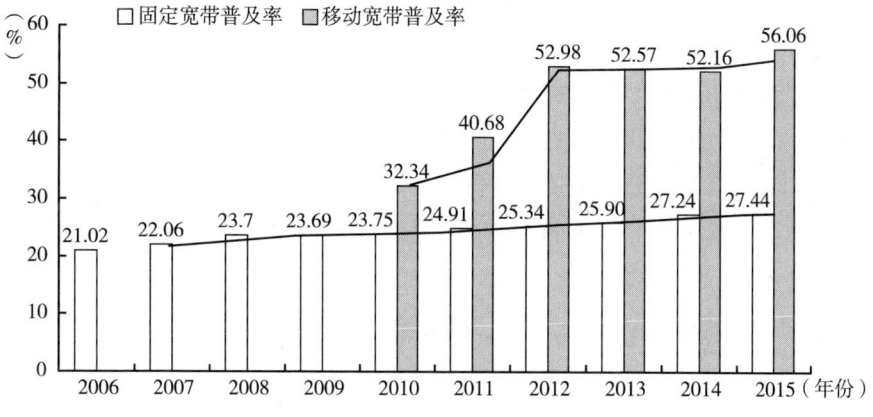

图17 以色列近十年的固定和移动宽带普及率

说明：宽带普及率系每百名居民中宽带服务订阅数（subscriptions per 100 habitants）。

---

① *OECD Broadband Statistics Update*，http://www.oecd.org/sti/broadband/broadband-statistics-update.htm，2017-9-28。

② *Israel Lags OECD In Broadband Mobile Subscriptions*，http://www.jpost.com/Business-and-Innovation/Israel-lags-OECD-in-broadband-mobile-subscriptions-463073，2017-9-27。

（三）信息产业与数字经济

以色列国土面积狭小，60%以上的人口都居住在特拉维夫、海法、贝尔谢巴和耶路撒冷四个都市区，信息产业活动基本都集中在这些都市区。20世纪90年代起，以色列信息产业异军突起，主要涉及软件开发、数据通信、光电子、硬件设计、互联网技术、网络安全等行业，被外界赋予"中东硅谷"的美誉。

（1）互联网产业

互联网已成为以色列高科技产业的四大支柱之一，其他产业为生物技术、软件和移动通信。以色列最大电信集团Bezeq的一项新调查结果表明，以色列人的社会交往习惯和娱乐方式正在互联网的影响下发生翻天覆地的变化：

- 约40%的来自各年龄阶段的以色列人在网上结交了现实生活中的朋友；
- 63%的以色列民众表示互联网是他们观看电视或电影的主要途径；
- 80%的以色列民众会在线购买机票和预订酒店或汽车，仅有20%会通过旅行社安排假期行程①。

从以色列信息技术和互联网产业的发展情况来看，信息安全、移动互联、视频应用和大数据是其目前发展的热点和潮流。人才汇集是以色列互联网创新的重要因素。谷歌、Facebook、甲骨文、戴尔、LinkedIn等位于硅谷的企业，其创立者都是犹太人。本土的创业者也创立了如网络安全行业的CheckPoint、通信行业的RAD等著名企业。为了在全球吸引优秀人才，以色列向科技移民的用人单位提供补助。此外，以色列政府在政策上对科技创新给予资助、贷款、担保项目、税收优惠等巨大扶持。2011年颁布了"天使法"（Angel law），对于符合要求的高科技公司，政府将资助一半的研发经费；而对于符合要求的创业公司，将资助2/3的研发经费。良好的创业环境吸引了全球互联网巨头在以色列投资。

---

① 《三分之一的以色列人通过网络认识另一半》，http://cn.timesofisrael.com/%E8%B0%83%E6%9F%A5%EF%BC%9A%E4%B8%89%E5%88%86%E4%B9%8B%E4%B8%80%E7%9A%84%E4%BB%A5%E8%89%B2%E5%88%97%E4%BA%BA%E9%80%9A%E8%BF%87%E7%BD%91%E7%BB%9C%E8%AE%A4%E8%AF%86%E5%8F%A6%E4%B8%80%E5%8D%8A/，最后访问日期：2017年9月28日。

表11 全球互联网巨头在以色列的投资

公司	时间	事件
苹果	2012年	3.9亿美元收购闪存控制器制造商Anobit
	2013年11月	3.5亿美元收购以色列3D影像芯片公司PrimeSense
	2015年	2000万美元收购摄像头技术公司LinX
谷歌	2013年6月	11亿美元收购以色列众包式驾车导航工具Waze
Intel	2013年7月	4000万美元收购以色列体感技术公司Omek Interactive
Yahoo	2014年8月	收购以色列广告技术公司ClarityRay
Facebook	2013年10月	收购以色列移动数据应用分析初创公司Onavo
IBM	2014年12月	6.5亿美元收购网络安全技术公司Trusteer
美国在线	1998年	4.07亿美元收购即时通信软件ICQ
	2013年8月	4.05亿美元收购视频广告平台AdapTV
微软	2015年1月	收购以色列机器学习厂商Equivio
	2015年7月	3.2亿美元收购以色列云安全公司Adallom
	2015年11月	收购以色列安全公司安全岛(Secure Islands)
Paypal	2015年3月	6000万美元收购以色列网络安全公司CyActive
百度	2014年10月	参与投资以色列Carmel Ventures旗下的基金
	2014年12月	向以色列视频捕捉技术公司Pixellot投资300万美元
	2015年4月	投资以色列音乐教育科技公司Tonara
	2015年5月	向以色列内容推荐平台Taboola投资数百万美元
阿里巴巴	2015年1月	500万美元投资以色列二维码公司Visualead
小米	2013年8月	战略参投以色列手势识别技术公司Pebbles Interfaces B轮融资

资料来源：猎豹全球智库，http://lab.cmcm.com/qygc/2016-03-21/81.html，最后访问日期：2017年9月28日。

（2）即时通信行业

1996年，以色列Mirabilis公司发布了全球第一款即时通信软件ICQ，很快就风靡全球，成为即时通信软件的缔造者。腾讯QQ的前身OICQ就是模仿ICQ而来的。1998年，美国在线AOL以4.07亿美元收购了ICQ，2010年AOL将ICQ出售给俄罗斯投资集团DST，现在ICQ在俄语系国家依然还有一席之地。

（3）电子商务行业

20世纪90年代以来，以色列的公司就在电子商务的不同方面进行持续创新，当前，以色列比较流行的电商网站有eBay Israel、Walla! Shops、Getit、

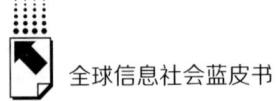

P1000、Best Buy 等，电子商务现在已经非常流行。由于以色列市场上的商品价格高昂，大大刺激了跨境网购的发展。据 PayPal 全球跨境贸易报告显示，2015 年有 73% 的以色列网民有网购经历，其中 79% 有海外网购经历。中国依靠物美价廉与运费低的优势，成为以色列人最喜爱的跨境购物目标国家①。

（4）其他互联网公司

以色列拥有一系列优秀社交网站，Answers 是近几年很火的问答社区；Footbo 网站为足球迷们提供了一站式的社交问答网络；WeBook 让作家们能够方便地交流，也促进了作者与出版社的互动；Soluto 可以让用户通过客户端在线交流，获得各类问题的答案。

以色列在其他互联网细分领域也都有很出色的公司。如 uTest 为客户提供自动化软件测量，Aniboom 帮助世界各地的动画制作家们跟制作公司、电影制片厂、广告代理商进行互动，Seeking Alpha 公司聚集了来自世界各地的财经新闻，5MIN 是视频网站领域的佼佼者，Come2Play 提供基于游戏的社交网络②。

（四）政府信息化与电子政务

以色列政府重视利用信息通信技术改进公共服务，并将其列为"数字以色列"国家计划的三个目标之一。以色列电子政务发展规划主要体现在其"开放政府国家行动计划 2015～2017"（Open Government National Action Plan Israel 2015 - 2017）中③，该计划明确了"开放政府"的四大发展原则：透明、公众参与、问责、技术创新，其中技术创新是基础，透明、公众参与和问责是相互关联的核心理念。计划中还提出了九大重点任务：

- 规范政府信息公开管理机构的工作职责；
- 增加政府信息公开中心网站（foi. gov. il）的使用量；
- 提高国家和私人机构合同的透明度；

---

① 《以色列人民登顶最爱中国货的外国海淘族》，http：//www.cifnews.com/article/20493，最后访问日期：2017 年 9 月 28 日。
② 胡斌、王斌：《以色列科技创新与互联网行业的发展》，《国际融资》2012 年第 12 期，第 16～18 页。
③ Second Open Government National Action Plan Israel 2015 - 2017，https：//www.gov.il/he/Departments/policies/second_ open_ government，2017 - 9 - 27。

- 建立政府门户网站；
- 促进政府数据开放；
- 通过各种渠道加强公众对政府服务满意度的评估；
- 提高立法信息透明度；
- 开发"政府工具箱"（Governmental Tool Box）吸引民众参与政府工作；
- 持续推进公众参与政府工作。

根据联合国经济和社会事务部发布的《2016联合国电子政务调查报告》[①]，以色列的电子政务发展指数（EGDI）为0.7860，在全球近两百个国家中排第20位，电子政务发展指数水平极高，同时这一得分既高于世界平均水平和亚洲国家平均水平，也高于世界高收入国家的平均水平（见图18）。

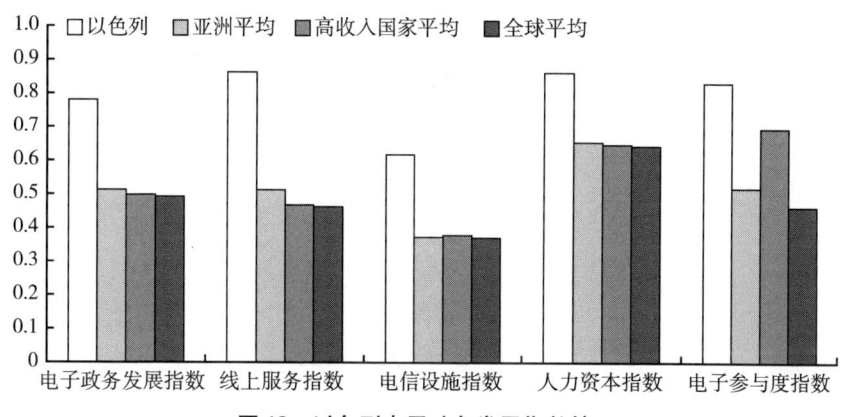

图18 以色列电子政务发展指数情况

参考文献

陈侠、郝晓伟、严寒冰：《土耳其网络治理工作评析及启示》，《对外经贸实务》2015年第1期。

〔以〕顾克文（Cukierman. E.）、〔以〕罗雅区（Rouach. D.）、〔中〕王辉耀：，《以色列谷：科技之盾炼就创新的国度》，肖晓梦译，机械工业出版社，2015。

---

① 《2016联合国电子政务调查报告》，http：//workspace.unpan.org/sites/Internet/Documents/UNPAN96420.pdf，最后访问日期：2017年9月26日。

胡英华：《埃及互联网用户达到3600万》，《经济日报》2013年11月1日。

王君泽等：《革命2.0：互联网时代的国家政治安全风险——以互联网作用下的埃及政局突变事件为例》，《电子政务》2012年第9期。

翟峰：《土耳其出台法律加强互联网管理》，《法制日报》2014年2月11日。

《一带一路沿线国家法律风险防范指引》系列丛书编委会：《一带一路沿线国家法律风险防范指引》，经济科学出版社，2015。

杨言洪：《沙特商务环境》，对外经贸大学出版社，2016。

B.7
中东欧国家信息化状况

夏蓓丽 彭雪芬*

摘 要： 中东欧国家大多数是计划经济转型国家，经济发展水平相对落后但增长潜力巨大。各国信息化发展水平总体比较接近，在全球处于中等偏上到中等偏下之间。其中，爱沙尼亚、俄罗斯、捷克、立陶宛、波兰、斯洛伐克、匈牙利、拉脱维亚、斯洛文尼亚等国信息化发展水平较高，进入全球前50名，其他国家的信息化发展水平也普遍高于世界平均水平。俄罗斯的电子信息产业基础雄厚，信息技术人才丰富，涌现出包括卡巴斯基在内的一批全球知名IT企业，但近年来受经济增速降低的影响，俄罗斯网络信息基础设施的改造升级较慢，信息产业发展陷入停滞。中国与中东欧国家的信息化合作较为密切，中东欧既是中国IT产品重要的出口市场，也是中国IT企业"走出去"的重要目标地。同时中国与俄罗斯在互联网治理方面开展了十分紧密的合作，取得了丰硕成果，对全球网络治理体系产生了重要影响。

关键词： 中东欧 信息化 发展现状 国际合作

一 中东欧国家信息化发展整体概况

"一带一路"沿线国家中属中东欧区域的有俄罗斯、爱沙尼亚、捷克、立

---

* 夏蓓丽，硕士，上海社会科学院信息研究所助理研究员，研究方向：信息资源管理、政府数据开放；彭雪芬，上海社会科学院信息研究所情报学硕士研究生，研究方向：电子政务、城市信息化。

陶宛、波兰、斯洛伐克、拉脱维亚、斯洛文尼亚、匈牙利、克罗地亚、白俄罗斯、黑山、保加利亚、罗马尼亚、乌克兰、马其顿、塞尔维亚、阿尔巴尼亚、摩尔多瓦、波黑等国家。中东欧地区地大物博、资源丰富、人口众多，同时该区域大多数国家是计划经济转型国家，经济发展水平相对落后但增长潜力巨大。

总体而言，该区域国家的信息化发展在全球处于中等水平。根据中国国家信息中心发布的《全球信息社会发展报告2016》，中东欧地区国家信息社会指数的全球排名集中在第26~87名，在126个样本国家中，信息社会发展总体水平处于中等偏上到中等偏下之间；从"一带一路"沿线国家来看，这些国家的信息社会指数排名位于第6~39名，在55个样本国家中的排名相对全球排名更靠前，即使区域较落后国家信息社会发展水平也与全球平均水平接近（见表1）。

表1 2016年中东欧地区20个国家信息社会发展指数

	信息社会	信息经济	网络社会	在线政府	数字生活	全球排名
爱沙尼亚	0.7616	0.7337	0.6017	0.8484	0.9203	26
俄罗斯	0.7346	0.5897	0.7809	0.7836	0.8167	29
捷克	0.7225	0.7451	0.6329	0.6073	0.8278	31
立陶宛	0.702	0.6818	0.6071	0.7515	0.8005	37
波兰	0.6959	0.6466	0.6237	0.6707	0.8259	38
斯洛伐克	0.6929	0.7374	0.5562	0.6275	0.8068	40
拉脱维亚	0.6841	0.6535	0.5917	0.7516	0.7846	41
斯洛文尼亚	0.684	0.7703	0.5364	0.6571	0.7543	42
匈牙利	0.6627	0.7357	0.4656	0.6718	0.7839	45
克罗地亚	0.6181	0.6348	0.5073	0.6388	0.7052	51
白俄罗斯	0.6041	0.4858	0.6431	0.6341	0.6735	53
黑山	0.5952	0.5719	0.4518	0.6657	0.7386	55
保加利亚	0.5516	0.5227	0.4513	0.5379	0.6854	61
罗马尼亚	0.5402	0.4734	0.4983	0.567	0.64	63
乌克兰	0.5223	0.4824	0.4962	0.4995	0.5959	65
马其顿	0.5084	0.4471	0.3742	0.4585	0.7207	70
塞尔维亚	0.5008	0.4231	0.3868	0.5694	0.6696	74
阿尔巴尼亚	0.4758	0.4338	0.4589	0.5178	0.5207	77
摩尔多瓦	0.4489	0.4198	0.3036	0.5811	0.5792	86
波黑	0.4459	0.3999	0.3349	0.4795	0.5916	87
"一带一路"沿线国家平均	0.5414	0.5021	0.4926	0.5637	0.6221	—
全球平均	0.5601	0.5508	0.5131	0.5763	0.6110	—

2016年，全球信息社会指数均值为0.5601，中东欧20国中有12国的信息社会指数高于该数值。55个"一带一路"沿线国家信息社会指数均值为0.5414，而中东欧国家中有13国的信息社会指数高于该数值。由此可见，大多数中东欧国家的信息社会发展水平高于全球以及"一带一路"沿线国家平均水平。

根据报告指数划分的信息社会发展阶段①显示，中东欧20国进入信息社会初级阶段的国家有12个：爱沙尼亚、俄罗斯、捷克、立陶宛、波兰、斯洛伐克、拉脱维亚、斯洛文尼亚、匈牙利、克罗地亚、白俄罗斯、黑山，其他8个国家都处于工业社会向信息社会转型期。这两类国家各有特点。

处于信息社会初级阶段的国家中，爱沙尼亚、俄罗斯、捷克、立陶宛、波兰、斯洛伐克、拉脱维亚、斯洛文尼亚等国的ISI值及各分项指数都高于全球均值，信息社会发展良好。其中，爱沙尼亚的在线政府和数字生活指数分别为0.8484和0.9203，已经接近信息社会高级阶段的发展水平。这与爱沙尼亚的领导者"有意识地决定应用互联网等现代ICT技术建立一个开放的数字化社会"理念息息相关，与政府部门以实际行动（如购买私营部门的ICT系统）鼓励私营IT企业为公共部门提供信息服务有密切联系。相比之下，俄罗斯虽然信息社会发展整体水平接近爱沙尼亚，但其信息经济指数仅0.5897，甚至低于该发展阶段其他国家的信息经济发展水平。这或许与俄罗斯信息基础设施建设跟不上需求、互联网带宽的可用性下降、政治与监管不足、经济和政策环境恶化等因素有关。与高收入国家平均水平相比，捷克信息化建设各方面优劣势并存，在基础设施、通信服务资费等方面稍领先于高收入国家平均水平，但在信息化环境、信息化影响力以及信息化使用方面则显得相对落后，特别是在政府信息化以及信息化的社会影响方面，捷克明显落后于高收入国家。而其余三个国家——匈牙利、克罗地亚、白俄罗斯，虽然其信息社会指数（ISI）高于全球均值，但各分项指标存在短板。白俄罗斯的ISI各分项指数中信息经济指数低于全球均值，匈牙利、克罗地亚等国的ISI各分项指数中网络社会指数

---

① 阶段划分标准：超过0.9为信息社会高级阶段，0.8~0.9为信息社会中级阶段，0.6~0.8为信息社会初级阶段，0.3~0.6为工业社会向信息社会转型期，低于0.3为信息社会发展的起步期。

低于全球均值，说明白俄罗斯、匈牙利、克罗地亚的信息社会发展水平尚可，但白俄罗斯的信息经济发展是短板，匈牙利、克罗地亚的网络社会发展是短板。

处于工业社会向信息社会转型期的国家中，黑山的信息社会指数高于全球均值，保加利亚的信息社会指数高于"一带一路"沿线国家均值，而且黑山的信息社会指数各分项指数中信息经济指数、在线政府指数、数字生活指数高于全球均值，说明黑山的信息社会发展尚可，网络社会发展是短板；保加利亚的信息社会指数各分项指数中数字生活指数高于全球均值，说明保加利亚仅在数字生活发展方面表现良好；乌克兰信息化发展总体上处于全球中等偏上水平，个人使用、居民ICT技能、基础设施水平、网络通信价格承受度均高于全球平均水平，政府使用水平和政策环境监管略低于全球平均水平。这或许与乌克兰的信息政策取向——关注信息自由、媒体传播等信息化软实力相关。

中国与中东欧国家的信息化合作较为密切。该区域绝大多数国家处于经济社会转型期，信息化水平不高，对信息技术、产品和服务的需求庞大。随着中国信息产业的不断发展与能源技术提升，中国逐步从原先的信息技术产品引进国变成输出国，而正处于起飞阶段的中东欧国家便成为中国信息产业走出去的首选地之一。据笔者统计，目前在"一带一路"各板块中，中东欧区域是中国信息产品的第三大出口市场，占到了中国向"一带一路"沿线国家信息产品出口的16.4%。中国知名IT企业一直十分重视中东欧市场的开拓。早在1997年，华为就在俄罗斯建立了合资公司，到2001年华为在俄罗斯市场销售额已超过1亿美元，2003年在独联体国家的销售额超过3亿美元，位居独联体市场国际大型设备供应商的前列。近几年华为在各东欧国家大力开拓市场，取得骄人成绩。据报道，在东欧国家华为手机品牌认知度达到80%以上，市场占有率已经稳居前二[①]。其他通信设备制造企业如联想、小米、魅族等也纷纷在中东欧进行市场开拓，该区域已成为中国IT企业最重要的海外市场之一。

俄罗斯是中国在全球范围内互联网合作最密切的国家之一。2016年5月16日，俄罗斯总统办公厅"互联网+中国"项目启动，是中俄网络科技及人

---

① 《华为在波兰不得不说的一些事》，http://www.sohu.com/a/85621292_373823，最后访问日期：2017年9月28日。

文领域交流与合作的又一新成果，是俄罗斯互联网发展研究会建立的国家级项目。此前已设立"互联网＋媒体""互联网＋主权""互联网＋教育""互联网＋社会""互联网＋医疗""互联网＋金融""互联网＋经贸""互联网＋城市"8个项目。"互联网＋中国"系第9个项目，也是目前唯一以国别命名的"互联网＋"项目①。近年来中国与俄罗斯在网络信息安全领域开展了一系列合作，共同应对网络安全威胁，并反对一国或少数国家主导独霸网络空间的行为。2011年9月，中国、俄罗斯等国家向第66届联合国大会提交"信息安全国际行为准则"草案，积极推动国际社会讨论并完善该准则，尽早达成共识。2015年5月俄罗斯与中国签署《国际信息安全保障领域政府间合作协议》，2016年首届"中俄网络空间发展与安全论坛"在莫斯科召开。中俄作为全球性大国，在网络安全领域合作中取得的丰硕成果，对全球网络治理体系产生了重要影响。

二　俄罗斯国家信息化状况

俄罗斯，全称为俄罗斯联邦，国土面积超过1700万平方公里，占地球陆地面积1/8，横跨欧亚两大洲，为世界上面积最大的国家。俄罗斯人口1.47亿，人口总量位居世界第九，主要居住于欧洲部分。俄罗斯是联合国安全理事会五大常任理事国之一，对安理会议案拥有否决权。俄罗斯是世界第二军事强国，拥有的军事实力和核武器库均居世界前列。中苏于1949年建交，苏联是最早同新中国建立外交关系的国家，随后建立了紧密同盟关系，20世纪60年代两国关系逐步恶化，直至20世纪80年代末得以恢复。目前，中俄互为最大的近邻，建立了全面战略协作伙伴关系②。

根据中国国家信息中心发布的《全球信息社会发展报告2016》，俄罗斯的信息社会指数（ISI）为0.7346，比2011年增长28.17%，在参与评估的126个国家中排第29位，其中信息经济、网络社会、在线政府、数字生活指数分

---

① 《驻俄罗斯大使李辉出席俄罗斯总统办公厅"互联网＋中国"项目启动仪式》，http：//www.fmprc.gov.cn/web/gjhdq_676201/gj_676203/oz_678770/1206_679110/1206x2_679130/t1363859.shtml，最后访问日期：2017年9月25日。
② 《李克强：中俄关系健康稳定发展有利于地区和世界》，http：//www.china.com.cn/lianghui/news/2017-03/15/content_40459044.htm，最后访问日期：2017年9月28日。

别为0.5897、0.7809、0.7836、0.8167，总指数和各分指数均处于全球中上水平。

表2 俄罗斯国家信息化发展水平简况

名称	俄罗斯联邦		
简称	俄罗斯、俄联邦		
首都	莫斯科	官方语言	俄语
人口	1.47亿(2015年)	国土面积	1709.8万平方公里
GDP	1.33亿美元(2015年)	人均GDP	8447.42美元(2015年)
固定电话普及率	25.02%(2015年)	移动电话普及率	159.95%(2015年)
互联网普及率	71.1%(2015年)	固定宽带普及率	71.20%(2015年)

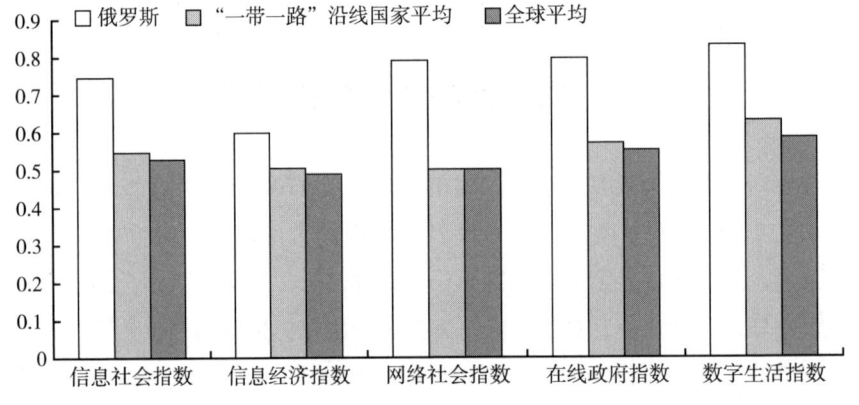

图1 2016年俄罗斯信息社会指数

（一）国家信息化战略和规划

俄罗斯国家信息化建设起步较早，最早可追溯到苏联与美国争夺全球霸权时期。当时，苏联的计算机技术在全球也处于领先水平，仅次于美国，但这些计划被政府严密控制，只有高科技领域的高精尖人才或者从事计算机技术研究的人员知晓，而广大民众在漫长的时间里无缘接触①。自苏联解体后，信息技术才逐步大规模走向俄罗斯社会大众。俄罗斯先后出台过《俄罗斯信息政策

---

① 张晓慧：《俄罗斯信息化建设的经验教训》，《国际研究参考》2005年第6期。

构想》(1998)、《俄罗斯信息社会建设构想》(1999)、《电子俄罗斯(2002～2010年)》(2002)、《建立信息产业园》(2005)、《发展国家信息通信技术基础设施》(2006)、《俄罗斯联邦信息社会发展战略》(2008)、《信息社会发展规划(2011～2020)》(2010)、《2018年前信息技术产业发展规划》(2012)、《2014～2020年信息技术产业发展战略及2025年远景规划》(2013)、《2030年前科技发展前景预测》(2014)等国家层面的信息化发展战略和规划文件。

受2014年俄罗斯经济危机的影响,俄罗斯对新技术研发投入支出占国内生产总值的比例仅为1.3%,国内企业对ICT投资整体也明显降低。俄罗斯科研人员的绝对数量(40万)仅次于中国、美国和日本,但俄罗斯科学家在总就业人口中占比仅排世界第36名。因此,在经济危机和未来人才短缺的双重压力下,俄罗斯提出2020创新战略[1],旨在发展创新经济、促进本国人民的"创新型"消费;使国家及其政府运作广泛引入ICT技术,营造"创新氛围";建立平衡而可持续的经济研发部门,促进研发成果商业化;加大国家创新生态体系和创新经济的开放力度,将俄罗斯融入全球创新,促进国际合作。

2020创新战略将于2020年达成的主要目标:

(1) 增加能影响创新的企业数量,占比增加至40%～50%(2014年为10.9%)。

(2) 俄罗斯高科技产品和服务的全球市场占有率在5～7个细分市场中达到5%～10%。

(3) 在全球高新技术产品出口中,俄罗斯出口占比至少达到2%。

(4) 在俄罗斯国内生产总值中,创新产品和服务的毛附加值GVA(Gross Value Added)要达到17%～20%(2014为12%)。

(5) 创新产品占俄罗斯总产量的25%～35%(2014为12.4%)。

(6) 内部研发支出达到国内生产总值的2.5%～3%(2014为1.3%),私营部门覆盖率超过50%。

(7) 在全球出版物指数中,由俄罗斯研究人员出版比例要达到5%(2014为2.5%)。

---

[1] *Russian Innovations Strategy 2020 in Brief*, https://www.tekes.fi/globalassets/global/tekes/venaja‐raportit/russian_innovation_strategy_2020_in_brief.pdf, 2017‐9‐27.

(8) 将俄罗斯科学出版物的平均引用水平提高至每篇文章5次。

(9) 根据国际评级，至少有5所俄罗斯大学被列入世界前200名。

(10) 俄罗斯在欧盟、美国和日本的专利组织中注册的专利数量每年达2500~3000件。

(11) 俄罗斯大学从合作研究和知识产权商业化中所获得的收入要占到总收入的25%。

(12) 大学科研经费要占国家提供的科研经费总额的30%。

该战略2014~2020年阶段的特点是研发总投资中的私营部门份额有所增加。在公共方面，将更加注重创新基础设施要素的发展和效率提升，形成完整的、关联的、功能性的国家创新生态系统。提供更多的国家支持来促进俄罗斯向全球市场提供创新产品和服务，包括金融（贷款、国家担保）和咨询服务，主要通过不断增加预算外的资金支持来实现。目前的预算支出更专注于最有发展前途的新技术领域以及有针对性的大型技术项目。具体指标与表现见表3。

表3 2020创新战略的具体指标及其表现

关键指标	2016年	2020年
5~14岁儿童的教育覆盖率(%)	98	100
教师平均工资占国家平均工资的百分比(%)	80	100
25~64岁人群的终身学习过程参与率(%)	40	55
每1万名居民的专利申请数量(件)	3	4
创造的创新性工业技术数量(件)	1500	2500
创新开支占国内生产总值的比例(%)	2	2.5
不超过8年的尖端科技设备在研发设备总量中的比例(%)	65	85
服务业创新产品在出口总额中的比例(%)	12	15
与纳米技术有关的商品和服务的产值(10亿欧元)	8.7	15
采用技术创新的企业比例(%)	15	25
由大学和公共研究机构附属成员组成的创新型中小企业的数量(家)	2000	4000
每1万就业人数中研发人员的数量(人)	—	111
研究人员的平均年龄(岁)	45	40
研发在政府开支所占的比例(%)	50	35
俄罗斯在世界科学出版物总量中所占的比例(%)	4	5
俄罗斯在信息社会发展世界评级中的排位	—	18
接入宽带互联网的组织和公司所占的比例(%)	85	95
拥有自己网站的公司和组织所占的比例(%)	75	80
接入互联网的家庭所占的比例(%)	75	90
利用互联网接入政府服务的人口比例(%)	50	60

（二）信息化基础设施

苏联解体以来，俄罗斯的信息化始终处于高速发展水平。1992~2015年俄罗斯信息化各领域的发展数据如表4所示。

表4　1992~2015年俄罗斯通信服务量

单位：1992年万亿卢布，其他年份十亿卢布

	1992	2000	2005	2010	2011	2012	2013	2014	2015
通信合计	0.1000	146.4	659.9	1355.5	1424.9	1531.0	1608.8	1650.6	1668.9
邮政快递	0.0400	12.5	42.7	100.3	116.0	126.2	132.3	134.4	142.5
文件	0.0100	8.2	48.6	147.3	16.9	202.1	214.2	317.2	388.7
国际电话业务	0.0300	46.8	78.5	109.2	93.4	88.6	79.4	72.4	65.0
本地电话	0.0400	32.0	105.8	158.2	156.3	157.5	143.4	138.0	131.0
广播、电视、卫星	0.0200	6.8	25.4	51.3	58.7	61.3	74.2	83.4	95.7
移动通信	—	37.4	282.9	593.7	629.3	679.2	718.6	637.5	576.1
连接和通信能力	—	—	71.3	186.7	196.4	212.5	243.0	262.8	269.5

资料来源：20.1. Volume Of Communication Services, http://www.gks.ru/bgd/regl/b16_12/IssWWW.exe/stg/d02/20-01.doc, 2017-9-27。

从电话普及率来看，由于俄罗斯的社会信息化基础设施建设启动较晚，其固定电话普及率不高，而且自2009年达到31.58%的顶峰后逐步下降，2015年固定电话普及率为25.02%；与之相反，俄罗斯的移动通信发展十分迅猛，早在2005年俄罗斯手机普及率就超过了100%，2015年更加达到近160%的极高水平，这一普及率在全球也处于领先位置，甚至超过了许多信息化走在前列的西方发达国家，体现了俄罗斯信息化的后发优势（见图2）。

而从互联网普及率变化情况来看，俄罗斯最近十几年来互联网普及率上升很快，特别是在几个年份（如2000~2004、2007、2010、2012年等），俄罗斯互联网用户数呈现出爆发性增长态势，增长率都在30%以上，某几个年份甚至达到100%的增长。近两年来，受低生育率、人口老龄化以及全球石油价格下降、西方国家制裁给俄罗斯经济带来严重冲击等因素影响，俄罗斯互联网用户虽然仍保持逐年上升，但年均增长率均处于1%以下。2000年以来俄罗斯互联网普及率变化情况如表5所示。

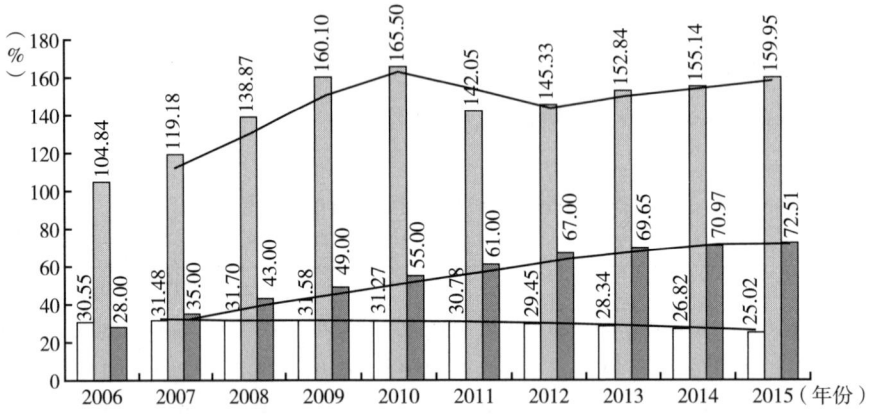

图2 2006~2015年俄罗斯的电话及家庭计算机普及率

表5 2000~2016年俄罗斯互联网普及率变化情况

单位：人，%

年份	互联网用户数**	占总人口比重	总人口	用户年变化率	用户年变化数
2016*	102258256	71.3	143439832	0.3	330067
2015*	101928190	71.1	143456918	0.8	781752
2014	101146438	70.5	143429435	3.8	3699656
2013	97446782	68	143367341	6.6	6029334
2012	91417448	63.8	143287536	30.3	21243825
2011	70173623	49.0	143211476	14	8615641
2010	61557983	43.0	143158099	48.3	20051251
2009	41506731	29.0	143126660	8.1	3106787
2008	38399945	26.8	143123163	8.8	3091695
2007	35308249	24.7	143180249	36.7	9473971
2006	25834279	18.0	143338407	18.1	3965340
2005	21868939	15.2	143622566	18.1	3345772
2004	18523167	12.9	144043914	54.4	6524413
2003	11998754	8.3	144583147	100.2	6004688
2002	5994066	4.1	145195521	39.6	1700644
2001	4293422	2.9	145818121	48.3	1398738
2000	2894684	2.0	146400951	93.3	1397549

注：* 表示预计数据，截至2016年7月1日；** 互联网用户为通过任何设备在家能够访问互联网的个人用户。资料来源：*Russia Internet Users*，http：//www.internetlivestats.com/internet-users/russia/，最后访问日期：2017年9月28日。

从宽带网络发展情况来看，俄罗斯固定宽带普及率保持了稳定增长，但增长速度较慢，2015 年仅为 18.92%，而伴随着俄罗斯 4G 网络的建设和智能手机的大众化，移动宽带普及率保持快速增长，至 2015 年达到 71.2%。这一数据虽与日韩等先进水平尚有差距，但在东欧地区属领先水平（见图 3）。

图 3　2006～2015 年俄罗斯的固定宽带和移动宽带普及率

说明：宽带普及率系每百名居民中宽带服务订阅数（subscriptions per 100 habitants）。

同时，俄罗斯的地理分布特点是以乌拉尔山脉为界线的，山脉以西属于欧洲地区，面积为东部面积的 1/3，生活了全国 3/4 的人口；相反，山脉以东属于亚洲地区，面积是西部的 3 倍，人口却只占全国的 1/4。从居民收入水平看，亚洲部分与欧洲部分相差较大，人口分布相对分散，物流基础设施落后。俄罗斯各地的政治、经济、文化、社会发展等存在较大差异，发展信息社会所需的资金、技术、基础设施等资源的分布极不均衡，因而各地信息化水平有巨大差距。

根据 EWDN 发起的《俄罗斯跨境电商市场白皮书》，2015 年有超过 3/4 的互联网用户居住在俄罗斯的欧洲部分。民意基金会（FOM）2014 年发布的报告显示，莫斯科和圣彼得堡互联网普及率超过 77%，伏尔加河沿岸联邦区平均普及率为 58%，而一般小城镇平均普及率为 50%。

俄罗斯信息基础设施建设较好的地区是中央联邦区和西北联邦区，极差的地区是车臣、印古什、犹太自治区等地区。根据专家调查，俄罗斯已步入信息

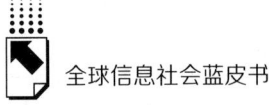

社会的城市以大城市为主,如新西伯利亚、斯摩棱斯克、圣彼得堡、彼尔姆等;而一些小城市还停留在19世纪的社会发展水平;甚至接近于18世纪硬件水平的地区也存在,比如农村地区,这些地区的人们很难获取现代信息。因此,地区间发展失衡加大了俄罗斯信息化建设的难度。

专栏:俄罗斯联邦电信和大众传播部——2012~2018目标

五个主要方面:电信、邮政服务、大众传媒、信息技术和电子公共服务。具体如下。

电信:
- 宽带服务覆盖率达90%以上,允许250个城镇和村庄的人们访问互联网;
- 每年有超过2000万人进入4G移动互联网;
- 建立对儿童安全的互联网。

邮政服务:
- 社区内的邮递项目交付时间少于24小时;
- 城市间的邮递项目交付时间不超过3天,不同社区间不超过一周;
- 在俄罗斯各地的42000个邮政局提供公共服务和基础金融服务。

大众传媒:
- 每个俄罗斯公民都可以观看20个电视频道;
- 合法的数字内容易于访问;
- 创建数字国家视听档案并公开发布。

信息技术:
- IT部门的风险投资额超过12亿美元;
- 为IT部门提供两倍以上的更多高素质的IT专家;
- IT行业的平均增长率是俄罗斯GDP增长率的三倍。

电子形式的公共服务:
- 每个俄罗斯公民都拥有能够进行电子识别的新一代护照;
- 70%的俄罗斯联邦人口以电子形式接受公共服务;
- 所有公共服务以电子形式提供。

资料来源:Ministry of Telecom and Mass Communications of the Russian Federation has

Determined Its Objectives for the Period 2012—2018, http：//minsvyaz.ru/en/ministry/common/，2017-9-27。

（三）信息产业与数字经济

苏联的电子信息工业十分强大，美苏两国是当时世界上仅有的两个完全依靠本国技术发展电子工业的国家。苏联电子工业技术水平一直与美国并驾齐驱，形成了自己独特的电子工业体系，如三进制芯片和各种半导体部件。但长期以来苏联无线电子工业主要是从事军用产品生产，民用电子工业并不发达，俄罗斯目前的电子工业亦是如此。2016年俄罗斯军用产品占到了全部无线电子工业的91.8%，民用产品份额为8.2%，该领域目前从业人数为28.7万。同时近几年俄罗斯也加强了自主电子产业与国际接轨，俄罗斯已经独立研发"厄尔布鲁士"微处理器，并配套研发了国产操作系统和130种国产应用软件，这些芯片和软件虽然工艺还比较粗糙，但能与国际主流标准兼容。2016年4月，俄罗斯政府批准了新版的《2013~2025年发展电子和无线电子工业国家纲要》，2016年，用于该项国家纲要的联邦预算资金总额达到了75.7亿卢布[1]。

俄罗斯软件业很早（苏联时期）便伴随着科学密集型任务一同起步，随着"科技城"的全国性建立，20世纪90年代苏联就是世界领先的IT技术引领者。最初的软件系统是针对诸如无人和载人航天计划、空气动力学、数理经济学、结构分析、电动力学、气象学等领域开发的。苏联解体后，政府对IT产业长期放任发展，为其后来的成长奠定了良好的基础，当时发展起来的第一批商业软件公司就是如今俄罗斯IT舞台的领导者的前身。著名的ABBYY、卡巴斯基实验室、Paragon Software都是20世纪90年代初期创立的俄罗斯品牌[2]。2010年以来俄罗斯IT市场经历了飞速增长，2010~2012年俄罗斯IT行业销售额平均增长20%~30%，但随后由于国际油价波动影响，2013年和2014

---

[1] 张冬杨：《俄罗斯2016年重点工业行业政策和发展成就》，http：//intl.ce.cn/specials/zxgjzh/201705/03/t20170503_22519401.shtml，最后访问日期：2017年9月25日。

[2] 张冬杨：《俄罗斯软件产业发展现状分析》，http：//intl.ce.cn/specials/zxgjzh/201403/19/t20140319_2514002.shtml，最后访问日期：2017年9月25日。

年俄罗斯IT行业增长则几乎为零。在内部需求萎缩的形势下，俄罗斯软件和信息服务业企业纷纷将目光投向海外，通过软件出口和信息服务外包，大力开拓国际市场。据俄罗斯最大开发企业联盟RUSSOFT初步测算，2015年俄罗斯软件出口比2014年增长16%，2009年俄罗斯软件出口仅为28亿美元，2015年已达约70亿美元（见图5）。俄罗斯IT企业在美国、德国、奥地利、瑞士、巴西、印度、中东国家以及中国都在扩大市场份额。俄罗斯IT安全领域企业正在受到世界各国越来越多的关注，除早已成为世界龙头企业的卡巴斯基实验室外，InfoWatch、Positive Technologies等俄罗斯企业也发展得相当成功。此外，还有许多俄罗斯IT产品在银行（Diasoft公司）、商业分析（Prognoz公司）、呼叫中心（Naumen公司）、虚拟化（Parallels公司）以及云产品（Acronis公司）等领域出口的成功案例。Epam、Luxoft等俄罗斯企业在定制软件及IT服务领域在国际市场上的表现越来越抢眼。后者已成为总部设在瑞士的国际集团。

此外，从技术支出方面看，根据IDC 2017年最新《全球半年内物联网消费指南》（The Worldwide Semiannual Internet of Things Spending Guide），服务和硬件行业将成为俄罗斯的另外两个最大的创收细分市场。硬件支出以端对端网络连接模块和传感器为主导，服务支出将分为"IT与安装服务"和"内容服务"两部分。技术支出增长最快的领域仍分布在软件类别中，同时，还将增加对安全硬件和软件的投资，其各自的年均复合增长率分别为19.3%和22.7%。俄罗斯将成为中东欧地区（CEE）的物联网（IoT）投资龙头，预计其在2021年的消费额将达到94亿美元。第二和第三大消费国将是波兰（2021年为58亿美元）和捷克共和国（2021年为23亿美元）[1]。运输和制造业将成为这三个国家进行物联网投资的两个主要行业，其次是俄罗斯的公用事业，以及波兰和捷克共和国的跨行业企业。消费者的物联网支出也将成为这三个国家的主要支出类别。

俄罗斯互联网市场是欧洲最大的市场，并拥有可观的增长潜力。2015

---

[1] Spending on the Internet of Things in CEE to Reach Nearly ＄27 Billion in 2021, According to New IDC Spending Guide, http://www.idc.com/getdoc.jsp?containerId=prCEMA42823117, 2017-9-28.

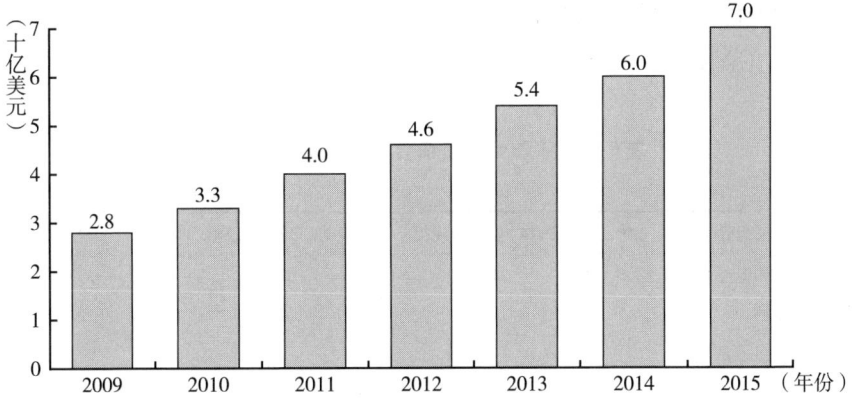

图4 俄罗斯软件及IT服务出口

年俄罗斯电子商务交易市场的交易额为730亿卢布,虽然俄罗斯电子商务市场在交易额和成熟度上远远落后于其他欧洲国家,但是市场发展速度较快。2014年,俄罗斯网上零售市场接近6600亿卢布(170亿美元),比2013年同期增长27%。[①] 2010~2014年,俄罗斯电商市场平均每年增长40.2%(见图5),即使2015年俄罗斯面临经济危机,电商市场仍有7%的增长率。

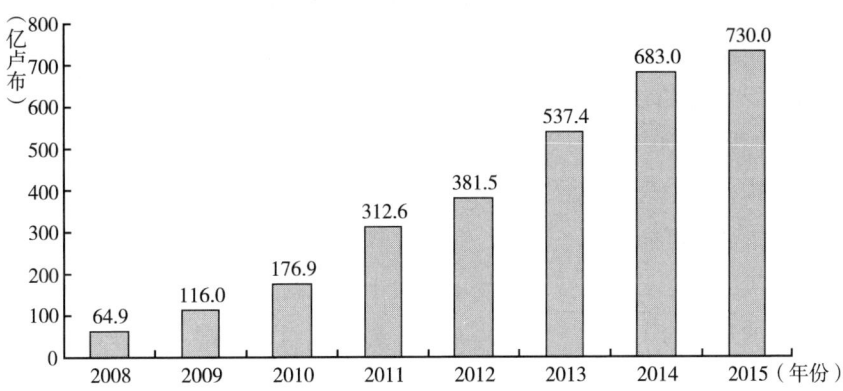

图5 俄罗斯电子商务市场交易额增长情况

---

① 《EWDN俄罗斯跨境电商市场白皮书》,http://www.ewdn.com/pubications.html,最后访问日期:2017年9月28日。

在细分市场方面，实物商品的需求主要集中在家用电器和电子产品，服装和鞋类，电脑和电脑零部件以及汽车零部件（见表6）。

表6 2014年俄罗斯细分电子商务关键数据

单位：十亿卢布，%

细分市场	2014年市场规模	2013年市场规模	增长率
家用电器和电子产品	146	107	37
服装和鞋类	92	76	21
电脑和电脑零部件	69	56	22
汽车零部件	38	26	44
移动电话	32	26	24
家居用品	31	22	60
儿童商品	30	24	23
家具	27	20	34
B2B设备	23	19	24
建筑材料	21	15	43

资料来源：《EWDN俄罗斯跨境电商市场白皮书》，http：//www.ewdn.com/pubications.html，最后访问日期：2017年9月28日。

未来俄罗斯互联网产业发展将面临比较严重的人才短缺问题。现今俄罗斯有超过30万高技术等级的专家从事信息技术产业。与其他国家比较，预计至2019年全球将有超过2600万程序设计员，其中印度超过500万、美国超过450万、中国近200万。与之相比，俄罗斯每年有2.5万名专业人才毕业于高等教育机构，其中只有不足4000人（约15%）适合立刻从事IT领域的工作，不久的将来情况可能更糟。同时，俄罗斯IT产业公司在工资待遇方面，对年轻专家提供的工资水平在劳动市场上是属于最高的，2012年叶卡捷琳堡市程序设计员的月平均工资为41000卢布，信息技术组的负责人为每月65400卢布，在莫斯科市则分别为每月83300卢布和122400卢布。虽然俄罗斯IT行业专家的平均工资超过了大多数亚洲国家的水平，且可与乌克兰和东欧国家相媲美，但仍低于西欧国家和美国的工资待遇，造成不少优秀人才向欧美国家流失。

面对国际油价下跌以及西方制裁给俄罗斯经济带来的严重危机，俄罗斯政府将发展数字经济作为应对经济危机的关键举措。俄罗斯总统普京表示，"没有数字经济,国家将没有未来"。为消除俄罗斯信息产业发展中的各种障碍,加快数字经济发展,2017年6月20日俄罗斯通讯与大众传媒部制订了《2025年前俄罗斯数字经济发展规划》草案,其中包括组建数字经济委员会、建设数字平台、发展数字经济技术园区和产业集群、吸引外国信息技术专家、并购外国IT公司、派遣俄罗斯人到国外学习以及加强知识产权保护等措施,并提出了具体的发展指标①(见表7)。2017年7月,普京签署战略发展和优先项目委员会会议纪要,将数字经济列入俄罗斯联邦2018~2025年主要战略发展方向目录,并责成政府批准数字经济发展规划②。俄罗斯拥有丰富的ICT人力资源和巨大的市场空间,加之俄罗斯政府对于数字经济发展给予高度重视和大力支持,如果俄罗斯能较好融入国际ICT市场,未来俄罗斯数字经济发展的前景将十分乐观。

表7 俄罗斯数字经济发展规划指标

指标	2017年	2020年	2025年
1. 数字平台建设数量	1	3	10
2. 基于数字平台基础设施应用的研发项目数量	10	30	100
3. 国内外合作的全球大型研发中心数量	2	9	30
4. 数字经济领域技术专利申请数量	—		
－ 电信技术和设备	350	430	520
－ 数字通信技术和设备	245	305	380
－ 计算机技术	940	1170	1450
－ 信息管理技术	170	225	290
5. 数字经济领域技术发展专利占本地专利的份额(%)	—		
－ 电信技术和设备	54.5	56.3	60.0
－ 数字通信技术和设备	14.0	15.5	16.1
－ 计算机技术	48.5	52.6	56.5
－ 信息管理技术	45.0	45.8	47.0
6. ICT研发支出占全国研发比例(%)	3.8	4.0	4.3

---

① 张冬杨:《俄罗斯数字经济战略呼之欲出》,http://www.ccpitecc.com/article.asp?id=7355,最后访问日期:2017年9月28日。
② 《俄媒:俄将数字经济列入发展战略鼓励人工智能技术开发》,http://world.xinhua08.com/a/20170721/1716890.shtml?f=arelated,最后访问日期:2017年9月28日。

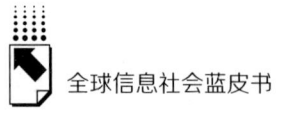

专栏：2016年俄罗斯信息产业发展动态

2016年，俄罗斯通信与大众传媒部和交通部、内务部、紧急情况部以及其他相关机构共同实施了"安全道路"项目。该项目的特殊之处在于相关部门整合了部分国家数据，并以开放数据形式向互联网工业相关领域提供服务。例如，俄罗斯Yandex搜索引擎公司就应用这些数据向互联网用户提供信息服务。

在欧亚经济联盟框架下，俄罗斯正在制定与发展电子对外贸易相关的信息化系统方案。2016年，俄罗斯成功地完成了欧亚经济联盟国家间信息互动测试，目前，俄罗斯与白俄罗斯税务局已经实现追踪衣物和毛皮制品身份识别标志试点项目框架下的信息交互。此外，2016年9月18日，俄罗斯举行杜马选举投票日，俄罗斯通信与大众传媒部成功地为17个联邦主体的1.7万个选区提供了视频监控系统。另外，通信与大众传媒部还将做好2018年总统选举、2018年世界杯、克拉斯诺亚尔斯克冬季大运会等活动的信息保障工作。

国产软件和硬件领域取得了突破性的发展。俄罗斯已经独立研发"厄尔布鲁士"微处理器，并配套研发了国产操作系统和130种国产应用软件。这些例子充分证明了进口替代并不是口号，而是完全可实现的。国产软件清单在2016年显著发展。目前，国产软件清单中共计确立了来自几千家俄罗斯国内软件研发公司的超过3300个国产软件产品。为建立国产软件清单，俄罗斯组建了专家委员会进行技术指标评定工作，该委员会主要由俄罗斯IT产业以及联邦政府机构代表组成。俄罗斯政府对IT公司给予了大力支持，普京总统决定将对IT公司社会统一税优惠缴纳比例延期至2023年，这一政策上的支持对于俄罗斯继续保持当前增长态势至关重要。

俄罗斯技术园区建设工作实施已超过7年，目前在俄罗斯10个主体内已经建成12个技术园区。2016年，技术园区拥有987家公司，创造了1.75万个工作岗位，年收入超过了630亿卢布。

2016年，为从资金上支持俄罗斯软件研发，俄罗斯政府借鉴俄罗斯工业发展基金会组建和运行模式，批准成立了俄罗斯信息技术发展基金会。软件企业在通过相关金融审核之后，将会获得用于进口替代项目和出口项目的优惠贷款支持。

资料来源：张冬杨《2016年俄罗斯ICT产业发展新进展》，http：//intl.ce.cn/specials/zxgjzh/201705/30/t20170530_23321886.shtml，最后访问日期：2017年9月25日。

（四）政府信息化与电子政务

俄罗斯电子政务方面的相关政策始于 2002 年颁布的"E-Russia"计划，在 9 年内投入 2.57 亿美元，力求通过 ICT 技术促进国内民主的发展[1]。根据俄罗斯统计局数据，2015 年政府在通信与信息化领域的预算和预算外资金的支出达到了 875 亿卢布，其中 312 亿卢布来自联邦预算，569 亿卢布由联邦主体综合预算支出。

Cnews 机构数据显示，2016 年俄罗斯地区层面的信息化开支连同俄罗斯通信部的补贴计算在内一共为 740 亿卢布，同比增长 1.8%。信息化预算开支最多的前五名地区分别是莫斯科（283 亿卢布）、圣彼得堡（78 亿卢布）、莫斯科州（46 亿卢布）、汉特-曼西自治区（17 亿卢布）和新西伯利亚州（17 亿卢布）。2015 年，政府信息化领域大型供应商公司的总收入达到 1254 亿卢布，同比增长了 22.2%。

根据市场咨询公司 TAdviser 数据，2015 年，俄罗斯联邦政府机构信息化预算和预算外资金的开支为 981 亿卢布。2016 年这一数据增长 8.3%，达到 1062 亿卢布。其中预算开支最多的部门有退休基金会（126 亿卢布）、内务部（122 亿卢布）、国库局（118 亿卢布）、税务局（112 亿卢布）和通信与大众传媒部（90 亿卢布）。

根据联合国经济和社会事务部发布的《2016 联合国电子政务调查报告》[2]，俄罗斯的电子政务发展指数（EGDI）为 0.7215，在全球近两百个国家中排第 35 名，属于高等（其他分别为非常高等、中等、低等）。这一得分高于世界平均水平和世界高收入国家的平均得分，但略低于欧洲国家平均水平。在各分项指标中，俄罗斯线上服务指数和电子参与度指数高于欧洲平均水平，而电信设施以及人力资本指数低于欧洲水平（见图 6）。

---

[1] "The Return of Electronic Russia", *Russoft*, November 5, 2003.
[2] 《2016 联合国电子政务调查报告》，http://workspace.unpan.org/sites/Internet/Documents/UNPAN96420.pdf，最后访问日期：2017 年 9 月 26 日。

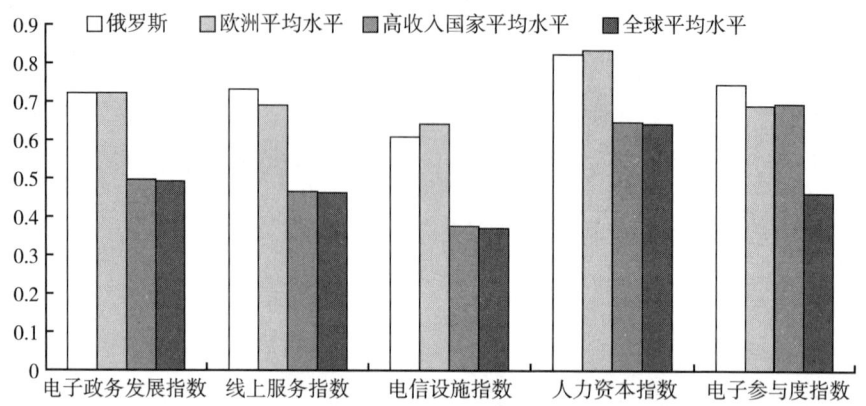

图6 俄罗斯电子政务发展指数情况

三 捷克国家信息化状况

捷克共和国简称捷克，是一个中欧地区的内陆国家，其前身为波希米亚王国和大摩拉维亚国，历史上曾是捷克斯洛伐克的西部，于1993年1月1日起与斯洛伐克和平地分离，成为独立主权国家。捷克东面毗邻斯洛伐克，南面与奥地利接壤，北面邻接波兰，西面与德国相邻，国土面积7.89万平方公里，人口约1055万。捷克于2006年被世界银行列入发达国家行列，工业基础雄厚，为中等发达国家。捷克于2007年12月21日成为申根公约成员国，取消了同周边国家的边境限制。1993年1月1日，中国承认捷克共和国为独立国家并与其建立大使级外交关系，建交以来两国一直保持着良好的关系。

表8 捷克国家信息化发展水平简况

名称	捷克共和国		
简称	捷克		
首都	布拉格	官方语言	捷克语
人口	1055万（2015年）	国土面积	7.89万平方公里
GDP	1851亿美元（2015年）	人均GDP	17548美元（2015年）
固定电话普及率	17.56%（2015年）	移动电话普及率	123.16%（2015年）
互联网普及率	81.3%（2015年）	固定宽带普及率	27.34%（2015年）

在中国国家信息中心发布的《全球信息社会发展报告2016》中，捷克的信息社会指数（ISI）为0.72，在参与评估的126个国家中排第31位，排名比较靠前，其中信息经济、网络社会、在线政府、数字生活指数分别为0.7451、0.6329、0.6073、0.8278，总指数和各分指数均高于全球平均水平（见图7）。

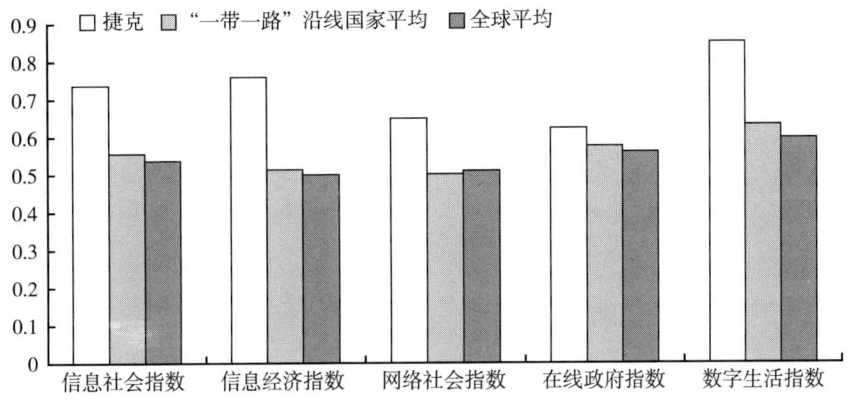

图7 2016年捷克信息社会指数

（一）国家信息化战略和规划

近年来，捷克政府十分重视信息化建设。2011年1月19日，捷克政府通过了50号决议，启动一项名为"数字捷克"（Digital Czech Republic）的计划，通过实施一系列政策来加快国家电子通信事业发展，包括改善信息通信网络和服务、提高网速、提升通信质量，以服务于国家经济、文化和社会发展。

后来由于信息技术的飞速发展以及捷克国内外形势的变化，原有"数字捷克"计划已不适应捷克国家发展需要。于是在2013年3月20日，捷克政府又通过203号决议，推出促进国家电子通信发展的新型政策，即"数字捷克2.0——通往数字经济之路"[①]。这项国家新政策基于三个支柱：一是促进发展

---

① Digital Czech Republic v. 2.0 The Way to the Digital Economy，http://www.mpo.cz/assets/dokumenty/50381/57162/612104/priloha001.pdf，2017-9-27。

高质量的信息化基础设施，二是进一步扩大数字服务，三是提升民众的数字素养。该政策的主要目的是充分利用捷克的各项潜能，发展现代信息和通信技术与服务。与"欧盟数字议程"相一致，捷克政府设定了为该国所有民众提供普及高速互联网接入的目标。这需要捷克大力发展高速网络，以便能在2020年之前为所有民众提供不低于30M的宽带，同时能为至少一半的民众提供100M的宽带网络服务。

为避免在与其他欧洲及非欧洲国家的竞争中落后，捷克将鼓励对信息化的投资，消除阻碍数字经济增长的各种障碍。因此"数字捷克2.0"政策确定一系列到2020年应达到的目标，如促进对无线电频谱的高效利用提升民众利益，加强数字经济的自我调节机制，提高所有职业、社会弱势群体以及残障人士的信息技术利用水平，加强数字素质培养促进终身学习。

（二）信息化基础设施

从ITU的统计数据来看，捷克的信息化基础设施普及率达到了较高的水平。与其他新兴国家一样，捷克的固定电话普及率近年来逐步下降，而移动电话普及率则早在2006年就超过了120%，近年来趋于稳定，家庭计算机普及率则在2015年达到了80%左右的较高水平，基本实现了家庭计算机的社会普及（见图8）。

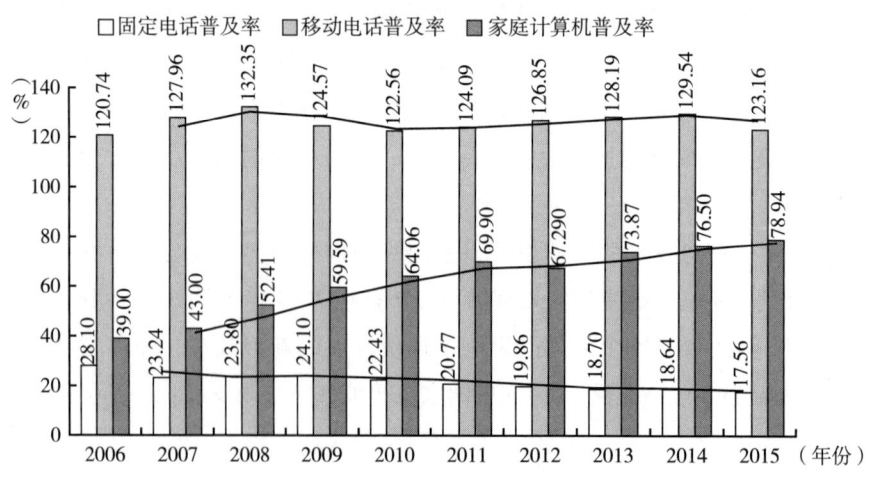

图8　捷克近十年的电话及家庭计算机普及率

21世纪以来捷克的互联网发展十分迅猛,2000年该国互联网普及率尚不到10%,而到2016年已达到88.4%,互联网已走入捷克社会的各个角落(见表9)。

表9 2000~2016年捷克互联网普及率变化情况

单位:人,%

年份	互联网用户数**	占总人口比重	总人口	用户年变化率	用户年变化数
2016*	9323428	88.4	10548058	3.2	285731
2015*	9037698	85.7	10543186	7.5	634139
2014	8403559	79.7	10542666	7.5	588385
2013	7815174	74.1	10545314	0.9	71862
2012	7743313	73.4	10545161	4.3	317907
2011	7425406	70.5	10533985	2.7	194752
2010	7230654	68.8	10506617	7.3	491262
2009	6739392	64.4	10460022	2.9	191782
2008	6547611	63.0	10397984	22.1	1182989
2007	5364622	51.9	10330487	9.0	441503
2006	4923118	47.9	10271476	36.4	1314688
2005	3608430	35.3	10230877	-0.5	-16861
2004	3625291	35.5	10212088	3.5	122628
2003	3502663	34.3	10211846	43.1	1055773
2002	2446890	23.9	10225198	62.5	941273
2001	9323428	88.4	10548058	3.2	285731
2000	9037698	85.7	10543186	7.5	634139

注:*表示预计数据,截至2016年7月1日;**互联网用户为通过任何设备在家能够访问互联网的个人用户。资料来源:*Czech Republic Internet Users*,http://www.internetlivestats.com/internet-users/czech-republic/,最后访问日期:2017年9月28日。

近年来,捷克十分重视网络通信基础设施的改造升级,大力发展移动宽带网络,并于2014年开通LTE网络服务,形成了东欧最大的4G网络。根据捷克电信局(CTU)2015年度报告,2015年该国的移动网络使用量增长了53%,增势十分强劲(见图9)。

捷克目前有三大电信运营商,均为外国电信企业,分别是西班牙的O2(Telefonica集团旗下)、德国的T-Mobile、英国的VodaFone。同时受到捷克政

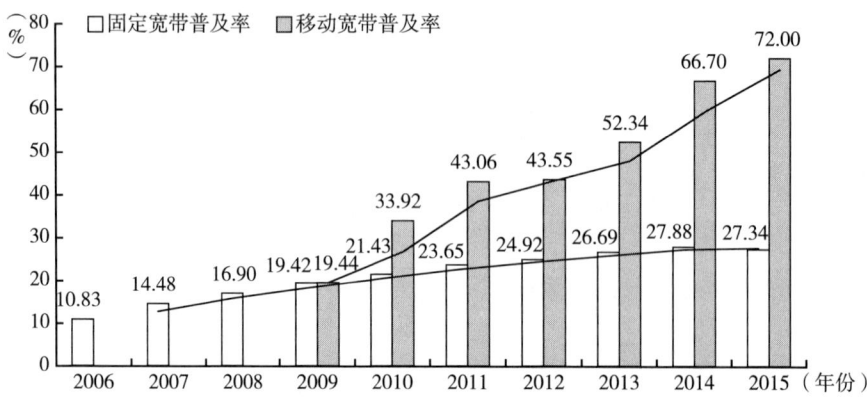

图9　捷克近十年的固定宽带和移动宽带普及率

说明：宽带普及率系每百名居民中宽带服务订阅数（subscriptions per 100 habitants）。

府发展新型通信网络、鼓励电信市场竞争的引导，目前捷克还有100多家中小企业提供电信网络服务。值得注意的是，近年来我国的华为公司在捷克电信市场取得了重要突破，华为GSM和UMTS技术早已被捷克电信商广泛应用，同时T-Mobile和Vodafone已选择华为作为全网供应商，并开始分步部署全国网络；捷克Telefonica也已选择华为提供的LTE设备，并开始在布拉格及布尔诺两大城市进行网络建设①。

（三）信息产业与数字经济

在过去的几年中，捷克的电子商务（e-shop）蓬勃发展，2015年营业额达到创纪录的810亿捷克克朗（约30亿欧元），而2016年更高。捷克几家大的电子商务企业都对市场十分乐观，整体营业额增长预计将高达20%②（见图10）。

与此同时网上商店蓬勃发展，据估计，2015年捷克网店数量达到36800家，42%的捷克商店都开通了在线销售，这一比例比2014年增加了3个百分点。在线销售额已占捷克零售总额的8.1%（见图11）。

---

① 《中国华为公司为捷克三大电信运营商承建LTE网络》，http：//cz.mofcom.gov.cn/article/jmxw/201403/20140300512805.shtml，最后访问日期：2017年9月25日。
② *E-commerce in the Czech Republic*，http：//accace.com/file/143190/2016 - 11 - 14 - E - commerce - in - the - Czech - Republic.pdf，2017 - 9 - 27.

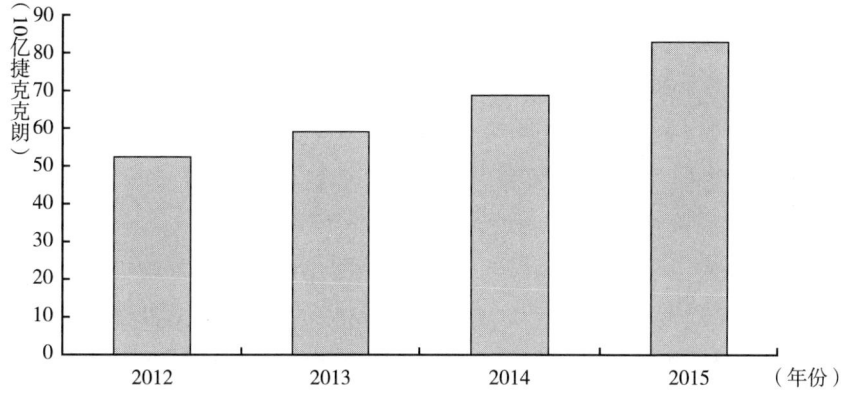

图 10　捷克电子商务销售额增长

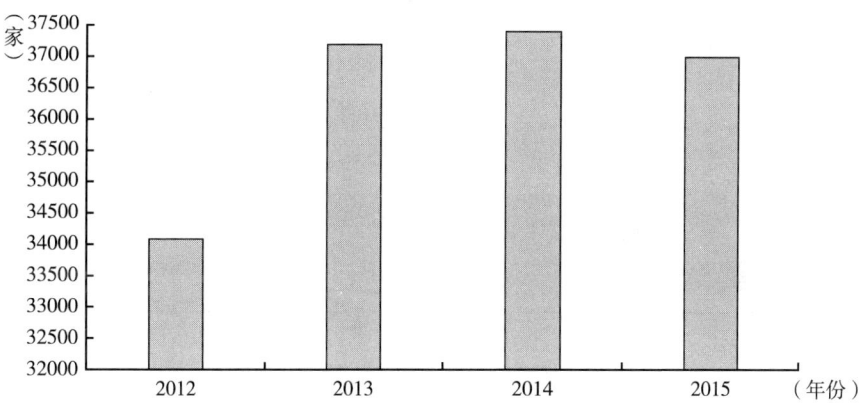

图 11　捷克网上商店估计数量

从上网行为来看，大部分捷克民众仍采用桌面电脑来进行网上购物，同时采用平板电脑和智能手机进行网上购物的民众也越来越多（见图 12）。

从年龄结构来看，与其他国家类似，捷克的网上购物群体以青年和中年人群为主，尤以 25～34 岁年龄段的人群网购比例最高（见图 13）。

从捷克民众网上购买商品的种类来看，捷克民众的网购行为比较分散，民众在网上最经常购买的是衣服和鞋类（22%），其次是化妆品和健康用品（16%）和电子产品（11%），其他种类的网购都在 10% 以下（见图 14）。

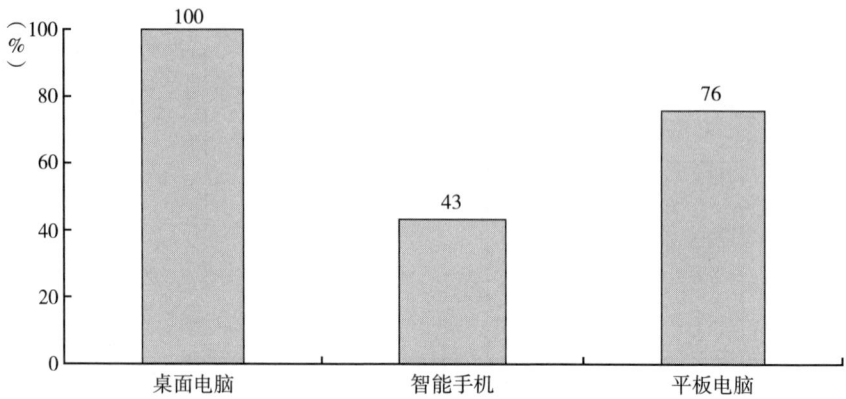

图 12　捷克民众网上购物使用的终端设备比例

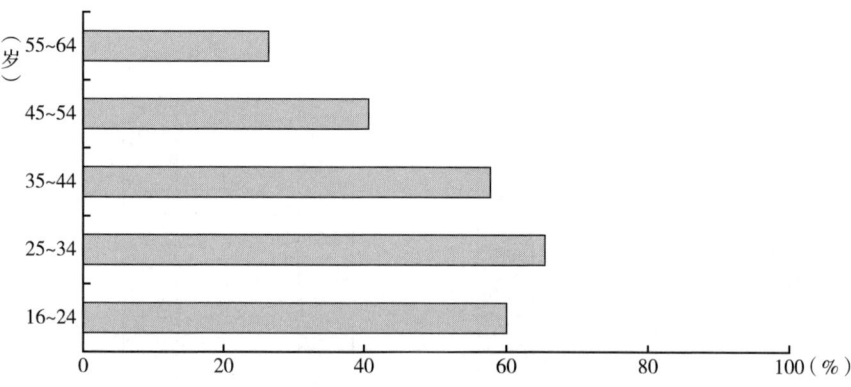

图 13　捷克民众网上购物的年龄段分布

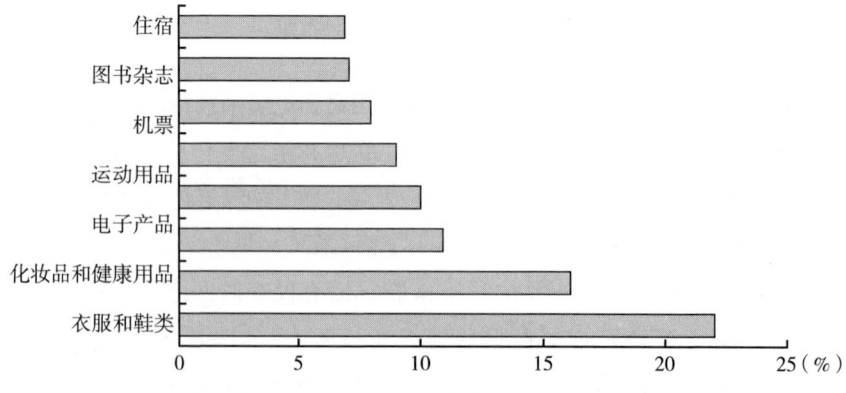

图 14　捷克民众最常在网络购买商品的种类

（四）政府信息化与电子政务

捷克于1999年制订了首个国家级电子政务发展战略，推出了"国家信息政策"（SIP）和"公共行政管理信息系统发展计划"，2007年推出了"智慧行政管理战略"，后来又推出了"捷克公共行政管理发展战略框架（2014～2020)"。

目前捷克的电子政务建设主要从以下方面努力：

（1）建设或改造电子政府门户网站，包括提供手机认证、个性化服务，增加电子投票、电子司法、电子健康、电子环境等新内容；

（2）增加面向手机用户的网络公共服务；

（3）云计算在电子政务中的应用；

（4）部署电子参与/电子民主项目；

（5）提供国际认可的电子认证服务；

（6）提升电子政务的有效性和效率。

根据联合国经济和社会事务部发布的《2016联合国电子政务调查报告》[1]，捷克的电子政务发展指数（EGDI）为0.6454，在全球近两百个国家中排第50名，属于高等，即第二梯队（其他分别为非常高、中、低三等）。这一得分高于世界平均水平和世界高收入国家的平均得分，但低于欧洲国家平均水平，而且捷克线上服务和电子参与度两个指数与欧洲平均水平差距较大，显示捷克需要充分发挥其在电信设施和人力资源方面的优势，加快电子政务应用系统开发和社会推广应用（见图15）。

四 波兰国家信息化状况

波兰共和国，简称"波兰"，是一个位于中欧，由16个省组成的民主共和制国家。东与乌克兰及白俄罗斯相连，东北与立陶宛及俄罗斯的飞地加里宁格勒州接壤，西与德国接壤，南与捷克和斯洛伐克为邻，北面濒临波罗的海。

---

[1] 《2016联合国电子政务调查报告》，http：//workspace.unpan.org/sites/Internet/Documents/UNPAN96420.pdf，最后访问日期：2017年9月26日。

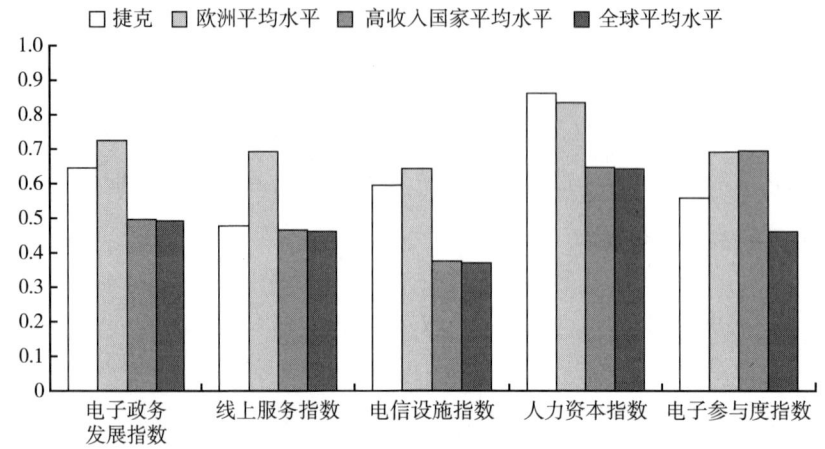

图 15 捷克电子政务发展指数情况

波兰是一个发达的资本主义国家,近年来无论在欧盟,还是国际舞台的地位都日益提升。1949年10月7日,中国和波兰建立大使级外交关系。中波关系在相互尊重、平等互利、互不干涉内政的原则基础上稳步发展,各层次、各领域的交流与合作不断深化。

表 10 波兰国家信息化发展水平简况

名称	波兰共和国		
简称	波兰		
人口	3800万(2015年)	国土面积	31.3万平方公里
首都	华沙	官方语言	波兰语
GDP	4770亿美元(2015年)	人均GDP	12555美元(2015年)
固定电话普及率	23.69%(2015年)	移动电话普及率	142.69%(2015年)
互联网普及率	70.6%(2015年)	固定宽带普及率	19.01%(2015年)

根据中国国家信息中心发布的《全球信息社会发展报告2016》,波兰的信息社会指数(ISI)为0.6959,在参与评估的126个国家中排第38位,其中信息经济、网络社会、在线政府、数字生活指数分别为0.6466、0.6237、0.6707、0.8259,总指数和各分指数均高于全球平均水平(见图16)。

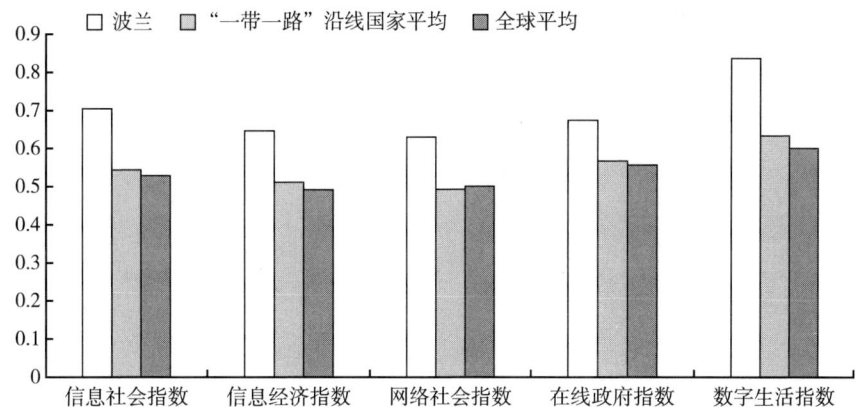

图16 2016年波兰信息社会指数

（一）国家信息化战略和规划

波兰政府一直致力于加快国家的数字化转型进程，为国民提供低廉快捷的上网服务，促进国家科技创新和经济发展，力争成为欧洲的数字化先进国家。波兰数字事务部（Ministry of Digital Affairs）作为波兰国家信息化的领导机构，出台了多项国家信息化战略和规划。2016年，数字事务部起草了对电信建设支持法的修正案，修正的内容包括简化繁文缛节、去除法律障碍、降低投资成本，希望能够释放电信投资市场潜力，提升宽带网络和无线通信普及率[1]。2016年2月，波兰新政府出台《负责任的发展计划》，其中提到了"数码城迷"项目，该项目的目的是促进企业和研究机构发展网络安全和数据分析，确保波兰在高级专业化IT领域可参与欧盟市场竞争[2]。

波兰十分重视网络信息安全保障工作。为顺应电子商务发展的需要，为保证网上交易的安全性，早在2008年9月19日，波兰议会就通过刑法修正案，将网络犯罪纳入其中，对损毁、修改或删除他人网络信息资料以及破坏公共网络或通信系统安全的行为，最高可判处5年监禁。波兰警察总局也专

---

[1] Ministerstwo Cyfryzacji, www.mc.gov.pl, 2017-9-27.
[2] 《波兰新政府发展计划》, http://pl.mofcom.gov.cn/article/ztdy/201603/20160301282682.shtml, 最后访问日期: 2017年9月25日。

门设立打击网络犯罪办公室。同年底，波兰议会再次完善惩处有关网络犯罪的条款，对网络违法犯罪的情节和处罚力度进一步细化规定，如将未经本人同意打开他人电子信箱、窃取他人电子账户密码等定为犯罪行为，可处2年监禁。波兰数字事务部计划于2016年5月提交一项全面的网络安全战略，新的网络安全架构将包括一个单一联络点（Single Contact Point），旨在收集全国范围内的网络安全事件信息，并与其他国家的同类机构进行跨境信息交流。关键基础设施运营商、国家网络安全中心和安全操作中心的联络点将为具有重要政治、行政、经济作用的机构、组织和企业，以及国家和部门领域的计算机安全应急响应组（CERT）或计算机安全事件响应组（CSIRT）提供安全保障。该联络点也将为行政管理复杂的政府机构提供分析支持。国家安全威胁报告还将包括对网络攻击风险的评估。波兰的网络安全战略提出将构建组织体系，打造早期预警系统，形成应对威胁和攻击的有序步骤，从而高效处理威胁或网络攻击[1]。

（二）信息化基础设施

东欧剧变以来，波兰大力推进经济的市场化改革，并不断融入欧盟经济圈之中，经济社会发展取得了较大进步，是原东欧国家中经济转型比较成功的国家。经济的发展带动了国家信息化基础设施的进步。虽然与西欧先进国家仍有相当差距，但总体而言波兰信息化基础设施较为完善且价格相对低廉，因而国内的通信设备、计算机和互联网普及率较高，智能终端的使用也很普遍。

图17展示了最近十年来波兰电话及家庭计算机普及率演变情况。波兰固定电话普及率在2006年达到30%的顶峰后逐步下降，到2012年仅有15.57%，但随后受波兰电信市场开放的影响，固定电话普及率又有所回升，2014年恢复到25.46%，2015年又开始下降。而波兰的移动通信则显示出飞速发展的势头，自2007年首次超过100%之后，波兰移动电话普及率一直稳步上升，到2014年达到将近150%的全球较高水平，随后在2015年有所下降。

---

[1]《波兰数字化部准备推出网络安全战略》，http://www.cac.gov.cn/2016-03/01/c_1118199006.htm，最后访问日期：2017年9月28日。

最近十年来波兰的家庭计算机普及率一直保持了稳定增长，到2015年达到将近78%，显示电脑已经走入绝大多数波兰家庭。

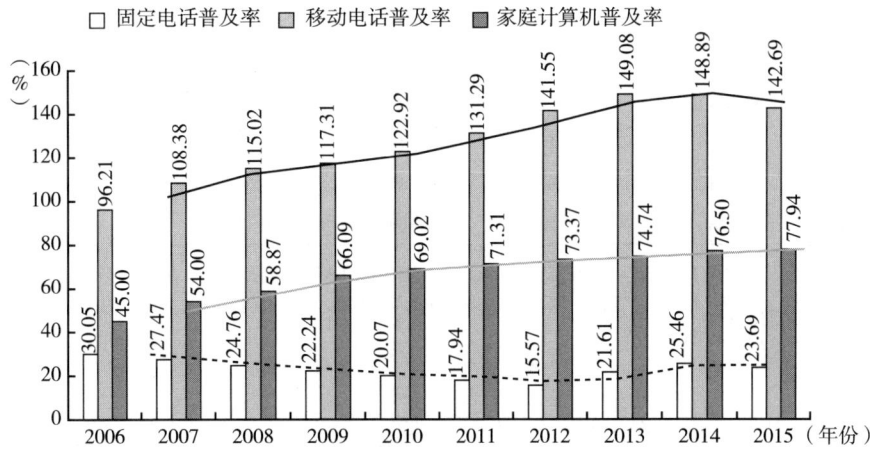

图17　波兰近十年的电话及家庭计算机普及率

在互联网发展方面，2000年以来波兰的互联网普及率保持稳步提升，2008年互联网普及率首次超过50%，2016年达到72.4%。详细变化情况如表11所示。

表11　2000~2016年波兰互联网普及率变化情况

单位：人，%

年份	互联网用户数**	占总人口比重	总人口	用户年变化率	用户年变化数
2016*	27922152	72.40	38593161	2.50	670522
2015*	27251630	70.60	38611794	6	1530727
2014	25720903	66.60	38619974	6	1449360
2013	24271543	62.80	38618698	0.90	213973
2012	24057570	62.30	38609486	0.60	148453
2011	23909117	61.90	38594217	-0.50	-130625
2010	24039742	62.30	38574682	5.70	1305929
2009	22733813	59	38551489	11.10	2265081
2008	20468732	53.10	38525752	9.40	1757559
2007	18711173	48.60	38500356	9.10	1557340

续表

年份	互联网用户数**	占总人口比重	总人口	用户年变化率	用户年变化数
2006	17153833	44.60	38478763	14.90	2226143
2005	14927690	38.80	38463514	19.30	2418434
2004	12509255	32.50	38454520	30.80	2946435
2003	9562820	24.90	38451227	17.60	1429625
2002	5994066	4.1	38454823	39.6	1700644
2001	4293422	2.9	38466543	48.3	1398738
2000	2894684	2	38486305	93.3	1397549

注：* 表示预计数据，截至2016年7月1日；** 互联网用户为通过任何设备在家能够访问互联网的个人用户。资料来源：*Poland Internet Users*，http：//www.internetlivestats.com/internet-users/poland/，最后访问日期：2017年9月28日。

波兰互联网普及率虽较高，但宽带网络并不十分发达。图18展示了近十年来波兰固定宽带和移动宽带的演化情况。从图18中可以看出，截至2015年波兰固定宽带普及率仍未超过20%，而移动宽带普及率则不到60%，远落后于日本、韩国等先进国家水平（两国均超过100%），与邻近的俄罗斯（将近70%）亦有一定差距，显示出波兰亟须加快光纤网络、4G网络、LTD等先进网络设施建设，提升本国的互联网质量。

图18 波兰近十年的固定宽带和移动宽带普及率

说明：宽带普及率系每百名居民中宽带服务订阅数（subscriptions per 100 habitants）。

(三)信息产业与数字经济

波兰信息经济的总体规模不大,仅占波兰经济总量约1%。具体到各个行业,硬件行业收入占41%,软件行业占18%,信息化服务业占41%[1]。其中硬件市场受到信息终端设备(如电脑、手机和iPad等)日益饱和的影响,近年来增长乏力;波兰软件产业并不发达,在信息经济中占比较小;而以互联网产业为主体的信息化服务产业十分发达,产业规模已与硬件行业不相上下,成为波兰信息经济的亮点。

互联网技术已渗透波兰个人及家庭消费者,带动波兰形成了在东欧地区首屈一指的互联网产业。Allegro.pl是波兰一家受欢迎的竞拍网站,1999年成立并且发展迅速,目前用户数量达到1400多万,是东欧最大的电子商务拍卖网站,成功抵御了eBay和Amazon等国际电商巨头在波兰市场上的进攻,并在捷克、匈牙利、俄罗斯、乌克兰、白俄罗斯、保加利亚、罗马尼亚、斯洛伐克等欧洲国家以不同的域名形式创办了本土化的拍卖网站。此外,在波兰比较受欢迎的本土网站中,onet.pl是波兰最大的门户网站,wp.pl是波兰第一家门户网站,gazeta.pl是波兰Agora传媒公司旗下的新闻网站。在波兰流行的网站中,oxl.pl也是波兰第二受欢迎的电子商务应用;这是一家来自美国的信息分类网站,在东欧及南欧国家都有较大市场。Aliexpress在波兰排第43名左右,Amazon则在第56位左右,可见波兰的本土电子商务(以Allegro为主)还是比较有竞争力的。

另外,根据普华永道的数据,2014年波兰在线广告市场的价值估计为27亿美元,预计到2018年在线广告在整个市场中的份额将增加到约36%,成为其最大的细分市场。波兰有1340万游戏玩家,其中PC玩家占98%,以如此高的比例排名世界第二。社交休闲游戏是玩家们的最爱,有1200万玩家,其次是PC/Mac玩家,有96万。但波兰的付费玩家比例为52%且他们的花费相对较少,排世界第24位,在欧洲地区仅高于丹麦和挪威。在跨屏游戏方面,10.8%的波兰玩家是四屏玩家。电脑是最流行的游戏设备,其次是私人设备,

---

[1] *Market Monitor-ICT Industry – Poland*,https://group.atradius.com/publications/market-monitor-ict-poland-2015.html,2017-9-28.

占69.2%。根据波士顿咨询集团2014年的数据，2014年波兰电子商务市场的价值从2012年的52亿欧元增长到74亿欧元，预计这一增长将持续，2020年市场的价值将达到260亿欧元。

波兰企业的信息化基础较好。EMIS的 *Poland ICT Sector*[1] 报告指出，2014年，94.4%的本地企业使用电脑，包括绝大多数大型企业，65%的波兰企业拥有网站，其中75%通过互联网下订单，其中10%通过互联网获得订单，这为波兰企业利用互联网开展全球营销提供了较好支撑。

快速增长的在线销售、庞大的消费者市场、相对廉价的劳动力和比较完善的物流体系，使波兰在国际电子零售商中处于一个较高的位置。近年来，在跨境电商方面，波兰联合中国企业推动大龙网"两国双园"战略落地波兰，该产业国将成为大龙网在欧洲建成的最大的跨境电商产业园。作为大龙网"两国双园"的重要组成部分，波兰海外仓是大龙网"互联网+线下产业园"双线融合的无障碍沟通渠道的纽带。以波兰海外仓为核心，大龙网在中波两个国家同步打造了跨境电商产业园，通过大龙网全球产销大数据的协同将国内的优势产业和国外旺盛需求相连接[2]。

（四）政府信息化与电子政务

波兰的政府信息化和电子政务建设由波兰数字事务部负责。波兰的电子政务建设在很大程度上遵从欧盟电子政务的发展战略和推进步骤。近年来欧盟先后推出了《电子政务行动计划2016~2020》《数据自由流动倡议》《欧盟云计算倡议——在欧洲建设有竞争力的数据和知识经济》等信息化战略，波兰政府都紧随其后，根据欧盟战略来制订、调整和实施本国的电子政务建设进程，推出了本国的电子政务行动计划以及《无纸化和无现金化波兰项目》等规划。

当前波兰的电子政务建设着重关注以下几个领域[3]：

---

[1] ICT Sector Poland，https：//www.emis.com/sites/default/files/EMIS% 20Insight% 20 - % 20Poland% 20ICT% 20Sector% 20Report.pdf，2017 - 9 - 28。

[2] 《两国双园 波兰跨境电商产业园正式启动》，http：//cio.it168.com/a2016/0622/2730/000002730876.shtml，最后访问日期：2017年9月25日。

[3] Ministerstwo Cyfryzacji，https：//mc.gov.pl/files/mdas_strategic_action_priorities_in_public_services_-_final_eng.pdf，2017 - 9 - 28。

- 建设政府公共机构的电子服务体系,并进行管理与服务流程的简化和改造;
- 建设公共管理与服务的登记(stock-taking)与监管系统;
- 建设政府行政信息门户网站;
- 建设政府服务门户网站;
- 建设公共信息公告栏(Public Information Bulletins,PIB);
- 完善机构决策方式;
- 保障公共网络和电子政务系统安全;
- 促进公共登记事务的集成;
- 实施居民电子身份标识的统一标准;
- 建设电子政务数据处理中心;
- 优化信息化管理部门的组织结构;
- 加强各级政府部门间的协作;
- 加强立法过程中的公众咨询和民众参与;
- 实施电子公文流转标准;
- 提高信息化资金使用效率;
- 提高政府部门工作人员的信息化素质;
- 加强与欧盟以及其他国际机构的合作。

根据联合国经济和社会事务部发布的《2016联合国电子政务调查报告》[1],波兰的电子政务发展指数(EGDI)为0.7211,在全球近两百个国家中排第36名,属于高等(其他分别为非常高等、中等、低等),同时这一得分也高于世界平均水平和世界高收入国家的平均得分,但低于欧洲国家平均水平(见图19)。

总的来说,波兰的政务信息化程度较高,政府为市民提供多种电子服务和互联网办事平台。比如在线缴税或投诉、建议、帮助解决当地的问题。政府的数字服务让市民能够随时随地找到他们所需要的服务,并通过不同的系统得以解决。

---

[1] 《2016联合国电子政务调查报告》,http://workspace.unpan.org/sites/Internet/Documents/UNPAN96420.pdf,最后访问日期:2017年9月26日。

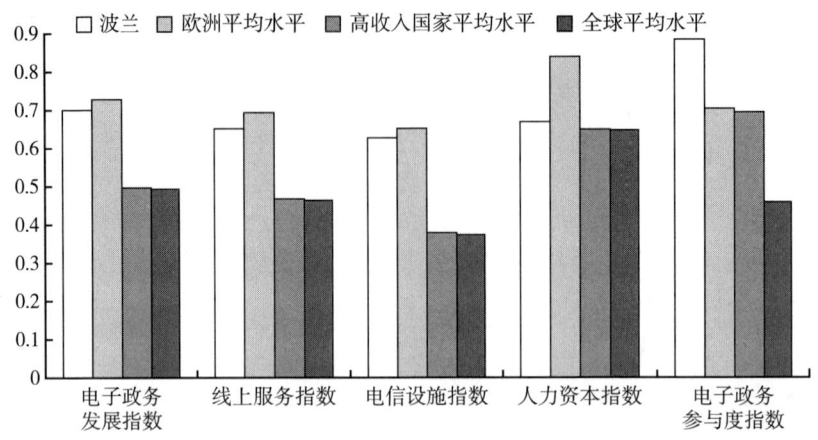

图19 波兰电子政务发展指数情况

五 乌克兰国家信息化状况

乌克兰共和国，简称乌克兰，东欧国家，南接黑海、东连俄罗斯、北与白俄罗斯毗邻，西与波兰、斯洛伐克、匈牙利、罗马尼亚和摩尔多瓦诸国相连。乌克兰是欧洲面积第二大的国家，仅次于俄罗斯。乌克兰地理位置重要，是欧盟与独联体，特别是与俄罗斯地缘政治的交叉点。乌克兰目前是世界上重要的市场之一，世界第三大粮食出口国。1991年12月27日，中国承认乌克兰独立。1992年1月4日，中乌两国建立大使级外交关系。建交后，双边关系健康稳步发展。2013年12月5日，中国国家主席习近平欢迎乌克兰总统亚努科维奇访华，双方签署《中华人民共和国和乌克兰友好合作条约》。

表12 乌克兰国家信息化发展水平简况

名称	乌克兰共和国		
简称	乌克兰		
首都	基辅	官方语言	乌克兰语
人口	4555万（2015年）	国土面积	60.37万平方公里
GDP	906亿美元（2015年）	人均GDP	2115美元（2015年）
固定电话普及率	21.62%（2015年）	移动电话普及率	144.02%（2015年）
互联网普及率	43.7%（2015年）	固定宽带普及率	11.81%（2015年）

根据中国国家信息中心发布的《全球信息社会发展报告2016》，乌克兰的信息社会指数（ISI）为0.5223，在参与评估的126个国家中排第65位，其中信息经济、网络社会、在线政府、数字生活指数分别为0.4824、0.4962、0.4995、0.5959，总指数和各分指数均与全球平均水平基本持平（见图20）。

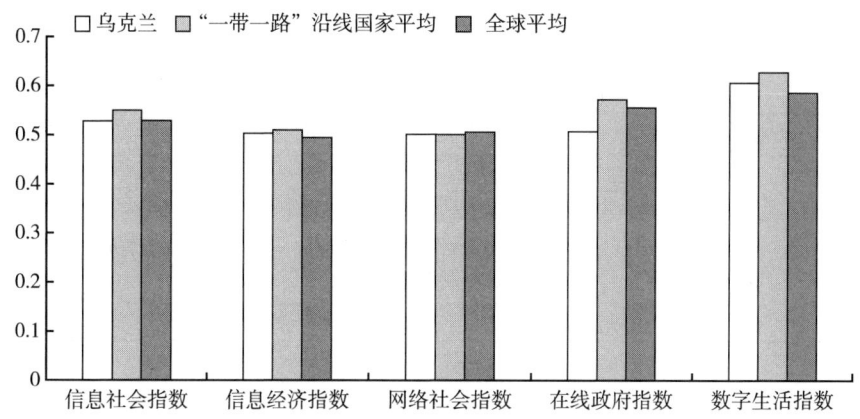

图20　2016年乌克兰信息社会指数

（一）国家信息化战略和规划

乌克兰曾是苏联地区电子工业基地，电子技术发达，信息化水平较高。独立之后，乌克兰仍十分重视通过信息化建设加快国家现代化，推出了许多国家信息化战略，例如：

（1）1998年《国家信息化计划》（制订或批准机构：国家科技、创新和信息局）；

（2）2007年《乌克兰信息社会建设原则（2007~2015）》（制订或批准机构：乌克兰议会—Verkhovna Rada）；

（3）2012年《2015乌克兰电子政务框架》（制订或批准机构：国家科技、创新和信息局）；

（4）2013年《信息社会和信息化发展战略》（制订或批准机构：乌克兰国家通信信息管理委员会）。

乌克兰注重将信息化战略与国家发展战略相结合。2015年1月乌克兰总统波罗申科签署了"'乌克兰-2020'稳定发展战略"（简称 2020 战略），该战略的愿景是建立全新的乌克兰，迎接挑战，开始一场为"尊严"和"自由"而战的革命，开创值得用生命为之奋斗的乌克兰新思想。该战略抽出了 4 个核心目标，并细化成 16 个子目标和 62 个子项目，其中与信息化相关的子项目包括：通信基础设施改革、电子政务、信息社会和传媒（见表 13）。

表 13　乌克兰 2020 战略四大核心目标

核心目标	发展	责任	安全	自豪
目标项目	基础设施 投资 经济 竞争	社区 社会公共事业 能源利用率 健康保障	国家 个人 财产 商业	个人自由 民主社会 "乌克兰"品牌 才干
信息化相关子项目	通信基础设施改革	—	电子政务	信息社会和传媒

在 62 个子项目中，目前最优先启动的改革内容是：反腐、司法改革、去中心化国家治理改革、创业创新发展、法律执行制度改革、国家安全和国防体系改革、健康体系建立、税制改革等。虽然通信基础设施改革、电子政务项目、信息社会与传媒发展并没有在优先推进项目之列，但信息化手段在许多改革中起到关键性作用。

乌克兰近年来与邻近的俄罗斯不断发生冲突甚至战争，两国在包括网络空间在内的许多领域发生激烈对抗，因此乌克兰极为重视国家的网络信息安全保障。乌克兰根据"2020 战略"中的愿景，明确提出了乌克兰信息主权（Information Sovereignty of Ukraine）的主张，为此乌克兰的信息政策主要围绕"对内对外推广乌克兰国家形象、保障和维护信息资源、实现社会重要信息传播中的媒体改革"，通过以下四方面实现。

（1）信息政策与国家信息安全：提升乌克兰在国际社会中的地位，包括公共广播和电视对国际公司的支持；支持国内音像制品的生产和推广；保护乌克兰信息空间免受外部影响。

（2）促进乌克兰言论自由：保护公民在全国范围内免费收集、储存、使用和传播信息的权利；促进大众传媒的独立性，保护新闻记者和信息消费者的权利。

（3）信息立法计划：法律草案、对乌克兰总统签署通过的法律提出意见和建议、参照其他相关主题的法律文件为法律草案提供参考、促进颁布乌克兰信息主权的法律。

（4）大众媒体和出版业的发展：为出版服务业提供方法和技术支持，在教育机构和培训机构开设和推广信息政策课程，要求公务员参加信息政策培训课程。

2016年乌克兰又明确提出有关乌克兰信息安全的概念框架，旨在为乌克兰信息领域的发展创造条件，以确保本国紧跟领域发展前沿，防止外部负面影响对国家信息安全构成现实威胁。该草案指出，只有当各种信息关系中的所有内部主体参与其中，国家的信息安全法才能付诸行动。这些参与者应该涵盖政府、社会、私营部门以及公民，各方通过有效合作、共同抵御外部威胁，达到保障信息安全的共同目标。

乌克兰国家在信息安全领域的政策方向主要有：

（1）确保严格遵守宪法权利和人们在信息领域中所享有的各种自由权利之间的平衡，特别是言论自由。

（2）建立可以规范信息空间发展进程、保护其免受外部威胁、符合国际法与国际合作要求以及欧盟规范和标准的法律体制。

（3）协调参与信息安全领域公共信息政策和国家政策的各方的管理机制，制定和实施有效的国家信息政策。

（4）建立国家与公共部门和私营部门之间的合作关系，促进国际合作，以落实国家信息政策，确保信息安全，创造高品质的国家信息产品。

（5）全面支持国家信息产品（包括乌克兰以外的产品）的制造与宣传，并对其实施政府援助，将其设为优先考虑事项。

（6）通过本国信息产品在国际信息环境中传播人类价值、人类信息发展理念以及未来应对各种新挑战的方法和机制，尤其要与国外合作伙伴共享这种理念、方法和机制。

（二）信息化基础设施

乌克兰的电信市场受到本国将近4600万人口的支持。通过对移动和宽带部门的大量投资建设，乌克兰国家电信基础设施正在朝现代化方向发展。固定电话普及率于2010年达到将近30%的顶点后逐年下降，2015年约为22%；而移动通信发展迅速，早在2006年乌克兰手机普及率就超过了100%，2015年更是达到了144%的全球较高水平，甚至超过了许多发达国家（见图21）。

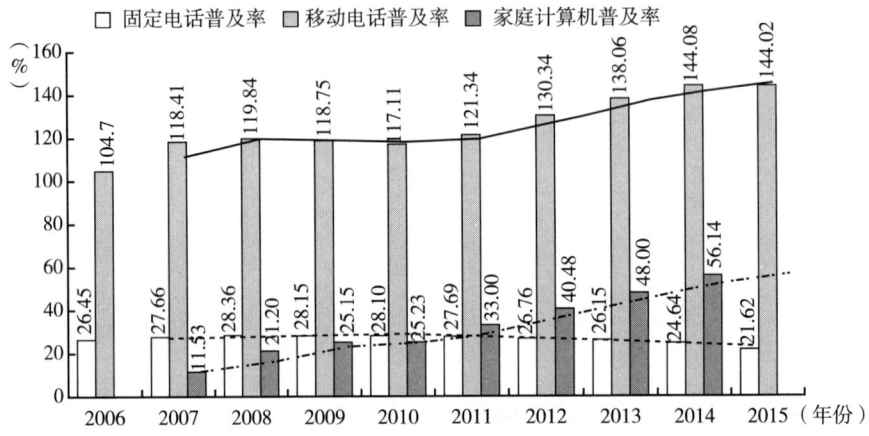

图21　乌克兰近十年的电话及家庭计算机普及率

在互联网发展方面，从2000年到2016年乌克兰国家总人口数虽然一直呈现负增长的态势，但互联网用户数却逐年增长。尤其是从2006年开始，乌克兰的互联网用户数量持续了近八年的两位数增长，2002、2003、2008、2009年等年份增长速度达到50%以上，呈现爆发式增长态势。但从2014年开始增速逐渐放缓，尤其2015年和2016年预计增幅仅为0.4%。这与乌克兰互联网用户数尚未饱和（2016年预计达44.1%）、仍有很大提升空间形成了反差，这与其国内经济和政治的不稳定、与俄罗斯关系紧张带来了投资下降等因素有关（见表14）。

表14　2000～2016年乌克兰互联网普及率变化情况

单位：人，%

年份	互联网用户数**	占总人口比重	总人口	用户年变化率	用户年变化数
2016*	19678089	44.1	44624373	0.4	68947
2015*	19609142	43.7	44823765	0.4	78058
2014	19531084	43.4	45002497	5.5	1013347
2013	18517737	41	45165211	15.8	2533390
2012	15984346	35.3	45319949	22.4	2928491
2011	13055855	28.7	45477690	22.8	2419988

续表

年份	互联网用户数**	占总人口比重	总人口	用户年变化率	用户年变化数
2010	10635867	23.3	45647497	29.6	2432170
2009	8203697	17.9	45830711	62	3140565
2008	5063132	11.0	46028476	67.1	2033810
2007	3029322	6.6	46249196	44.6	933852
2006	2095470	4.5	46502718	19.4	340756
2005	1754714	3.7	46795313	6.7	110224
2004	1644490	3.5	47127110	10.0	149326
2003	1495165	3.1	47493771	66.6	597749
2002	897416	1.9	47890647	50.0	298961
2001	598455	1.2	48310816	71.4	249342
2000	349113	0.7	48746269	75.0	149676

注：* 表示预计数据，截至2016年7月1日；** 互联网用户为通过任何设备在家能够访问互联网的个人用户。

资料来源：Ukraine Internet Users，http：//www.internetlivestats.com/internet-users/Ukraine/，最后访问日期：2017年9月28日。

但乌克兰的宽带网络比较落后，电话拨号上网（DSL）仍然是主要的接入平台[1]，移动宽带部门的发展也很缓慢，比如运营商直到2015年中才迟迟推出了3G服务，而商用LTE服务直到2017年拍出合适的频谱后才可用，这造成乌克兰的固定宽带和移动宽带普及率很低，2015年该两项指标均为10%左右，在东欧和全球都属于较低水平，与其信息化总体水平以及移动电话普及率、家庭计算机普及率严重不匹配。未来乌克兰应当加大对国家通信网络的升级改造，加快先进网络基础设施的建设与应用，紧跟全球网络发展的进程。

（三）信息产业与数字经济

据乌克兰数字新闻（Ukraine Digital News）研究结果[2]，尽管乌克兰近年

---

[1] Ukraine-Telecoms，Mobile，Broadband and Digital Media-Statistics and Analyses，https：//www.budde.com.au/Research/Ukraine-Telecoms-Mobile-Broadband-and-Digital-Media-Statistics-and-Analyses，2017-9-27.

[2] Report：Ukraine Has Become Eastern Europe's #1 IT Outsourcing and Software Development Powerhouse，www.uadn.net/files/ukraine_it.pdf，2017-9-28.

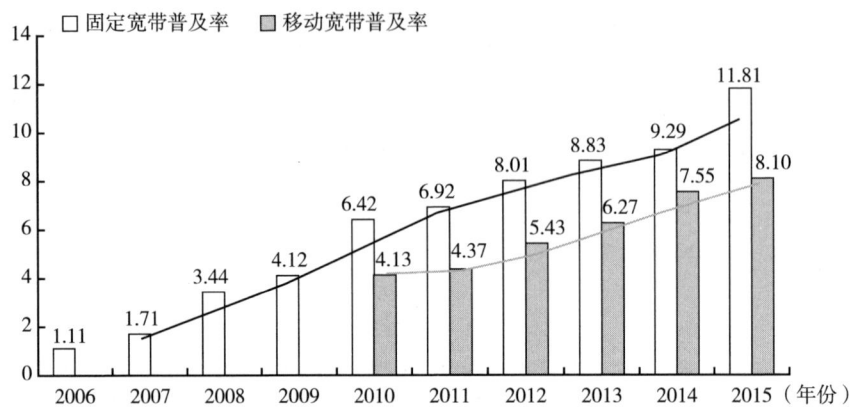

图22 乌克兰近十年的固定宽带和移动宽带普及率

说明：宽带普及率系每百名居民中宽带服务订阅数（subscriptions per 100 habitants）。

来出现政治动荡，但其IT服务和软件研发业每年都在以两位数的速度增长。包括思科、甲骨文、乐天和三星在内的超过一百家全球主要科技公司都在乌克兰进行研发活动，同时，各种类型和规模的当地IT服务外包企业还在为全球各地的客户提供服务。2015年，乌克兰软件研发业的出口额达到了至少25亿美元（在其出口行业中排名第三）。考虑到该国规模庞大的熟练劳动力，这只能算是其潜力中的很小一部分。乌克兰的开发商们主要致力于各种行业的手机、软件、企业和Web项目，在乌克兰很容易找到从事前端开发、界面设计（UI/UX）、QA（质量保障）和其他任务的优秀人才资源。

（1）IT服务业发达。乌克兰拥有中东欧数量最大、增长最快的IT专业人员，预计其IT工程方面的劳动人员将于2020年翻一番，超过20万人。美国市场是乌克兰IT公司出口产品的主要目的地，占其出口服务约80%。

（2）全球性研发公司集聚。乌克兰拥有超过100家、囊括IT各行业的全球性研发子公司，包括电信、软件、游戏和电子商务。这些全球性企业大部分通过并购、外包或提供外包服务的公司进入乌克兰。在联合研发活动方面，美国仍然是乌克兰最大的合作伙伴（约有45%的公司参与其中），其次是欧盟国家和以色列。基辅是乌克兰最受欢迎的研发中心设立地区，这里聚集了乌克兰超过一半的研发基地。

（3）商业与法律环境较好。在过去一年里，乌克兰在国际商务地点中的排名显著提高，而其与 IT 相关业务的税收却仍相对较低。虽然乌克兰的改革还任重道远，但随着若干电子政务项目在 2015 年的推出，成果还是颇为显著的。乌克兰有望在短期内实现知识产权保护领域的重大立法修订，使其符合与欧盟签署的《2014 年协议》。同时 IT 服务出口法规将被简化，使 IT 公司能够更好地防止官僚主义和腐败现象。

同时，另一项关于乌克兰技术出口的研究发现①，虽然乌克兰的 ICT 服务出口稳步增长，但出口规模仍比较有限，而乌克兰愈演愈烈的腐败将成为阻止乌克兰的 ICT 服务和技术出口额进一步增长的主要制约。根据该研究报告建模预测，乌克兰在解决腐败问题后 ICT 服务出口额（包括 IT 外包）将实现显著增长，从近五年最高峰 50 亿美元增至 750 亿美元，使乌克兰成为真正的全球技术领先者。此外，该研究对乌克兰的预测还有以下方面。

（1）在高价值出口方面，ICT 服务出口为乌克兰提供了唯一的最佳选择。如果乌克兰在解决腐败和知识产权保护问题的同时，优先考虑 ICT 服务出口的问题，那么乌克兰能成为该区域表现最好的国家。

（2）与爱沙尼亚比较，乌克兰更具有优势。乌克兰的高等教育率比爱沙尼亚高，劳动力总量更大。乌克兰有足够多的人口，能够成为区域真正的软件和信息服务外包中心。

（3）在中东欧地区，如果乌克兰将 ICT 服务出口提升到国家优先出口的级别，乌克兰将能在这一领域取得区域领导地位。

（四）政府信息化与电子政务

为配合 2020 国家战略，乌克兰政府在 2016 年政府行动计划中提出"确保人民生活水平的提高，在经济的持续发展基础上，促进国民素质的提高"的阶段性目标。乌克兰政府的战略重点放在"宏观经济稳定、为商业发展提供有利条件、建立反腐败法律环境、提高公共管理和公共服务的质量、恢复国民安全"等方面。其中，公共行政体制改革被认为是克服政治和经济危机、改变决策效率低下的关键抓手之一，而电子文档交换、线上协同办公、数据开放

---

① *Technology Market Assessment*：*Ukraine* 2016，http：//www.akholi.com/wp－content/uploads/2016/02/Ukraine－Technology－Exports－2016.pdf，2017－9－28.

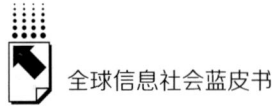

等则成为主要改革措施。

乌克兰通过发展电子政务促进政府改革时十分强调"提高公共管理和公共服务质量",主要包括两方面的改革内容。

(1) 政府电子文档交换与线上协同办公。通过打通部门间文件传输渠道和部署信息交换器来提高政府机关的工作效率。在2018年前,根据欧盟的20项基本公共服务清单,优先以电子形式实施行政服务。

(2) 以开放数据格式发布国家信息。对照联合国电子政务发展指数、全球数据开放指数、开放数据晴雨表等指数排名情况,乌克兰提出"以数据公开的形式发布政府信息,由此提高政府工作的开放性和服务效率,促进创新业务的发展"。2016年目标是,在2016年四月前至少开放3000个数据集,在开放数据方面至少组织实施10个项目。

另外在该计划中,政府强调在"打击腐败,确保政府部门活动透明化"过程中,将信息技术作为重要的推进手段,促进政府信息共享,加强对国家行政部门尤其是对环保部门的监督。

根据联合国经济和社会事务部发布的《2016联合国电子政务调查报告》[①],乌克兰的电子政务发展指数(EGDI)为0.6076,在全球近两百个国家中排第62名,属于高等级,即第二梯队(其他分别为非常高等、中等和低等)。这一指数显著高于全球平均水平和中高收入国家水平,但低于欧洲平均水平。在各分项指标中,乌克兰电子政务参与度指数排全球第32位,提升明显,但线上服务、电信设施等指标得分仍未达到欧洲平均水平,显示出网络通信基础设施是乌克兰信息化发展和电子政务建设的软肋(见图23)。

参考文献

班婕、鲁传颖:《从〈联邦政府信息安全学说〉看俄罗斯网络空间战略的调整》,《信息安全与通信保密》2017年第2期。

---

① 《2016联合国电子政务调查报告》,http://workspace.unpan.org/sites/Internet/Documents/UNPAN96420.pdf,最后访问日期:2017年9月26日。

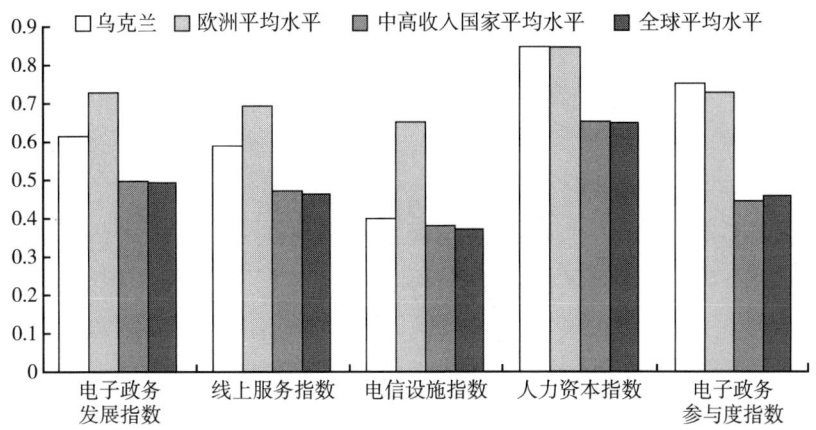

图 23　乌克兰电子政务发展指数情况

陈骞：《欧洲：以信息技术促经济发展》，《上海信息化》2014 年第 4 期。

陈璋、阙凤云、胡国良：《OECD 国家数字经济战略的经验和启示》，《现代管理科学》2017 年第 3 期。

邵海昆：《俄罗斯将编制〈互联网和互联网经济长期发展规划〉》，《世界教育信息》2016 年第 3 期。

孙玉琴、苏小莉：《"一带一路"倡议背景下我国开拓中东欧市场的策略思考》，《国际贸易》2017 年第 2 期。

王钰深：《欧洲"数字经济"向中国招手》，《解放日报》2015 年 6 月 7 日。

夏聘：《保障俄联邦国家信息安全的战略升级——俄新版〈信息安全学说〉解读》，《中国信息安全》2017 年第 2 期。

杨艳：《信息技术与社会转型：以东欧国家为例》，华中师范大学博士学位论文，2007。

张冬杨：《俄罗斯信息技术产业现状及发展趋势》，《欧亚经济》2015 年第 2 期。

专题篇

Special Reports

B.8
"一带一路"信息化基础设施互联互通研究

唐 涛*

摘　要： "一带一路"的"五通"的任何一个方面都离不开网络互联、信息互通。但从全球互联网连接来看，"一带一路"沿线上只有一些重要节点城市是网络连接的枢纽，如北京、上海、香港、台北、新加坡、孟买等，但在中亚、西亚、东南亚和南亚部分地区、中东部分地区，特别是战乱地区互联网宽带等信息基础设施覆盖率较低。这些国家和地区对信息基础设施的提升有着较大需求，未来发展潜力巨大。中国以中阿网上丝绸之路、中国－东盟信息港等为依托向外提升网络互联互通水平，并加速国家卫星系统建设，推进"一带一路"空间信息走廊建设，还积极参与跨欧亚信息高速公路建设。因此笔者建议从

---

* 唐涛，博士，上海社会科学院信息研究所信息资源管理研究室主任、副研究员，研究方向：信息社会、两化融合、网络舆情。

陆、海、空多重通道向外拓展网络连接，并以次区域网络信息互联互通为突破口，加强信息化基础设施建设的中外合作。

关键词： 一带一路　信息化基础设施　互联互通

"一带一路"以政策沟通、设施联通、贸易畅通、资金融通、民心相通为主要内容，但任何互联互通都离不开网络互联、信息互通，因此，"一带一路"信息基础设施建设成为"五通"的重要基础。推进"一带一路"沿线国家网络和信息基础设施建设，提升各国国内的信息基础设施能级，提高国际互联互通水平，是"一带一路"建设的重要内容。

一　全球视野中的"一带一路"网络互联互通情况

2012年全球互联网互联互通的情况如下，欧洲和北美是网络连接最紧密的地区，其次是北美和南美、北美和日本等。"一带一路"沿线上只有一些重要节点城市是网络连接的枢纽，如中国的北京、上海、香港、台北，新加坡，印度孟买等，而中亚、西亚、东南亚、北非的部分地区的连接都比较"稀疏"。

据中国信息通信研究院统计，"一带一路"沿线64个国家中，29个国家有国际海底光缆通达，35个国家没有海底光缆通达，这些国家有的是内陆国家，但有的是沿海国家却没有直接连通海底光缆，这种现状限制了"一带一路"国家互联网的普及程度和宽带的发展水平[①]。从全球海底光缆图也可以看出，我国东部沿海几大网络枢纽城市经南海、东盟国家连接新加坡，穿过马六甲海峡连接印度等南亚国家，再经阿拉伯海连接沙特等少数中东国家。

我国与"一带一路"沿线国家在网络互联互通上还有一些薄弱，但仍然具备了一定的基础条件。目前，我国已经与14个陆上邻国中的12个建立了跨境陆地光缆系统，在海上丝绸之路沿线也已经有多条海缆在使用。

---

① 《加强"一带一路"沿线国家信息基础设施建设》，http://news.163.com/16/1118/09/C654LOPR00014SEH.html，最后访问日期：2017年9月28日。

宽带网络价格承受度方面，Information Geography[①] 网站的资料显示，中亚、东南亚、中东部分地区网络价格总体较高，特别是阿富汗、伊拉克等战乱地区。综合来看，"一带一路"沿线少数重点城市与外界互联互通情况较好，但在中亚、西亚、中东部分地区，特别是战乱地区的互联网宽带等信息基础设施覆盖较差。

国际电信联盟（ITU）发布的《2016衡量信息社会报告》显示，东南亚、南亚、中东、东北非地区的大多数国家的 IIDI 指数（信息基础设施发展水平指数）仍低于世界平均水平。中国国家信息中心发布的《"一带一路"沿线国家信息基础设施发展水平评估报告》显示，乌兹别克斯坦、塔吉克斯坦、柬埔寨、印度、叙利亚、东帝汶、尼泊尔、巴基斯坦、孟加拉、老挝、也门、伊拉克、缅甸、阿富汗等国家的信息基础设施发展水平排名靠后。这些国家和地区对信息基础设施的提升有着较大需求，未来发展潜力巨大。

二 "一带一路"沿线跨国信息基础设施建设情况

"一带一路"的"五通"中，任何"一通"都离不开信息互通，网络互联。我国互联网的出口主要在北京、上海、广州等地，面向的国家也主要是美国、欧洲等发达国家。在"一带一路"倡议提出后，我国与沿线的发展中国家之间的网络互联成为短板，亟待补齐。

2015年3月国家发改委、外交部、商务部联合发布了《推动共建丝绸之路经济带和21世纪海上丝绸之路的愿景与行动》[②]，明确提出从陆（双边跨境光缆）、海（洲际海底光缆）、空（卫星信息通道）多方面"提高国际通信互联互通水平，畅通信息丝绸之路"，并强调"加强沿线国家信息互换、发展跨境电子商务、促进新一代信息技术深入合作"。

2016年3月，国家"十三五"规划纲要纳入"中国-阿拉伯国家等网上丝绸之路""中国-东盟信息港"两大项目，即从东、西两大方向，在陆、海两种通道上推进一带一路信息化合作。2016年10月，国防科工局、

[①] Information Geography，http：//geogtraphy.oii.ox.ac.uk/?page=broadband-affordability，2017-10-26.

[②] 《推动共建丝绸之路经济带和21世纪海上丝绸之路的愿景与行动》，http：//news.xinhuanet.com/2015-03/28/c_1114793986.htm，最后访问日期：2017年9月25日。

国家发改委又发布了《关于加快推进"一带一路"空间信息走廊建设与应用的指导意见》①,从空中通道建设为"一带一路"倡议服务的综合性信息化工程。

2016年7月,《国家信息化发展战略纲要》也明确提出要"围绕'一带一路'建设,加强网络互联、促进信息互通,加快构建网络空间命运共同体"。

2017年3月,我国发布《网络空间国际合作战略》提出:"推动与周边及其他国家信息基础设施互联互通和'一带一路'建设;支持中国的互联网企业联合制造、金融、信息通信等领域企业率先走出去,构建跨境产业链体系;鼓励中国企业帮助发展中国家发展远程教育、远程医疗、电子商务等行业,促进这些国家的社会发展;务实开展与沿线国家网络文化合作"。

这些国家战略从"一带一路"信息基础设施互联互通、信息产业合作共赢、信息社会互助共建、信息内容互换共享、网络文化互鉴交流等多方面阐释了"一带一路"信息化的重要意义,指明了"一带一路"信息化发展与合作中的重要内容。与此同时,一些国家和地区也在信息基础设施方面开展了项目合作。

(一)中阿网上丝绸之路

我国西部的宁夏回族自治区在与阿拉伯国家的交往中具有语言、文化等方面的独特优势,因此宁夏也十分重视与阿拉伯国家的经贸合作,先后启动了中阿合作论坛、中阿经贸论坛和中国-阿拉伯国家博览会,在世界上产生了广泛影响,得到了包括"一带一路"沿线阿拉伯国家的广泛认同。在国家推进"一带一路"倡议以及全球网络化、信息化程度不断深化的大背景下,建设以宁夏为前沿,连通中国和阿拉伯国家的网上丝绸之路是顺理成章之举。

2015年1月,宁夏回族自治区政府工作报告提出"要以国家'一带一路'倡议为引领,进一步打造丝绸之路经济带战略支点"②,并特别提出要"以网上贸易、云计算、云服务、大数据展示为重点,全面启动中阿网上丝绸之路建设"③。

---

① 《国防科工局、发改委加快推进"一带一路"空间信息走廊建设与应用的指导意见》,http://www.chinanews.com/gn/2016/11-23/8072688.shtml,最后访问日期:2017年9月25日。
② 《宁夏:倾力打造丝绸之路经济带战略支点》,http://www.ce.cn/culture/gd/201503/03/t20150303_4715663.shtml,最后访问日期:2017年9月25日。
③ 《解读28省政府报告中"一带一路"建设方向》,http://www.scio.gov.cn/ztk/wh/slxy/31200/Document/1394016/1394016.htm,最后访问日期:2017年9月25日。

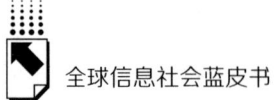

中阿网上丝绸之路项目内容很多，主要包括三个方面，一是连通中国与阿拉伯国家的网络通信基础设施建设，二是跨国性云计算平台、大数据中心建设，三是中阿电子商务网络以及相关的认证、支付、结算、通关体系建设。综合《宁夏回族自治区信息通信业"十三五"发展规划》①《银川市国民经济和社会发展第十三个五年规划纲要》②等政府文件，中阿网上丝绸之路项目中与网络通信基础设施相关的内容包括：

（1）推动宁夏国际通信专用通道建设，启动宁夏国际通信专用通道建设工程，打造国际网络通道和区域信息汇集中心，提升宁夏面向阿拉伯国家的国际互联网服务质量；

（2）提高宁夏中卫市西部云基地和银川市滨河大数据中心的国际通信服务能力，强化园区企业国际互联网访问能力和安全保障能力；

（3）积极利用卫星服务，构筑天地一体化的中阿信息高速公路；

（4）筹划建设银川市国际电信出口局，打造国际网络通道和区域信息汇集中心。

专栏：宁夏国际通信专用通道建设工程

工程目标：打通宁夏到阿拉伯国家的网络通道，提升我区面向国际，尤其是阿拉伯国家的国际互联网访问能力。

工程内容：与基础电信运营企业就专用通道建设达成共识，协调地方政府开展国际通信专用通道申请工作，编制申报方案，组织论证政策环境、地理环境条件、项目可行性等。根据宁夏到阿拉伯国家的国际通信业务量及未来发展趋势，构建宁夏直达北京国际互联网出入口的通信链路，新建或扩容交换设备、汇聚设备、传输设备等，布设相关安全设施，提高宁夏国际互联网

---

① 《宁夏回族自治区信息通信业"十三五"发展规划》，http：//www.nxdrc.gov.cn/info/1344/11733.htm，最后访问日期：2017年9月25日。
② 《银川市国民经济和社会发展第十三个五年规划纲要》，http：//www.nxdrc.gov.cn/info/1342/11299.htm，最后访问日期：2017年9月25日。

访问能力，提升国际通信网络安全保障水平。建立国际通信专用通道管理机制和管理手段，提高宁夏国际通信专用通道的运营与管理能力。

建设周期：2016～2020年。

建设主体：宁夏通信管理局、各地政府、各基础电信运营企业。

（二）中国－东盟信息港

近年来，中国与东盟经贸关系发展迅速。2010年，中国－东盟自由贸易区正式全面启动，与欧盟、北美自由贸易区并列为世界三大区域经济合作区，涵盖11个国家，是目前覆盖世界人口最多，也是发展中国家间最大的自贸区。广西是我国唯一与东盟陆海接壤的省份，是我国通向东盟国家的重要门户。建设连通广西与东盟国家之间的区域性国际通信枢纽，对于促进中国与东南亚以及南亚、中东的经贸合作，加快我国西南地区发展，是十分重要和必要的。

2014年9月首届中国－东盟网络空间论坛在广西南宁举行，论坛上中国提出将在广西建设中国－东盟信息港，该项目将建设一条连通中国与东盟国家的"数字丝绸之路"，这项重大举措既有助于加快中国和东盟国家信息化水平的提升，也有利于促进各国之间的信息化合作、缩小各国之间的数字鸿沟，实现数字共赢。

2016年4月，国家发改委、网信办、外交部、工信部、商务部等国家部委联合印发了《中国－东盟信息港建设方案》，国务院还将中国－东盟信息港建设列入国家"十三五"重点规划①。同年6月，广西印发《关于推进中国－东盟信息港建设的工作方案》②，并成立了中国－东盟信息港股份有限公司（以下简称"中国东信公司"），负责承接中国－东盟信息港的建设工作，标志着中国－东盟信息港建设正式启动。

根据《关于推进中国－东盟信息港建设的工作方案》，中国－东盟信息港

---

① 《中国东盟携手共建"信息丝绸之路"》，http：//news.cnfol.com/guojicaijing/20160913/23465761.shtml，最后访问日期：2017年9月25日。
② 《广西印发〈关于推进中国－东盟信息港建设的工作方案〉》http：//dqs.ndrc.gov.cn/qyhz/gjqyhz/201604/t20160415_798266.html，最后访问日期：2017年9月25日。

建设将分为两阶段：第一阶段是 2015~2017 年，主要是打造硬件基础，推动一批基础性重大项目建设，布局一批服务东盟的重大产业基地，初步形成中国－东盟信息港整体框架。第二阶段是 2018~2020 年，主要是构建机制和平台，建成中国－东盟国家信息通信网络体系，建立长效合作机制，打造基础设施、技术合作、经贸服务、信息共享、人文交流 5 大服务平台①。

中国－东盟信息港的广西布局，主要是构建"一基地、一中心、一轴、两组团"，形成两级驱动、多区并进的协同发展局面②：

- 一基地，即中国－东盟信息港核心基地；
- 一中心，即中马钦州产业园；
- 一轴，即沿南宁、北海、桂林、钦州、柳州的南北方向，形成信息港主轴，信息港信息技术与产业轴、信息人才聚集轴、信息资源汇聚轴的"三轴合一"；
- 两组团，即沿边沿海组团和桂东承接组团。

（三）卫星通信

随着商业航天活动的全球化及空间信息技术发展变革，"一带一路"沿线国家和地区经济快速发展，但由于其途经地区有高山，有海洋，有戈壁沙漠，甚至还有不少战乱地区，建设跨国的陆地光缆、海底光缆施工难度很大。因此，对信息服务尤其是以卫星通信为基础的应用需求极为迫切。根据美国卫星产业协会（SIA）年度报告，在高通量宽带卫星网络系统技术日趋成熟、业务应用将更多被采用的需求发展推动下，以高通量宽带卫星应用产业为爆发点的产业应用将出现飞速发展。

2016 年 10 月，国防科工局、国家发改委发布了《关于加快推进"一带一路"空间信息走廊建设与应用的指导意见》③，指出："要提升'一带一路'

---

① 《广西印发〈关于推进中国－东盟信息港建设的工作方案〉》，http：//dqs.ndrc.gov.cn/qyhz/gjqyhz/201604/t20160415_798266.html，最后访问日期：2017 年 9 月 25 日。
② 《中国－东盟信息港建设稳步推进：扬鞭跃马向新程》，http：//www.gxnews.com.cn/staticpages/20170117/newgx587d4e71-15873064.shtml，最后访问日期：2017 年 9 月 25 日。
③ 《国防科工局 发展改革委关于加快推进"一带一路"空间信息走廊建设与应用的指导意见》，http：//www.ndrc.gov.cn/zcfb/zcfbqt/201611/t20161123_827548.html，最后访问日期：2017 年 9 月 25 日。

空间信息覆盖能力,加速国家卫星系统建设,积极推动商业卫星系统发展,完善空间信息地面应用服务设施,构建空间信息共享服务网络。"上述《意见》还特别指出要支持我国相关的基础设施建设企业、资源类企业及重大装备、现代服务业企业"走出去",通过加强我国卫星系统与国际相关卫星系统的商业化合作,推动商业服务又快又好发展。

在这种大背景下,中国卫星通信产业也积极参与到国际合作与竞争中,北京星空年代通信技术有限公司(以下简称"星空年代")就开始在"一带一路"信息空间走廊布局,规划高通量宽带卫星通信网络系统建设,开展网络运营和信息传输服务,为"一带一路"沿线国家及区域提供宽带空间信息服务,实现信息高速互联互通。目前,星空年代以合作打造国产首个 70Gbps 容量的"星空一号"高通量宽带卫星网络系统作为落实"一带一路"空间信息走廊建设工作的有力抓手,建设拥有我国自主知识产权宽带卫星网络系统,服务于"一带一路"空间信息走廊建设[1]。

(四)中国电信项目

中国电信预计未来五年为电信产业链创造 100 亿~200 亿美元的商机。"一带一路"沿线的信息高速公路也将助力中国优势产能输出,这包括电信设备、产品、标准、互联网应用等产业链上下游各个环节。

中国电信推进海外项目的思路是,以服务和产品取胜,不打价格战,通过合作的方式实现与当地运营商的共赢,将按照价值规律参与"一带一路"周边国家信息高速公路建设,并不会排斥国外厂商,合作伙伴的选择要遵循性价比原则,尊重国际标准、当地法律和经济规律[2]。

据中国电信统计[3],中国电信拥有 37 条国际海缆,与接壤的 14 个国家中的 12 个建立了 35 个陆缆直连系统,并与全球超过 100 家领先的互联网运营商

---

[1] 《加强"一带一路"沿线国家信息基础设施建设》,http://www.ce.cn/cysc/newmain/yc/jsxw/201703/16/t20170316_21068024.shtml,最后访问日期:2017 年 9 月 25 日。
[2] 《"一带一路"信息高速公路建设将带动百亿美元投资》,http://intl.ce.cn/specials/zxgjzh/201704/25/t20170425_22334154.shtml,最后访问日期:2017 年 9 月 25 日。
[3] 《运营商"一带一路"建设成绩斐然 朋友圈日益广阔》,http://www.cctime.com/html/2017-5-12/1286793.htm。

建立了互联关系。目前中国电信重点通过四大先导性重点项目推动"一带一路"信息高速公路建设,包括中老泰陆缆直连通道、中巴信息走廊、丝路光缆、中缅孟印通道。

(五)跨欧亚信息高速公路

"跨欧亚信息高速公路"计划,即 Trans-Eurasian Information Super Highway(TASIM),该计划是2008年11月第十四届国际通信和信息技术会议期间,由阿塞拜疆共和国通信和高科技部提出的倡议,旨在建造一条从西欧到东亚的跨国光纤骨干网(又称"虚拟丝绸之路"),推进欧亚地区网络通信一体化。该骨干网途经土耳其、格鲁吉亚、阿塞拜疆、哈萨克斯坦等国,将德国法兰克福与中国香港连接起来,欧洲和亚洲的信息交换中心在其中起到联结作用,全长1.1万公里。此外,还将有一条经过波兰、乌克兰、俄罗斯等国的北部路线。

2009年12月的联合国大会上,共同主办该项目的30个国家一致通过该决议。从2010年4月起,阿塞拜疆共和国通信和高科技部建立项目执行组,在与国际顾问的合作下,创造了最初的理念——提供针对电信运营商的大规模网络、针对金融行业的高可靠性服务、针对高容量视频的优化解决方案。2011年7月,阿塞拜疆举办了该项目的第一次国际研讨会,阿塞拜疆的主导电信运营商、中国电信、哈萨克斯坦TRANSCOM、俄罗斯Rostelecom、土耳其Türk Telekom、欧盟都参与其中,项目秘书处正式建立。2012年12月,为加速项目的实现,联合国大会一致通过一项新决议,促成了与国际电信研究院(International Telecommunication Institute)相结合的欧亚连接联盟(Eurasian Connectivity Alliance,EuraCA)的建立。

该项目将分为两个阶段实施:第一阶段,重点区域国家将建立重大通信基础设施连接东西部,让TASIM有商业可行性;第二阶段,在原先建立的通信设施基础上,建立联通欧亚和中亚国家、价格可承受的网络设施,现有线路将进行升级以对接新的光纤网络。

目前,TASIM的初始带宽为1.2Tbit/s[①];已建成的网络基础设施包含法兰

---

① 《阿塞拜疆参与建设"虚拟丝绸之路"》,http://business.sohu.com/20140912/n404261872.shtml,最后访问日期:2017年9月25日。

克福-香港骨干网、高可靠性冗余路由、高可靠性网络运营中心、高硬件冗余、区域1级网络、主要城市沿线基础设施等；已建成的服务包括亚欧电信中转道、运营商区域服务交换、先进的服务级别协议/SLA 和信息传输管理模式、虚拟专用网/VPN、IPTV 组播（SHO VHO 模型）、视频点播/VoD（SHO VHO 模型）、点对点（P2P）区域化、区域内容分发网络（CDN）骨干、区域云基础设施的数据交换等等。

三 促进"一带一路"信息化基础设施互联互通的对策建议

提升"一带一路"沿线国家信息基础设施发展水平是实现"一带一路"网络互联、信息互通的重要基础性工作[①]。而且，我国通信产业经过20年的发展，内需趋于饱和，近年来运营商大幅投资 4G 以及铺设光纤网络后，国内通信业投资出现下滑趋势，而"一带一路"沿线许多国家都对信息化基础设施有巨大的需求，我国通信制造业正好可以满足这些需求，从而实现沿线国家的多赢。为此，本文提出以下对策建议。

第一，分方向提升网络连通能级。目前"一带一路"的两个方向中，海上丝绸之路方向的网络连通以海底光缆为主，目前这个方向的海缆系统已比较成熟，但我国的国际互联网出口都集中在北京、上海、广州等东部沿海地区，亟须打通西南省份（主要是广西、云南）直接连入国际海缆的通道，避免内陆省份连通互联网时"舍近求远"；新丝绸之路经济带方向的网络连通则以陆上光缆为主、卫星通信为辅，我国要积极支持和参与"亚欧光缆"等国际项目建设，加快实施中老泰陆缆直连通道、中巴信息走廊、丝路光缆、中缅孟印通道等项目，解决我国西南、西北方向的国际网络连通瓶颈。

第二，分区域协调推进。"一带一路"有很多次区域，例如中亚地区、湄公河次区域等，次区域内部各国之间联系比较紧密，因此可以首先推进各次区域内部国家之间的互联互通。我国可在国家信息化发展规划、技术标准体系方

---

① 杨道玲、王璟璇、李祥丽：《"一带一路"沿线国家信息基础设施发展水平评估报告》，《信息化研究》2016年第17期。

面与沿线国家对接,在海底光缆、跨境陆地光缆、卫星通信、云计算、跨境电子商务等方面起引领作用,促进多个国家形成相关合作协定。

第三,加强"一带一路"信息基础设施建设的资金保障。建议在国家开发银行、亚洲基础设施投资银行、金砖银行和丝路基金中设立专项,为"一带一路"信息化基础设施建设提供支持;同时还要发挥社会资本包括互联网金融的作用,为信息通信企业提供资金保障,形成以项目为抓手、以企业为主体、社会共同参与、各类基金支持的协调推进模式。

第四,加强信息化基础设施建设中的中外合作。要针对各个国家信息化基础设施建设的不同需求,发挥我国信息通信产业发达、产品和服务物美价廉的优势,支持我国企业广泛参与沿线国家信息基础设施建设,促进通信设备出口;同时也要加强我国通信企业与沿线国家当地IT企业的合作,鼓励中国通信企业在当地设立研发中心、制造基地,通过基础设施建设带动当地信息通信技术创新与产业发展,实现合作共赢。

参考文献

陈才、刘晓晴:《以中国-东盟信息化合作推动21世纪海上丝绸之路发展》,《世界电信》2017年第2期。

程昊、孙九林、董锁成等:《"一带一路"信息化格局及对策》,《中国科学院院刊》2016年第6期。

大雨:《做"一带一路"信息化建设先行军》,《中国航天报》2015年5月22日。

芮晓武:《以信息化为纽带助推"一带一路"建设》,《经济日报》2017年5月13日。

孙丕恕:《将云计算中心建设纳入"一带一路"规划》,《金融科技时代》2016年第4期。

王爱华:《"一带一路"需要信息化建设与合作》,《中国信息界》2017年第3期。

仰义方、谢磊:《"一带一路"倡议实施中的信息化建设》,《中国社会科学报》2016年9月29日。

赵睿斌:《加快推进"一带一路"信息中心建设》,《财经界》2016年第2期。

张小平:《用全球化视野看"一带一路"的信息化建设》,《国际公关》2015年第2期。

B.9
中国信息技术企业走向"一带一路"

丁波涛*

摘　要： 随着我国的信息化发展水平不断升高，市场逐步趋于饱和，同时中国经济下行压力不断增大，未来的中国信息产业必将走出国门、走向世界。中国信息技术企业"走出去"大致经历了三个阶段，一是"探索期"，主要是在发达国家设立研发中心，利用他国技术力量；二是"拓展期"，以发达国家和"金砖国家"为重点开拓海外市场；三是"突破期"，聚焦东南亚、南亚和中东欧等"一带一路"沿线国家，重点是通信设备制造和数字经济。从中国网络通信服务、电子信息制造和互联网等行业案例分析来看，目前中国信息技术企业"走出去"已取得较为丰硕的成果，在不少"一带一路"沿线国家，中国企业已成为当地通信设备、手机和互联网服务行业的领导者。与此同时，中国IT企业国际化面临着诸多政治、市场、文化方面的障碍，同时中国企业也存在水土不服、经验不足等问题，未来中国政府应将IT产业"走出去"作为"一带一路"倡议中的重要内容，为中国IT企业"走出去"营造良好国际环境，同时中国IT企业也要不断增加国际化开拓能力、采取措施减少市场进入阻力。

关键词： 信息技术产业　国际布局　跨国企业

---

* 丁波涛，博士，上海社会科学院信息研究所副所长、副研究员，研究方向：信息社会、城市信息化、信息资源管理。

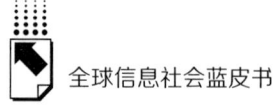

改革开放以来特别是20世纪90年代以来，中国的信息化建设与信息产业发展在几乎空白的基础上，一路突飞猛进，取得了举世瞩目的成就。与其他产业一样，中国的信息产业也经历一个由产业引进、模仿改进向自主创新转变的过程，目前在通信服务领域、在通信设备制造和电子产业领域、在互联网领域，我国都涌现出一大批具有行业龙头地位和重要行业影响力的IT企业。随着我国的信息化发展水平不断提高，市场逐步趋于饱和，同时中国经济下行压力不断增大，未来的中国信息产业必将走出国门、走向世界，进行信息产业的全球布局，提升中国信息产业的国际地位和主导权。

国家"一带一路"倡议的提出和实施，将打开一大片亟待开发的新兴市场，为中国信息企业突破海外化的瓶颈、建设国际化IT企业，打造国际IT巨头，提供千载难逢的历史机遇。2015年3月28日，国家发展改革委、外交部、商务部联合发布的《推动共建丝绸之路经济带和21世纪海上丝绸之路的愿景与行动》（以下简称"《愿景与行动》"）明确指出："基础设施互联互通是'一带一路'建设的优先领域""努力实现区域基础设施更加完善，安全高效的陆海空通道网络基本形成，互联互通达到新水平"。在网络互通方面，《愿景与行动》明确提出要"共同推进跨境光缆等通信干线网络建设，提高国际通信互联互通水平，畅通信息丝绸之路。加快推进双边跨境光缆等建设，规划建设洲际海底光缆项目，完善空中（卫星）信息通道，扩大信息交流与合作"。本文将对中国信息企业在"一带一路"进行开拓的现状进行分析，对未来发展进行展望。

一 中国信息技术企业"走出去"实践的回顾与展望

虽然中国信息企业"走出去"近几年才成为热点话题，但很多中国信息企业在20世纪90年代就开始了国际化探索。其后随着中国经济的高速增长以及中国信息产业在很短时间内由小变大、由弱变强，中国信息企业在国内不断发展壮大的同时，也很快向海外扩展。以时间为序，可以将中国信息企业"走出去"的过程大致分为以下几个阶段。

（一）探索期

大致开始于20世纪90年代初。由于那个时期中国信息产业还处于起步阶段，面对实力雄厚的国际IT巨头，国内IT企业亟须提升技术水平和研发能力。因此，信息技术先进、人才丰富的发达国家（特别是美国）成为国内IT企业"走出去"的首选之地。比如华为公司早在1993年就在美国硅谷建立芯片研究所。其目的大多是利用海外分支机构，及时跟踪国际信息技术前沿，并利用国外创新资源，加快提高国内IT企业的技术水平。

总体而言，这一时期中国IT企业实力还普遍比较弱，国际化经验几乎为零，国际化的目标主要还是利用国外力量来加强研发，而不是开拓海外市场，其"走出去"的规模和影响都比较小。但这一时期的探索实践，既增加了国内外IT企业之间的相互了解，也为后来中国IT企业大规模地"走出去"积累了经验。

（二）拓展期

大致开始于20世纪90年代中后期，拓展方向以美欧等发达国家以及海外新兴发展大国特别是"金砖国家"为主。在这一时期，中国IT企业实力进一步壮大，在与国外IT巨头的激烈竞争中逐步站稳脚跟，并涌现出一批具有自主品牌和国内外影响力的著名IT企业，如通信设备制造领域的"巨、大、中、华"（巨龙、大唐、中兴、华为），软件领域的金山、用友等，互联网领域的新浪、百度、阿里巴巴、腾讯等。这些IT企业在国内崭露头角的同时，也开始将眼光瞄准国外，进行海外扩张。

这一阶段中国IT企业的扩张方向大致可分为两类，一是美国、欧洲、日本等发达国家，这些国家经济社会和信息化发展水平高，IT市场规模巨大，同时进入这些国家市场，有利于国内企业学习全球前沿技术和模式；二是以印度、俄罗斯、巴西、南非等"金砖国家"为主的新兴发展中大国，这些国家的经济社会和信息化发展水平不高，但国土广阔、人口众多，IT市场的潜力巨大，同时相对发达国家而言，这些IT市场成熟度低，竞争相对较小，发展机会较多。

这一时期中国IT企业的"走出去"虽然也取得了不少成果，但总体而言成效不彰。在欧美等发达国家，一则这些国家IT市场已形成比较成熟的格局，基本被传统IT巨头垄断，新兴进入者很难有发展空间；二则发达国家的市场进入门槛高，监管体系又十分严密和严格，中国IT企业往往很难适应；三是

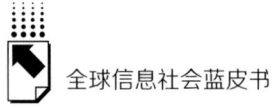

发达国家一直将IT产业视为自有领地，对于中国IT企业往往抱着警惕的态度，因而常常借用信息安全、知识产权、环境保护等话题进行炒作，阻碍中国IT企业进入这些国家市场。

而在俄罗斯、巴西等新兴大国，虽然其市场潜力巨大，但国际IT巨头往往已捷足先登，抢先在当地建立了市场网络和品牌效应，同时这些国家政治局势不稳、市场体系不完善，而且这些新兴大国对于IT产业这样的新兴产业往往采取一定的市场保护，加之在政治、社会、文化、消费习惯等方面存在很大差异，也给中国IT企业在当地的发展带来很大困难。

（三）突破期

突破期大致开始于2010年之后，突破范围以"一带一路"沿线国家，特别是以其中地理相近的东南亚和南亚国家以及处于经济转型过程中的东欧国家为主。2010年以来，中国的IT企业在经过二十多年的成长发育之后，逐步赶上并反超传统的国际IT巨头，出现了以华为和BAT（百度、阿里巴巴、腾讯）等为代表的具有全球领先地位的中国IT企业。这些企业不仅规模巨大、实力雄厚，而且它们在发展战略、管理模式和市场营销体系等方面也更加成熟，因此其在进行国际市场开拓时能够更加从容和理性，国际化战略取得的成效也更加显著。

虽然东南亚、南亚和东欧国家中的多数国家都属于中小国家，但将这些国家的人口和经济累加起来，总量仍十分庞大，而且这些国家的经济社会和信息化发展水平普遍较低，蕴含着巨大的IT市场潜力。同时与欧美等发达国家以及俄罗斯、巴西、南非等新兴大国相比，我国的IT市场不如它们的开放，进入障碍较少。具体而言，对于中国IT企业，上述三个区域各有其特色优势。

一是东南亚国家。与中国地理位置邻近、文化相通、经贸联系密切，中国是东盟第一大贸易伙伴，东盟则是中国第三大贸易伙伴。最近二十几年来，中国企业往往将东南亚国家视为"走出去"的第一站，已在东南亚各国进行了市场开拓，为国内IT企业进入这些国家打下了较好基础。

二是南亚国家。南亚国家不仅地理位置邻近中国，而且其中的印度、巴基斯坦、孟加拉都是人口过亿的大国，信息化建设都处于起步阶段，IT消费层次较低，市场潜力巨大，特别适合物美价廉的中国IT产品。同时巴基斯坦等国不仅战略位置十分重要，而且长期与中国保持稳固的友好关系，是中国IT企业"走出去"的重要目标地。

三是东欧国家。除俄罗斯外，东欧国家的人口规模和国土面积都不大，但许多东欧国家已基本完成经济转型，初步进入发达国家行列，这些国家都十分重视国家信息化建设，对IT产品和服务有着很大需求。同时这些国家与中国类似，都是由原先的计划经济体制转型为市场经济体制，经济社会发展阶段和过程有着不少共性，这也为中国IT企业在这些国家进行市场开拓提供了特殊便利。

总体上看，中国IT企业"走出去"，既是IT产业发展的自身规律在推动，也与国家的对外战略密不可分。20世纪90年代之后，中国进一步打开国门，对外经贸合作的重点首先是欧美日等发达国家，因此中国IT企业也将这些国家作为国际化目的地的首选；2001年美国高盛公司首席经济师吉姆·奥尼尔（Jim O'Neill）首次提出"金砖四国"的概念，显示出国际政治和经济格局发生深刻变化，欧美等发达国家的国际地位相对下降，而新兴国家的地位相对上升。中国对这一变化高度重视，及时调整了对外战略，中国IT企业也对其"走出去"的重点进行了相应的调整；2013年之后，国家提出了"一带一路"倡议，明确了我国对外战略的新方向，中国IT企业也及时跟进，将"一带一路"沿线国家作为突破重点。而近几年中国IT企业在"一带一路"沿线取得的突出成效，也印证了国家"一带一路"倡议的科学性与合理性。

二　中国信息技术企业走向"一带一路"案例

（一）网络通信服务企业"走出去"

中国移动作为中国最大的通信服务企业，也是全球市值最大、客户规模最大、网络规模最大的电信公司。最近十多年来，中国移动在不断巩固国内电信市场份额的同时，也积极"走出去"，大力开拓国际市场。其基本思路是以港澳台地区为突破口和踏板，向东南亚和南美等新兴市场辐射，最终力争覆盖欧美等发达国家市场。其国际化的主要步骤如下。

（1）1997年10月，中国移动公司分别在纽约和香港上市，同时以广东和浙江两省移动业务为主体的中国移动（香港）有限公司挂牌成立，实现了中国移动国际化的第一步。

（2）2005年和2006年，中国移动先后参与巴基斯坦电信公司（PTCL）和总部位于卢森堡的Millicom公司股权的收购，但均以失败告终。

（3）2006年3月，中国移动（香港）有限公司收购香港第四大电信运营商——华润万众电话有限公司，成为中国移动走出内地市场的第一步。同年6月，中国移动还收购了凤凰卫视19.9%的股权，成为凤凰卫视的第二大股东。

（4）2007年2月，中国移动收购巴基斯坦第五大电信运营商Paktel公司，该公司拥有2570万用户，使得中国移动成为巴基斯坦第三大电信运营商，其国际品牌"ZONG"已成为半数以上新用户的选择。

（5）2007年，中国移动分别在美国洛杉矶和英国伦敦设立了代表处，为中国移动打开了提供海外服务、收集国外市场信息、发掘国际市场机会的窗口。2008年，中国移动在美国旧金山建立了中国移动美国研究所。

（6）2014年6月9日，中国移动有限公司与泰国True Corporation PCL签订了股份认购协议。交易完成后，公司将通过中国移动国际控股持有True Corporation PCL经扩大后股本的18%权益，成为其第二大股东。交易完成后，双方将在技术和网络建设、采购共享、市场开发等多个领域开展合作①。

（二）电子信息企业"走出去"

1. 华为公司

华为公司是国内较早拓展国际业务的IT企业，也是目前国际化程度最高的中国IT企业。华为的国际化采取了"农村包围城市"的先易后难策略。这一策略可分为四个步骤②。

第一步，进入香港。1996年，华为与和记电信合作，提供以窄带交换机

---

① 《中移动豪掷55亿成泰国某运营商二股东》，http：//finance.sina.com.cn/chanjing/gsnews/20140610/071119362401.shtml，最后访问日期：2017年9月25日。

② 沈诗理：《华为的国际化战略不同之路》，http：//www.cssn.cn/glx/glx_jdal/201401/t20140123_951247.shtml，最后访问日期：2017年9月25日。

为核心产品的"商业网"产品,这次合作中华为取得了国际市场运作的经验,和记电信在产品质量、服务等方面近乎苛刻的要求,也促使华为的产品和服务更加接近国际标准。

第二步,开拓发展中国家市场。重点是市场规模大的俄罗斯和南美地区。1997年华为在俄罗斯建立了合资公司,以本地化模式开拓市场。2001年,华为在俄罗斯市场销售额超过1亿美元,2003年在独联体国家的销售额超过3亿美元,位居独联体市场国际大型设备供应商的前列。1997年华为在巴西建立合资企业,但由于南美地区经济环境持续恶化以及北美电信巨头占据稳定市场地位,直到2003年,华为在南美地区的销售额还不到1亿美元。

第三步,全面拓展其他地区,包括泰国、新加坡、马来西亚等东南亚市场以及中东、非洲等区域市场。在泰国,华为连续获得较大的移动智能网订单。此外,华为在相对比较发达的地区,如沙特、南非等也取得了良好的销售业绩。

第四步,开拓发达国家市场。在西欧市场,从2001年开始,华为以10G SDH光网络产品进入德国为起点,通过与当地著名代理商合作,华为的产品成功进入德国、法国、西班牙、英国等发达国家和地区。北美市场既是全球最大的电信设备市场,也是华为最难攻克的堡垒,华为先依赖低端产品打入市场,然后再进行主流产品的销售。

同时与其他许多国内IT企业不同的是,华为在拓展海外市场的过程中,十分重视技术与产品的国际化研发与创新,而不是简单地通过低价格来占领国外市场。根据世界知识产权组织公布的报告,华为在2014年以3442件的申请数超越日本松下公司,成为申请专利最多的公司[1]。同时华为在印度、美国、俄罗斯、瑞典等国家建立了研发机构,也吸引了大量当地优秀人才,既壮大了华为的实力,也为技术和产品的本土化提供了人才支撑。

2. 联想公司

与华为在海外设置分支机构的国际化方式不同,中国另一家顶级硬件设备

---

[1] 《从华为和联想看国内IT企业的国际化之路》,http://tech.163.com/15/1017/09/B649KE51000948V8.html,最后访问日期:2017年9月25日。

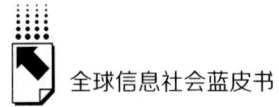

制造商——联想的国际化拓展大多是采用海外并购的方式来进行的。下文列出了联想公司近十多年来的重要并购案。

2005年5月1日,联想完成收购IBM个人电脑业务,正式标志着联想国际化道路的开始。在收购后,联想在PC市场的排名一跃成为全球第一。

2011年1月27日,联想宣布与日本NEC PC成立合资公司,坐上了日本PC市场头把交椅。

2011年6月1日,联想集团宣布收购德国Medion公司,收购完成后,联想在德国的PC市场份额扩大一倍。

2012年8月1日,联想宣布与美国EMC公司建立起广泛的合作关系。

2012年9月5日,联想宣布收购巴西CCE公司,市场份额继续扩大,成为巴西第三大PC厂商。

2012年9月18日,联想宣布收购美国的Stoneware公司。

2014年10月,联想完成对美国IBM System x业务的收购,获得了全球14%以上的X86服务器市场份额。

2014年10月,联想完成对美国摩托罗拉移动业务的收购,获得了摩托罗拉多项手机专利,让联想手机业务顺利进入美国。

(三)互联网企业"走出去"

截至目前,茄子快传、UC、猎豹移动、APUS在印度市场用户规模都已过亿,其中UC和猎豹进入较早,茄子快传发展速度最快,已拥有2.5亿印度用户,超过移动互联网用户总量的70%,成为印度的国民应用。茄子快传优异的增长表现和超高的份额同样出现在了印尼市场,长期稳居印尼Google Play工具榜第一①。

1. 阿里巴巴

2016年8月30日,阿里巴巴移动事业群UC在印尼雅加达召开UC头条印尼版——UC News发布会,宣布从"工具类平台"到"内容分发平台"的战略转型。同时,针对印尼市场对移动内容消费的旺盛需求,UC旗舰产品——

---

① 《2017年中国移动互联网出海前瞻"双印"成国际化爆发点》,http://mt.sohu.com/20170104/n477718985.shtml,最后访问日期:2017年9月25日。

UC浏览器也正式升级为以大数据为驱动、带信息流的内容聚合和分发平台，为印尼用户带去"千人千面"的内容服务，并将携手印尼传统媒体和新媒体等内容提供商共同构建本地优质内容生态，实现内容的"供给侧、消费侧、商业侧"共赢。

2. 百度

2007年以来，百度先后推出了日语、阿拉伯语、葡萄牙语、泰语等多语种的搜索引擎，其中阿拉伯语版本绑定网页搜索、视频搜索、百度翻译等服务，葡萄牙语版本则提供网页搜索、图片搜索、视频搜索、百度贴吧，泰语版本则包含了网页搜索、视频搜索、百度翻译、百度贴吧，并且开办了一些针对当地用户的本土化服务[1]。

2008年，百度曾经直接在日本建立过分公司并上线了搜索产品。2011~2013年，百度开始在海外密集布子，主要是依靠浏览器、杀毒软件和Hao123等渠道产品铺设管道，为搜索引擎做准备。

2014年，这一个阶段的国际化布局有了初步成果，7月百度正式在巴西上线了葡萄牙语搜索引擎，踏出了继日本语之后的核心业务出海的第二步。

除了在硅谷建立研究院之外，百度这一年在海外还做了如下拓展[2]：

2014年9月，A轮投资芬兰室内导航技术服务公司IndoorAtlas，金额1000万美元；

2014年10月，控股巴西最大的团购网站Peixe Urbano；

2014年12月，天使投资以色列视频捕捉技术开发商Pixellot；

2014年12月，投资全球打车应用Uber。

3. 腾讯

腾讯的国际化主要聚焦以下方面展开。

（1）微信/WeChat：微信（海外称为WeChat）是腾讯公司的拳头产品，在全面占领国内即时通信市场的同时，腾讯也积极将微信推向海外，当前的重

---

[1] 史安斌、刘滢：《提升"讲""传"能力》，《超越二元困局——兼论中国互联网企业国际传播的现状与挑战》，《对外传播》2016年第9期。

[2] 《百度2014年成绩总结：成功的移动转型与国际化》，http://www.techweb.com.cn/internet/2015-01-15/2115813_3.shtml，最后访问日期：2017年9月25日。

点是我国的港台地区以及印尼、新加坡、马来西亚、泰国等东南亚国家①。在马来西亚和新加坡，微信用户数以及应用商店排行榜排名已经超越 Line。同时，腾讯也开始大举进入那些 Line 没有开拓的地区，比如意大利、土耳其等地，并获得了大量用户。

（2）网络游戏。腾讯网游业务的国际化经历了一个先引进再输出的过程。腾讯先是通过收购包括 Blizzard、RiotGames、Kakao、Epic Games 等海外网络游戏企业的方式，将那些广受欢迎的游戏引入国内；后来随着国内网游产业的成熟，腾讯也开始将国产游戏推向海外市场，最成功的案例就是 2015 年腾讯携手当地合作企业将《全民突击》推向台湾地区和韩国市场，从而稳居中国台湾畅销榜榜首和韩国 iOS 免费榜榜首②。

（3）云服务：腾讯的云服务于 2013 年 9 月对外开放，除向国内企业和个人提供各种云服务之外，腾讯也陆续在香港地区和美国设立了云计算中心，主要是为那些走向海外的国内网络游戏企业和其他互联网企业（包括腾讯自身）提供服务。

三　中国信息技术企业"走出去"的障碍与对策

虽然最近十多年中国 IT 企业在国际化拓展方面取得了巨大成就，但也面临着诸多瓶颈，其中既有国际经济政治方面的客观原因，也有中国企业自身国际化能力不足的主观因素，主要可以归纳为以下几方面。

第一，国际市场空间有限。中国 IT 企业是在跟随和模仿发达国家 IT 企业的过程中成长起来的，其国际化起步较晚，发达国家以及主要发展中大国等优质市场基本已被国际 IT 巨头占领，失去先机的中国 IT 企业只能瞄准亚非拉中的信息化后发国家，但这些国家经济落后、体量有限而且往往市场不完善、政局不稳定，给中国 IT 企业的国际化拓展带来很大困难。

第二，国家信息安全的顾虑。网络信息安全与国家安全密切相关，特别是

---

① 徐安娜：《深度解读 BAT 全球化系列——企鹅帝国》，http：//tech.qq.com/a/20151223/007138.htm，最后访问日期：2017 年 9 月 25 日。
② 徐安娜：《深度解读 BAT 全球化系列——企鹅帝国》，http：//tech.qq.com/a/20151223/007138.htm，最后访问日期：2017 年 9 月 25 日。

在那些通信基础服务、互联网内容服务、大数据服务等领域。中国IT企业"走出去"时,许多国家一方面既欢迎中国IT企业前来投资,另一方面又唯恐中国IT企业的市场拓展会影响本国的网络信息安全。特别是一些西方国家为阻挠中国发展,常常在国际上大肆散播"中国威胁论""中国经济侵略论",更加重了许多发展中国家的疑虑。

第三,国内和国外市场难以并行推进。中国的IT产业总体上仍处于快速上升阶段,各种新的机会不断涌现,市场潜力巨大,同时国内IT行业的市场竞争又十分激烈,国内IT企业在推进国际化拓展时一是动力不足,二是分身乏术。所以总体上,除了华为等个别企业的国际化程度较高之外,其他绝大多数IT企业的海外收入在总收入中的占比很低。

第四,中国企业国际化经验不足。许多中国IT企业对当地政治运作、历史文化和社会制度缺乏深入的了解和认识,同时又不能很好地招募和使用当地员工,造成企业的内部管理不畅、运营效率低下、市场开拓困难,而且很容易引发与当地政府、企业和民众的冲突。

为此本书提出以下建议。

(1) 国家将IT企业"走出去"作为"一带一路"倡议中的重要内容。目前我国往往因为产能过剩而推动企业"走出去",转移到国外的多属劳动密集型或资源型产业等落后产业。而IT产业是我国真正具有较高自主创新能力并且具有国际竞争力的新兴行业,例如以华为为代表的通信设备制造企业、以阿里巴巴为代表的互联网企业,不仅执国内市场之牛耳,在国际上都属于领先水平。推动IT企业"走出去",不仅有利于我国在信息技术产业这一新产业领域形成全球布局,也有助于改变国外对我国长期存在的产业水平落后、技术能力差的印象,从而增强中国在"一带一路"的经济吸引力和产业话语权。

(2) 增强中国IT企业的国际化开拓能力。一方面,政府可通过IT企业"走出去"的"最佳实践"提炼与推广、加强IT企业国际化经验的交流与合作、开展IT企业国际化培训等举措,帮助IT企业尤其是中小企业提升国际化开拓能力;另一方面,政府也应引导国内智库机构和信息机构开展有关"一带一路"沿线国家信息化发展情况的信息采集、研究和数据库建设,鼓励相关咨询行业发展和咨询服务能力提升,帮助国内IT企业及时掌握"一带一路"

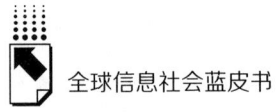

沿线国家的 IT 产业发展态势、机遇以及相关的政策法规。

（3）营造中国 IT 企业"走出去"的良好国际环境。一是要消除"一带一路"沿线国家对于国家网络信息安全的担忧，一方面要大力加强网络外宣，塑造中国和平友善的国际形象；另一方面要加强对国内 IT 企业"走出去"成功案例的宣传，让沿线国家认识到中国 IT 企业到当地发展既可加快当地的信息化建设，又不会威胁所在国的网络信息安全。二是基于对等开放市场的原则，针对"一带一路"沿线上 IT 市场潜力大的国家，中国应考虑优先向这些国家开放那些尚未开放或完全开放的 IT 市场领域（如网络通信基础设施服务、互联网内容服务以及政府信息化等领域），降低中国 IT 企业"走出去"面临的国外制度壁垒。

（4）IT 企业要因地制宜地采取措施减少市场进入阻力。走向"一带一路"的中国 IT 企业要深入研究当地信息化领域的政策法规，采取符合当地行业规则的措施来取得当地政府和民众的信任，加快融入当地市场。例如华为针对美国市场，雇用当地顾问机构开展广泛游说，改善与美国政府和国会的关系；针对英国市场，主动申请进行 IT 安全审计，该独立审计报告称，华为对其网络安全并不构成威胁。同时，也可以通过和当地企业合资或合作，利用当地企业的渠道和影响来开拓市场。

参考文献

陈坚：《完善中国企业"走出去"政策措施体系之思考》，《国际贸易》2013 年第 10 期。

崔书锋、杨扬：《我国互联网企业参与"一带一路"建设的战略思考》，《中国科学院院刊》2017 年第 4 期。

郭艳：《中国企业"走出去"助推互联互通"信息丝路"和"空中丝路"并进》，《中国对外贸易》2016 年第 10 期。

李军：《"一带一路"倡议环境下企业走出去的风险与策略》，《当代经济》2017 年第 2 期。

廖萌：《"一带一路"建设背景下我国企业"走出去"的机遇与挑战》，《经济纵横》2015 年第 9 期。任磊：《跨国企业的信息化需求及现状分析》，《信息技术与标准化》2015 年第 12 期。

宋荣华、郝耀华：《"一带一路"倡议引领中国企业走出去》，《中国投资》2015 年第 2 期。

吴勇毅:《"一带一路"引领中国信息服务"走出去"》,《上海信息化》2015 年第 2 期。

徐念沙:《"一带一路"倡议下中国企业走出去的思考》,《经济科学》2015 年第 3 期。

易纲:《中国企业走出去的机遇、风险与政策支持》,《中国市场》2012 年第 37 期。

B.10
中国与"一带一路"沿线国家信息产品贸易研究

陈隽*

摘　要： 本研究通过统计分析中国与"一带一路"沿线国家的信息产品贸易的状况，总体描述中国与"一带一路"沿线国家信息产品贸易的发展趋势，了解"一带一路"沿线国家的信息化水平和信息产业的发展状况。以相关性和地理信息分析中国与"一带一路"沿线国家信息产业的关系，寻找中国与"一带一路"沿线国家的信息化建设和发展的合作机遇。根据对中国与"一带一路"沿线国家的相互贸易分析，中国最大的信息产品贸易伙伴是东南亚国家。中国与东南亚、中东欧国家和以色列相互之间的信息产品贸易是产业内贸易，这些国家也是中国信息产品的主要进口国，双方需要结合信息产品贸易加强信息化应用等其他领域的合作。中亚、南亚以及中东地区的大部分国家与中国的信息产品贸易是产业间贸易。因此这些国家是中国的主要信息产品出口市场。人口经济大国，如印度、俄罗斯、印度尼西亚、孟加拉、土耳其等，是中国信息产品的主要出口国，也是重要的潜在市场。

关键词： "一带一路"　信息产品　国际贸易

---

* 陈隽，博士，上海社会科学院信息研究所助理研究员，研究方向：计量经济、信息经济。

信息产品进出口贸易是"一带一路"沿线国家之间贸易的重要组成部分，也是"一带一路"沿线国家信息化水平的一个方面。中国的"一带一路"倡议中，信息化是重要的组成部分。从信息产品贸易的分析中发现国家间的合作机会、企业"走出去"战略重点，能够为"一带一路"倡议顺利实施提供重要的决策和咨询支撑。

本研究采用WTO事务中心的海关进出口数据，统计数据涉及除日本、韩国和朝鲜以外的64个"一带一路"沿线国家。信息产品包括了通信设备产品、广播电视设备产品、电子计算机产品、家用电子电器产品、电子测量仪器、电子元件产品、电子器件产品、电子信息机电产品、电子信息专用材料、电子专用设备产品等。采用相关分析为主的分析方法，数据可视化展现中国与"一带一路"沿线国家的信息产品贸易情况。

一 中国与"一带一路"沿线国家的进出口贸易概况

2016年，中国与"一带一路"沿线国家之间信息产品的贸易额超过了1416亿美元。中国与马来西亚的进出口贸易额最大，达到了343亿多美元。与中国贸易达到100亿美元规模以上的国家还有越南、新加坡、泰国、菲律宾等国。印度与中国的贸易额也接近100亿美元。贸易额50亿美元以下、10亿美元以上的国家有印度尼西亚、俄罗斯、伊朗、匈牙利、阿联酋、以色列、波兰、捷克、土耳其、巴基斯坦等。10亿美元以下、5亿美元以上的国家有埃及、沙特、孟加拉、斯洛伐克、罗马尼亚、缅甸等。中国与"一带一路"沿线国家的信息产品贸易高度集中。图1表明"一带一路"沿线国家中与中国信息产品贸易排名前二十个国家的贸易占到全部贸易的95%以上。中国信息产品的贸易伙伴国家主要分为两类，一类是信息制造业比较发达的国家，主要有东南亚、东欧国家和以色列等国家；另一类是区域性的大国，如俄罗斯、印度等国土面积大或者人口众多的国家。

中国是信息制造业大国，与信息制造强国、大国之间的贸易应该属于行业内贸易的性质。中国与这些国家在信息制造业上既是竞争关系，又具有合作关系。中国具有产业门类齐全、产业链完整、人力资源成本相对低廉等优势，而"一带一路"沿线部分国家也具有这些优势，与中国形成竞争关系，对中国的信息制造业具有潜在的替代作用。另外，中国与这些国家相互之间的外贸关系也构成了更大规模的市场,能够在各自的信息制造行业内形成规模优势。中国与之进行的贸易能够使得贸易双方均能获益。

区域性大国的发展对于信息产品具有巨大的需求。中国作为信息制造大国,对于这些国家在信息制造方面具有比较优势。以比较优势为基础的相互贸易是国与国之间生产禀赋的交换,属于产业间贸易。中国与这些国家之间的信息产品贸易对双方都有益,更多的是相互合作的关系。

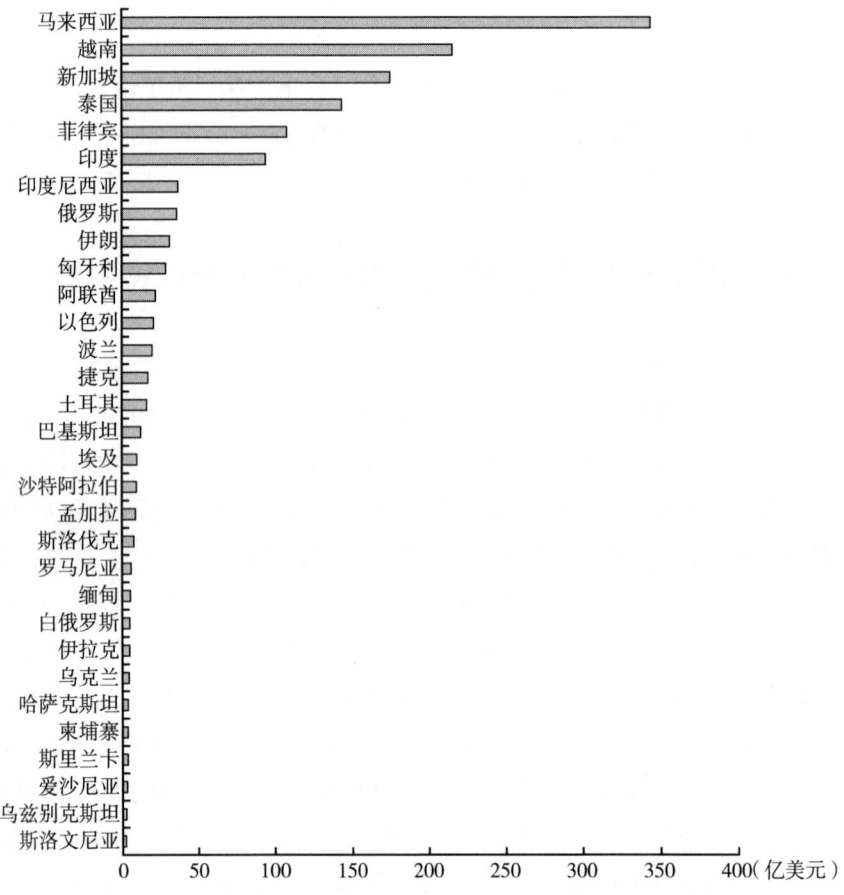

图1 中国与"一带一路"沿线国家信息产品进出口总额

图1显示的为与中国进出口总额超过2亿美元的国家排序,贸易额没有达到2亿美元的国家没有列入图中。

二 中国与"一带一路"沿线国家信息产品进口贸易

2016年中国与"一带一路"沿线国家之间信息产品的进口贸易已经达到726亿美元规模。图2显示,从2012年至2016年,除了2013~2014年贸易额是下降的以外,中国与"一带一路"沿线国家进口在最近5年内总体呈现不断增长的趋势。

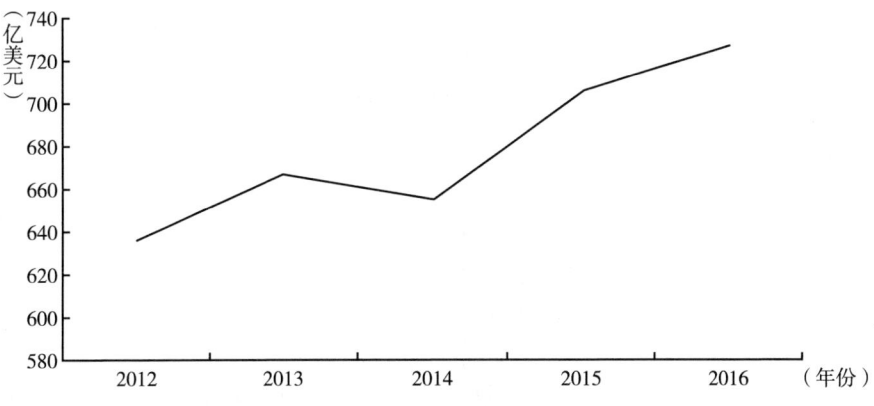

图2 中国与"一带一路"沿线国家信息产品进口贸易发展趋势

中国与"一带一路"沿线国家信息产品进口增长率呈现一个波动的状态(见图3)。2013~2014年下降了2%左右,之后出现了增长8%左右的反弹。从贸易增长率来看,中国与沿线国家之间的信息产品进口贸易呈现一个低速增长的态势。

这种情况与"一带一路"沿线国家的信息化发展水平密切相关。中国与沿线国家相比,制造业产业链更加完整,制造技术处于较高水平,信息产业具有较强竞争力。中国对大部分"一带一路"沿线国家的信息产品依赖度不高,从沿线国家的进口波动比较大。

从区域的分布来看,"一带一路"沿线国家中,中国信息产品进口主要来自东南亚地区,占到94%以上。其后依次是中东欧地区、中东地区、南亚地区。东北亚地区由于没有日本和韩国的统计数据,所以东北亚地区是中国进口信息产品最少的地区之一。中亚地区则是向中国出口信息产品较少的地区。

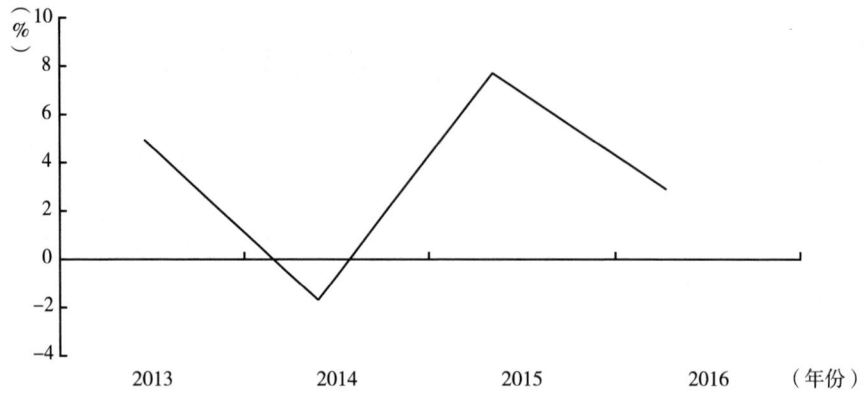

图3 中国与"一带一路"沿线国家信息产品进口增长率

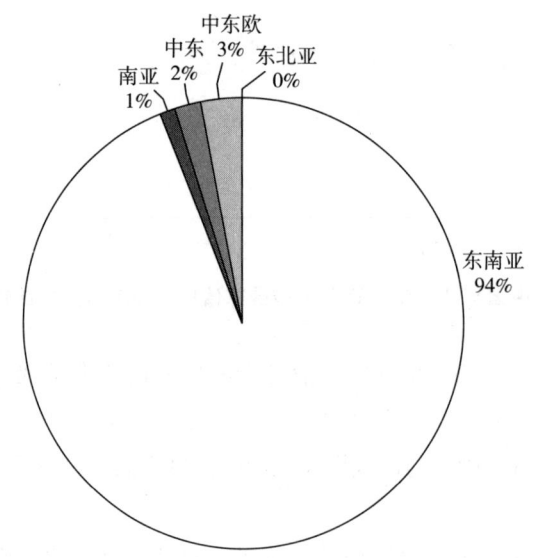

图4 "一带一路"沿线国家对中国出口信息产品占比

东南亚国家对中国的信息产品出口在中国对"一带一路"沿线国家信息产品进口贸易中占了绝大多数。从东南亚各国来看,马来西亚对中国的信息产品出口所占比重最大,达到中国信息产品进口总额的39%以上。越南、新加坡、泰国、菲律宾向中国出口信息产品所占比重也都超过了10%。

中东欧地区向中国的信息产品出口贸易占"一带一路"沿线国家对中国

信息产品出口比例的3%。虽然远远不如东南亚地区，但占比与其他区域相比却是第二高的。中东欧地区向中国出口信息产品最多的国家是捷克、匈牙利，占比也仅仅超过了0.5%，其次是波兰和俄罗斯。

中东地区向中国信息产品出口贸易占"一带一路"沿线国家对中国信息产品出口比例的2.1%。在中东国家中，仅以色列向中国出口的信息产品就占了2%，意味着中东地区向中国出口信息产品的几乎就是以色列一个国家。以色列是中东地区中国最重要的信息产品贸易伙伴。

南亚地区向中国信息产品出口贸易占"一带一路"沿线国家对中国信息产品出口比例的0.7%。在南亚国家中，仅印度向中国出口的信息产品就占了0.6%。与中东地区类似，南亚地区向中国出口信息产品的几乎也就是印度一个国家。

通过对区域的分析，我们可以看出中国信息产品贸易进口国家非常集中。如上文所述，一些区域几乎就只有一个国家向中国出口信息产品。中国从"一带一路"沿线国家的进口集中在东南亚地区、东欧地区以及俄罗斯、印度和以色列三个国家。中国对"一带一路"沿线国家的信息产品进口呈现区域集中、极不均衡的形态。中国进口的方向主要是两个，一个是东南亚，另一个是东欧和以色列。

从贸易成本的角度分析，中国从东南亚国家进口产品的成本更低，而从东欧、以色列进口的成本更高。中国必须从东欧、以色列进口信息产品的理由是其进口产品的技术具有不可替代性。

与中国进口贸易排名前十的国家占到了中国信息产品"一带一路"进口贸易的98%以上，其余的国家只占不到2%。占到中国与"一带一路"沿线国家信息产品进口贸易98%的十个国家为马来西亚、越南、新加坡、泰国、菲律宾、以色列、匈牙利、印度尼西亚、捷克和印度（见图5）。在这些国家中，东南亚国家占了多数，前5名的国家都是东南亚国家。中东地区的以色列，中东欧地区的匈牙利和捷克，以及南亚的印度等。这说明中国在"一带一路"沿线国家中的信息产品贸易伙伴高度集中，这与"一带一路"沿线国家的政治经济发展不平衡状况是相符的。中国与"一带一路"沿线国家的信息产品进口贸易需要关注这些国家。

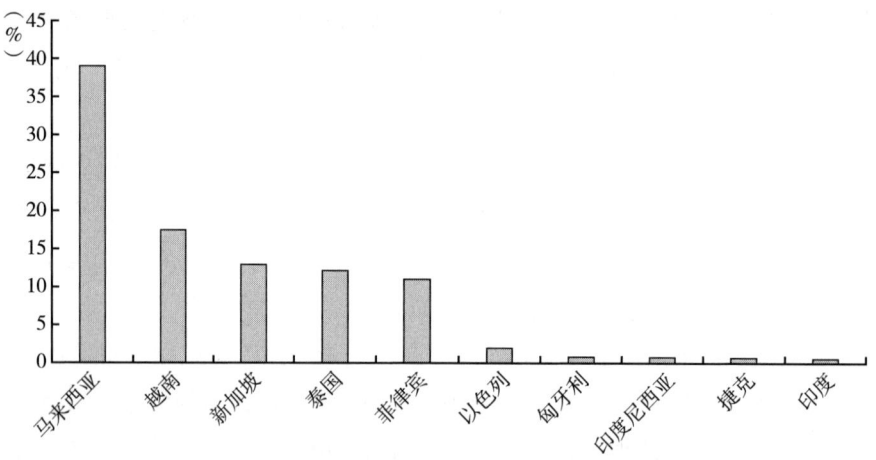

图5 中国与"一带一路"沿线国家信息产品进口贸易前十国家

三 中国与"一带一路"沿线国家信息产品出口贸易

2016年中国与"一带一路"沿线国家之间信息产品的出口贸易已经达到690亿美元规模。从2012年至2016年，中国与"一带一路"沿线国家出口在最近5年内总体呈现不断增长的趋势，出口额一直处于持续上升的状态（见图6）。

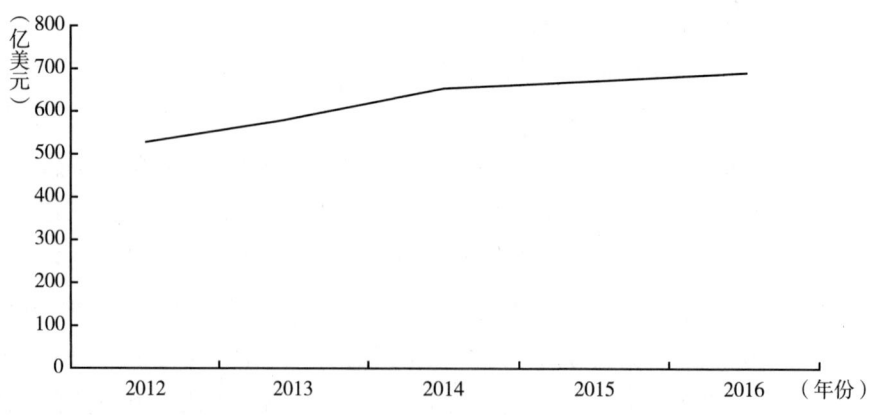

图6 中国对"一带一路"沿线国家信息产品出口发展趋势

从中国对"一带一路"沿线国家信息产品出口的增长率来看,从 2014 年至 2016 年增长率处于下降的趋势,从 10% 以上的增长率下降到 3% 以下(见图 7)。中国对"一带一路"沿线国家信息产品出口呈现缓慢增长的态势。

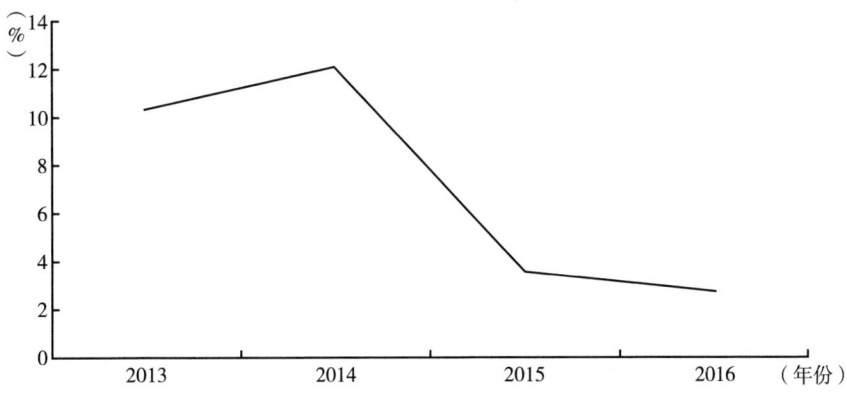

图 7 中国对"一带一路"沿线国家信息产品出口贸易增长率

从区域的分布来看,"一带一路"沿线国家中,中国信息产品出口贸易最多的地区为东南亚地区,占到 50% 以上。其他地区信息产品出口贸易占比由高到低依次为南亚地区、中东欧地区、中东地区、中亚地区和东北亚地区(见图 9)。与进口相比,中国对"一带一路"沿线各区域信息产品出口类别范围相对更广,更加均衡。这说明中国信息制造业在"一带一路"沿线国家中具有较强的竞争力。

与信息产品进口贸易相似,中国对东南亚区域的信息产品出口贸易所占比重最大。在东南亚国家中,中国出口最多的国家是新加坡、越南,都超过了 10%。其次是马来西亚、泰国,达到了 8% 左右。中国与东南亚区域在经济的比较优势上具有相互竞争性,比如劳动力优势等。东南亚区域是中国信息产品的重要进出口贸易区域,信息产品制造业之间需要更加具有互补性。

南亚地区在"一带一路"沿线区域中是中国信息产品出口的第二大市场,占到了出口总额的近 16.6%。南亚国家中最重要的市场是印度,占到了 13%。其次是巴基斯坦和孟加拉,分别占到了 1.8% 和 1.2%。南亚的人口众多,中国向南亚诸国出口信息产品占"一带一路"出口比重高也符合南亚国家的人口规模。由于经济发展潜力巨大,而信息化水平仍待提高,南亚区域是中国非

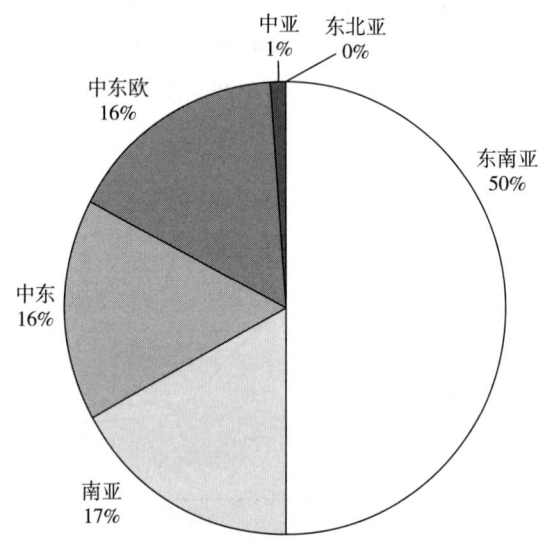

图8 中国对"一带一路"沿线各区域信息产品出口比例

常重要的潜在信息产品市场。

中东欧地区在"一带一路"沿线区域中是中国信息产品出口的第三大市场,占到了中国向"一带一路"沿线国家信息产品出口的16.4%。在中东欧区域,最重要的信息产品出口市场是俄罗斯,往后依次是匈牙利、捷克、波兰。这四个国家就占到了中国向"一带一路"沿线国家信息产品出口的12%。中东欧区域国家众多,对于中国来说仍然具有很大的市场潜力可以挖掘。

中东地区是"一带一路"区域中,中国信息产品出口的第四大市场,占到了中国向"一带一路"沿线国家信息产品出口的15.5%。中东地区的主要信息产品市场是阿联酋、埃及、沙特、土耳其、伊朗、以色列等六个国家,占比近14%。中东地区对中国信息产品具有比较大的需求,中国对绝大多数的中东国家有信息产品的出口。

中亚地区目前对中国来说还是比较小的信息产品出口市场,只占到了中国向"一带一路"沿线国家信息产品出口的1.3%。中亚国家的信息化水平有待提高,信息化仍需要建设,目前的市场规模还比较小。"一带一路"倡议将推动中亚国家的经济社会进一步发展,中亚区域信息化建设将具有庞大的市场潜力。中国信息产品出口未来应该重点关注中亚区域的开拓。

通过对区域的分析，可以知道中国信息产品在"一带一路"沿线国家中具有较广大的需求。从国家角度看，中国向大多数"一带一路"沿线国家出口信息产品。

中国向"一带一路"沿线国家出口更加均衡的分布说明中国是信息制造大国，各个国家对中国信息产品都具有需求。从中国对各国信息产品出口的比例来看，国家的人口、经济、规模是沿线各国对中国信息产品需求的重要影响因素。尽管信息产品出口并不如进口的集中程度高，中国信息产品出口也具有相当高的集中度。中国向"一带一路"沿线国家信息产品出口前20个国家占到了"一带一路"沿线国家出口总额的近90%。依据占比从高到低排列，前20国家包括印度、越南、新加坡、马来西亚、泰国、俄罗斯、伊朗、印度尼西亚、菲律宾、匈牙利、阿联酋、波兰、土耳其、巴基斯坦、捷克、埃及、沙特、孟加拉、斯洛伐克、以色列等（见图11）。这20个国家分别属于东南亚、南亚、中东、中东欧地区，没有东北亚和中亚国家。

从中国对"一带一路"沿线国家出口的情况分析，人口大国，例如印度、印度尼西亚、俄罗斯、巴基斯坦、孟加拉、土耳其等，由于其人口、经济的规模，对中国信息产品具有较大需求。另一些经济发达的国家，如新加坡、以色列、沙特、阿联酋等，对中国信息产品需求说明中国制造的信息产品对国际市场具有吸引力。

四 中国与"一带一路"沿线国家信息产品进出口贸易的结构

（一）中国与主要贸易伙伴的贸易结构

中国对"一带一路"沿线国家信息产品进出口的集中程度很高。笔者以2016年的进出口数据分析马来西亚、越南、新加坡、泰国、菲律宾、以色列、匈牙利、印度尼西亚、捷克、印度、俄罗斯等中国重要的贸易伙伴，以了解中国与这些国家进出口信息产品的结构。

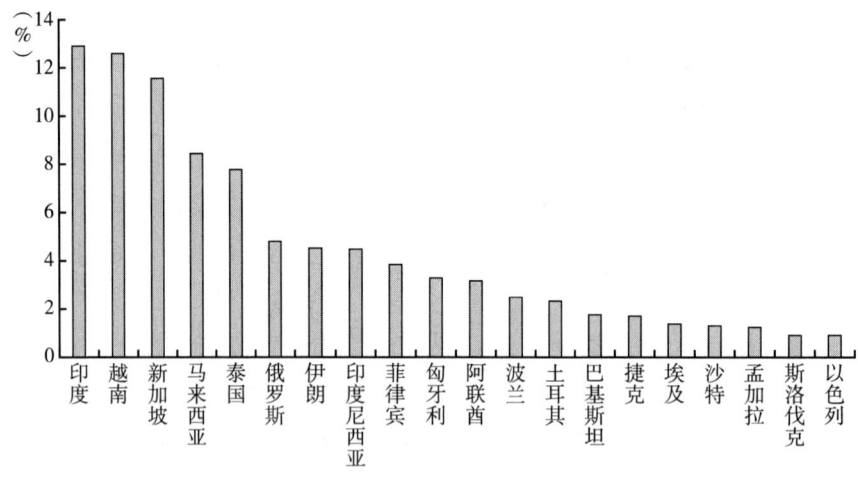

图9 中国对"一带一路"沿线国家信息产品出口前20国

中国从马来西亚进口的最主要信息产品是电子元件产品，超过了对其进口总额的70%，其次是广播电视设备、电子计算机产品、电子工业专用设备等。中国向马来西亚出口的最主要的信息产品也是电子元件产品，占到对其出口的24%以上，其次是电子计算机产品、电子器件产品、家电产品、电子工业设备、通信设备产品等。中国从马来西亚进口的信息产品涉及的行业显著少于中国向马来西亚出口的信息产品所涉及的行业。中国与马来西亚的信息产品贸易具有产业内贸易的性质。

中国从越南进口的最主要信息产品是电子元件产品，达到了对其进口额的36%。其次是电子计算机产品、电子工业专用设备、电子器件产品等。中国向越南出口的最主要的信息产品是电子计算机产品，超过了对其出口总额的41%，其次是电子元件产品、电子器材产品、广播电视设备、电子工业专用设备、通信设备产品等。中国与越南之间的信息产品贸易呈现出产业内贸易的性质，但中国出口越南的产品类别远多于从越南进口的产品类别。

中国从新加坡进口的最主要信息产品是电子元件产品，如处理器、控制器等，超过了对其进口总额的37%。其次是电子工业专用设备，以及广播电视设备等。中国向新加坡出口的主要信息产品也是电子元件产品，超过了对其出口总额的21%。其次是电子计算机产品、电子工业专用设备和电子测量仪器等产品，这三类总计超过了出口总额的25%。中国与新加坡之间信息产品贸易具有产业内贸易的性质，在相同的行业和产品类别内相互进出口产品，如电子元件、电子工业专用设备等，两国贸易也具有产业间贸易的性质，如新加坡向中国出口广播电视设备，中国向新加坡出口电子机电产品、电子测量仪器等。

中国从泰国进口的最主要信息产品是电子器件产品，达到了进口的20%。另外还有通信设备产品、电子元件产品等，都接近进口的20%。中国向泰国出口的最主要信息产品是通信设备产品，超过了出口额的30%。其次是电子器件、家用电子电器、电子材料、电子元件等。中国与泰国的信息产品贸易是产业内贸易的形式，相互之间以规模优势进行进出口分工。

中国从菲律宾进口的最主要信息产品是电子元件产品和电子器件产品，超过了对其进口的60%。中国向菲律宾出口的最主要信息产品是通信设备产品，其次是电子元件、电子计算机产品、电子信息专用材料、电子信息机电产品、家用电子电器等，总计超过对其信息产品出口额的40%。中国出口到菲律宾的信息产品覆盖了信息产品绝大多数领域，既有终端设备，也有中间设备、材料，而中国主要从菲律宾进口电子元件和电子器件。

中国从印度尼西亚进口的最主要信息产品是电子元件产品，超过了对其进口的13%。其次是电子专用设备产品、电子器件等，超过了对其进口的10%。中国向印度尼西亚出口的最主要信息产品是广播电视设备，超过了对其出口的20%。电子器件、电子工业专用设备、通信设备产品等总计也达到了对其出口的15%。中国与印度尼西亚进出口的行业类别相似，具有产业内贸易的性质，而中国向印度尼西亚出口的类别多于进口的类别。

中国对俄罗斯的进口在"一带一路"沿线国家进口贸易中所占比例极低。中国对俄罗斯出口的最主要信息产品是电子工业专用设备，达到了31%，其次是通信设备产品、广播电视设备、电子计算机、家用电子电器、电子测量仪器、电子器材设备等，总计超过了对其出口的30%。中国与俄罗斯信息产品进出口贸易呈现产业间贸易的性质。中国在信息产品制造方面相对于俄罗斯具有比较优势，因此俄罗斯从中国进口的信息产品远超过向中国出口的信息产品。从信息产品种类上看，俄罗斯进口的中国信息产品覆盖了大多数的信息产品制造行业。电子工业专用设备是俄罗斯进口的主要行业产品，但从中国进口的电子元件产品所占比重却很小。

中国从匈牙利进口的最主要信息产品是电子信息机电产品，超过了对其进口的35%。其次是通信设备产品、电子计算机等信息产品。中国向匈牙利出口的最主要信息产品是通信设备产品，超过了对其出口总额的62%，其次是电子器件、广播电视设备等。

中国从捷克进口的最主要信息产品是电子测量仪器、通信设备产品、广播电视设备、家用电子电器等，占对其进口总额的50%以上。中国向捷克出口的最主要信息产品是通信设备产品，超过了对其出口总额的48%。中国与匈牙利、捷克信息产品贸易呈现出中国与这两国之间在信息产品制造上的比较优势。中国与两国以各自具有优势的行业制造产品相互贸易。

中国从印度进口的最主要信息产品是电子器件，超过了对其进口总额的36%。其次是通信设备产品、电子测量仪器等，占到对其进口的50%以上。中国向印度出口的最主要信息产品是通信设备产品、电子器件、广播电视设备、家用电子电器、电子元件等。中国向印度出口的信息产品以设备、终端为主，覆盖了信息产品的大部分行业范围，而中国从印度进口的信息产品范围则小得多，涉及设备终端的生产行业很少。

中国从以色列进口的最主要信息产品是电子元件、电子测量仪器、通信设备产品等，达到了对其进口的60%。中国向以色列出口的最主要信息产品是电子工业专用设备，超过了对其出口总额的27%。通信设备产品、电子信息机电产品、电子信息专用材料等也是中国向以色列出口的主要信息产品。中国与以色列的信息产品进出口贸易局限在比较小的产品领域内。中国与以色列的信息产品贸易体现出各自的比较优势，呈现了产业内贸易的特点。

（二）中国与"一带一路"沿线主要信息产品贸易伙伴的贸易特点

中国与"一带一路"沿线国家之间的信息产品进出口贸易中，中国出口产品的范围和种类比进口产品更大、更广。中国进口的信息产品主要是电子元件和电子器件，出口的产品主要是电子器件、电子元件、通信设备产品、电子计算机产品等。中国从东南亚进口的信息产品以中间品为主，向东南亚国家出口的信息产品既包括了中间品，也包括了最终品。中国与东南亚国家进出口贸易体现出优势互补的特点，贸易量大而且贸易的产品范围广。中国进口东南亚的信息产品投入生产，出口信息产品供给东南亚国家生产和消费。

中国与东欧国家和以色列的进出口贸易体现出各自的比较优势,贸易量集中在比较小的产品类别范围内。中国主要进口电子信息机电产品、电子测量仪器、电子元件,出口电子工业专用设备、通信设备产品。中国主要从以色列进口中间品,从东欧国家进口最终品,并向东欧国家和以色列出口最终品。中国与东欧国家和以色列之间的贸易更倾向于信息产品产业间贸易。

中国与俄罗斯和印度的进出口贸易是产业间贸易。中国向这两个国家出口从家庭设备到产业生产多个行业领域的信息产品,而印度和俄罗斯对中国的出口则有限。中国向印度和俄罗斯出口的信息产品既有中间品,也有最终品。

中国进口的信息产品以电子元件、电子器件等中间品为主,出口的信息产品既有通信设备产品、电子工业专用设备等最终品,也有电子元件、电子器件等中间品。与"一带一路"沿线国家的信息产品贸易说明中国是信息制造大国,进口信息制造的零部件,出口信息制成品。

五 中国信息产品进出口贸易对"一带一路"倡议的启示

中国对"一带一路"沿线国家出口的信息产品范围要大于进口的信息产品范围,说明中国的信息产品在"一带一路"沿线国家中具有一定的竞争力。从信息产品出口来看,中国能够为"一带一路"沿线国家信息化基础设施建设提供相应的技术和产品,且"一带一路"沿线国家对中国的信息制造产品具有显著的需求。

中国与"一带一路"沿线国家中信息产业发达国家的进出口贸易,体现出产业内贸易的性质。而与信息产业欠发达国家,尤其是与人口大国的进出口贸易,呈现的是产业间贸易的性质。与"一带一路"沿线国家相比,中国不仅是信息制造的大国,也是信息制造的强国。中国对"一带一路"沿线国家信息化整体水平的提高,应该也能够起到重要的作用。

从区域上来看,中国与东南亚国家的贸易关系最密切,与中亚的贸易关系最疏远。随着"一带一路"倡议的逐步实施,中亚的信息化发展将为中国信息制造业提供巨大的发展机遇。与东欧、中东的信息产品贸易中,中国只与个

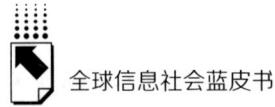

别国家具有重要的贸易,而与其他国家仍然具有发展的潜力。在"一带一路"倡议中,信息产品贸易的发展需要与信息化应用的推广相配合,才能获得进一步发展的契机,取得整体性的发展。

参考文献

保罗·R. 克鲁格曼:《国际经济学》,中国人民大学出版社,2006。

高菠阳、李俊玮:《全球电子信息产业贸易网络演化特征研究》,《世界地理研究》2017年第1期。

工业和信息化部运行监测协调局:《中国电子信息产业统计年鉴(2015)》,电子工业出版社,2016。

黄毓智:《跨境数字贸易中的本地化要求与审查措施》,《经营管理者》2017年第11期。

沈玉良、金晓梅:《数字产品、全球价值链与国际贸易规则》,《上海师范大学学报》(哲学社会科学版)2017年第1期。

吴醇:《我国通信与信息服务贸易发展状况及国际合作研究》,《商场现代化》2011年第11期。

尹丽波:《工业和信息化蓝皮书:世界信息化发展报告(2016~2017)》,社会科学文献出版社,2017。

郑学党、刘喜丽:《电子信息产业新契机》,《中国外汇》2015年第17期。

B.11
"一带一路"沿线国家数据开放研究

夏蓓丽[*]

摘 要： 数据资源被喻为"新时代的石油"，我国与"一带一路"沿线国家实现"五通"，打造政治、经济、文化的共同体，都离不开数据资源的共享与开放。政府部门作为各国最大的数据资源拥有者和管理者，其数据开放的程度将直接影响着"一带一路"沿线国家在政治、经济、文化方面的合作效果。本研究对"一带一路"沿线国家政府数据开放在政策规划、实践应用方面做了调查研究，着重分析了韩国、爱沙尼亚、捷克、印度、哈萨克斯坦等国家案例，总结其在政府数据开放方面的经验与不足。同时本研究还对"一带一路"沿线国家在共建共享数据资源方面提出了对策建议，包括将大数据合作纳入"一带一路"倡议双边合作机制，加强跨国共享数据库建设，推出"数据援外"项目，鼓励中国大数据企业"走出去"，加快大数据智库产品开发等。

关键词： "一带一路" 数据开放 大数据合作

一 "一带一路"沿线国家数据开放现状

中国在与"一带一路"沿线国家共同推进合作建设中，秉承和平合作、

---

[*] 夏蓓丽，硕士，上海社会科学院信息研究所助理研究员，研究方向：信息资源管理、政府数据开放。

开放包容、互学互鉴、互利共赢的理念，遵循四个坚持，以"五通"为主要内容，即政策沟通、设施联通、贸易畅通、资金融通、民心相通，全方位推进务实合作，打造政治互信、经济融合、文化包容的三阶共同体。

随着信息时代向大数据时代的迈进，信息资源成为继人类三大能源之后的第四大能源，而数据资源更被喻为"新时代的石油"。我国与"一带一路"沿线国家在实现"五通"时，每一通都离不开信息共享与开放，打造政治、经济、文化的三阶共同体，更离不开数据资源在其中的作用。政府部门作为掌握着80%数据资源的管理者和服务者，其数据开放的程度将直接影响着"一带一路"沿线国家在政治、经济、文化方面的合作效果。

根据2016年万维网基金会的数据开放晴雨表，在92个被调查的数据开放国家中，有33个"一带一路"沿线国家（见表1）。

表1 2016年"一带一路"沿线国家数据开放晴雨表排名情况

区域	2016年排名	排名变化	国别	总分	准备度（%）	执行力（%）	影响力（%）
东北亚	8	9	韩国	71.19	95	64	58
	13	6	日本	63.50	77	53	65
	55	-9	中国	21.16	45	15	8
东南亚	24	5	新加坡	51.45	72	51	32
	36	17	菲律宾	36.94	55	32	28
	40	-4	印度尼西亚	31.81	46	36	14
	51	-10	马来西亚	24.60	46	17	16
	57	0	越南	18.30	21	23	12
	62	-5	泰国	15.99	30	19	0
	88	-2	缅甸	3.56	0	11	0
中东欧与俄罗斯	24	-11	爱沙尼亚	50.63	75	52	24
	26	-9	捷克共和国	49.15	59	43	50
	32	3	波兰	39.95	57	42	21
	33	New	摩尔多瓦	38.43	53	44	18
	33	New	马其顿	38.13	52	42	20
	36	New	斯洛伐克共和国	37.16	54	33	28
	41	-15	俄罗斯联邦	31.49	52	31	13
	50	-17	匈牙利	25.54	35	34	6
	62	-7	乌克兰	16.07	28	17	5

续表

区域	2016年排名	排名变化	国别	总分	准备度（%）	执行力（%）	影响力（%）
西亚北非	29	-9	以色列	43.71	60	37	39
	47	-6	土耳其	27.06	37	36	6
	47	5	阿联酋	27.00	47	29	7
	57	4	巴林	18.14	36	20	0
	57	2	沙特阿拉伯	17.72	39	17	0
	60	4	卡塔尔	16.53	42	12	0
	75	-11	埃及	8.74	16	11	2
	91	-9	也门	1.43	3	4	0
南亚与太平洋	38	1	印度	33.98	48	39	14
	68	-7	尼泊尔	13.09	22	12	8
	78	-10	孟加拉	7.05	17	7	0
	85	-18	巴基斯坦	6.23	19	3	0
中亚与高加索	56	-7	哈萨克斯坦	20.09	29	28	3
	60	New	格鲁吉亚	16.79	38	15	0

资料来源：2016年国家数据开放晴雨表（Open Data Barometer）。

从区域看，东北亚地区的平均水平高于其他地区，主要由于韩国、日本排名全球前十左右，并每年仍有上升所致，但中国的数据开放水平在东亚地区偏低，仅排第55位，较2015年下降了9名，尚未达到全球平均水平。

其次，东南亚、中东欧与俄罗斯地区的数据开放排名分布相似，主要集中在中等至中等偏上的区间，两个区域都有发展现状较好或发展趋势强劲的国家，比如东南亚地区的新加坡、菲律宾、印度尼西亚以及中东欧的爱沙尼亚、捷克、波兰、摩尔多瓦、马其顿等。

东南亚地区中，新加坡最佳（第24位），并比2015年上升5位，数据开放准备度较高，为72分（总分100）。其次是菲律宾（第36位），且上升幅度很大，比2015年上升17位。同样排名前50的还有印度尼西亚（第40位）。这些国家的共同点是数据开放准备度比同区域国家高，但由于国家范围小、电子政务处于第二发展阶段、信息素养有待提高等不同原因，其全球影响力不足。中东欧地区的"一带一路"沿线国家数据开放发展水平较均衡，2016年新进国家摩尔多瓦、马其顿、斯洛伐克初次加入排名就在35名左右，准备度和执行力水平相当，相信未来有较快发展。

再次，西亚北非整体发展水平为中等及中等偏下，区域排名领先的国家是以色列、希腊，但排名比 2015 年略有下降。其与东南亚、中东欧地区的差距主要在于"执行力"方面，同等准备度之下的执行力不足东南亚、中东欧平均水平的 50%。这种情况与中国的数据开放现状相似，与政府部门对数据开放的理念认识和重视程度不足有一定关系。

最后，南亚与太平洋地区区域发展水平不均衡，印度是该地区数据开放做得最好的国家，已超过全球平均水平，但其他南亚国家排名均靠后；中亚与高加索地区里，哈萨克斯坦、格鲁吉亚属于该区域发展较快国家，但全球排名处于中等偏下水平。

二 "一带一路"沿线国家数据开放案例分析

根据区域排名情况，本文选取前 1~2 位作案例分析，每个国家在政府数据开放方面都各具特色，有值得借鉴的部分。

（一）韩国

表2　韩国数据开放情况

区域	2016年全球排名	排名变化	国别	总分	准备度(%)	执行力(%)	影响力(%)
东北亚	8	9	韩国	71.19	95	64	58

韩国是电子政务发展全球领先的国家之一，开放公共数据是韩国政府"3.0 计划"中的重要一环，在数据开放准备度方面表现尤为突出。据 2016 年开放数据晴雨表，韩国政府数据开放总排名第八（共 92 个国家中），是东亚地区的第一，且排名呈上升趋势。2016 年韩国总计 12654 种数据统一在公共数据门户（data.go.kr）上线，开放率从 2013 年的 16.1%（3395 种）上升至 60%[1]。总结韩国成功经验包括几个方面。

---

[1] How Has S. Korea Ranked 1st in Open Government Data Index？，http：//www.koreaittimes.com/story/59619/how－has－s－korea－ranked－1st－open－government－data－index，2017－9－28.

1. 数据资源准备以数据质量控制与数据标准化为首要任务

为了改善由公共机构所持有的大量数据的质量,韩国内政部和国家信息社会局(NIA)自 2011 年开始推动"开放政府数据(OGD)质量控制项目"。同时,对 OGD 标准和质量保证标准评估进行了扩展,以确保高质量数据能够从初始阶段就开始累积。

韩国政府考虑到不同机构所持有的数据集寿命不同,因此其质量管理活动在每个阶段(包括规划阶段、建设阶段、操作阶段和使用阶段)都进行了定义,以确保所有机构的质量控制行动与国家政策保持一致。值得一提的是,开放数据门户(www.data.go.kr)在检查上传的开放数据时形成的检查结果报告,都将发送给数据提供方,以确保其提供高质量数据。

除了从数据源头和初始阶段控制数据质量外,为了提高不同机构所收集数据的一致性,经 5 年时间,韩国政府确定了政府开放数据的标准,于 2016 年 4 月对 43 个 OGD 标准数据集做出立法规定。自此,无论数据集持有者是否主动遵循 OGD 标准,都将对其进行监控和帮助私营领域使用 OGD,并改善开放数据的质量。韩国政府计划在 2017 年开发 100 个 OGD 标准数据集①。

2. 开放数据战略委员会指导下的"公私"协作模式

在政府数据开放平台上线同期,2013 年 12 月,开放数据战略委员会(ODSC)成立。该委员会负责审视协调与公共数据相关的政府政策和规划,以及评估如何实施相关政策和规划,委员会成为公私协作的"指挥部"。委员会主席的职务由总理和来自私营部门的代表共同担任,委员会共有 34 名成员,其中 16 名来自公共领域,另 16 名来自非公共领域(民间团体、新闻媒体、学术界以及贸易协会等)。该委员会第一次会议通过了《关于推动公共数据提供和推动的基础计划(2013~2017)》,该计划是达成 OGP 承诺的关键政策规划,也是韩国政府"3.0 计划"的重要组成部分。关键组成部分包括开放公共数据和建立开放数据生态系统。

2014 年 4 月,委员会第二次会议通过了《关于提供推动公共数据的执行计划》,确定了 504 种关键公共数据将会被优先公开。这些数据类型通过机构评估和公共反馈进行认证,特别是大部分中央和地方政府机构的顾问/咨询机构和用户群体,比如京畿道政府的开放数据合作和教育部的开放数据用户群体等。

---

① Kim Mi-rae, *Government 3.0 Enters Its 4th Year with a Focus on Sophistication of OGD*, 2016, 03.

> **专栏：韩国政府数据开放其他相关机构和组织**
>
> 韩国内政部（MOI）负责开放政府数据政策的实施。为了实现最新治理范式——开放、共享、通信和合作，内政部创立了政府级别的门户网站（https：//data.go.kr/），该网站专门致力于OGD，鼓励部门间协作开放政府数据。另外，内政部还将不同部门间关于支持OGD创业公司的零散项目，合并整合成了政府级的OGD创业公司协作项目。内政部总共举办了三次OGD创业大赛，并启动了创业加速器"开放广场D"，为OGD政策和政府3.0之间建立起协作关系。
>
> 开放数据仲裁委员会（ODMC）拥有来自学术界、法律界以及民间组织的共25名专家。如果存在OGD使用方面的困难，用户可向ODMC提交申诉，以便ODMC及时介入。在《开放政府数据法案》的框架内，ODMC的决策拥有等同于司法裁决的效力。更重要的是，ODMC提供免费的诉前调解、咨询和教育服务。

3. 利益相关群体的开放交流和互助机制

为了进一步提升公共数据的使用率和可用性，2013年7月国家开放数据论坛成立了，第一届论坛有来自私营领域和民间团体的300名成员参加。国家开放数据论坛在了解公共需求和提供公共服务方面扮演着重要角色。自2014年3月以来，涉及气象、交通、土地、食物/药物、农业/牲畜、文化/旅游、防灾/安全、医疗/福利、科学/技术、环境、就业/劳动、采购、专利、法律以及海事/渔业等16个数据共享战略性领域的近百家企业在论坛上分享了各自运营数据的观点。最终，从上述16个战略性领域中初选了42家公司，与16个战略性领域相关的政府机构小组和"开放数据生态系统小组"签订了备忘录。"开放数据生态系统小组"成员包括ICT企业和与中小企业相关的公共机构、贸易协会、ICT基础设施公司，为42家有前景的公司提供各种支持，注重对公众和投资者的推广、商业发展咨询服务以及技术和基础设施支持等①。

---

① Republic of Korea National Action Plan on Open Government Partnership.

4. 公众参与的优先开放数据目录遴选

2014年底，韩国政府公布由韩国民众选出的36个希望政府开放数据的项目，并宣布自2015年起会先开放不动产等10大领域的资料，剩余的26项也将陆续放置于公共平台让民众查询、使用，最迟会于2017年底之前全面开放。韩国政府开放数据的目的是借由开放数据提供民众以更便利的生活，并建立一个完整的创业体系。

为提供更贴近民众需求的数据和信息，韩国行政自治部在征询国务总理所属的公共资料策略委员会的意见后，于2014年12月底发布《国家优先开放资料的开放计划》，让民众可以自由选择需要开放的资料类别，并视为"韩国的数据大变革专案"。然后，由民众遴选出来的36类国家优先开放数据资料将于2015~2017年陆续上传至公共平台供民众使用。

韩国行政自治部表示，政府开放资料除了希望能提供民众更加便利的生活之外，还希望能借此刺激国内创业活力，并建立一个从产生想法开始到商用化为止的创业支援体系。而医疗方面的资料开放后，预估可以帮助国内远端医疗或行动保健等产业发展。

表3 2015~2017年韩国政府优先开放数据类别

1 房地产综合资讯　财政资讯公开系统	14 产业再生奖励
2 商圈　道路名住址	15 健康诊断资讯审查
3 国民健康资讯　地方财政	16 综合海洋资讯系统
4 农渔畜牧产品调查价格、成交资讯、流通价格　社会保障资讯系统	17 国民年金
5 地方行政资讯　废弃物、厨余	18 劳动保险
6 建筑行政资讯　国家空间资讯综合体系、公开平台与流通系统	19 雇用保险
7 登山路、韩国生物种　房地产交易管理	20 教育行政资讯
8 中央交通资讯中心、交通事故位置资讯以及交通事故分析都市计划资讯	21 国家灾难管理资讯
9 道路施工资讯同步更新　航运港湾物流资讯	22 国家税务资讯
10 渔产品安全和检验资讯　国家法令资讯	23 关税
11 食品、医药品综合资讯	24 国家综合统计资讯
12 进出口贸易统计资讯	25 法院判决书
13 国家综合电子规划	26 天气预报

5. 首个一站式数据创业孵化中心鼓励使用政府开放的数据

开放广场D是韩国首个一站式数据创业孵化中心，专为使用政府开放的数据（OGD）的创业公司服务，从2016年1月以来，开放广场D已经入驻六家创业公司。这些企业均为数据创意公司，如基于OGD的停车空车信息服务公司、虚拟现实视频服务公司、定制医疗临床信息服务公司、午夜基础设施信息服务公司等①。

专栏：数据创业孵化中心的创业公司简介

GoVR是GoVR 360 VR屏模的开发商，提供韩国国内多个旅游景点的VR视频，开发有韩国第一的停车APP"Modu Parking"。Modu Parking通过使用市政关于停车场的开放数据，提供附近停车场位置和停车费用的信息。

SAM Post开发了一个可以让用户将智能手机中的照片保存在实体明信片上的APP。SAM是"Send A lot of Memories"（寄出你的回忆）的缩写。SAM Post建立在韩国旅游组织的开放数据服务"旅游API 3.0"之上。SAM Post因其富有创意地专注于为智能手机添加虚拟氛围的O2O（线上到线下）服务策略，在2014年获得了智能旅游ICT大赛的一等奖。

Long Factory目前正在研发一款可以提供深夜公共交通时间表和夜班诊所信息的APP。Long Factory的APP利用开放API（应用编程界面），根据开放的交通数据和深夜诊所信息为用户提供深夜车次信息。

BIAEN，一款为门外汉设计的OGD专利搜索APP。BIAEN（大数据人工智能引擎）是一款专利搜索APP，让普通人也能在线搜索专利信息。

Eunogo将韩流引入整形医疗旅游行业。Eunogo是一个专门为来自英语国家和东南亚国家用户提供韩国整形和医疗旅游行业信息的平台。Eunogo接入了大量的开放数据，从健康保险审查与评估服务（HIRA）的开放数据集到医院药房等地点的定位开放数据等等。作为一个定位于"医疗整形服务导游"的O2O平台，Eunogo目前着重处理医疗信息不对称和医疗旅游低效等问题。

---

① Yeon Choul-woong, [Korea's Government 3.0] Startup Accelerator Open Square D: from Virtual Reality to Medical Tourism, http://www.koreaittimes.com/story/58603/koreas-government-30-startup-accelerator-open-square-d-virtual-reality-medical-tourism, 2017-9-27.

（二）菲律宾

表4　菲律宾数据开放情况

区域	2016年排名	排名变化	国别	总分	准备度(%)	执行力(%)	影响力(%)
东南亚	36	17	菲律宾	36.94	55	32	28

菲律宾是开放数据联盟的新加入国家，也是2016年数据开放晴雨表中进步最大的数据开放新晋国家，较2015年排名上升了17位，目前处于全球中等偏上水平。菲律宾的成功经验在于加入了开放数据联盟，在联盟的指导下推进政府数据开放计划和专项，并定期做评估总结。另外，菲律宾政府在2016年良政治理中提到"开放治理"，强调公众参与和公民的信息权等，在客观上推进了数据开放在社会治理、公共事业等方面的应用。

1. 建立开放数据政策环境

菲律宾加入开放数据联盟以来已经进入第三个数据开放年度计划，在2015~2016年度中，其在开放数据政策环境方面取得了里程碑式的成果。一方面发布了《开放数据实施指导共同备忘录通知》，另一方面确定了项目倡导机构的负责部门，包括预算管理部门（Department of Budget and Management，DBM）、总统通信发展和战略规划办公室（Presidential Communications Development and Strategic Planning Office，PCDSPO）、总统发言人办公室（Office of the Presidential Spokesperson，OPS）。

2. 将公民数据获取作为良政治理前提

开放数据菲律宾（Open Data Philippines）是菲律宾政府主动开放公共领域数据集以及为公众使用和再利用数据、构建数据开放生态系统的项目，该项目于2014年1月16日"良政治理峰会"期间正式启动。开放数据菲律宾旨在"以实现公众获取政府数据制度化，作为良政治理的前提"，包括对不同政府机构的数据集进行数据核对、数据清洁、统一开放格式等。该项目的思路是，当所有数据集具备可用性后，公民便可以自行监督核实政府关键交易，并对重要资源的去向进行追踪。

该项目开创性地提出了"公众的信息权是开放计算机可读数据集的来源，

是 data.gov.ph 网站及相关数据集和中央数据库发展的动力"。该项目主要关注公共信息的获取，数据驱动的公共治理、公众参与以及创新实践。ODP 经常聚集政府机构、民间社团、学会和企业举办培训、训练营、咨询和开发比赛、黑客马拉松等活动①。

3. 开放治理在公共教育领域率先实践

校园检测倡议（Check My School Initiative，CMS）② 是菲律宾教育领域内的一项参与式监控倡议。最初是 2011 年与菲律宾教育部合作发起的实验项目，旨在倡导信息获取和社会责任。通过公众参与诊断学校存在的问题，由政府和利益群体为解决问题提出建设性解决方案，从而让所有人担负起教育的责任。该倡议还倡导建立信任，从而加强相关机关的功能。

CMS 计划主要针对菲律宾公共教育领域的三大问题：学校信息的不准确性和不可获取性，教育治理中社区参与程度较弱以及社区与政府在解决学校问题方面的协作现状较差等。为了强调以上问题，CMS 分"数据获取、反馈和问题解决"三阶段，对各阶段的志愿者进行培训和联系。该项目计划在三到六个月完成。五年以来，CMS 一直采用开放政府合作的模型不断改善公立学校的教育服务质量，主要包括对文档方式的改变以及经验与课程的共享。

4. MBC 模式实现开放数据从民间到官方

马卡迪商业俱乐部（Makati Business Club，MBC）③ 是菲律宾最大的商业团体之一，业务范围包括对开放治理、善政反腐和可持续发展等做政策研究和提出建设性建议。该团体曾成功促进"诚信运动""反腐联盟运动"等与企业利益和政府治理密切相关的议题。

在 MBC 运行"经商容易度门户网站"（The Ease of Doing Business Portal）之前，菲律宾还没有一个集合所有商业注册关键信息的政府门户网站。虽然大

---

① Philippine OGP Steering Committee, *Philippine Open Government Partnership National Action Plan*, 2015, 08.
② Check My School (CMS) Initiative, *Open Governance through Stories of Change*, https://www.opengovpartnership.org/blog/athena-gabrielle-abanto/2016/10/04/checkmyschool-cms-initiative-open-governance-through-stories, 2017-9-28.
③ *Improving Ease of Doing Business Through Connectivity and Open Governance in the Philipines*. 2016.

部分政府机构有各自的网站，有一些商业注册信息，但都是各自为政。

"经商容易度门户网站"是一个公对私的开放平台，也是一个私对公的监督平台，通过强行公开企业注册数据来推动政府实现开放治理。该门户平台上聚集了与商业相关的各类政府服务，提高了公众获取信息的容易度。内容包括商业注册信息（如费用、注册过程），经商执照的更新，减税行业查询以及其他税务信息（如税务申报、税务激励等）。

MBC通过在政府商业服务中的反馈与政府建立合作，将经由平台的反馈数据结果发送给各相关服务的负责部门，在帮助政府部门实现简化行政服务流程目标的同时，聚集了大量商业数据和企业反馈数据。此外，MBC还扮演监察员的角色，所有通过门户收集的数据同时向企业和政府开放，以保证政府能够利用公民反馈确定一线服务问题。

经过三年时间，MBC将门户的管理与维护责任交给菲律宾政府。为确保平台的最优化，公共 – 私营委员会（Public – Private Committee）成立了，定期审查现状报告，评估国内商业应用的情况，确定门户的有效性并提供指导。该模式是简单高效可复制的模式，可运用于重大腐败监督平台（如瑞士）、市政表现反馈平台等开放治理领域。

（三）爱沙尼亚

表5　爱沙尼亚数据开放情况

国别	2016年排名	排名变化	总分	准备度(%)	执行力(%)	影响力(%)
爱沙尼亚	24	-11	50.63	75	52	24

爱沙尼亚是中东欧国家中政府信息化实践最佳的国家之一，在数据开放排名中排全球第24名，属于中上水平，在中东欧国家中排名第一。

1. 以《公共信息法案》表明开放国家机构数据的积极态度

爱沙尼亚在2014年《公共信息法案》中对数据循环和再利用提出了使用规范，并要求自2015年1月1日起，所有数据必须在开放且机器可读格式下存储。爱沙尼亚的数据门户网站（opendata.riik.ee）是为大众提供开放数据的平台。目前门户仍在初步使用阶段且数据量很小，但爱沙尼亚政府数据库本身提供了大量数据。在2011/2012年，经济事务与通信部（Ministry of Economic Affairs and Communication）预估该数据库拥有20000个数据集。目前，该部门负责建设数据门户和统筹各部门的数据开放。支持部门是信息技术与电信协会、开放数据社区[①]。

2. 与非政府参与者协作推进数据开放应用

爱沙尼亚的政府数据开放经验是，通过与非政府参与者协作，使开放数据得到更广泛的利用。为此，爱沙尼亚在开放数据门户网站（opendata.riik.ee）的应用项目创建中，举行了开放数据试点项目竞选比赛，并给最佳项目以经费资助。另外，在遵循《公共信息法案》开放数据的循环和再利用过程中，爱沙尼亚政府组织了黑客马拉松比赛、培训等公共活动。黑客马拉松比赛支持政府机构发布数据，并推动非政府参与者和企业对数据进行加工和再利用。将数据再利用开放给非政府参与者和企业，一方面能够减少政府机构的工作量，另一方面能够减少官僚主义的习气。

3. 探索跨境数据合作的可能性

从上文可见，爱沙尼亚政府对数据开放的态度非常积极，但实践中仍存在很大问题：一方面，因为数据上传是自愿的，而使用处于当前形式的开放数据有时候会比向政府机构提出正式的信息请求来得更为复杂；另一方面，这些数据尚未进行清洗，每个机构上传数据时都是按照各自的业务逻辑存储，数据的可用性很低。因此，如果邻国有可用的类似数据（比如来自波罗的海国家、北欧国家、中东欧国家等等），将更具使用价值，能够进行全面的数据分析。在此背景下，爱沙尼亚总统托马斯·亨德里克·伊尔韦斯提出，爱沙尼亚和芬兰应建立数据交换机制，从而带动跨境数据合作。

另外，根据《公共信息法案》规定国家机构应当公开其数据，而事实上大部分国家机构尚未做到公开数据，这本属于违法行为，但并没有机构或者个人追究其责任。因此，有非政府组织认为，目前爱沙尼亚政府除了敦促政府机构公开数据之外，还面临着让潜在用户了解其数据库的问题。爱沙尼亚在下一阶段的政府数据开放计划中将着力解决数据集可用性、开放数据管理

[①] Kristiina Tonisson, *Johan Skytte Institute of Political Studies at the University of Tartu*, Independent Reporting Mechanism（IRM）Progress Report 2014 – 2015：Estonia.

公职人员配备（目前没有相关职位）、建立数据上传和数据清洗等基础标准等问题。

（四）捷克

表6 捷克数据开放情况

国别	2016年排名	排名变化	总分	准备度(%)	执行力(%)	影响力(%)
捷克共和国	26	-9	49.15	59	43	50

捷克在数据开放总排名上虽然落后于爱沙尼亚两个名次，但在准备度、执行力、影响力方面发展均衡，且其区域影响力明显大于爱沙尼亚。2015~2016年，捷克走过了数据开放发展里程碑式的一年，完成"实施与捷克行政服务相关的开放数据战略"。在此基础上，捷克提出了2016~2020年的国家开放科技信息战略。

1. 2015年数据准备超额完成

2015年2月1日，捷克发起"实施与捷克行政服务相关的开放数据战略"，组成了来自学界、非营利机构的开放数据专家团队；随后，布拉格公共管理研究所的培训课程完成；2015年11月30日完成了关于行政服务开放数据发布的指导说明，名为《捷克共和国行政服务开放数据的发布和分类标准》；发起并完成制作国家开放数据目录，该目录目前存有6501个数据集；部分完成建立开放数据使用的开放许可证颁发的法律环境；提供关于所涉及机构的数据公布的指导说明[1]。

在以上准备工作的基础上，捷克在原规划之外提出了《第三行动计划》，主要关注以下内容：基于公众咨询的行政服务数据集优先开放，支持捷克行政服务开放数据生态系统发展，为开放数据提供立法基础。捷克内政部目前正在准备开放数据的二期项目，包括《国家构建规划》中强调开放数据氛围和环境的营造，提供培训课程等知识型支持，向公务员、工作室、专家等推广和宣

---

[1] Czech Republic 2016, *End of Term Self-Assessment Open Government Partnership Action Plan Report of the Czech Republic* 2014-2016.

传；以开放数据的发布和分类为目的，对公共管理机构提供技术与立法支持。目前关于免费获取信息的法案修正案正在酝酿中。

2. 制定2016～2020年国家开放科技信息战略①

由负责科学、研究和创新的副总理以及捷克政府办公室牵头，捷克将《2016～2020年捷克国家科学信息开放获取渠道战略》作为科学信息领域第一份国家级的战略性文件进行发布。该文件主要支持五方面：研究质量（更加高效地利用先前研究的成果）；研究效率（减少重复研究，支持研究合作）；开放科学原则（研究方法、观察和数据收集的透明度，公众的接触度以及反复使用研究数据的可能性，科学传播的透明度和支持科学合作的网络工具的使用）；提高创新和经济增长的速度（支持创新产品更快地进入市场）；对捷克研究机构和其重要性的认识（包括其融入全球研究活动的发展）。

（五）俄罗斯

表7 俄罗斯数据开放情况

国别	2016年排名	排名变化	总分	准备度(%)	执行力(%)	影响力(%)
俄罗斯联邦	41	-15	31.49	52	31	13

俄罗斯联邦的政府数据开放活动开始于2012年，当时第一次全国性OGD概念成形。2013年，俄罗斯与其他G8集团国家通过了《开放数据宪章》以促进OGD发展和国际合作。在2006～2015年，俄罗斯发布了一系列法律法规支持政府信息共享。2014年，俄罗斯联邦OGD门户网站（http://data.gov.ru/）正式启用，当时共发布了7500个数据集。该门户的结构遵循《开放数据宪章》要求，数据集共16类：政府、经济、教育、医疗、文化、生态、交通、体育、建设、娱乐、旅游、电子、贸易、地图、安全以及天气。截至2016年5月，该门户共包括7500个数据集，每个月的访问量为8000。俄罗斯联邦统计

---

① Czech Republic 2016, *Action Plan of the Czech Republic Open Government Partnership from* 2016 *to* 2018.

局、图拉州州政府、莫斯科市政府、托木斯克州州政府,以及 Zelonograd 直辖市是该门户网站最大的贡献者①。

1. 开放政府数据是开放政府的执行工具

在俄罗斯,OGD 是用于执行开放政府项目的工具。该项目始于 2012 年,当时 OGD 的概念刚刚成形,2013~2015 年,俄罗斯通过了一系列法律法规以支持 OGD 实施。OGD 倡议在中央和地区层面的实施主要分为三种模式:中央层面、地区层面和地区政府层面。在中央层面的法律法规、框架、项目以及推荐已经得到开发,现有的 OGD 处于监控和分析之中;地方政府在此基础上创建地方立法和项目,许多地方和直辖市政府正在跟进该项目(地方政府层面)。

2. 以集中式平台管理为主独立数据工作为辅

地方政府的两种做法。一是集中式管理,是更加有效的作法,是将所有地区政府组织的数据加载在综合性的地区政府门户,实行集中式管理。该做法已在圣彼得堡实施,已有四十多个政府机构加入。二是独立数据工作,即在某地区每个政府机构中进行独立的数据工作,但实践证明该做法既费钱且数据质量低下。

3. 多方参与的开放政府数据生态系统

俄罗斯 OGD 生态系统的关键参与者包括:负责规划、实施以及分析的政府机构,负责数据收集和 OGD 网站开发的联邦/地区政府员工(分析师、工程师以及门户网站开发人员),使用 OGD 创建电子服务的软件开发公司,NGO 和热心人士,学术团体,对 OGD 和 OGD 电子服务感兴趣的公民。

专栏:俄罗斯开放数据门户网站(http://data.gov.ru/)的特点

- 搜寻公共数据集;
- 无须下载即可熟悉护照以及开放数据集等内容;
- 运用制表、绘图和展示地图数据快速实现数据可视化;
- 从公共机构网站上自动下载当前开放数据集;
- 可参与公共-民间对话,确定数据披露的优先顺序;

---

① Dmitrij Koznov, Olga Andreeva, Uolevi Nikula, Andrey Maglyas, Dmitry Muromtsev, Irina Radchenko, *Open Government Data in Russian Federation*, 2016.

- 将数据集和链接放在国家机构和组织（包括商业）的官方网站的数据集内；
- 在"开放格式"中对数据集认证以及对数据格式进行转换；
- 要求能够应用到 API 数据源上。

（六）以色列

表 8　以色列数据开放情况

区域	2016 年排名	排名变化	国别	总分	准备度(%)	执行力(%)	影响力(%)
西亚北非	29	-9	以色列	43.71	60	37	39

以色列的数据开放准备度是西亚北非地区最高的国家，在 92 个被调查国家中也是发展较好的国家之一。但以色列在数据开放的执行力上明显不足，以色列政府正在探索从立法层面改善数据开放的政策环境。

1. 立法探讨开放政府实践活动能否延伸至市民

扩大政府对自治市的承诺需要制定规章制度和通过立法，但目前《政府决议》不适用于自治市。比如 2016 年 8 月 30 日颁布的第 1933 号政府决议要求政府各部门和当局在 2022 年到来之前将其数据对公众开放。该决议同样要求政府考量与自治市、政府公司和其他公共机构相关的开放数据立法需求，后者可以为立法提供一些建议。司法部的《自由信息法案》立法小组也在尝试这项探索，正在就此立法咨询其他相关机构[①]。

2. 数据库数量和质量问题需要更多资源投入

在实现开放数据的目标上，以色列已经取得一些进步，但 data.gov.il 网站上开放的数据仍旧有限，公众不得不依赖技术（例如数据抓取）获取政府数据。过去一年里已经有公众投诉称选择开放的数据库在数量和质量上都不能令人满意。

---

① "State of Israel Open Government Partnership", *National Open Government Plan* 2015 - 2017, Midterm Report: Meeting the Action Plan Objectives, 2016, 09.

ICT 当局承认有必要再投入更多资源使以色列的开放数据达到国际标准。第 1933 号政府决议将政府数据视为可对外公开的宝贵资源，要求政府各部门到 2022 年之前将其所有数据对外开放，且提供预算激励措施，尤其是对优先考虑高价值数据库的政府部门。高价值数据主要涉及养老基金和保险公司的季度报告，学校和学前班相关的数据，列车实时到达更新信息，国家住房计划有关的数据，2017~2018 年国家预算提议等等。

（七）印度

表 9　印度数据开放情况

区域	2016 年排名	排名变化	国别	总分	准备度(%)	执行力(%)	影响力(%)
南亚与太平洋	38	1	印度	33.98	48	39	14

印度是南亚与太平洋地区数据开放发展最快的国家，全球数据开放排名处于中等水平，发展和进步很快，且在印度电子与信息产业的带动下，政府数据开放在技术支持和平台开发方面有一定的优势。

1. 数据开放的政策延续性

在 2012 年初，印度政府通过了关于治理以数字格式披露政府数据的首个国家政策，即《国家数据共享和可获取性政策》（National Data Sharing and Accessibility Policy，NDSAP）。该政策在 2005 年的《信息权利法案》（Right to Information Act，RTI）基础上，对强制公开效力进行了延伸。通过制定政策和提供行政支持，确保公民的知情权，为政府做好决策、提高透明度和责任感提供保障。国家级的开放政府数据平台（http：//data.gov.in/）（简称为 OGD 平台）由 NDSAP 项目管理团队于 2012 年年中启动，该团队隶属于印度电子和信息技术部门下的国家信息中心。至 2014 年 6 月，该平台已经有 70 个政府机构入驻，分享超过 3000 个主题目录①。

2. 政府数据开放的全球合作视野

印度开放政府数据平台 data.gov.in 是供印度政府各部门及其组织使用，

---

① Sumandro Chattapadhyay, *Access and Use of Government Data by Research and Advocacy Organisations in India: A Survey of (Potential) Open Data Ecosystem*, 2014.

发布各类数据集、文件、服务、工具和应用的平台,也是公众监督和免费获取政府信息和数据的平台。该网站的目标是增加政府履职过程中的透明度,为更多政府数据的创新利用提供机会。该平台由印度政府和美国政府合力打造,OGD 印度站的数据可以作为产品打包,作为开放源供全球所有国家使用。该平台的四大功能模块包括:数据管理系统(DMS)、内容管理系统(CMS)、访问者关系管理(VRM)、论坛。

在积极开放的同时,印度也面临着数据质量和标准方面的问题,如数据集颗粒度不一致导致数据价值高低并存、数据实施标准不一致导致互操作性不强、数据使用者和提供者之间互动不足致使数据使用率不高、OGD 基础设施不足能力有限等。对此,印度政府仍在积极探索中。

（八）哈萨克斯坦

表 10　哈萨克斯坦数据开放情况

区域	2016年排名	排名变化	国别	总分	准备度(%)	执行力(%)	影响力(%)
中亚与高加索	56	-7	哈萨克斯坦	20.09	29	28	3

哈萨克斯坦作为中亚第一个提出电子政府倡议的国家,在过去的几年里一直是中亚地区推行开放政府和开放数据的领导者。如今,其"电子政府"门户网站(www.e-gov.kz)已经拥有 370 万注册用户,哈萨克斯坦人每年平均接受 4000 万项不同的电子服务。在哈萨克斯坦的开放政府政策中,开放数据是必不可少的一部分,主要体现在公民对信息的可获得性,公共管理的透明度以及腐败控制上。开放数据平台的发展主要反映在"信息哈萨克斯坦 - 2020"国家项目中。在其数据门户网站上,总共有 200 多个 XML 和 JSON 格式的数据集,哈萨克斯坦政府目前正在鼓励以及扩大其不断增长的开放数据门户网站的使用。政府机构的数据集发布在开放数据门户网站上,可以直接复制使用,而无须受到版权、专利或其他控制机制的限制。

2015 年从政府效率和提高公信力出发,哈萨克斯坦政府开放预算数据和公共采购数据;2016 年强调公民参与,尤其是直接参与国家的发展进程并提出建议,以提高国家改革能力。国家开放数据平台的数据涉及健康、教育、交通运输、通信、社会福利等。国家开放数据平台2013年发布，2014年整合优化了217个数据集850项数据，开发了应用程序编程接口API，发布十多个APP产品。

目前政府部门面临的障碍是，对开放数据的重视程度不够，数据保密级的界定不明确，政府部门直面问题的勇气不足，官僚障碍，政府部门对公共组织和私营部门缺乏信任等。未来的努力方向将是：积极参加合作，关注政府部门、企业、民众三方利益相关者，开发开放政府门户网站和实施门户网站组件之间的互操作，加入国际"开放政府伙伴关系"组织。

（九）阿拉伯国家

阿拉伯国家在政府数据开放进程中属于发展较慢的，在政府数据开放方面面临许多问题，需要国内外的力量给予支持。

1. 数据存储格式成为数据再利用的主要障碍

据数据开放联盟研究发现，大部分阿拉伯国家已经立法规定政府必须将年度预算、立法以及选举结果等特定基本数据集向外发布。但在发布开放数据中面临的最大问题之一是文件格式问题。许多阿拉伯国家政府将记录以PDF扫描文件的格式进行存储和发布，尽管这种格式比较有用而且易于阅读，但是却不适合将数据运用到其他项目上。

阿拉伯国家在政府预算、法律文件和民主选举方面率先尝试数据开放。在政府预算方面，阿联酋则是唯一一个按期将预算数据以计算机可读格式（Excel）发布的国家。虽然数据格式并不友好，但阿拉伯国家民众对国家年度预算数据需求不减。埃及一家名叫Mwazna的网站通过使用表格，清晰标注开支、投资以及国债等项目，致力于让公众更加轻松地寻找预算中的数据。该网站不仅以可视化形式展现数据，还允许用户以计算机可读格式下载，确保相关数据的再利用。

2. 数据更新不及时是普遍现象

开放数据对于政府、商业以及民间社会的益处很容易理解，但在许多情况下，阿拉伯国家的政府数据门户网站的应用非常有限，主要是因为数据过时而且不完整。比如，阿曼和阿联酋的数据门户网站提供的人口数据仅截至2007年，而沙特的数据门户网站提供的人口数据仅截至2012年[①]。另外，数据的

---

① Riyadh Al-Balushi, Sadeek Hasna. *Open Data in the Arab World*, 2016.

标签不恰当，而且用户几乎不可能知晓数据收集或发布的时间。大部分网站似乎是通过一次性倡议建立的，然后再也没有更新过，也许只是为了赶一趟改善电子政府的全球班列而已。这些网站的导航也很难用，而且不够人性化。这类问题反映了相关人员在技术层面上对于开放数据缺乏最基本的了解。

3. 在数据索引方面有较佳案例

在开放数据索引中，有部分阿拉伯国家表现较佳的领域，比如阿曼、卡塔尔和阿联酋在政府预算和立法领域的表现，相关数据均通过独立于各个国家官方开放数据门户网站的独立政府网站发布和维护。阿联酋的财务部网站提供关于公司注册数据的详细搜索引擎；埃及总统选举委员会的网站也提供 Excel 格式的选举结果。同样有证据表明，阿拉伯世界的民间社会和商业团体正在使用政府数据，而且如果政府数据能够更加开放的话，民众能够从其中受益更多。许多民间数据开放项目都在使用政府数据，比如依靠政府预算数据建立的埃及 Mwazna 网站。

（十）案例小结

综观"一带一路"沿线国家在政府数据开放方面的举措，多数出于以下目的。

（1）改善政府治理：开放数据通过打击腐败和提高透明度，加强公共服务和资源分配，以改善政府运作。比如，斯洛伐克的政府采购合同公开、乌克兰反腐系统等。

（2）提高公民权利：开放数据通过提供宣传和获取信息的新方式，提高公民掌控其生活质量的权利，使公民做出更有依据的决策。比如向公众开放政府数据，让菲律宾的公民在儿童教育方面做出更有依据的策略选择。

（3）创造发展机会：开放数据通过培养创新，推动经济增长和就业率增长，为公民和企业创造更多的创业机会。形式有很多种，比如韩国的开放数据创业孵化中心。

（4）解决公众问题：通过允许公众和非政府参与者获得政策制定者关于数据评估的第一手资料，并且允许其参与政策制定，使得开放数据在解决重大公众问题上发挥越来越重要的作用。

根据以上案例发现，充分挖掘开放数据的潜力需要 4 个核心条件（简称4P），这些条件对确保数据开放成功是极为重要的。

（1）合作关系（Partnership）：中间机构和数据合作方在确保成功方面十分重要，可以使加强后的数据供需关系得到更好的配对。

（2）公共基础设施（Public infrastructure）：将开放数据作为公共基础设施来建设，向所有人开放，促成更高的参与度，对更多的问题和领域产生影响。

（3）政策（Policy）：关于开放数据的清晰政策，包括推动开放数据项目的阶段性规划和定期评估。

（4）问题定义（Problem definition）：拥有清晰目标或问题定义的开放数据倡议/活动更具影响力。

在具备以上条件之后，政府还将面临4大挑战，简称为4R：

（1）先决条件（Reserve conditions）：缺乏先决条件或能力（比如，较低的互联网普及率或识字率）会严重限制开放数据的发展进程。

（2）反应性（Responsiveness）：开放数据项目需要足够的灵活性和反应能力，如果能适应用户反馈或对成败具有早期预判，将更容易获得成功。

（3）风险（Risk）：开放数据的确存在诸如隐私和安全方面的风险，因此有必要更好地了解这类风险。

（4）资源分配（Resource allocation）：尽管开放数据项目的启动成本通常不高，但是如果能够获得大额持续的资金支持，则更有可能在中期或长期的时间获得成功。

三 推进"一带一路"沿线国家数据开放与区域大数据合作的建议

根据以上发展目的和面临的风险，结合我国"一带一路"倡议部署和国家数据开放计划以及"一带一路"沿线国家自身的需求，本书提出"一带一路"沿线国家数据开放与区域大数据合作建议。

（1）将数据开放合作机制纳入双边关系。在我国与"一带一路"沿线国家签署的双边和多边合作协议中，建立国家间数据开放合作机制，逐步形成涵盖"一带一路"全部国家和地区的大数据合作与开发利用网络。

（2）建立我国主导的"一带一路"国际性数据开放组织。我国主导建立的"一带一路"相关国际性组织或机构，如亚投行、金砖银行等，应当将跨国数据库建设作为重要工作内容,建立成员国的信息缴存与共享制度,建设全球或区域数据库,加强数据研究和数据服务。

(3)推出数据开放领域尤其是大数据领域的援外项目。通过建立国际基金、设立援助项目,通过技术援助、人才培养、经费资助等方式,帮助数据开放和信息化水平较低的"一带一路"沿线国家提升数据采集和处理能力。

(4)要鼓励中国大数据企业"走出去"。发展跨国大数据企业,整合全球特别是"一带一路"大数据资源,研发符合各国实际需求的数据产品。

(5)加强"一带一路"国际化智库产品开发。引导智库机构利用"一带一路"数据库中的大数据资源,按照国际规范形成多语种智库成果,并加强对外宣传。

参考文献

陈怡凤:《深化国际合作提升能源统计数据质量》,《中国信息报》2016年4月1日。
迪莉娅:《国外政府数据开放研究》,《图书馆论坛》2014年第9期。
李苑:《全球政府开放数据运动方兴未艾》,《中国电子报》2014年2月25日。
陆钢:《大数据时代下"一带一路"决策系统的构建》,《当代世界》2015年第7期。
唐斯斯、刘叶婷:《全球政府数据开放"印象"——解读〈全球数据开放晴雨表报告〉》,《中国外资》2014年第9期。
杨东谋等:《国际政府数据开放实施现况初探》,《电子政务》2013年第6期。
杨瑞仙、毛春蕾、左泽:《国内外政府数据开放现状比较研究》,《情报杂志》2016年第5期。
岳丽欣、刘文云:《国内外政府数据开放现状比较研究》,《图书情报工作》2016年第11期。
于施洋等:《"一带一路"大数据决策支持体系建设》,《电子政务》2017年第1期。
原毅茹:《大数据时代对国际经济合作的影响因素研究》,《中国市场》2016年第42期。

B.12 "一带一路"沿线国家网络信息安全合作研究

丁波涛*

摘　要： 网络在给人类带来巨大机遇的同时，也催生了许多网络泄密、网络谣言、网络诈骗活动。"一带一路"沿线国家都面临着网络信息安全的共同威胁，网络信息安全事故发生频次高、波及面广、造成的损失严重。因此尽管沿线各国国情不一，但都高度重视网络信息安全工作，并建立了比较健全的法规体系和管理机构，重视网络空间治理并加强国际合作。在"一带一路"沿线国家中，目前中国与日韩、东南亚等周边国家以及与俄罗斯等上合组织国家开展了较为紧密的网络信息安全合作。保障网络信息安全是区域信息化合作和数字丝绸之路建设的基础，应当成为"一带一路"倡议的重要内容。为此沿线国家一要凝聚共识，提升各国对于区域网络安全合作重要性的认识，逐步在区域网络安全的现状、目标和路径的认知上缩小分歧、形成共识；二要多管齐下，围绕网络技术、网络经济、网络空间和网络文化等领域中的网络信息安全问题，不断丰富网络安全合作内涵；三要求同存异，按由易到难、由点到面的原则，不断探索各国网络信息安全合作领域。

关键词： "一带一路"　网络信息安全　国际合作

---

* 丁波涛，博士，上海社会科学院信息研究所副所长、副研究员，研究方向：信息社会、城市信息化、信息资源管理。

互联网将世界各国联系在一起，成为人类共同的"地球村"。网络在给人类带来巨大机遇的同时，也带来了不少挑战：重要信息基础设施和重要信息系统安全被侵扰攻击事件层出不穷，滥用信息通信技术进行窃听监控活动时有发生，一些国家甚至利用网络干涉他国内政、颠覆他国政权。除此之外，网络泄密、网络谣言、网络诈骗以及侵犯网络隐私事件时有发生，全球不少地方网络恐怖主义泛滥，给各国人民正常的生产生活带来了很大的负面影响，已成为新型全球"公害"。

可见，网络信息安全问题已成为世界各国面临的共同挑战，"一带一路"沿线国家也不例外。因此"一带一路"沿线国家应当不断加强对网络安全问题的重视，积极开展区域对话与合作，携手应对这一共同挑战。本研究将对"一带一路"沿线国家的网络信息安全现状进行分析，并提出推进沿线国家网络信息安全合作的对策建议。

一 "一带一路"沿线主要国家的网络信息安全战略

（一）高度重视网络信息安全工作

"一带一路"沿线国家都面临着严重的网络安全问题。2010年伊朗核设施遭受"震网"超级病毒攻击，大量生产核燃料用的离心机遭到破坏，该事件也被称为世界上首个"网络超级武器"事件；2011年11月9日，库尔德工人党的恐怖分子攻击并且致使土耳其财政部网站（www.maliye.gov.tr）瘫痪了，并替换了网站的宣传材料；印尼通信与信息科技报告显示，2013年印尼发生超过120万起网络攻击事件，平均每天约42000起，严重程度居世界第一[①]；2014年韩国发生2000万人信用卡信息被盗事件，泄露的个人信息包括用户姓名、身份证号、电话、信用卡号码、信用卡有效期等，这是韩国历史上最严重的信息泄露事件；2015年6月，波兰航空公司的地面操作系统遭遇黑客攻击，

[①]《报告称印尼成为全球遭网络攻击最严重国家》，http://news.sina.com.cn/w/2014-01-02/100429141570.shtml，最后访问日期：2017年9月25日。

导致长达5个小时的系统瘫痪,至少10个班次的航班被迫取消,超过1400名旅客滞留;2015年12月23日,乌克兰至少有三个区域的电力系统被具有高度破坏性的恶意软件攻击,伊万诺-弗兰科夫斯克地区超过一半的家庭(约140万人)遭遇停电困扰;2016年俄罗斯中央银行电脑系统遭到了黑客入侵,犯罪分子从银行的代理账户中窃走了20亿卢布(约合3100万美元)的资金。

可见,"一带一路"沿线国家面临的网络信息安全问题具有以下特点,一是事故发生频次高,特别近两年来各种网络攻击、网络犯罪事件持续发生;二是波及面广,沿线各区域、各国家基本是网络安全事件的受害者;三是造成的损失严重,世界上首个"网络超级武器"事件、世界上网络攻击最严重的国家都发生或分布在"一带一路"沿线区域。正因为如此,"一带一路"沿线各国都高度重视网络信息安全保障工作,将其作为国家安全战略的重要组成内容,制订了网络信息安全的政策法规,并建立了网络安全监管机构,不少国家还模仿美国成立了网络安全部队。

(二)加强网络信息安全法律体系建设

面对日益严峻的网络信息安全威胁,"一带一路"沿线各国在近几年内都加强了本国网络信息安全政策法规体系的制订和完善。沿线国家中最早制订相关法规的是日本,在20世纪90年代末日本就出台了《IT安全政策指南》;2003年经济产业省制定了《日本信息安全综合战略》;2009年日本信息安全政策会议制定了《第二份信息安全基本计划》;2010年日本信息安全政策委员会通过《日本保护国民信息安全战略》[①],2013年该委员会又通过了《日本网络安全战略》;2014年11月日本国会通过了《网络安全基本法案》,并于2016年对该法案进行了修订,扩大了国家网络安全中心(MISC)的职权,同时还修订《信息处理促进法》,开展信息安全从业人员资格认证,强化其保密责任。

"一带一路"沿线主要大国更是将网络信息安全提升到国家安全和公共安全的高度,采取各种举措全力保障本国网络信息安全。印度于2013年出台《国家网络安全政策》,内容涉及保护关键网络信息基础设施、建设网络安全

---

① 卫红、伍湘辉、袁艺:《日本加强国家信息安全的主要做法》,《保密工作》2011年第3期。

文化、健全网络信息安全法律体系等14方面内容①，力图建立一个网络安全总体框架，为政府、企业和网络用户有效维护网络安全提供指导。

俄罗斯作为全球性大国，也十分重视国家网络安全保障。其网络安全法律法规体系构建起步于20世纪90年代，早在1995年2月就出台了《联邦信息化和信息保护法》，将信息资源视为一种国家资产并给予相应保护②。此后，俄罗斯先后发布了多项相关法规，包括《国家网络安全战略》《俄罗斯联邦信息安全准则》（2000）、《俄罗斯联邦关于信息空间中武力行为的概念认识》（2011）、《俄罗斯联邦国际信息安全领域国家政策的基本原则》（2013）、《俄罗斯网络安全战略概念》（2014）等③，使俄罗斯的网络信息安全法规体系逐步健全。

其他沿线国家也纷纷加强法规体系建设。比如2016年10月新加坡正式公布了国家网络安全策略，包括四大要点，即建立具备较强适应性的基础设施，创造更加安全的网络空间，发展具有活力的网络安全系统及加强国际合作④；巴基斯坦于2016年通过《电子犯罪预防法案》，包括网络信息犯罪与刑罚、机构和程序立法、国际合作等内容，涉及22个具体犯罪行为与刑罚，11项机构和程序相关条例，3条与国际合作相关的内容⑤；伊朗制定的国家网络安全战略确定了两大目标，一是增强网络安全技术保障能力，保护关键网络信息化基础设施，防止绝密资料网络泄露；二是压制互联网上的各种反伊朗活动，防止网络空间成为散播虚假信息和组织反政府集会的平台和工具⑥；乌克兰于2016年提出有关乌克兰信息安全的概念框架，包括确保网络言论自由、建立信息安全法规标准体系、加强信息产品的安全性等。

---

① 《印度出台〈国家网络安全策略〉》，http：//news. xinhuanet. com/world/2011 - 05/04/c_121377933. htm，最后访问日期：2017年9月27日。
② 贾易飞、梅占军：《俄罗斯网络安全机制的构建》，《军事文摘》2017年第3期。
③ Cyber Security Strategy Documents, https：//ccdcoe. org/strategies - policies. html, 2017 -9 -28.
④ 《新加坡正式公布网络安全策略》，http：//tech. 163. com/16/1012/05/C35DNIQ700097U81. html，最后访问日期：2017年9月25日。
⑤ PEC Bill As recommended by the National Assembly Standing Committee for National Assembly, 22 April 2015.
⑥ 《伊朗开始制定全新网络安全战略 被誉为五大强国》，http：//mil. sohu. com/20150112/n407961602. shtml，最后访问日期：2017年9月25日。

(三)健全网络信息安全监管机构

在东北亚,日本建立了多层次的国家信息安全监管体系,国家信息安全中心(NISC)作为牵头部门直接监管全国网络信息安全工作,并负责各相关政府部门的协调;警察厅负责打击网络犯罪,经济省负责"日本网络安全信息共享项目(J-CSIP)"建设并负责基础设施安全保障;内务省负责通信和网络政策制订;防卫省负责国家安全和信息共享[1]。

在东南亚,新加坡网络安全局(CSA)于2015年4月1日正式成立,目的是应对日益严重的全球网络安全问题。新加坡政府设立这一新的部门,重点研究制订国家网络安全策略,监督网络安全状况,监管全国日益发展的网络安全产业;马来西亚于2001年在科技创新部下面设立了网络安全局(国家信息技术安全和应急反应中心),其职责是负责全国的信息安全监测、提供信息安全公共服务、协助相关部门应对网络犯罪,构建一个安全稳定的网络空间环境。

在南亚,印度国家网络安全协调中心作为印度最高级别的网络空间情报机构,于2017年6月开始运作。早在2005年印度军方就在位于新德里的陆军总部建立了专门负责网络中心战的网络部队,并在所有军区和重要军事单位的总部设立网络安全分部,网络部队万余人,以防范日益严峻的网络攻击。

在中东,伊朗通信和信息技术部成立了伊朗电信研究中心以及马赫信息安全中心(MAHER Information Security Center)、网络空间高级理事会(Shoray-E Aali-E Fazaye Majazi),负责该国的网络安全事务。以色列于2012年成立国家网络局,隶属总理办公室,负责分析网络攻击或潜在网络安全隐患。

在东欧,目前俄罗斯在各强力部门都设有网络威胁应对机构,如在内务部设有专门局负责调查境内网络犯罪活动,在安全局设有信息安全中心负责对抗危害俄罗斯国家和经济安全的外国情报机构、极端组织和犯罪组织,设在国防部的网络司令部将负责遏制其他国家在网络空间对俄罗斯国家安全利益的侵

---

[1] *Japan's Approach Towards International Strategy On Cyber Security Cooperation*, http://lsgs.georgetown.edu/sites/lsgs/files/Japan_edited%20v2.pdf_for_printout.pdf, 2017-9-28.

犯①。波兰国家安全局于2016年成立网络安全小组，由国家安全局副局长担任组长，小组将对波兰网络安全警察进行指导。

（四）重视网络主权和网络空间治理

"一带一路"沿线国家多属多民族（种族）、多语言、多宗教（教派）国家，常常面临着极端主义、恐怖主义、分裂主义的严重威胁。为保障国家统一和社会安定，许多沿线国家在互联网管理上采取了有别于西方的做法，更重视有效行使网络主权，加强网络空间治理。

沿线国家中除中国外，俄罗斯是较早推行网络空间治理的国家，先后通过了《联邦信息化和信息保护法》《通信法》《知名博主管理法案》《禁止极端主义网站法案》等法案，监控和管理各类网站以及社交媒体中的内容，对网上的诽谤、侮辱、虚假广告、传播淫秽色情内容、侵犯知识产权等行为进行刑事或行政责任追究。许多东南亚国家和中亚国家在互联网管理上都采取了类似中俄的做法，设立专门机构加强网络空间治理，防止非法信息在网上传播。

中东地区的政治和社会形势极为复杂，各国都采取了许多强有力的措施，对网络进行严格管制。土耳其制订了专门的网络安全法（第5651号法律），规定土耳其信息技术和通信管理局（ICTA）可以对网站内容进行技术和法律分析，如果发现其中包含第5651号法律中提及的非法内容，ICTA会通知网络服务商删除非法内容；如果网站不在土耳其境内，或无法联系到网站，则会屏蔽该网站。沙特、阿联酋、约旦等国家制订了严密准则管控网站、社交媒体以及网络游戏，对于违反伊斯兰教义和本国法规的内容，如色情、赌博、暴力、毒品、酒精以及无神论等，进行严厉打击；伊朗更是于2010年启动了国家级的"清真互联网"项目，目的在于构建独立的国内范围的内联网，用于推广伊斯兰内容以及提高公众对数字技术的掌握能力②，2016年5月伊朗还要求在伊朗运营的国外信息技术公司必须将与伊朗公民有关的所有数据转移到伊朗境内。

即使是在国际关系上被认为比较"亲西方"的新加坡，在网络空间治理

---

① 马建光、陈文府：《漫谈俄信息安全机制建设》，《理论导报》2015年第8期。
② *Iran's National Internet Network Starts Today*, http：//www.tehrantimes.com/news/405788/Iran - s - national - internet - network - starts - today, 2017 - 9 - 28.

上也并没有照搬西方模式。新加坡于 1996 年颁布的《广播法》和《互联网操作规则》就规定，威胁公共安全和国家防务、动摇公众对执法部门信心、煽动和误导部分或全体公众、影响种族和宗教和谐以及宣扬色情暴力等都被规定为网站禁止播发的内容。2003 年 1 月新加坡合并相关机构职能成立媒体发展局，所有互联网企业必须在媒体发展局注册并接受该局监管，根据相关法规要求主动删除危害国家安全和社会稳定的非法内容①。

（五）重视网络信息安全的国际合作

互联网是一个全球性、开放性和无边界网络，网络信息安全都是跨国界问题，需要各个国家联手起来共同应对。因此，"一带一路"沿线各国在其网络信息安全战略中，都将国际合作作为重要内容。从相关国家所在区域的角度来看，"一带一路"沿线国家网络信息安全的国际合作可以分为两类。

一是"一带一路"沿线国家相互之间的网络信息安全合作。比如中国与俄罗斯、东盟国家、日韩之间的网络安全合作（关于此部分内容，下一节将详细展开）；俄罗斯与周边国家之间的网络安全合作，如亚美尼亚经济事务部与俄罗斯安全公司——卡巴斯基实验室于 2009 年 9 月签署了"保卫亚美尼亚 IT 安全"备忘录；印度与以色列于 2014 年达成合作协议，以色列邀请印度参与以色列国家网络防御工程，同时以色列也将为印度的网络防御系统建设提供帮助。

二是"一带一路"沿线国家与区域外国家（主要是欧美国家）之间的网络信息安全合作。比如美国和印度网络对话于 2015 年 8 月举行，双方确定了诸多相互合作的机会，欲加强两国在网络安全能力建设、网络安全技术研发、打击网络犯罪、国际网络安全及互联网治理等方面的合作；印度与英国于 2013 年签署了一份网络安全合作的双边协议，着重开展集中于保护知识产权、敏感商业和政府信息以及个人的身份信息等领域的合作；近年来新加坡先后与英国、法国、荷兰、印度、以色列以及美国共同签署了谅解备忘录，新加坡将定期与这些国家进行双边交流分享，加强网络安全合作。

---

① 《新加坡严格网络管理维护社会稳定》，http://www.ce.cn/xwzx/gnsz/gdxw/201212/24/t20121224_23967025.shtml，最后访问日期：2017 年 9 月 25 日。

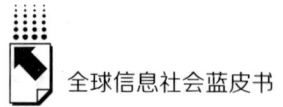

二 中国与"一带一路"沿线国家网络信息安全合作现状

习近平同志指出,"网络空间是人类共同的活动空间,网络空间前途命运应由世界各国共同掌握。各国应该加强沟通、扩大共识、深化合作,共同构建网络空间命运共同体"。中国是网络安全的坚定维护者,支持并积极参与国际社会加强网络安全的努力,重视加强与世界各国的网络安全合作,一方面中国保持与美国、欧洲等发达国家和网络信息技术强国的对话,另一方面中国高度重视与发展中国家特别是"一带一路"沿线国家在网络信息安全领域的交流与合作。从目前的实际情况来看,中国与沿线国家的网络安全合作,主要集中在两个领域,一是周边国家,二是俄罗斯和上合组织国家。

(一)中国与周边国家

1. 中国与日韩

日本和韩国是距离中国最近的发达国家,其信息化建设在全球都处于领先水平。中日韩之间经贸文化联系密切,在信息化和网络安全领域也建立了较为紧密的合作关系。2014年10月,中日韩签署《关于加强网络安全领域合作的谅解备忘录》,建立网络安全事务磋商机制,探讨共同打击网络犯罪和网络恐怖主义,在互联网应急响应方面建立合作①。2014年工业和信息化部与韩国未来创造科学部共同签署《网络安全合作谅解备忘录》。根据该协议,中国工业和信息化部与韩国未来创造科学部多次召开中韩信息通信主管部门网络安全会议②。

2. 中国与东盟

东南亚地区是太平洋和印度洋两大洋与亚非欧澳四大洲之间的"十字路口",战略地位十分重要,在中国的外交格局中具有特殊位置。2009年中国与东盟签订了《中国-东盟电信监管事会关于网络安全问题的合作框架》。随

---

① 《网络安全国际合作已成大趋势》,http://theory.people.com.cn/n1/2015/1217/c401419-27939758.html,最后访问日期:2017年9月25日。
② 《中韩信息通信主管部门网络安全会议在京召开》,http://www.miit.gov.cn/n1146290/n1146402/n1146440/c4413975/content.html,最后访问日期:2017年9月25日。

后几年,中国与东盟国家多次举办网络安全领域的论坛,包括2013年9月在北京举行的东盟地区论坛网络安全研讨会、2014年9月在南宁举行的首届中国-东盟网络空间论坛、2016年5月在成都举行的中国-东盟网络安全应急响应能力建设研讨会等,这些论坛和会议促进了各方的信息沟通交流,加强彼此了解和信任,商讨建立网络空间新机制,取得了良好的效果,为中国与其他发展中国家开展网络安全合作提供了借鉴。

(二)中国与俄罗斯及上合组织国家

近年来,中国与俄罗斯在网络信息安全问题上加强协商合作,共同应对包括网络安全问题在内的各类威胁,并反对一国或少数国家主导独霸网络空间的行为,得到了世界上许多国家的支持和赞扬。

2015年5月,俄罗斯与中国签署《国际信息安全保障领域政府间合作协议》,中国外长王毅和俄罗斯外长谢尔盖·拉夫罗夫分别在文件上签字,双方表示将共同关注和打击利用计算机和互联网来侵犯公民私生活、干涉他国内政和破坏社会经济局势稳定以及煽动民族间和宗教间仇恨的各类犯罪行为[1];2016年首届"中俄网络空间发展与安全论坛"在莫斯科召开,与会人员就打击网络犯罪、保护公民个人隐私、保障国家信息安全等议题,讨论了两国之间的网络信息安全政策沟通、人才队伍培养以及相关技术合作等问题[2]。

与此同时,中国积极推动并深入参与联合国、上合组织等国际组织框架下的网络安全合作。2015年,中国与上海合作组织其他成员国共同向联合国大会提交"信息安全国际行为准则"更新文案[3];2015年10月14日,上海合作组织成员国主管机关在中国厦门成功举行了"厦门-2015"网络反恐演习,检验了各国在保障网络信息安全方面的协同能力[4]。

---

[1] 《网络安全国际合作已成大趋势》http://theory.rmlt.com.cn/2015/1217/411827.shtml,最后访问日期:2017年9月25日。
[2] 《首届中俄网络空间发展与安全论坛在莫斯科召开》,http://tech.hexun.com/2016-04-28/183593394.html,最后访问日期:2017年9月25日。
[3] 《中俄等国提交"信息安全国际行为准则"更新草案》,http://news.xinhuanet.com/2015-01/10/c_1113944827.htm,最后访问日期:2017年9月28日。
[4] 《上海合作组织首次网络反恐演习在中国厦门成功举行》,《公安教育》2015年第11期。

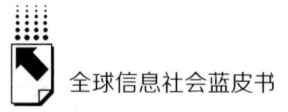

三 推进"一带一路"沿线国家网络信息安全合作的对策建议

当今时代,网络信息技术迅速而深入地渗透人类社会的各个角落,一个安全、稳定、繁荣的网络空间,对一个国家、一个区域以至全球的和平与发展具有越来越重大的意义,成为世界发展进步的基石。但是,网络空间不同于传统的物理空间,它具有虚拟、匿名、开放等特点,网络安全往往都是全球性问题,绝非一国所能完全解决。因此无论是从主观上还是客观上讲,网络空间安全保障都需要世界各国加强合作。促进"一带一路"沿线国家的网络信息安全合作,既有助于提升"一带一路"沿线国家信息化水平,又便于信息沟通、数字共赢,还有利于增强政治互信,服务于实现"一带一路"倡导的"五通"目标。

中国于2017年发布了《网络空间国际合作战略》,提出了中国促进网络空间国际合作的机遇与挑战、基本原则、战略目标以及行动计划。中国主张网络空间应用于促进社会经济发展、国际和平与稳定和人类福祉,倡导各方在相互尊重、平等互利基础上,加强对话合作,共同构建和平、安全、开放、合作的网络空间,建立多边、民主、透明的互联网国际治理体系,认为当务之急是在联合国框架下制定各方普遍接受的网络空间国际行为准则。中国的《网络空间国际合作战略》既表明了中国对于这一重要国际合作领域的态度,也为"一带一路"沿线国家开展网络安全合作指明了方向。

(一)凝聚共识,促进各国加强合作相向而行

网络安全合作是国际合作的一部分,也必然受各国政治因素的影响。"一带一路"沿线国家数量众多,由于在人文历史、政治制度、意识形态、地缘政治等方面的差异,各国对于网络信息安全国际合作机制的态度迥异。从目前"一带一路"沿线国家网络信息安全合作的情况来看,按各个国家对现有网络空间治理机制的态度,可将这些国家分为两大阵营,一是以印度、新加坡、以色列为代表的"亲西方"国家,他们很大程度上认可当前由美国主导的网络空间治理机制,因此更重视与美国和欧洲开展网络信息安全合作,与其他国家

的网络安全合作基本停留在对话层面,很少达成实质性协议;二是以中国、俄罗斯以及东盟诸国为代表的新兴国家,这些国家更重视建立多边共治的网络空间新格局,不赞同由个别国家主导控制网络空间的做法,更重视加强与发展中国家在网络信息安全领域的合作。

"一带一路"沿线国家目前在网络安全领域所存在的"阵营化"现象有着复杂原因。"一带一路"倡议提出的时间不长,沿线国家在许多问题上还没有形成充分共识。尤其是在网络信息安全领域,各国之间更是存在较大分歧,其中既有各国的政治制度和历史文化多元化导致的网络安全观差异的因素,也有以美国为代表的区域外国家在本区域的强大影响力,放大了各国在网络安全观上的分歧的因素。因此,未来推进"一带一路"的网络安全合作,需要在不断推进沿线国家政治、经济、文化等合作的基础上,提升各国对于区域网络安全合作重要性的认识,逐步在区域网络安全的现状、目标和路径的认知上缩小分歧、形成共识。

(二)多管齐下,不断丰富网络安全合作内涵

网络安全的国际合作有着十分丰富的内涵。中国发布的《网络空间国际合作战略》提出了九方面行动,包括倡导和促进网络空间和平与稳定、推动构建以规则为基础的网络空间秩序、不断拓展网络空间伙伴关系、积极推进全球互联网治理体系改革、深化打击网络恐怖主义和网络犯罪国际合作、倡导对隐私权等公民权益的保护、推动数字经济发展和数字红利普惠共享、加强全球信息基础设施建设和保护、促进网络文化交流互鉴。同时一些专家学者也提出了"一带一路"沿线国家网络安全合作的重点领域,如王义桅、郑栋提出应当加强网络人文交流、网络技术合作、网络空间治理合作[1];曾建勋认为重点是现代信息化基础设施、信息资源保障体系、信息技术与大数据合作[2];汪晓风则认为重点在于数据信息服务、互联网业务和国际通信业务三大领域[3]。

综合政府和学者观点,笔者认为"一带一路"沿线国家网络信息安全合

---

[1] 王义桅、郑栋:《加强"一带一路"网络空间国际合作》,《中国信息安全》2016年第3期。
[2] 曹建勋:《推进"数字丝绸之路"构建》,《数字图书馆论坛》2015年第8期。
[3] 汪晓风:《数字丝绸之路与公共产品的合作供给》,《复旦国际关系评论》2015年第1期。

作内容大致包括：一是网络技术领域（如网络基础设施保护、信息技术合作、法规标准对接等），保障基础设施和重要系统安全；二是网络经济领域（电信服务、互联网产业、数字经济等合作），保障经济安全；三是网络空间领域（网络空间治理、打击网络恐怖主义等），保障网络空间安全；四是网络文化领域（网络人文交流、网络文化产业等），保障网络文化安全。沿线国家可根据各自情况，就不同领域开展网络安全合作。

（三）求同存异，围绕共同的紧迫挑战开展合作

虽然各国对于网络信息安全存在很多不同看法，但大家都面临着许多共同的紧迫的网络安全挑战，如网络恐怖主义、黑客攻击、网络诈骗、隐私泄露等。同时这些挑战基本上是跨国性的，绝非一国所能单独解决，而需要世界各国共同携手应对，对此类问题各国基本没有分歧。另外，世界各国在网络信息化领域也有许多共同的利益诉求，如发展数字经济、建设智慧国家、缩小数字鸿沟等，在这些问题上同样需要各国加强交流合作，实现共赢发展。

因此在当前各国存在一定分歧的形势下，"一带一路"沿线国家的网络安全合作可以从上述共性挑战和共同利益着手，按由易到难、由点到面的原则，选取合作点。例如对于恐怖活动比较严重的地区，如中亚、高加索等，相关国家可以从共同打击网络恐怖主义着手开展合作；对于亟须加快经济发展和信息化建设的区域，如东南亚、南亚等，可以从网络基础设施保护、打击网络犯罪等领域开展合作。沿线国家通过找准这些切入点开展合作，一方面保障了各国国家安全、社会稳定、经济发展和网络空间健康有序；另一方面也为沿线国家更广泛、更深入的网络信息安全合作积累信任、凝聚共识、探索方向。

参考文献

艾仁贵：《以色列的网络安全问题及其治理》，《国际安全研究》2017年第2期。

陈颖：《"一带一路"建设与网络安全合作共建》，《网络安全技术与应用》2017年第6期。

丛培影：《国际网络安全合作及对中国的启示》，《广东外语外贸大学学报》2012年第4期。

姜明辰：《美韩网络安全制度化合作及发展态势》，《亚太安全与海洋研究》2017年第2期。

林婧：《网络安全国际合作的障碍与中国作为》，《西安交通大学学报》（社会科学版）2017年第2期。

刘勃然：《俄罗斯网络安全治理机制探析》，《西伯利亚研究》2016年第6期。

汪炜：《新加坡网络安全战略解析》，《汕头大学学报》（人文社会科学版）2017年第3期。

汪晓风：《网络恐怖主义与"一带一路"网络安全合作》，《国际展望》2016年第4期。

王燕国、蒋文保：《建设"一带一路"新型网络构筑网络空间命运共同体》，《网络空间安全》2017年第1期。

魏英哲：《从多国网络安全协作看网络空间国际合作新趋势》，《中国信息安全》2016年第10期。

张春燕：《美印网络安全合作的新进展与发展趋势》，《南亚研究季刊》2017年第1期。

赵红艳：《国际合作背景下的网络恐怖主义治理对策》，《中国人民公安大学学报》（社会科学版）2016年第3期。

附 录

Appendices

B.13 "一带一路"沿线国家信息化发展跟踪指标

"一带一路"沿线国家信息化发展指数

时间：2015 年

国家	固定电话普及率（%）	移动电话普及率（%）	家庭计算机普及率（%）	互联网普及率（%）	固定宽带普及率（%）	移动宽带普及率（%）	人均国际互联网出口带宽（bit/s）
阿富汗	0.34	61.58	2.90	8.26	0.33	5.97	10212.72
阿尔巴尼亚	7.09	106.38	25.72	63.25	7.60	40.58	30659.92
亚美尼亚	18.44	115.89	64.71	58.25	9.58	40.29	67871.12
阿塞拜疆	18.68	111.28	62.40	77.00	19.76	60.92	35127.13
孟加拉	0.54	81.90	8.19	14.40	3.05	15.70	6181.46
不丹	2.81	87.03	24.63	39.80	3.59	46.75	11219.57
波黑	20.23	90.15	47.11	65.07	16.62	33.48	56331.30
白俄罗斯	49.04	123.64	63.08	62.23	31.36	61.83	139374.33
巴林	20.60	185.26	94.80	93.48	18.61	131.78	47205.11
文莱	8.96	108.13	93.40	71.20	8.03	94.88	63089.98
保加利亚	23.27	129.27	59.04	56.66	22.70	81.30	145169.96

续表

国家	固定电话普及率（%）	移动电话普及率（%）	家庭计算机普及率（%）	互联网普及率（%）	固定宽带普及率（%）	移动宽带普及率（%）	人均国际互联网出口带宽（bit/s）
柬埔寨	1.64	133.00	16.00	19.00	0.53	42.80	17792.34
中国	16.48	92.18	49.60	50.30	19.77	55.51	6530.38
克罗地亚	34.70	103.77	76.78	69.80	23.18	73.11	72381.24
捷克	17.56	123.16	78.94	81.30	27.34	72.00	119841.14
埃及	7.36	110.99	50.89	37.82	4.52	50.66	10743.38
爱沙尼亚	30.28	148.69	87.88	88.41	30.00	112.94	30924.05
格鲁吉亚	22.07	128.95	49.73	47.57	14.74	50.47	96324.13
匈牙利	31.22	118.91	74.98	72.83	27.43	39.80	55409.83
印度尼西亚	8.75	132.35	18.71	21.98	1.09	42.05	6584.25
印度	1.99	78.06	14.08	26.00	1.32	9.36	5724.69
伊朗	38.27	93.38	57.36	45.33	10.86	20.02	8267.34
伊拉克	5.58	93.83	27.20	17.22		3.55	
以色列	43.08	133.47	83.54	77.35	27.44	56.06	91414.83
约旦	4.80	179.43	47.00	53.40	4.16	98.40	27523.83
日本	50.23	126.54	79.68	91.06	30.66	128.02	64180.12
哈萨克斯坦	24.73	156.88	73.78	70.83	13.72	73.05	71616.39
吉尔吉斯斯坦	7.15	132.80	19.51	30.25	3.71	30.98	7356.52
韩国	58.06	118.46	77.07	89.65	40.25	109.67	46893.66
沙特	12.53	176.59	67.00	69.62	11.92	111.67	88669.13
科威特	13.40	231.76	89.00	82.08	1.53	140.20	48619.24
老挝	13.71	53.10	11.43	18.20	0.52	14.16	16795.08
拉脱维亚	17.53	127.50	76.15	79.20	24.79	67.05	111881.15
黎巴嫩	20.04	92.16	81.00	74.00	25.39	57.71	27275.05
立陶宛	18.74	139.52	67.64	71.38	27.79	69.45	158030.16
马来西亚	14.65	143.89	67.62	71.06	10.00	90.56	34119.36
摩尔多瓦	34.99	108.04	46.40	49.84	15.55	51.84	194898.45
马尔代夫	6.12	206.66	68.49	54.46	6.47	63.64	88008.29
蒙古	8.75	104.96	42.60	21.44	7.12	76.02	159595.04
马其顿	17.59	98.78	68.42	70.38	17.18	53.53	53890.38
黑山	24.85	162.16	55.95	68.12	18.08	58.15	96834.84
缅甸	0.95	75.68	14.00	21.80	0.06	33.52	5196.22
尼泊尔	2.98	96.75	8.90	17.58	1.06	26.37	2699.83
阿曼	10.46	159.86	87.54	74.17	5.61	78.26	59783.71

续表

国家	固定电话普及率(%)	移动电话普及率(%)	家庭计算机普及率(%)	互联网普及率(%)	固定宽带普及率(%)	移动宽带普及率(%)	人均国际互联网出口带宽(bit/s)
巴基斯坦	1.88	66.92	19.00	18.00	0.95	13.03	11907.34
菲律宾	3.17	115.75	27.00	40.70	4.78	41.58	37409.16
波兰	23.69	142.69	77.94	68.00	19.01	57.38	86573.32
朝鲜	4.69	12.88	—	—	—	—	—
卡塔尔	17.59	159.13	88.33	92.88	10.12	120.52	71565.87
罗马尼亚	19.79	107.14	68.69	55.76	19.75	63.67	146012.05
俄罗斯	25.02	159.95	72.51	70.10	18.92	71.20	28113.22
新加坡	35.88	146.53	86.96	82.10	26.40	143.23	737006.33
斯洛文尼亚	36.22	113.22	77.75	73.10	27.63	52.03	154627.23
塞尔维亚	36.47	120.52	64.42	65.32	17.38	71.75	20478.02
斯里兰卡	15.21	110.59	24.16	29.99	2.90		13886.49
斯洛伐克	15.88	122.31	85.19	77.63	23.34	67.53	18880.32
叙利亚	15.90	64.28	49.90	29.98	3.14	10.54	3146.07
泰国	7.88	152.73	29.52	39.32	9.24	88.56	64907.22
塔吉克斯坦	5.31	98.59	11.51	18.98	0.07	12.08	4283.31
土库曼斯坦	12.06	145.94	—	15.00	0.06	—	—
土耳其	14.99	96.02	55.58	53.74	12.39	50.94	59034.36
阿联酋	23.58	187.35	89.30	91.24	12.89	130.90	107904.40
乌克兰	21.62	144.02	59.17	48.88	11.81	8.10	46094.73
乌兹别克斯坦	9.48	73.32	43.20	42.80	6.02	43.99	2075.36
越南	6.32	130.64	22.02	52.72	8.14	38.98	24373.68
也门	4.68	67.98	6.54	25.10	1.55	5.85	2496.42

注：固定电话普及率、移动电话普及率、固定宽带普及率、移动宽带普及率均为每百名居民中相应服务订阅数（subscriptions per 100 habitants）。互联网普及率为每百名居民中的网民人数。人均国际互联网出口带宽系该国每位网民占有的平均国际互联网出口带宽。

B.14
"一带一路"沿线部分国家信息化主管部门

一 东北亚

[韩国]未来创造科学部

原为"韩国放送通信委员会"(Korea Communications Commission,简称 KCC),又称"韩国广播通信委员会"(简称"广通委"),依据韩国《广播通信委员会组织法》成立于2008年2月29日。该委员会由大统领(韩国总统)直接领导,拥有很高的行政权限,是韩国通信业及广播电视行业的管制机构。

委员会除了研究、管理广播、通信、频谱,也是建立相关政策的机构。下设:企划调整室、放送通信融合政策室、放送政策局、通信政策局、用户网络局。另设广播通信审议委员会,委员会下设电波研究所、中央电波管理所等机构,是韩国的舆论监督机构。

2013年2月,韩国总统朴槿惠在新一轮政府重组中将安全规制和电信管制的主管部门进行重组。将 KCC 更名为"未来创造科学部"(Ministry of Science, ICT and Future Planning,简称 MSIP),整合了原"韩国放送通信委员会"和"知识经济部"等的信息通信业务以及"教育科学技术部"科学技术和应用研发业务。旨在"融合基于给公众带来幸福的科技和信息技术,以创造适应于新开放时代的新价值。"

[日本]高级通信信息网络社会推进战略总部(IT战略本部)

2001年1月,日本政府公布实施了《IT基本法》,正式提出"IT立国"国家战略。依据《IT基本法》,IT战略本部和IT战略会议统一合并为内阁的"日本高级通信信息网络社会推进战略总部"(Advanced Information and Telecommunications Society Promotion Headquarters),即"IT战略本部",着手制定并实施信息网络社会重点计划("IT战略"),对信息化重大实施方案进行

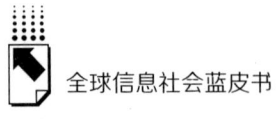

审议并制定推进措施。

"IT 战略本部"由内阁总理大臣担任部长,副部长和成员均为国务大臣,此外还任命了 IT 行业中一些著名人士参加"IT 战略本部"的会议和工作。

"IT 战略本部"成立后,把 IT 国家基本战略正式确定为"E-Japan 战略",又进一步制订了具体实施该战略的重点计划。

二 东南亚

[菲律宾]信息和通信技术部

菲律宾信息和通信技术部(DICT),成立于 2016 年,由原来的科技部信息和通信技术委员会等机构演变而来。其职能包括①:

- 政策和计划制定;
- 促进公众的信息网络接入;
- 促进资源共享和能力培养;
- 消费者保障和产业发展;
- 通过 ICT 促进国家建设;
- 信息安全保障;
- 促进 ICT 技术应用。

[马来西亚]通信和多媒体部、通信和多媒体委员会

马来西亚通信和多媒体部(Ministry of Communications and Multimedia Malaysia-KKMM),成立于 2013 年 5 月 15 日,官网为 http://www.kkmm.gov.my。KKMM 是一家负责马来西亚通信、多媒体、广播、信息、个人数据保护、特殊事务、传媒业、影视业、域名、邮政、快递、移动业务、固定业务、宽带、数字签名、普遍服务、国际广播的政府部门。

1998 年,马来西亚颁布了新的通信与多媒体法(Communications and Multimedia Act 1998),对马来西亚电信服务与通信市场准入条件都做了详细的规范。同时,新的电信管制机构——马来西亚通信与多媒体委员会(Malaysia Communications and Multimedia Commission,简称 CMC。马来语为 Suruhanjaya

---

① *Republic Act No.* 10844, http://www.dict.gov.ph/republic-act-no-10844/, 2017-9-28.

Komunikasi dan Multimedia Malaysia，简称 SKMM）也相继诞生。CMC 在主管部门马来西亚通信和多媒体部的领导下，负责制定通信与多媒体准则，执行马来西亚通信法规、政策，管理频率规划与分配，进行技术管制和市场监督[1]。

[泰国]**数字经济与社会部**

2002 年，泰国在以前的国家信息化委员会等机构的基础上，成立了信息与通信技术部（MICT），作为信息化建设的专门管理机构，负责 IT2010、IT2020 等国家级信息化战略的制定与实施。

2016 年 9 月，泰国政府对内阁机构进行重大改组，成立了泰国数字经济与社会部（The Digital Economy and Society Ministry），将原来的国家信息与通信技术部、国家统计局、软件产业促进署、电子交易发展署、泰国气象局、泰国邮政局以及 TOT 和 CAT Telecom 等国有通信企业的功能，全部整合进该部之中。但原先由信息与通信技术部管理的国家灾害预警中心则被转交给内政部。

[新加坡]**资讯通信发展管理局**

1999 年，新加坡成立了资讯通信发展管理局（IDA），隶属于新加坡新闻、通信及艺术部。IDA 的前身是新加坡电信局和国家电脑局。根据法案规定，IDA 的主要职能是对信息通信技术行业进行管制和促进，战略目标是将新加坡建设成为全球信息通信中心之一。

2016 年 10 月，新加坡对相关机构进行重组，成立了资讯通信媒体发展局（IMDA），IMDA 结合了资讯通信发展管理局与媒体发展管理局的部分职能，主要面向公众和业界。其他针对政府机构的资讯科技职能，则由新成立的政府科技局（GovTech）接管。

[印尼]**通信和信息技术部**

印尼通信和信息技术部（Ministry of Communication and Information Technology）是负责印尼全国电信、广播、信息技术以及公共传播和信息事务的政府机构，其宗旨是为所有印度尼西亚人创造更美好的未来，发展世界级印度尼西亚通信和信息技术产业。目前该部下设 7 个单位和 5 个专家委员会，包括：

- 总秘书处；
- 邮政和信息设备资源总局；

---

[1] 程健：《马来西亚通讯市场准入分析》，《认证与检测》2007 年第 3 期。

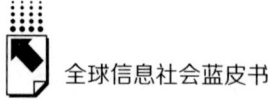

- 邮政和信息业务总局；
- 信息应用总局；
- 新闻和传播总局；
- 监察总局；
- 研究和人力资源开发署；
- 法律专家委员会；
- 社会、经济和文化专家委员会；
- 传播和大众媒体专家委员会；
- 技术专家委员会；
- 政治和安全专家委员会。

[越南]信息和通信部

越南信息和通信部的英文名称为Ministry of Information and Communication，Vietnam，负责越南国家报刊、出版、邮政、电信、互联网、广播、无线、信息技术、电子、电视等媒体基础设施的管理。下设部门包括：邮政部、信息技术部、科技部、规划和财务司、国际合作部、法律事务部、人事和组织部、督察部、办公厅、无线电频率管理局、电信局、信息技术应用局、新闻局、出版局、广播电子信息局、对外信息服务局、胡志明市代表处和岘港市代表处。

三 南亚

[印度]电子和信息技术部

印度电子和信息技术部（Department of Electronics and Information Technology，DeitY）配合国家电子政务计划（NeGP）提供技术支持，并适当监测和协调主管单位指示的ICT专业事项；根据电子政务项目的成功案例，制定标准和政策指南；负责ICT技术支撑、能力建设和研发。辅助相关部门，如国家信息中心（National Informatics Center，NIC）、标准化测试和质量认证中心（Standardization Testing and Quality Certification，STQC）、高级计算机发展中心（Development of Advanced Computing，CDAC）、国家智能政府研究所（National Institute of Smart Government，NISG）等，发挥其辅助作用。

[印度]电子政务部

印度电子政务部(e-Governance Division)主要职能为协调和支持执行印度政府的国家电子政务计划(National e-Governance Plan of Government of India2008)的落实。具体包括：

- 组织电子政务全国会议和电子政务全国颁奖大会，促进电子政务卓越发展；
- 电子办公任务模式项目(e-Office Mission Mode Project)，实现工作流程电子化；
- 通过电子政务硕士培训计划进行能力建设；
- 监测第二行政改革委员会(Second Administrative Reform Committee, ARC)第十一次报告的执行情况。

此外，该部还负责网络安全以及与国家信息中心(NIC)合作制定IPv6政策；与国家信息中心(NIC)合作管理"行政改革和公共投诉部(DAR&PG)"网站。

[巴基斯坦]国家信息技术委员会

国家信息技术委员会(National Information Technology Board Ministry of Information Technology Government of Pakistan, NITB Office)于2014年8月11日由巴基斯坦前计算机局(Pakistan Computer Bureau, PCB)和电子政务局(Electronic Government Directorate, EGD)合并成立，现归属于信息技术和电信部(Ministry of Information Technology & Telecom)。委员会旨在通过为民众提供便利的、负担得起的、可靠普遍且高质量的ICT服务，实现数字化生态系统高速发展，扩大知识经济、促进社会经济增长等来提高公民的生活质量和福利。

部门功能：(1)为联邦政府引入电子政务并提供技术指导，(2)为联邦政府各部/部门制定高效、成本可控的电子政务计划提供建议，(3)为联邦政府各部/部门提供员工IT能力建设培训计划以及培训需求评估和设计，(4)定期审查电子政务准备情况确保系统可持续，并加速数字化进程和相关人力资源开发，(5)研究IT干预可能有帮助的领域，并通过业务流程重组(BPR)为该领域提出自动化建议措施。

[孟加拉]信息通信技术部

信息与通信技术部(Department of Information & Communication Technology)

的愿景是：通过人们触手可及的电子服务实现知识经济、良政治理和可持续的包容性增长。使命是：确保高速的网络接入速度、电子政务、熟练的IT人力资源、网络安全、创新性信息与通信技术（ICT）思想的产生与贯彻、具有明显效果的协调工作、质量控制以及数字观念在公民中的宣传，建设信息与通信技术（ICT）基础设施、可持续的维护保障系统以及具有吸引力的信息与通信技术（ICT）职业发展道路，进行新技术的研究和开发。

［不丹］国家信息与通信部

不丹国家信息与通信部（the Ministry of Information Communications，MoIC）以"连接构建和谐的知识社会"为愿景目标，该目标从五方面实现，包括：

- 增加安全、可靠、价格适中的地面和航空运输条件；
- 加强可持续、绿色和包容性的公共交通；
- 增加获得可靠和负担得起的通信技术和媒体服务的机会；
- 提高公共服务的效率；
- 通过信息通信技术和媒体保持文化传统的活力。

在第11个五年计划中，该部的主要任务和执行内容如下：

- 制定政策，强制所有政府机构把ICT基础设施和热门网站都部署到政府数据中心；
- 建立所有政府机构的需求总和，计入政府数据中心的总需求；
- 推行统一概念设计，即数据中心模式和以国家数据中心为核心的商业模式；
- 通过咨询、研究和分析制定详细的实施计划和策略；
- 开发一个操作与维修的软件，包括安全模型、隐私和数据来保护整个数据中心；
- 寻求从国家数据中心获得数据服务和数据迁移服务。

四 中亚及外高加索

［阿塞拜疆］通信和高科技部

2004年2月20日，阿塞拜疆总统Ilham Aliyev签署命令，取消交通部，在其基础上建立通信和高科技部（The Republic of Azerbaijan Ministry of Communications and High Technologies）。该部是信息和通信技术领域相关国家

项目的国家管理机构，主要负责升级电信基础设施、应用新技术、调整和促进ICT市场自由化、激发ICT领域的生产潜力等。

[哈萨克斯坦] 信息与通信部

哈萨克斯坦信息与通信部（Ministry of Information and Communication of The Republic of Kazakhstan），该部是哈萨克斯坦管理信息化、通信领域的政府机构，下设信息化委员会、国家通信信息监督委员会两个机构，使命是制定相关政策、管理国家信息通信业、保证国家信息空间和通信基础设施的统一性、安全性、稳定性。主要任务包括：

- 参与公共政策领域的信息化，实现信息、通信、电子设施和电子数字签名；
- 实现在公共领域、邮件和通信领域的协调控制；
- 实现在广播和媒体领域的政府监管；
- 在信息化和电子政务上实现领导和部门间的协调；
- 在职权范围内，确保在公共服务领域提供公共政策；
- 形成安全、发展和统一的信息通信基础设施以及部门间协调安全的信息空间；
- 根据本国法律，实现媒体领域的国际合作和信息化；
- 执行和领导公共管理相关产业；
- 在职权范围内，实现其他部赋予的任务。

[乌兹别克斯坦] 信息技术与通信部

乌兹别克斯坦共和国信息技术与通信部（The Ministry for Development of Information Technologies and Communications of the Republic of Uzbekistan）是在乌兹别克斯坦通信、信息化和电信技术国家委员会的基础上成立的，新部将承接前者包括国际性义务和合同在内的一切义务和合同，成立时间为2015年2月4日。成立该部的目的是进一步完善国家管理体系，加快引进现代化信息和通信技术、"电子政府"系统以及国家经济领域信息系统，对电信基础设施和数据交换网进行现代化改造。① 具体包括：

---

① 《乌兹别克斯坦成立信息技术和通讯发展部》，http://www.mofcom.gov.cn/article/i/jyjl/e/201502/20150200898439.shtml，最后访问日期：2017年9月25日。

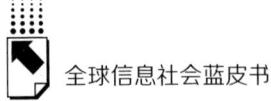

- 在信息技术和通信方面，实施单一的国家政策，引入"电子政务"，开发和实施国家信息和通信系统的全面规划和发展；
- 进一步发展和升级通信基础设施；
- 实现国家计划引进"电子政务"，在机构间协调、监控、评估和监督；
- 进一步形成国家互联网，为发展现代国内网络资源提供必要的技术环境；
- 协调和协助发展国内生产和国内市场竞争软件项目和服务；
- 进一步发展信息资源安全技术基础设施，实施和引进现代通信网络保护技术、软件程序、信息系统和资源；
- 研发现代通信媒体、软件程序、信息系统和数据库、信息安全以及其他ICT技术；
- 在信息技术和通信领域开展国际合作，吸引外国投资，实施优先项目。

[乌兹别克斯坦] 内阁部长信息分析部

乌兹别克斯坦共和国内阁部长信息分析部（Information-Analytical Department of the Cabinet of Ministers of the Republic of Uzbekistan）主要职责：

- 教育和科学信息分析；
- 关于青年政策、文化、信息系统和电信信息分析；
- 区域社会经济发展信息分析；
- 公共领域、交通、资本建设和建筑业信息分析；
- 宏观经济发展、结构改革、吸引外资综合信息分析；
- 农业、水资源、农产品和消费品的信息分析；
- 地质、燃料、能源、化工、石化、冶金等行业信息分析；
- 国家工业领域的出口潜力信息分析；
- 机械工程、汽车和电子工业发展，产品标准化信息分析；
- 健康、生态、环境保护、体育文化和体育信息分析。

[亚美尼亚] 通信和信息化部门

亚美尼亚通信和信息化部门（Communication and Informatization Department）在其能力范围内履行下列职能：

- 在电子通信、信息化、互联网等领域制定国家政策；
- 实现由本国在电子通信、信息化和互联网领域商定的国际协议；

- 规划电子通信计划及相关项目实施；
- 制定有关信息化和互联网领域的规范性法律和行动计划；
- 配合非政府组织在国际和信息化领域开展活动。

[格鲁吉亚] 国家通信委员会

格鲁吉亚国家通信委员会成立于1999年7月23日，负责邮电通信法律的修订，在邮政和电信领域设立了全新的组织法律和经济规则。2000年7月1日，广播和电子通信领域的监管机构全面启动。该委员会由5名成员组成，是公共法律的实体，即独立的国家机构。该委员会对总统、政府和议会负责，并向其提交年度报告。委员会提供包括无线电频谱的定义和分配、电子通信和广播设备的认证、标准化、计量和其他服务。委员会活动的主要原则之一是与社会公开透明地交流。委员会的主要目标和任务包括：

- 打破电子通信和广播领域的垄断；
- 建立透明的监管环境促进竞争；
- 提供高质量、多样化和创新的电信服务；
- 引进现代技术，与国际组织积极合作；
- 消费者权益保护。

五 西亚及北非

[沙特] 通信和信息技术部

沙特的信息化工作由通信和信息技术部（Ministry of communications and information technology）负责。1926年，沙特就设立了电报和电话局；1984年，铺设了第一条光纤网络，同时在各地建立了电信中心；1995年，开始运行移动通信业务；2009年，邮电部的名称改为通信和信息技术部，这一变化反映了沙特政府对通信和信息技术的关注，也体现了沙特努力向信息社会转移的战略。

通信和信息技术部的任务和责任主要是全面领导全国的ICT领域的活动，制定ICT国家政策以及部门发展计划，制定和推动实施相关法律法规，就ICT发展相关事项与政府其他部门协调。具体如下：

- 制定全国电子政务发展规划；

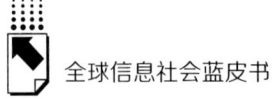

- 审批电子政务项目计划；
- 制定电子政务系统标准；
- 指导政府机构创建电子政务委员会；
- 通过国家数字认证中心管理公共密钥基础设施（PKI）；
- 向私营部门外包 IT 合同，以达成政企双赢；
- 立法，包括电信法、反网络犯罪法、电子交易法、电子政务实施条例等；
- 建立政府机构数据库。

[沙特] 通信和信息技术委员会

沙特通信和信息技术委员会（Communication and Information Technology Commission，CITC）是沙特信息和通信技术部门的监管、协调、研究机构，具有独立的法人资格、行政权和财务权。2001 年 6 月颁布的《电信法》中提出了该部门的主要任务。作为沟通 ICT 各相关方（包括服务提供商、投资者、政府、企业和个人）的协调者，CITC 倡导与所有相关各方之间的开放、透明、公平和平等原则，进一步推进通信和信息技术部通过的政府战略和部门政策。其重要的职责是：

- 授予提供电信和信息技术服务的许可证；
- 设定服务质量标准；
- 管理电信和信息技术服务的关税；
- 保护用户的权利；
- 国家编号计划的监督和管理；
- 研究制定 ICT 部门的政策、监管框架；
- 促进网络互连互通；
- 管理频谱、射频电磁场；
- 管理沙特域名空间（.sa）；
- 提高沙特的信息安全意识水平；
- 网络内容过滤；
- 审批通信和信息技术设备；
- 指导国家信息社会委员会的工作。

[土耳其] 交通、海事与通信部

土耳其交通、海事与通信部（Ministry of Transport, Maritime & Communications）

在 ICT 方面设置了通信总局、航空航天技术总局,旨在促进土耳其从传统社会向信息社会转型,其施策重点和主要职责包括如下方面:
- 普及互联网宽带接入服务,特别是为学校提供宽带网络;
- 消除城市与农村的数字鸿沟;
- 保障信息和通信领域的公平竞争;
- 促进 ICT 技术研发,支持建设 IT 研发部门,保障土耳其参与欧洲和全球的科研活动;
- 促进信息和通信服务使用价格的降低;
- 发放 3G、Wi-max、IPTV、数字广播等许可证;
- 保障全国 GSM 网络安全;
- 扩大电子政务应用范围,增加公共政务门户网站提供服务的数量;
- 确保与欧盟的立法取向一致;
- 提高卫星技术能力,发展卫星服务。

[土耳其] 信息技术和通信管理局

土耳其信息技术和通信管理局(Information and Communication Technologies Authority,ICTA)的前身是成立于 2000 年的土耳其通信管理局(Telecommunications Authority),是土耳其的国家电信监管和检查机构,也是土耳其的第一个部门监管机构。为了消除立法不统一、在电信领域创造竞争、减少运营商的变化不定并将资源转移到研发活动,"电子通信法"(Law 5809)于 2008 年 11 月 10 日生效,原通信管理局改变为 ICTA。

ICTA 是一个具有特别预算、财务权和行政自主权的国家组织,负责履行现行法案规定的权力和职能。管理局与土耳其交通运输、海事与通信部有紧密的关系。一般而言,政策制定是运输、海事和通信部的职责,而电信管理局负有监管职能。

ICTA 的任务愿景是在信息和通信部门创造有效和可持续的竞争,通过保护他们的权利,提高所有相关方的满意度,并通过鼓励技术发展促进向信息社会的转变。在信息和通信领域,使土耳其成为国际上高效、有竞争力和创新的国家。具体职责如下:
- 创建和维持行业竞争;
- 保护消费者权利;

- 解决运营商之间的争端；
- 跟踪并促进电子通信部门的发展；
- 规划和分配无线电频谱资源和卫星资源；
- 监管网络广播并打击网络广播犯罪；
- 根据交通运输、海事和通信部的战略和政策，执行必要的法规和监督，包括：各类授权许可、资费监管、接入、编码、频谱管理、无线电设备和系统的安装和使用许可、市场监管与分析、电信研发和培训、相关关税监管、批准运营商提交的参考访问报价、保障国家电信安全、参与国际电子通信协会和组织的工作等。

[埃及] 通信和信息技术部

埃及通信和信息技术部（MCIT）成立于1999年，是为了发展国家信息通信技术而成立的部门。MCIT致力于通过使用信息通信技术来实现数字经济，为所有人带来繁荣、自由和公平。该使命以公平的数字权利和可负担的知识获取为保障，发展具竞争力和创新力的国家信息技术产业，促进数字经济发展和实现知识型社会。该部的主要职责：

- 关注和寻找社区问题的解决方案，寻求在技术社会中使用ICT实现数字公民身份，让老年人、残疾人、服务边缘和偏远社区的弱势群体掌握环境交流和联系的能力，并促进网络安全；
- 发展知识型社会所需的工具和技能，赋予社会成员尤其是年轻人以信息权利。MCIT与各部利益相关者进行合作，通过培训年轻用户，在信息安全、人工智能、集成系统、软件开发和数据分析等领域不断拓展；
- 促进信息通信领域的创新和创业，通过一系列在大学、地方和国际信息通信技术公司以及为创新型企业家提供的资金项目，加速埃及的发展和经济增长。

[伊朗] 网络空间最高委员会

2012年3月，伊朗最高领袖哈梅内伊要求建立一个机构来监管互联网，即后来成立的网络空间最高委员会（Supreme Council for Cyberspace，SCC），机构主席由伊朗总统担任，成员包括议会议长、司法部长、文化和信息部长、国家警察局长和革命卫队首长，任务是确定有关互联网的政策，并根据伊朗最高领袖提出的要求来规范互联网使用。SCC不仅负责管理本国各类与网络政策制订和承担互联网审查过滤职能的政府机构，而且还负责执行伊朗国家内部网

（即伊朗的国家信息网—National Information Network，NIN，该网络与互联网隔绝）的运转计划。SCC 的成立是伊朗政府在网络空间应对欧美"网络战"的举措之一。该机构的主要职能包括：网络防御管理，互联网及国家信息网的技术管理以及研发新的网络过滤手段。

[伊朗] 信息和通信技术部

伊朗信息和通信技术部（Ministry of Information and Communication Technology）负责伊朗伊斯兰共和国的邮政服务、电话和信息通信技术。1929年，邮政电报部成立；2003 年邮电部改为信息和通信技术部。职责包括：

- 制定信息和通信技术总体政策和标准；
- 制定宏观政策和规划，指导和监督全国的邮政、邮政银行、通信和信息技术网络；
- 建设、维护、运营、发展国家邮政和通信基础设施网络；
- 管理和控制国家无线电频谱资源；
- 监督非政府部门在与电信、邮政、邮政银行、信息技术等领域的活动；
- 授权许可企业在伊朗经营邮政、电信和信息技术服务；
- 编制国家信息技术系统规划；
- 在全国范围开发和推广通信和信息技术，并提供所需的基础设施，以确保公民获得相关的基本服务；
- 支持各类研发活动，以更广泛地利用信息技术领域的新技术并促进其应用；
- 拟订通信和信息技术领域国家标准；
- 促进非政府组织参与发展通信和信息技术；
- 代表伊朗政府在 ICT 领域国际论坛和联盟中的成员资格，履行在邮政、邮政银行、电信和信息技术领域的双边和国际承诺和协定；
- 根据法律保护邮政信函和包裹以及通过电话、信息网络传播的信息安全。

[以色列] 法律、信息和技术局[①]

法律、信息和技术局（The Israel Law, Information and Technology Authority,

---

① *ILITA The Israel Law, Information and Technology Authority*, http://www.justice.gov.il/En/Units/ILITA/Pages/default.aspx,2017-9-27.

ILITA）于 2006 年 9 月由司法部建立，是个人信息保护机构。ILITA 的目标是加强对个人数据的保护，规范和监控电子签名的使用，加强对侵犯隐私的执法。ILITA 的组织结构包括 3 个部门：

- 注册和监督部，负责大部分与数据保护、信用数据服务和认证机构有关的监管活动，如注册、审计和许可；
- 执行部，计划和执行所有与 ILITA 法律有关的活动。该部门承担数据保护侵权行为的情报调查和起诉职能。该部门还将在法律和技术问题上协助其他检察机关，尤其是电子证据领域；
- 法律部，为 ILITA 的活动提供法律顾问，参与法律和技术的立法程序，为政府机构提供与技术相关的项目咨询。

六　中东欧

［俄罗斯］通信与大众传媒部

俄罗斯通信与大众传媒部（Ministry of Communications and Mass Media of the Russian Federation，Minkomsvyaz）是俄罗斯联邦政府组成机构之一，负责起草和实施信息技术领域中的政府政策和法律规章（包括国家信息资源的创造和利用）、电信（包括无线电频谱转换和使用）以及邮政服务、大众通信和大众媒体，包括电子媒体（互联网、数字电视、无线电广播以及该领域的其他新技术发展）、纸质媒体、印刷和图书出版、个人数据的处理、国有资产管理和信息技术领域的国家服务提供。该部还承担俄罗斯联邦邮政管理职能和通信领域的国际关系管理职能。

［乌克兰］信息政策部

乌克兰信息政策部是促进国家信息战略实现的职能部门，根据国家战略 2020 愿景，乌克兰规划出该国信息自由主权框架，主要围绕"对内对外推广乌克兰国家形象、保障和维护信息资源、实现社会重要信息传播中的媒体改革"等内容展开。在该框架下，信息政策部职能包括：

- 信息政策与国家信息安全：提升乌克兰在国际社会中的地位，包括公共广播和电视对国际公司的支持、支持国内音像制品的生产和推广、保护乌克兰信息空间免受外部影响；

- 促进乌克兰言论自由：保护公民在全国范围内免费收集、储存、使用和传播信息的权利；促进大众传媒的独立性，保护新闻记者和信息消费者的权利；
- 信息立法计划：拟定法律草案、对乌克兰总统签署通过的法律提出意见和建议、参照其他相关主题的法律文件向法律草案提供参考、促进乌克兰信息主权；
- 大众媒体业和出版业的发展：为出版服务业提供方法和技术支持，在教育机构和培训机构开设和推广信息政策课程，使公务员参加信息政策培训课程。

[爱沙尼亚] 信息系统管理局

信息系统管理局（Republic of Estonian Information System's Authority，RIA）是经济事务和通信部（Ministry of Economic Affairs and Communications）的一部分，成立于2011年。

RIA协调国家信息系统的开发和管理，组织与信息安全相关的活动，并处理在爱沙尼亚计算机网络中发生的安全事件。RIA建议公共服务提供者如何根据需求管理他们的信息系统并监控他们。此外，RIA是欧盟结构性援助的实施实体。具体职责如下：

- 对用于提供重要服务的信息系统执行监督，并实施与其相关的信息资产的安全措施；
- 组织与国家信息系统和爱沙尼亚关键信息基础设施的信息安全相关的活动；
- 处理在爱沙尼亚计算机网络中发生的安全事件；
- 执行国家信息系统管理相关的法律法规；
- 维护国家信息系统的管理系统；
- 维护国家信息系统的数据交换层 X-Road；
- 协调公钥基础设施的运行；
- 协调国家信息系统的发展项目，准备和参与国际项目；
- 维护国家门户网站 eesti.ee；
- 作为欧洲联盟结构援助的执行实体；
- 组织基础设施和数据通信；

- 参与制定管理其活动领域的立法、政策、战略和发展计划。

[捷克]电信办公室

捷克电信办公室（Czech Telecommunication Office）是负责该国电信、邮政等行业的最高监管机构，同时还负责该国无线频谱、通信终端设备许可的管理。在国际上，捷克电信局代表捷克政府参与欧盟、国际电信联盟、OECD等国际性组织。过去捷克电信局曾隶属于多个政府部门，包括经济部、工业与贸易部、信息部等，目前该局是一个独立的政府机构。捷克电信局由一个五人委员会负责，下设多个管理部门，同时在全国各地设有多家派出监管机构。

[波兰]信息技术与通信办公室

信息技术和通信办公室（Information Technology and Telecommunication Office）是波兰国家政府内设机构，负责国家电信和IT网络的运作，为部门数据库的处理、传输、存储、公开和非公开等提供技术条件。该办公室还负责教育部的信息化和IT战略，并为国防部提供了计算机硬件、电信、IT软硬件支持。

[波兰]电子通信办公室

电子通信办公室是电信和邮政服务市场的国家监管机构，也是设备整合和评估的专业机构，如电信终端设备和无线电设备。电子通信办公室的职责：

- 制定系统整合和评估的行动计划；
- 履行能源消耗相关义务；
- 支持发展电信网络服务；
- 保证数字电视地面发射正常；
- 负责与电信服务市场、频谱管理、轨道和编号资源的监管和监督有关的任务；
- 调节电信、邮政服务市场，干预设备市场和电信事业的争议事项；
- 与国内外电信和邮政机构、其他国家主管部门、欧盟委员会和机构组织的合作。

[罗马尼亚]信息社会技术经济委员会

信息社会技术经济委员会（Economic and Technical Committee for Information Society，CTE）于2013年11月27日在调查委员会的组织和运作下成立，主要为交通部和社会机构提供辅助信息，负责信息社会领域的政策实施和监测，确保与欧洲政策保持一致。信息社会的技术经济委员会由国家最高领导人员组成，如国务卿代表、总理大臣等。该委员会的职能包括：

- 提供罗马尼亚的信息服务；
- 提供公共机构的信息系统和项目解决方案；
- 维护现有信息基础设施的安全和互操作性；
- 制定相关项目的技术规范和进行可行性研究；
- 整合 IT 解决方案和项目的战略目标；
- 实施罗马尼亚数字议程和国家网络安全战略。

Abstract

Adapting to the trend of multi polarization and economic globalization and cultural diversity, the Belt and Road initiative is of great significance to deepen economic and trade relationship between China and the countries along the Belt and Road (B&R), strengthen regional cooperation, and build a win-win collaboration. The information and communication technologies (ICTs), which is penetrating the human society in various fields and leading to profound changes in economy, science and technology, culture, politics and international relations, has become one of the most important engine of human progress. Therefore, "The Belt and Road" initiative must be combined with the current informatization and digitalization trend and must integrate the real space and the virtual, online and offline, physical and information flow among the B&R countries, as a consequence, facilitating the informatization cooperation and jointly building the digital Silk Road.

This book will focus on the major strategic issues based on detailed and in-depth analysis of cooperation of the development of informatization among the B&R countries, and propose countermeasures and suggestions to speed up construction of the digital Silk Road. This book consists of three parts:

(A) The general report, which analyzes the importance of strengtheninginformatization cooperation among the B&R countries to promote the B&RInitiative and speed up the national economic and social development and information construction. The report establishs an index system to evaluate the informatization development level of the B&R countries. In addition, the report puts forward a basic framework of the digital Silk Road, analyzes the development status and problems, and proposes some countermeasures and suggestions.

(B) The reports of regions. All the B&R countries are divided into six regions, that is, Northeast Asia, Southeast Asia, South Asia, Central Asia and the Caucasus, West Asia and North Africa, Middle and Eastern Europe. This part describes the general situation of ICTs development in main countries of each region, and the informatization cooperation between China and the region. It is generally believed that the "The Belt and RoadInitiative" involves 65 countries, but the book involves 68 countries including Japan, South Korea and North Korea in consideration of regional balance.

(C) The sepical reports, includes five chapters such as information and network infrastructure construction, International expansion of Chinese ICTs enterprises, the data open of governments, international trade in ICTs products, network information security cooperation. These chapters studies informatization cooperation situation among China and The B&R countries and puts forward some suggestions.

This book also includes two appendices, one istheinformatization developing indices of the B&R countries; the other is materials about administrative agencies in charge of ICTs of the B&R countries.

This bookwill be useful for government personnel working in ICTs departments, staffs in ICTs enterprises, experts and scholars related to the B&R Initiative. The book will help the readers understand the status quo and trend of the informatizationdevelopment, and will play a positive role in promoting the cooperation among China and the B&R countries in ICTs.

·**Keywords**: The Belt and Road Initiative; Informatization; Digital Silk Road; Regional Cooperation

Contents

Ⅰ General Report

B. 1 The Situation and Trend of Informatization Development in
the B&R Countries *Ding Botao, Chen Juan* / 001
    1. *Regionalin for Matization and the B&R Initiative* / 002
    2. *Comparison of Informatization Level of the B&R Countries* / 011
    3. *Informatization Potential of the B&R Countries* / 027
    4. *Promote Cooperation in ICTs Among the B&R Countries and
Build the Digital Silk Road* / 043

Abstract: To accelerate regional cooperation in ICTs and build the digital Silk Road is not only a crucial part of the "The Belt and Road" initiative, but also a key driving force to promote the implementation of the B&R initiative. Extensive application of information technology and fostering of digital economy is not only conducive to narrowing the digital gap between developed and developing countries, but also conducive to accelerating the development of information technology in the western provinces of china. The level of informatization development various greatly among the B&R countries, countries in Northeast Asia and Eastern Europe have higher level of information, and countries in South Asia have low level. As for the potential of informatization development, those big countries such as China, Russia, India, Japan, Indonesia, have obvious advantages, which shows that common progress of the B&R countries can be achieved by the "the big countries drive the small ones" mode. As a sponsor of the Belt and Road initiative, China both have the responsibility and ability to make a positive contribution to the development of informatization of the B&R countries and the building of the digital Silk Road. To this end, China and all the B&R countries should joint hands to speed up the cooperation in such fields including information infrastructure, digital economy, information sharing and network security.

Keywords: Informatization; B&R; International Cooperation

II Reports on the B&R Regions

B. 2 Informatization Development in the Northeast Asian Countries
Wu Xi / 053

Abstract: The gap of informatization development in Northeast Asia countries is relatively large. Japan and South Korea are in the informatization leading countries in the world, while China and Mongolia are in the middle level. Northeast Asia is a very active area of global informatization. Japan, started informatization construction in 1960s, now have the leading-level network and communication infrastructure, digital economy and information applicaton in the world, but in recent years Japan's electronic information industry is showing a downward trend due to the impact of new technical revolution; the South Korean government has always attached great importance to national informatization construction, that lead to advanced broadband network, outstanding e-government and powerful electronics manufacturing industry; China, the new engine of the development of the digital economy in the world, has the No. 1 communications equipment manufacturing enterprise and e-commerce business. China, Japan and South Korea have their own advantages and have carried out extensive cooperation, and the international cooperation on ICTs in Northeast Asia will be more closely and deeply in the future.

Keywords: Northeast Asia; Informatization Development; International Cooperation

B. 3 Informatization Developement in the Southeast Asian Countries
Ding Botao / 078

Abstract: Southeast Asia is one of the most dynamic and potential areas in the

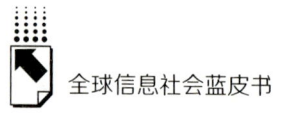

world. It is also the first stop of the marine Silk Road. The level of information between Southeast Asian countries varies greatly, among which Singapore is thriving and in the leading position in the world, while Laos, Burma and Kampuchea are relatively backward. All the Southeast Asian countries attach great importance to the national informatization. Singapore views informatization as the cornerstone of the nation. Malaysia, Philippines, Indonesia and Thailand government have launched a number of national informatization planning at the end of 90s and early twenty-first Century; Even those countries with the low level of economy and informatization, such as Combodia, Laos, Burma, had taken measures to speed up informatization in oder to quickly realize the modernization. With the rapid development of the regional economy in the future, the prospects for the development of information technology in Southeast Asia will be very optimistic. In recent years China and Southeast Asian countries carred out extensive cooperation in the network communications, network security, information technology innovation and other fields, which played an important role in enhancing the economic and social development in all the coutries and promoting the internationalization of the IT industry of China.

Keywords: Southeast Asia; Informatization Development; International Corporation

B.4 Informatization Developement in the South Asian Countries

Xia Beili, Wang Xiaofei / 145

Abstract: South Asia is one of the less developed areas in the world where the general informatizationlevel iremainslow. Theinformatization level of three great powers in this area - India, Pakistan, and Bangladesh are ranked below 110around the world. The information infrastructure has to be improved urgently in order to facilitate the application of information technologies in various economic and social sectors. However, the information service outsourcing industry in India is advanced which make it one of the powerful digital economy in the world. On the other hand, the information service outsourcing in Pakistan and Bangladesh has been developing in a high speed too; As for other countries, the information society has been making relatively rapid development in Sri Lanka, and it shows prominent performance in information economy and e-government affairs; even though Nepal is still at a very primitive stage of informatization, but Nepal attaches great significance to informatizatio; The economic development of Afghanistan has been seriously hampered by its instability and turmoil, which result in a backward information society in this country; Even though Maldives is a high-income country, the information construction is only capable of supporting the needs of the main industries due to its small territory and single economic structure. In recent years, China has had many cooperation projects with South Asian countries in ICTs, including the cooperation between China, Bangladesh and Pakistan in information and newwork infrastructure, the economic cooperation between Alibaba and Indian e-commerce enterprises, as well as the cooperation between Chinese border provinces such as Yunnan and Tibet and countries such as India, Sri Lanka and Nepal.

Keywords: South Asia; Informatization Development; International Cooperation

B.5 Informatization Developement in the Central Asian and the Caucasian Countries *Tang Tao, Zhao Zirui* / 185

Abstract: Central Asia and Transcaucasia, located in the core area of Eurasia, with an abundance of oil and gas resources, are of great strategic importance. In recent years, however, the rampant Three Evil Forces has resulted in great regional instability. The informatization development has been hindered by the economic underdevelopment and social instability. By the analysis on the Information Society Index (ISI) of the countries in this region, this paper reaches an agreement that the overall informatization development of this region is at a considerably low level, except for Kazakhstan, which has a positive situation of informatization development, while the informatization development level of the rest is under the world average, and under the Belt and Road countries' average as well. This paper has made a detailed study of the informatization development of the countries with representative significance such as Kazakhstan of Middle Asia and Azerbaijan of Transcaucasia. With

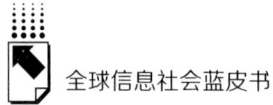

great importance attached to information technology developing, Kazakhstan has promulgated successively some strategies on national informatization such as *Informational Kazakhstan* 2020 and *Digital Kazakhstan Planning*, and has invested a considerable amount of money, greatly facilitating the informatization development, while the informatization development of other Central Asian countries is constraint by either the underdeveloped economy or the unstable political situation. Countries and regions of Transcaucasia all have a very similar degree of informatization development, ranking around the global 70th. Nevertheless, there is a highlight in cross-regional information infrastructure construction: the Trans-Eurasia Information Superhighway Program proposed by Azerbaijan, which has attracted many other countries to actively participate in. Currently, the information cooperation between China and those two regions is very limited, but since The Belt and Road Initiative has been brought out, there arises an urgent need for China to improve its resources of westward international communications network facilities, communication capability and service level, and China is keeping strengthening the information cooperation with those regions, especially in the field of network infrastructure construction.

Keywords: Central Asia; Transcaucasia; Informatization Development; International Cooperation

B.6 Informatization Developement in the West Asian and North African Countries *Tang Tao, Zhao Zirui* / 208

Abstract: As the transport hub of Asia, Europe and Africa, West Asia and North Africa are the regions of great strategic importance. Meanwhile, they are also the regions with the highest oil reserves and output of the world. The overall national informatization development of the two regions is at an upper medium level in the world, mostly higher than the world average and The Belt and Road countries' average. However, the specific situation of different countries could vary greatly, depending on their different economic development, technological level, social stability and national investment. Among those countries, Bahrain, Israel, UAE,

Kuwait are at an advanced level in the world, yet Yemen, Syria, Egypt are at a lower level. This paper has made a detailed study of the informatization development of those countries and regions with representative significance such as Saudi Arabia, Turkey, Egypt, Israel. Saudi Arabia has stepped into an early stage of information society development, which can be very well demonstrated in the informatization of governmental service and digital living. The positive development of information economy is driven by factors such as strong economic growth, stable political environment, rejuvenation of population and national economic policy. As an emerging developing country, Turkey attaches great importance to the application of information technology in various fields. It's necessary to accelerate the national economic development with informatization development while it's also a need to actively become adapted to all kinds of information systems and standards of EU. Egypt's information infrastructure, information economy, government informatization and digital living are all below the global average level but there is a large market and great potential of development for Egypt. The main target of its national informatization strategy is to realize openness to the world, free market competition, democracy and social justice with ICT resources. With more importance attached to the innovation and in-depth application of information and communications technology, Israel has the most developed network communications facility system in Middle East, as well as an ongoing growth of information industry, an globally advanced internet security and a high level development of e-government, and thus it is renowned with the name of "Middle East Silicon Valley".

Keywords: West Asia; North Africa; Informatization Development; International Cooperation

B. 7 Informatization Developement in the Central and Eastern European Countries   *Xia Beili, Peng Xuefen* / 247

Abstract: Most Central and Eastern European countries used to be state controlled economies, and their economic development is relatively lagging behind but they have great growth potential. The informatization level of these countries is similar, ranking between above average and below average in the world. The informatization level of Estonia, Russia, Czech, Poland, Slovakia, Hungary, Latvia, Slovenia is relatively higher, ranking in the top 50 of the world, while that of other countries is generally above the world's average. The electronic information industry of Russia is of solid foundation with a great number of IT talents, and there are many internationally renowned IT enterprises such as Kaspersky. Being hampered by the lowering of economic growth in recent years, the transformation and upgrade of the network and information infrastructure in Russia is slow, and the information industry development came to a standstill. China has fairly closer cooperative relationship with Central and Eastern European countries in ICTs. Central and Eastern European countries are not only a key export market for Chinese IT products, but also an important destination of the Internationalization of Chinese IT enterprises. Meanwhile, China has been working closely with Russia in terms of internet governance, and fruitful achievements have been yielded, generating significant impact on the world's Cyber governance.

Keywords: Central and East Europe; Informatization Development; International Cooperation

Ⅲ Special Reports

B. 8 Interconnection of ICTs Infrastructure Among the
B&R Countries   *Tang Tao / 292*

Abstract: Cyber networking and information connecting are indispensable for every single item of "The Five Connectivities" of The Belt and Road Initiative. However, from the perspective of global network, only some certain cities along The Belt and Road which are located at the crucial nodes are the real hubs of internet connection, for example, Beijing, Shanghai, Hong Kong, Taipei, Singapore and Bombay. , while some other regions have merely a poor information infrastructure coverage (internet and broadband), including Central Asia, West Asia, Southeast Asia, part of South Asia, part of Middle East, and especially in those war-torn areas. There is an urgent need for those countries and regions to develop their information infrastructure and great potential for future development. On the basis of China-Arab States Online Silk Road and China ASEAN Information Port, China attempts to raise the cyber networking and connecting level, accelerate the development of national satellite system, facilitate the construction of The Belt and Road Spatial Information Corridor and take an active part in building the Trans-Eurasia Information Superhighway. Just to mention it as an advice, we should expand the network through multiple channels such as the land, sea and air ones and try to make a breakthrough from the network and connection of the secondary regions' internet information, in order to reinforce the Sino-foreign cooperation in information infrastructure construction.

Keywords: The Belt and Road; Information and Newwork Infrastructure; Inter Connection

B. 9 International Expansion of Chinese ICTs Enterprises to the B&R Countries *Ding Botao* / 303

Abstract: With the great progress of China's information technology, as well as China's economic downward pressure continues to increase, more and more Chinese ICTs companies will go abroad in the future. Chinese ICT companies' "going abroad" has gone through three stages, including exploration, expansion and breakthrough. The case analysis of China's network communications services, electronic information manufacturing and Internet industry shows that China has gain a great progress in ICTs industry Internationalization. In some B&R countries, Chinese ICTs enterprises have become the main local communications Equipment provider, or the leading brand of mobile phones and Internet services At the same time, Chinese ICTs enterprises are facing a lot of political, market, cultural barriers in internationalization, while Chinese enterprises are also lack of experience and other issues. In the future the Chinese government should take the ICTs industry internationalization as an important part of the B&R Initiative, while Chinese ICTs companies should increase international development capabilities and take measures to reduce market resistance.

Keywords: Information and Communication Industry; International Layout of Industry; Multinational Corporations

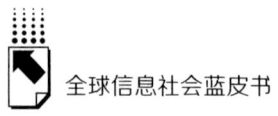

B.10 International Trading of ICTs Goods Between China and the
B&R Countries　　　　　　　　　　　　　　　　　*Chen Juan* / 316

Abstract: By the statistics of information products trade between China and "The Belt and Road" countries, the trend of the information products fluctuation is described, and the development of information application and industry of "The Belt and Road" countries is illustrated. By the related and geographic analysis of information industry relation between China and "The Belt and Road" countries, the cooperation opportunities of building information society together are to be founded. That Southeast Asia is the largest trade partner is reflected by the analysis of information products trade between China and "The Belt and Road" countries. The trade between China and Central Europe, Israel and Southeast Asia countries is intra industry trade, and they are also the Chinese information products the main importing countries, whom are to be cooperated much more in other fields such as information technology applications by China. The information products trade between China and most of the countries in Central Asia, South Asia and Middle East is inter industry trade. Therefore, these countries are Chinese major export markets for information products. The countries with great population and economic scale, such as India, Russia, Indonesia, Bangladesh, Turkey and so on, are important export destination and potential markets of Chinese information products.

Keywords: The Belt and Road; Information Products; International Trade

B.11　Data Open of Government of the B&R Countries
　　　　　　　　　　　　　　　　　　　　　　　　Xia Beili / 331

Abstract: Data resources are views as the oil in the new age. The sharing and exploitation of data resources is critical for China to realize the B&R Iniative. As the largest owner and administrator of data resources, government's attitude towards "open data" has a directly impact on the effects of the political, economic and cultural cooperation of all the B&R countries. this chapter will investigate and analyze the policy planning and practical application about data open in the B&R countries, especially the cases of South Korea, Estonia, Czech, India and Kazakhstan, including their experiences as well as weakness. Meanwhile, some countermeasures and suggestions regarding the joint exploitatation and sharing of data resources among the B&R countrieare proposed in this chapter, including the proposal that suggests incorporating big data cooperation into the bilateral cooperation mechanism of the B&R initiative, enhancing the construction of transnational shared database, promoting the foreign aid projects on big data, encouraging Chinese big data enterprises to expand international business in the B&R countries, and accelerating the development of think-tank products based on big data.

Keywords: The Belt and the Road; Open Data; International Cooperation

B. 12 Cooperation on Cyber security between China and the
B&R Countries   *Ding Botao* / 353

Abstract: While the Internet has brought great opportunities to mankind, it also has spawned a lot of challenge such as network leaks, Internet rumors and online fraud activities. All the B&R countries are facing the common threats of network information security, and network information safety accidents occur frequently which caused serious losses to the countries. As a result, many countries attach great importance to network information security, and establish laws, regulations and management institutions. In the present China has close ties on Cyber security with neighboring countries including Japan and South Korea, Southeast Asia countries, Russia and other SCO countries. The protection of network information security is the basis for regional cooperation in information technology and digital silk road construction, should become an important content of the B&R Initiative, the B&R countries should reach consensus on Cyber security and deepen cooperation to protect regional network security.

Keywords: The Belt and Road; Cyber Security; International Cooperation

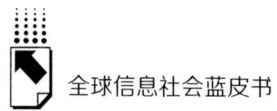

IV Appendices

B.13 Informatization Developing Indices of the B&R Countries / 366

B.14 Administrative Agencies in Charge of ICTs of the B&R Countries / 369

社会科学文献出版社　皮书系列

❖ 皮书起源 ❖

"皮书"起源于十七、十八世纪的英国,主要指官方或社会组织正式发表的重要文件或报告,多以"白皮书"命名。在中国,"皮书"这一概念被社会广泛接受,并被成功运作、发展成为一种全新的出版形态,则源于中国社会科学院社会科学文献出版社。

❖ 皮书定义 ❖

皮书是对中国与世界发展状况和热点问题进行年度监测,以专业的角度、专家的视野和实证研究方法,针对某一领域或区域现状与发展态势展开分析和预测,具备原创性、实证性、专业性、连续性、前沿性、时效性等特点的公开出版物,由一系列权威研究报告组成。

❖ 皮书作者 ❖

皮书系列的作者以中国社会科学院、著名高校、地方社会科学院的研究人员为主,多为国内一流研究机构的权威专家学者,他们的看法和观点代表了学界对中国与世界的现实和未来最高水平的解读与分析。

❖ 皮书荣誉 ❖

皮书系列已成为社会科学文献出版社的著名图书品牌和中国社会科学院的知名学术品牌。2016年,皮书系列正式列入"十三五"国家重点出版规划项目;2012~2016年,重点皮书列入中国社会科学院承担的国家哲学社会科学创新工程项目;2017年,55种院外皮书使用"中国社会科学院创新工程学术出版项目"标识。

中国皮书网

发布皮书研创资讯，传播皮书精彩内容
引领皮书出版潮流，打造皮书服务平台

栏目设置

关于皮书：何谓皮书、皮书分类、皮书大事记、皮书荣誉、皮书出版第一人、皮书编辑部

最新资讯：通知公告、新闻动态、媒体聚焦、网站专题、视频直播、下载专区

皮书研创：皮书规范、皮书选题、皮书出版、皮书研究、研创团队

皮书评奖评价：指标体系、皮书评价、皮书评奖

互动专区：皮书说、皮书智库、皮书微博、数据库微博

所获荣誉

2008年、2011年，中国皮书网均在全国新闻出版业网站荣誉评选中获得"最具商业价值网站"称号；

2012年，获得"出版业网站百强"称号。

网库合一

2014年，中国皮书网与皮书数据库端口合一，实现资源共享。更多详情请登录www.pishu.cn。

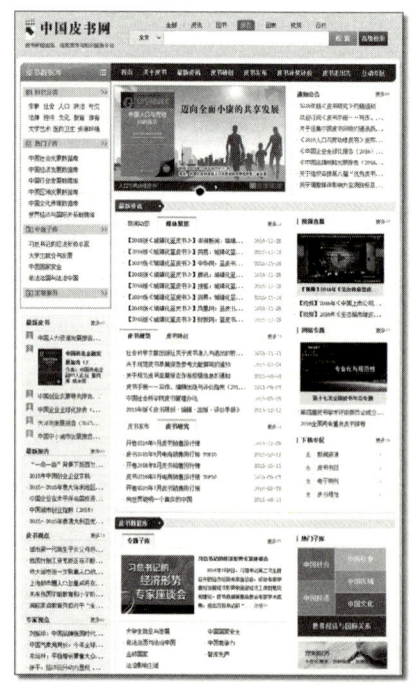

权威报告·热点资讯·特色资源

皮书数据库
ANNUAL REPORT(YEARBOOK) DATABASE

当代中国与世界发展高端智库平台

所获荣誉

- 2016年，入选"国家'十三五'电子出版物出版规划骨干工程"
- 2015年，荣获"搜索中国正能量 点赞2015""创新中国科技创新奖"
- 2013年，荣获"中国出版政府奖·网络出版物奖"提名奖
- 连续多年荣获中国数字出版博览会"数字出版·优秀品牌"奖

成为会员

通过网址www.pishu.com.cn或使用手机扫描二维码进入皮书数据库网站，进行手机号码验证或邮箱验证即可成为皮书数据库会员（建议通过手机号码快速验证注册）。

会员福利

- 使用手机号码首次注册会员可直接获得100元体验金，不需充值即可购买和查看数据库内容（仅限使用手机号码快速注册）。
- 已注册用户购书后可免费获赠100元皮书数据库充值卡。刮开充值卡涂层获取充值密码，登录并进入"会员中心"—"在线充值"—"充值卡充值"，充值成功后即可购买和查看数据库内容。

数据库服务热线：400-008-6695
数据库服务QQ：2475522410
数据库服务邮箱：database@ssap.cn
图书销售热线：010-59367070/7028
图书服务QQ：1265056568
图书服务邮箱：duzhe@ssap.cn

卡号：591393415898
密码：

子库介绍
Sub-Database Introduction

中国经济发展数据库

涵盖宏观经济、农业经济、工业经济、产业经济、财政金融、交通旅游、商业贸易、劳动经济、企业经济、房地产经济、城市经济、区域经济等领域，为用户实时了解经济运行态势、把握经济发展规律、洞察经济形势、做出经济决策提供参考和依据。

中国社会发展数据库

全面整合国内外有关中国社会发展的统计数据、深度分析报告、专家解读和热点资讯构建而成的专业学术数据库。涉及宗教、社会、人口、政治、外交、法律、文化、教育、体育、文学艺术、医药卫生、资源环境等多个领域。

中国行业发展数据库

以中国国民经济行业分类为依据，跟踪分析国民经济各行业市场运行状况和政策导向，提供行业发展最前沿的资讯，为用户投资、从业及各种经济决策提供理论基础和实践指导。内容涵盖农业，能源与矿产业，交通运输业，制造业，金融业，房地产业，租赁和商务服务业，科学研究，环境和公共设施管理，居民服务业，教育，卫生和社会保障，文化、体育和娱乐业等100余个行业。

中国区域发展数据库

对特定区域内的经济、社会、文化、法治、资源环境等领域的现状与发展情况进行分析和预测。涵盖中部、西部、东北、西北等地区，长三角、珠三角、黄三角、京津冀、环渤海、合肥经济圈、长株潭城市群、关中—天水经济区、海峡经济区等区域经济体和城市圈，北京、上海、浙江、河南、陕西等34个省份及中国台湾地区。

中国文化传媒数据库

包括文化事业、文化产业、宗教、群众文化、图书馆事业、博物馆事业、档案事业、语言文字、文学、历史地理、新闻传播、广播电视、出版事业、艺术、电影、娱乐等多个子库。

世界经济与国际关系数据库

以皮书系列中涉及世界经济与国际关系的研究成果为基础，全面整合国内外有关世界经济与国际关系的统计数据、深度分析报告、专家解读和热点资讯构建而成的专业学术数据库。包括世界经济、国际政治、世界文化与科技、全球性问题、国际组织与国际法、区域研究等多个子库。

法律声明

"皮书系列"(含蓝皮书、绿皮书、黄皮书)之品牌由社会科学文献出版社最早使用并持续至今,现已被中国图书市场所熟知。"皮书系列"的LOGO( )与"经济蓝皮书""社会蓝皮书"均已在中华人民共和国家工商行政管理总局商标局登记注册。"皮书系列"图书的注册商标专用权及封面设计、版式设计的著作权均为社会科学文献出版社所有。未经社会科学文献出版社书面授权许可,任何使用与"皮书系列"图书注册商标、封面设计、版式设计相同或者近似的文字、图形或其组合的行为均系侵权行为。

经作者授权,本书的专有出版权及信息网络传播权为社会科学文献出版社享有。未经社会科学文献出版社书面授权许可,任何就本书内容的复制、发行或以数字形式进行网络传播的行为均系侵权行为。

社会科学文献出版社将通过法律途径追究上述侵权行为的法律责任,维护自身合法权益。

欢迎社会各界人士对侵犯社会科学文献出版社上述权利的侵权行为进行举报。电话:010-59367121,电子邮箱:fawubu@ssap.cn。

社会科学文献出版社

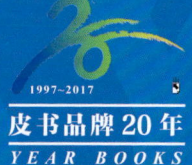

皮书品牌20年
YEAR BOOKS

皮书系列

2017年

智库成果出版与传播平台

社会科学文献出版社
SOCIAL SCIENCES ACADEMIC PRESS (CHINA)

社长致辞

2017年正值皮书品牌专业化二十周年之际，世界每天都在发生着让人眼花缭乱的变化，而唯一不变的，是面向未来无数的可能性。作为个体，如何获取专业信息以备不时之需？作为行政主体或企事业主体，如何提高决策的科学性让这个世界变得更好而不是更糟？原创、实证、专业、前沿、及时、持续，这是1997年"皮书系列"品牌创立的初衷。

1997~2017，从最初一个出版社的学术产品名称到媒体和公众使用频率极高的热点词语，从专业术语到大众话语，从官方文件到独特的出版型态，作为重要的智库成果，"皮书"始终致力于成为海量信息时代的信息过滤器，成为经济社会发展的记录仪，成为政策制定、评估、调整的智力源，社会科学研究的资料集成库。"皮书"的概念不断延展，"皮书"的种类更加丰富，"皮书"的功能日渐完善。

1997~2017，皮书及皮书数据库已成为中国新型智库建设不可或缺的抓手与平台，成为政府、企业和各类社会组织决策的利器，成为人文社科研究最基本的资料库，成为世界系统完整及时认知当代中国的窗口和通道！"皮书"所具有的凝聚力正在形成一种无形的力量，吸引着社会各界关注中国的发展，参与中国的发展。

二十年的"皮书"正值青春，愿每一位皮书人付出的年华与智慧不辜负这个时代！

社会科学文献出版社社长
中国社会学会秘书长

2016年11月

社会科学文献出版社简介

社会科学文献出版社成立于1985年，是直属于中国社会科学院的人文社会科学学术出版机构。成立以来，社科文献出版社依托于中国社会科学院和国内外人文社会科学界丰厚的学术出版和专家学者资源，始终坚持"创社科经典，出传世文献"的出版理念、"权威、前沿、原创"的产品定位以及学术成果和智库成果出版的专业化、数字化、国际化、市场化的经营道路。

社科文献出版社是中国新闻出版业转型与文化体制改革的先行者。积极探索文化体制改革的先进方向和现代企业经营决策机制，社科文献出版社先后荣获"全国文化体制改革工作先进单位"、中国出版政府奖·先进出版单位奖、中国社会科学院先进集体、全国科普工作先进集体等荣誉称号。多人次荣获"第十届韬奋出版奖""全国新闻出版行业领军人才""数字出版先进人物""北京市新闻出版广电行业领军人才"等称号。

社科文献出版社是中国人文社会科学学术出版的大社名社，也是以皮书为代表的智库成果出版的专业强社。年出版图书2000余种，其中皮书350余种，出版新书字数5.5亿字，承印与发行中国社科院院属期刊72种，先后创立了皮书系列、列国志、中国史话、社科文献学术译库、社科文献学术文库、甲骨文书系等一大批既有学术影响又有市场价值的品牌，确立了在社会学、近代史、苏东问题研究等专业学科及领域出版的领先地位。图书多次荣获中国出版政府奖、"三个一百"原创图书出版工程、"五个'一'工程奖"、"大众喜爱的50种图书"等奖项，在中央国家机关"强素质·做表率"读书活动中，入选图书品种数位居各大出版社之首。

社科文献出版社是中国学术出版规范与标准的倡议者与制定者，代表全国50多家出版社发起实施学术著作出版规范的倡议，承担学术著作规范国家标准的起草工作，率先编撰完成《皮书手册》对皮书品牌进行规范化管理，并在此基础上推出中国版芝加哥手册——《SSAP学术出版手册》。

社科文献出版社是中国数字出版的引领者，拥有皮书数据库、列国志数据库、"一带一路"数据库、减贫数据库、集刊数据库等4大产品线11个数据库产品，机构用户达1300余家，海外用户百余家，荣获"数字出版转型示范单位""新闻出版标准化先进单位""专业数字内容资源知识服务模式试点企业标准化示范单位"等称号。

社科文献出版社是中国学术出版走出去的践行者。社科文献出版社海外图书出版与学术合作业务遍及全球40余个国家和地区并于2016年成立俄罗斯分社，累计输出图书500余种，涉及近20个语种，累计获得国家社科基金中华学术外译项目资助76种、"丝路书香工程"项目资助60种、中国图书对外推广计划项目资助71种以及经典中国国际出版工程资助28种，被商务部认定为"2015-2016年度国家文化出口重点企业"。

如今，社科文献出版社拥有固定资产3.6亿元，年收入近3亿元，设置了七大出版分社、六大专业部门，成立了皮书研究院和博士后科研工作站，培养了一支近400人的高素质与高效率的编辑、出版、营销和国际推广队伍，为未来成为学术出版的大社、名社、强社，成为文化体制改革与文化企业转型发展的排头兵奠定了坚实的基础。

经济类

经 济 类

经济类皮书涵盖宏观经济、城市经济、大区域经济，提供权威、前沿的分析与预测

经济蓝皮书
2017年中国经济形势分析与预测

李扬 / 主编　2017年1月出版　定价：89.00元

◆ 本书为总理基金项目，由著名经济学家李扬领衔，联合中国社会科学院等数十家科研机构、国家部委和高等院校的专家共同撰写，系统分析了2016年的中国经济形势并预测2017年中国经济运行情况。

中国省域竞争力蓝皮书
中国省域经济综合竞争力发展报告（2015~2016）

李建平　李闽榕　高燕京 / 主编　2017年5月出版　定价：198.00元

◆ 本书融多学科的理论为一体，深入追踪研究了省域经济发展与中国国家竞争力的内在关系，为提升中国省域经济综合竞争力提供有价值的决策依据。

城市蓝皮书
中国城市发展报告No.10

潘家华　单菁菁 / 主编　2017年9月出版　估价：89.00元

◆ 本书是由中国社会科学院城市发展与环境研究中心编著的，多角度、全方位地立体展示了中国城市的发展状况，并对中国城市的未来发展提出了许多建议。该书有强烈的时代感，对中国城市发展实践有重要的参考价值。

皮书系列 重点推荐　经济类

人口与劳动绿皮书
中国人口与劳动问题报告 No.18

蔡昉　张车伟 / 主编　2017 年 10 月出版　估价：89.00 元

◆ 本书为中国社会科学院人口与劳动经济研究所主编的年度报告，对当前中国人口与劳动形势做了比较全面和系统的深入讨论，为研究中国人口与劳动问题提供了一个专业性的视角。

世界经济黄皮书
2017 年世界经济形势分析与预测

张宇燕 / 主编　2017 年 1 月出版　定价：89.00 元

◆ 本书由中国社会科学院世界经济与政治研究所的研究团队撰写，2016 年世界经济增速进一步放缓，就业增长放慢。世界经济面临许多重大挑战同时，地缘政治风险、难民危机、大国政治周期、恐怖主义等问题也仍然在影响世界经济的稳定与发展。预计 2017 年按 PPP 计算的世界 GDP 增长率约为 3.0%。

国际城市蓝皮书
国际城市发展报告（2017）

屠启宇 / 主编　2017 年 2 月出版　定价：79.00 元

◆ 本书作者以上海社会科学院从事国际城市研究的学者团队为核心，汇集同济大学、华东师范大学、复旦大学、上海交通大学、南京大学、浙江大学相关城市研究专业学者。立足动态跟踪介绍国际城市发展时间中，最新出现的重大战略、重大理念、重大项目、重大报告和最佳案例。

金融蓝皮书
中国金融发展报告（2017）

王国刚 / 主编　2017 年 2 月出版　定价：79.00 元

◆ 本书由中国社会科学院金融研究所组织编写，概括和分析了 2016 年中国金融发展和运行中的各方面情况，研讨和评论了 2016 年发生的主要金融事件，有利于读者了解掌握 2016 年中国的金融状况，把握 2017 年中国金融的走势。

经济类 皮书系列 重点推荐

农村绿皮书
中国农村经济形势分析与预测（2016～2017）
魏后凯　黄秉信/主编　2017年4月出版　定价：79.00元

◆ 本书描述了2016年中国农业农村经济发展的一些主要指标和变化，并对2017年中国农业农村经济形势的一些展望和预测，提出相应的政策建议。

西部蓝皮书
中国西部发展报告（2017）
徐璋勇/主编　2017年8月出版　定价：89.00元

◆ 本书由西北大学中国西部经济发展研究中心主编，汇集了源自西部本土以及国内研究西部问题的权威专家的第一手资料，对国家实施西部大开发战略进行年度动态跟踪，并对2017年西部经济、社会发展态势进行预测和展望。

经济蓝皮书·夏季号
中国经济增长报告（2016～2017）
李扬/主编　2017年5月出版　定价：98.00元

◆ 中国经济增长报告主要探讨2016~2017年中国经济增长问题，以专业视角解读中国经济增长，力求将其打造成一个研究中国经济增长、服务宏微观各级决策的周期性、权威性读物。

就业蓝皮书
2017年中国本科生就业报告
麦可思研究院/编著　2017年6月出版　定价：98.00元

◆ 本书基于大量的数据和调研，内容翔实，调查独到，分析到位，用数据说话，对中国大学生就业及学校专业设置起到了很好的建言献策作用。

社会政法类

社会政法类皮书聚焦社会发展领域的热点、难点问题，提供权威、原创的资讯与视点

社会蓝皮书
2017年中国社会形势分析与预测

李培林　陈光金　张翼 / 主编　2016年12月出版　定价：89.00元

◆ 本书由中国社会科学院社会学研究所组织研究机构专家、高校学者和政府研究人员撰写，聚焦当下社会热点，对2016年中国社会发展的各个方面内容进行了权威解读，同时对2017年社会形势发展趋势进行了预测。

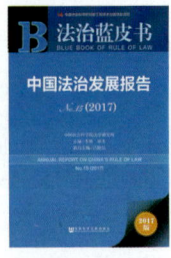

法治蓝皮书
中国法治发展报告 No.15（2017）

李林　田禾 / 主编　2017年3月出版　定价：118.00元

◆ 本年度法治蓝皮书回顾总结了2016年度中国法治发展取得的成就和存在的不足，对中国政府、司法、检务透明度进行了跟踪调研，并对2017年中国法治发展形势进行了预测和展望。

社会体制蓝皮书
中国社会体制改革报告 No.5（2017）

龚维斌 / 主编　2017年3月出版　定价：89.00元

◆ 本书由国家行政学院社会治理研究中心和北京师范大学中国社会管理研究院共同组织编写，主要对2016年社会体制改革情况进行回顾和总结，对2017年的改革走向进行分析，提出相关政策建议。

社会心态蓝皮书
中国社会心态研究报告（2017）

王俊秀　杨宜音/主编　2017年12月出版　估价：89.00元

◆ 本书是中国社会科学院社会学研究所社会心理研究中心"社会心态蓝皮书课题组"的年度研究成果，运用社会心理学、社会学、经济学、传播学等多种学科的方法进行了调查和研究，对于目前中国社会心态状况有较广泛和深入的揭示。

生态城市绿皮书
中国生态城市建设发展报告（2017）

刘举科　孙伟平　胡文臻/主编　2017年10月出版　估价：118.00元

◆ 报告以绿色发展、循环经济、低碳生活、民生宜居为理念，以更新民众观念、提供决策咨询、指导工程实践、引领绿色发展为宗旨，试图探索一条具有中国特色的城市生态文明建设新路。

城市生活质量蓝皮书
中国城市生活质量报告（2017）

中国经济实验研究院/主编　2018年2月出版　估价：89.00元

◆ 本书对全国35个城市居民的生活质量主观满意度进行了电话调查，同时对35个城市居民的客观生活质量指数进行了计算，为中国城市居民生活质量的提升，提出了针对性的政策建议。

公共服务蓝皮书
中国城市基本公共服务力评价（2017）

钟君　刘志昌　吴正杲/主编　2017年12月出版　估价：89.00元

◆ 中国社会科学院经济与社会建设研究室与华图政信调查组成联合课题组，从2010年开始对基本公共服务力进行研究，研创了基本公共服务力评价指标体系，为政府考核公共服务与社会管理工作提供了理论工具。

行业报告类

行业报告类皮书立足重点行业、新兴行业领域，提供及时、前瞻的数据与信息

企业社会责任蓝皮书
中国企业社会责任研究报告（2017）

黄群慧　钟宏武　张蒽　翟利峰／著　2017年10月出版　估价：89.00元

◆ 本书剖析了中国企业社会责任在2016～2017年度的最新发展特征，详细解读了省域国有企业在社会责任方面的阶段性特征，生动呈现了国内外优秀企业的社会责任实践。对了解中国企业社会责任履行现状、未来发展，以及推动社会责任建设有重要的参考价值。

新能源汽车蓝皮书
中国新能源汽车产业发展报告（2017）

中国汽车技术研究中心　日产（中国）投资有限公司
东风汽车有限公司／编著　2017年8月出版　定价：98.00元

◆ 本书对中国2016年新能源汽车产业发展进行了全面系统的分析，并介绍了国外的发展经验。有助于相关机构、行业和社会公众等了解中国新能源汽车产业发展的最新动态，为政府部门出台新能源汽车产业相关政策法规、企业制定相关战略规划，提供必要的借鉴和参考。

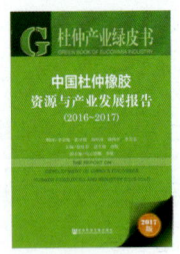

杜仲产业绿皮书
中国杜仲橡胶资源与产业发展报告（2016～2017）

杜红岩　胡文臻　俞锐／主编　2017年11月出版　估价：85.00元

◆ 本书对2016年杜仲产业的发展情况、研究团队在杜仲研究方面取得的重要成果、部分地区杜仲产业发展的具体情况、杜仲新标准的制定情况等进行了较为详细的分析与介绍，使广大关心杜仲产业发展的读者能够及时跟踪产业最新进展。

行业报告类 — 皮书系列重点推荐

企业蓝皮书
中国企业绿色发展报告 No.2（2017）

李红玉　朱光辉 / 主编　　2017年11月出版　　估价：89.00元

◆ 本书深入分析中国企业能源消费、资源利用、绿色金融、绿色产品、绿色管理、信息化、绿色发展政策及绿色文化方面的现状，并对目前存在的问题进行研究，剖析因果，谋划对策，为企业绿色发展提供借鉴，为中国生态文明建设提供支撑。

中国上市公司蓝皮书
中国上市公司发展报告（2017）

张平　王宏淼 / 主编　　2017年9月出版　　定价：98.00元

◆ 本书由中国社会科学院上市公司研究中心组织编写的，着力于全面、真实、客观反映当前中国上市公司财务状况和价值评估的综合性年度报告。本书详尽分析了2016年中国上市公司情况，特别是现实中暴露出的制度性、基础性问题，并对资本市场改革进行了探讨。

资产管理蓝皮书
中国资产管理行业发展报告（2017）

智信资产管理研究院 / 编著　　2017年7月出版　　定价：98.00元

◆ 中国资产管理行业刚刚兴起，未来将成为中国金融市场最有看点的行业。本书主要分析了2016年度资产管理行业的发展情况，同时对资产管理行业的未来发展做出科学的预测。

体育蓝皮书
中国体育产业发展报告（2017）

阮伟　钟秉枢 / 主编　　2017年12月出版　　估价：89.00元

◆ 本书运用多种研究方法，在体育竞赛业、体育用品业、体育场馆业、体育传媒业等传统产业研究的基础上，并对2016年体育领域内的各种热点事件进行研究和梳理，进一步拓宽了研究的广度、提升了研究的高度、挖掘了研究的深度。

皮书系列重点推荐　　国别与地区类

国际问题类

国际问题类皮书关注全球重点国家与地区，提供全面、独特的解读与研究

美国蓝皮书
美国研究报告（2017）

郑秉文 黄平 / 主编　2017年5月出版　定价：89.00元

◆ 本书是由中国社会科学院美国研究所主持完成的研究成果，它回顾了美国2016年的经济、政治形势与外交战略，对2017年以来美国内政外交发生的重大事件及重要政策进行了较为全面的回顾和梳理。

日本蓝皮书
日本研究报告（2017）

杨伯江 / 主编　2017年6月出版　定价：89.00元

◆ 本书对2016年日本的政治、经济、社会、外交等方面的发展情况做了系统介绍，对日本的热点及焦点问题进行了总结和分析，并在此基础上对该国2017年的发展前景做出预测。

亚太蓝皮书
亚太地区发展报告（2017）

李向阳 / 主编　2017年5月出版　定价：79.00元

◆ 本书是中国社会科学院亚太与全球战略研究院的集体研究成果。2017年的"亚太蓝皮书"继续关注中国周边环境的变化。该书盘点了2016年亚太地区的焦点和热点问题，为深入了解2016年及未来中国与周边环境的复杂形势提供了重要参考。

国别与地区类 | 皮书系列 重点推荐

德国蓝皮书
德国发展报告（2017）

郑春荣 / 主编　2017年6月出版　定价：79.00元

◆ 本报告由同济大学德国研究所组织编撰，由该领域的专家学者对德国的政治、经济、社会文化、外交等方面的形势发展情况，进行全面的阐述与分析。

日本经济蓝皮书
日本经济与中日经贸关系研究报告（2017）

张季风 / 编著　2017年6月出版　定价：89.00元

◆ 本书系统、详细地介绍了2016年日本经济以及中日经贸关系发展情况，在进行了大量数据分析的基础上，对2017年日本经济以及中日经贸关系的大致发展趋势进行了分析与预测。

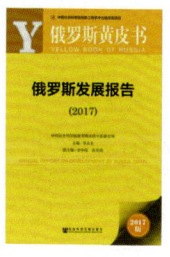

俄罗斯黄皮书
俄罗斯发展报告（2017）

李永全 / 编著　2017年6月出版　定价：89.00元

◆ 本书系统介绍了2016年俄罗斯经济政治情况，并对2016年该地区发生的焦点、热点问题进行了分析与回顾；在此基础上，对该地区2017年的发展前景进行了预测。

非洲黄皮书
非洲发展报告No.19（2016～2017）

张宏明 / 主编　2017年7月出版　定价：89.00元

◆ 本书是由中国社会科学院西亚非洲研究所组织编撰的非洲形势年度报告，比较全面、系统地分析了2016年非洲政治形势和热点问题，探讨了非洲经济形势和市场走向，剖析了大国对非洲关系的新动向；此外，还介绍了国内非洲研究的新成果。

地方发展类

地方发展类

地方发展类皮书关注中国各省份、经济区域，提供科学、多元的预判与资政信息

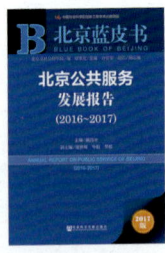

北京蓝皮书
北京公共服务发展报告（2016~2017）

施昌奎／主编　2017年3月出版　定价：79.00元

◆ 本书是由北京市政府职能部门的领导、首都著名高校的教授、知名研究机构的专家共同完成的关于北京市公共服务发展与创新的研究成果。

河南蓝皮书
河南经济发展报告（2017）

张占仓　完世伟／主编　2017年4月出版　定价：79.00元

◆ 本书以国内外经济发展环境和走向为背景，主要分析当前河南经济形势，预测未来发展趋势，全面反映河南经济发展的最新动态、热点和问题，为地方经济发展和领导决策提供参考。

广州蓝皮书
2017年中国广州经济形势分析与预测

魏明海　谢博能　李华／主编　2017年6月出版　定价：85.00元

◆ 本书由广州大学与广州市委政策研究室、广州市统计局联合主编，汇集了广州科研团体、高等院校和政府部门诸多经济问题研究专家、学者和实际部门工作者的最新研究成果，是关于广州经济运行情况和相关专题分析、预测的重要参考资料。

 文化传媒类

文化传媒类

文化传媒类皮书透视文化领域、文化产业，探索文化大繁荣、大发展的路径

新媒体蓝皮书
中国新媒体发展报告 No.8（2017）

唐绪军 / 主编　　2017 年 6 月出版　　定价：79.00 元

◆ 本书是由中国社会科学院新闻与传播研究所组织编写的关于新媒体发展的最新年度报告，旨在全面分析中国新媒体的发展现状，解读新媒体的发展趋势，探析新媒体的深刻影响。

移动互联网蓝皮书
中国移动互联网发展报告（2017）

余清楚 / 主编　　2017 年 6 月出版　　定价：98.00 元

◆ 本书着眼于对 2016 年度中国移动互联网的发展情况做深入解析，对未来发展趋势进行预测，力求从不同视角、不同层面全面剖析中国移动互联网发展的现状、年度突破及热点趋势等。

传媒蓝皮书
中国传媒产业发展报告（2017）

崔保国 / 主编　　2017 年 5 月出版　　定价：98.00 元

◆ "传媒蓝皮书"连续十多年跟踪观察和系统研究中国传媒产业发展。本报告在对传媒产业总体以及各细分行业发展状况与趋势进行深入分析基础上，对年度发展热点进行跟踪，剖析新技术引领下的商业模式，对传媒各领域发展趋势、内体经营、传媒投资进行解析，为中国传媒产业正在发生的变革提供前瞻性参考。

经济类

"三农"互联网金融蓝皮书
中国"三农"互联网金融发展报告（2017）
著(编)者：李勇坚 王弢　2017年8月出版 / 估价：98.00元
PSN B-2016-561-1/1

"一带一路"投资安全蓝皮书
中国"一带一路"投资与安全研究报告（2017）
著(编)者：邹统钎 梁昊光　2017年4月出版 / 定价：89.00元
PSN B-2017-612-1/1

G20国家创新竞争力黄皮书
二十国集团（G20）国家创新竞争力发展报告（2016~2017）
著(编)者：李建平 李闽榕 赵新力 周天勇
2017年8月出版 / 估价：158.00元
PSN Y-2011-229-1/1

产业蓝皮书
中国产业竞争力报告（2017）No.7
著(编)者：张其仔　2017年12月出版 / 估价：98.00元
PSN B-2010-175-1/1

城市创新蓝皮书
中国城市创新报告（2017）
著(编)者：周天勇 旷建伟　2017年11月出版 / 估价：89.00元
PSN B-2013-340-1/1

城市蓝皮书
中国城市发展报告 No.10
著(编)者：潘家华 单菁菁　2017年9月出版 / 估价：89.00元
PSN B-2007-091-1/1

城乡一体化蓝皮书
中国城乡一体化发展报告（2016~2017）
著(编)者：汝信 付崇兰　2017年7月出版 / 估价：85.00元
PSN B-2011-226-1/2

城镇化蓝皮书
中国新型城镇化健康发展报告（2017）
著(编)者：张占斌　2017年11月出版 / 估价：89.00元
PSN B-2014-396-1/1

创新蓝皮书
创新型国家建设报告（2016~2017）
著(编)者：詹正茂　2017年12月出版 / 估价：89.00元
PSN B-2009-140-1/1

创业蓝皮书
中国创业发展报告（2016~2017）
著(编)者：黄群慧 赵卫星 钟宏武等
2017年11月出版 / 估价：89.00元
PSN B-2016-578-1/1

低碳发展蓝皮书
中国低碳发展报告（2017）
著(编)者：张希良 齐晔　2017年6月出版 / 定价：79.00元
PSN B-2011-223-1/1

低碳经济蓝皮书
中国低碳经济发展报告（2017）
著(编)者：薛进军 赵忠秀　2017年7月出版 / 估价：85.00元
PSN B-2011-194-1/1

东北蓝皮书
中国东北地区发展报告（2017）
著(编)者：姜晓秋　2017年2月出版 / 定价：79.00元
PSN B-2006-067-1/1

发展与改革蓝皮书
中国经济发展和体制改革报告No.8
著(编)者：邹东涛 王再文　2017年7月出版 / 估价：98.00元
PSN B-2008-122-1/1

工业化蓝皮书
中国工业化进程报告（1999~2015）
著(编)者：黄群慧 李芳芳 等
2017年5月出版 / 估价：158.00元
PSN B-2007-095-1/1

管理蓝皮书
中国管理发展报告（2017）
著(编)者：张晓东　2017年10月出版 / 估价：98.00元
PSN B-2014-416-1/1

国际城市蓝皮书
国际城市发展报告（2017）
著(编)者：屠启宇　2017年2月出版 / 定价：79.00元
PSN B-2012-260-1/1

国家创新蓝皮书
中国创新发展报告（2017）
著(编)者：陈劲　2018年3月出版 / 估价：89.00元
PSN B-2014-370-1/1

金融蓝皮书
中国金融发展报告（2017）
著(编)者：王国刚　2017年2月出版 / 定价：79.00元
PSN B-2004-031-1/6

京津冀金融蓝皮书
京津冀金融发展报告（2017）
著(编)者：王爱俭 李向前
2017年7月出版 / 估价：89.00元
PSN B-2016-528-1/1

京津冀蓝皮书
京津冀发展报告（2017）
著(编)者：祝合良 叶堂林 张贵祥 等
2017年4月出版 / 估价：89.00元
PSN B-2012-262-1/1

经济蓝皮书
2017年中国经济形势分析与预测
著(编)者：李扬　2017年1月出版 / 定价：89.00元
PSN B-1996-001-1/1

经济蓝皮书·春季号
2017年中国经济前景分析
著(编)者：李扬　2017年5月出版 / 定价：79.00元
PSN B-1999-008-1/1

经济蓝皮书·夏季号
中国经济增长报告（2016~2017）
著(编)者：李扬　2017年9月出版 / 估价：98.00元
PSN B-2010-176-1/1

经济信息绿皮书
中国与世界经济发展报告（2017）
著(编)者：杜平　2017年12月出版 / 估价：89.00元
PSN G-2003-023-1/1

就业蓝皮书
2017年中国本科生就业报告
著(编)者：麦可思研究院　2017年6月出版 / 估价：98.00元
PSN B-2009-146-1/2

 经济类

皮书系列 2017全品种

就业蓝皮书
2017年中国高职高专生就业报告
著(编)者：麦可思研究院　　2017年6月出版 / 定价：98.00元
PSN B-2015-472-2/2

科普能力蓝皮书
中国科普能力评价报告（2017）
著(编)者：李富 强李群　　2017年8月出版 / 定价：89.00元
PSN B-2016-556-1/1

临空经济蓝皮书
中国临空经济发展报告（2017）
著(编)者：连玉明　　2017年9月出版 / 估价：89.00元
PSN B-2014-421-1/1

农村绿皮书
中国农村经济形势分析与预测（2016~2017）
著(编)者：魏后凯 黄秉信
2017年4月出版 / 定价：79.00元
PSN G-1998-003-1/1

农业应对气候变化蓝皮书
气候变化对中国农业影响评估报告 No.3
著(编)者：矫梅燕　　2017年8月出版 / 定价：98.00元
PSN B-2014-413-1/1

气候变化绿皮书
应对气候变化报告（2017）
著(编)者：王伟光 郑国光
2017年11月出版 / 估价：89.00元
PSN G-2009-144-1/1

区域蓝皮书
中国区域经济发展报告（2016~2017）
著(编)者：赵弘　　2017年5月出版 / 定价：79.00元
PSN B-2004-034-1/1

全球环境竞争力绿皮书
全球环境竞争力报告（2017）
著(编)者：李建平 李闽榕 王金南
2017年12月出版 / 估价：198.00元
PSN G-2013-363-1/1

人口与劳动绿皮书
中国人口与劳动问题报告 No.18
著(编)者：蔡昉 张车伟　　2017年11月出版 / 估价：89.00元
PSN G-2000-012-1/1

商务中心区蓝皮书
中国商务中心区发展报告 No.3（2016）
著(编)者：李国红 单菁菁　　2017年9月出版 / 定价：98.00元
PSN B-2015-444-1/1

世界经济黄皮书
2017年世界经济形势分析与预测
著(编)者：张宇燕　　2017年1月出版 / 定价：89.00元
PSN Y-1999-006-1/1

世界旅游城市绿皮书
世界旅游城市发展报告（2017）
著(编)者：宋う　　2017年7月出版 / 定价：128.00元
PSN G-2014-400-1/1

土地市场蓝皮书
中国农村土地市场发展报告（2016~2017）
著(编)者：李光茉　　2017年7月出版 / 定价：89.00元
PSN B-2016-527-1/1

西北蓝皮书
中国西北发展报告（2017）
著(编)者：任宗哲 白宽犁 王建康
2017年4月出版 / 定价：88.00元
PSN B-2012-261-1/1

西部蓝皮书
中国西部发展报告（2017）
著(编)者：徐璋勇　　2017年8月出版 / 定价：89.00元
PSN B-2005-039-1/1

新型城镇化蓝皮书
新型城镇化发展报告（2017）
著(编)者：李伟 宋敏 沈体雁　　2018年7月出版 / 估价：98.00元
PSN B-2014-431-1/1

新兴经济体蓝皮书
金砖国家发展报告（2017）
著(编)者：林跃勤 周文　　2017年12月出版 / 估价：89.00元
PSN B-2011-195-1/1

长三角蓝皮书
2017年创新融合发展的长三角
著(编)者：王庆五　　2018年3月出版 / 估价：88.00元
PSN B-2005-038-1/1

中部竞争力蓝皮书
中国中部经济社会竞争力报告（2017）
著(编)者：教育部人文社会科学重点研究基地
　　　　　南昌大学中国中部经济社会发展研究中心
2017年12月出版 / 估价：89.00元
PSN B-2012-276-1/1

中部蓝皮书
中国中部地区发展报告（2017）
著(编)者：宋亚平　　2017年12月出版 / 估价：88.00元
PSN B-2007-089-1/1

中国省域竞争力蓝皮书
中国省域经济综合竞争力发展报告（2017）
著(编)者：李建平 李闽榕 高燕京
2017年2月出版 / 估价：198.00元
PSN B-2007-088-1/1

中三角蓝皮书
长江中游城市群发展报告（2017）
著(编)者：秦尊文　　2017年9月出版 / 估价：89.00元
PSN B-2014-417-1/1

中小城市绿皮书
中国中小城市发展报告（2017）
著(编)者：中国城市经济学会中小城市经济发展委员会
　　　　　中国城镇化促进会中小城市发展委员会
　　　　　《中国中小城市发展报告》编纂委员会
　　　　　中小城市发展战略研究院
2017年11月出版 / 估价：128.00元
PSN G-2010-161-1/1

中原蓝皮书
中原经济区发展报告（2017）
著(编)者：李英杰　　2017年7月出版 / 估价：88.00元
PSN B-2011-192-1/1

自贸区蓝皮书
中国自贸区发展报告（2017）
著(编)者：王力 黄育华　　2017年6月出版 / 定价：89.00元
PSN B-2016-559-1/1

社会政法类

北京蓝皮书
中国社区发展报告（2017）
著（编）者：于燕燕　2018年4月出版／估价：89.00元
PSN B-2007-083-5/8

殡葬绿皮书
中国殡葬事业发展报告（2017）
著（编）者：李伯森　2017年11月出版／估价：158.00元
PSN G-2010-180-1/1

城市管理蓝皮书
中国城市管理报告（2016~2017）
著（编）者：刘林　刘承永　2017年7月出版／估价：158.00元
PSN B-2013-336-1/1

城市生活质量蓝皮书
中国城市生活质量报告（2017）
著（编）者：中国经济实验研究院
2018年2月出版／估价：89.00元
PSN B-2013-326-1/1

城市政府能力蓝皮书
中国城市政府公共服务能力评估报告（2017）
著（编）者：何艳玲　2017年7月出版／估价：89.00元
PSN B-2013-338-1/1

慈善蓝皮书
中国慈善发展报告（2017）
著（编）者：杨团　2017年6月出版／定价：98.00元
PSN B-2009-142-1/1

党建蓝皮书
党的建设研究报告 No.2（2017）
著（编）者：崔建民　陈东平　2017年7月出版／估价：89.00元
PSN B-2016-524-1/1

地方法治蓝皮书
中国地方法治发展报告 No.3（2017）
著（编）者：李林　田禾　2017年7出版／估价：108.00元
PSN B-2015-442-1/1

法治蓝皮书
中国法治发展报告 No.15（2017）
著（编）者：李林　田禾　2017年3月出版／定价：118.00元
PSN B-2004-027-1/1

法治政府蓝皮书
中国法治政府发展报告（2017）
著（编）者：中国政法大学法治政府研究院
2018年4月出版／估价：98.00元
PSN B-2015-502-1/2

法治政府蓝皮书
中国法治政府评估报告（2017）
著（编）者：中国政法大学法治政府研究院
2017年11月出版／估价：98.00元
PSN B-2016-577-2/2

法治蓝皮书
中国法院信息化发展报告 No.1（2017）
著（编）者：李林　田禾　2017年2月出版／定价：108.00元
PSN B-2017-604-3/5

反腐倡廉蓝皮书
中国反腐倡廉建设报告 No.7
著（编）者：张英伟　2017年12月出版／估价：89.00元
PSN B-2012-259-1/1

非传统安全蓝皮书
中国非传统安全研究报告（2016~2017）
著（编）者：余潇枫　魏志江　2017年7月出版／估价：89.00元
PSN B-2012-273-1/1

妇女发展蓝皮书
中国妇女发展报告 No.7
著（编）者：王金玲　2017年9月出版／估价：148.00元
PSN B-2006-069-1/1

妇女教育蓝皮书
中国妇女教育发展报告 No.4
著（编）者：张李玺　2017年10月出版／估价：78.00元
PSN B-2008-121-1/1

妇女绿皮书
中国性别平等与妇女发展报告（2017）
著（编）者：谭琳　2017年12月出版／估价：99.00元
PSN G-2006-073-1/1

公共服务蓝皮书
中国城市基本公共服务力评价（2017）
著（编）者：钟君　刘志昌　吴正杲　2017年12月出版／估价：89.00元
PSN B-2011-214-1/1

公民科学素质蓝皮书
中国公民科学素质报告（2016~2017）
著（编）者：李群　陈雄　马宗文
2017年7月出版／估价：89.00元
PSN B-2014-379-1/1

公共关系蓝皮书
中国公共关系发展报告（2017）
著（编）者：柳斌杰　2017年11月出版／估价：89.00元
PSN B-2016-580-1/1

公益蓝皮书
中国公益慈善发展报告（2017）
著（编）者：朱健刚　2018年4月出版／估价：118.00元
PSN B-2012-283-1/1

国际人才蓝皮书
中国国际移民报告（2017）
著（编）者：王辉耀　2017年7月出版／估价：89.00元
PSN B-2012-304-3/4

国际人才蓝皮书
中国留学发展报告（2017）No.5
著（编）者：王辉耀　苗绿　2017年10月出版／估价：89.00元
PSN B-2012-244-2/4

海关发展蓝皮书
中国海关发展前沿报告
著（编）者：于春晖　2017年6月出版／定价：89.00元
PSN B-2017-616-1/1

社会政法类 皮书系列 2017全品种

海洋社会蓝皮书
中国海洋社会发展报告（2017）
著（编）者：崔凤 宋宁而　2018年3月出版 / 估价：89.00元
PSN B-2015-478-1/1

行政改革蓝皮书
中国行政体制改革报告（2017）No.6
著（编）者：魏礼群　2017年7月出版 / 估价：98.00元
PSN B-2011-231-1/1

华侨华人蓝皮书
华侨华人研究报告（2017）
著（编）者：贾益民　2017年12月出版 / 估价：128.00元
PSN B-2011-204-1/1

环境竞争力绿皮书
中国省域环境竞争力发展报告（2017）
著（编）者：李建平 李闽榕 王金南
2017年11月出版 / 估价：198.00元
PSN G-2010-165-1/1

环境绿皮书
中国环境发展报告（2016~2017）
著（编）者：李波　2017年4月出版 / 定价：89.00元
PSN G-2006-048-1/1

基金会蓝皮书
中国基金会发展报告（2016~2017）
著（编）者：中国基金会发展报告课题组
2017年7月出版 / 估价：85.00元
PSN B-2013-368-1/1

基金会绿皮书
中国基金会发展独立研究报告（2017）
著（编）者：基金会中心网 中央民族大学基金会研究中心
2017年7月出版 / 估价：88.00元
PSN G-2011-213-1/1

基金会透明度蓝皮书
中国基金会透明度发展研究报告（2017）
著（编）者：基金会中心网 清华大学廉政与治理研究中心
2017年12月出版 / 估价：89.00元
PSN B-2015-509-1/1

家庭蓝皮书
中国"创建幸福家庭活动"评估报告（2017）
国务院发展研究中心"创建幸福家庭活动评估"课题组著
2017年8月出版 / 估价：89.00元
PSN B-2015-508-1/1

健康城市蓝皮书
中国健康城市建设研究报告（2017）
著（编）者：王鸿春 解树江 盛继洪
2017年9月出版 / 估价：89.00元
PSN B-2016-565-2/2

健康中国蓝皮书
社区首诊与健康中国分析报告（2017）
著（编）者：高和荣 杨叔禹 姜杰
2017年4月出版 / 定价：99.00元
PSN B-2017-611-1/1

教师蓝皮书
中国中小学教师发展报告（2017）
著（编）者：曾晓东 鱼霞　2017年7月出版 / 估价：89.00元
PSN B-2012-289-1/1

教育蓝皮书
中国教育发展报告（2017）
著（编）者：杨东平　2017年4月出版 / 定价：89.00元
PSN B-2006-047-1/1

京津冀教育蓝皮书
京津冀教育发展研究报告（2016~2017）
著（编）者：方中雄　2017年4月出版 / 定价：98.00元
PSN B-2017-608-1/1

科普蓝皮书
国家科普能力发展报告（2016~2017）
著（编）者：王康友　2017年5月出版 / 估价：128.00元
PSN B-2017-631-1/1

科普蓝皮书
中国基层科普发展报告（2016~2017）
著（编）者：赵立 新陈玲　2017年9月出版 / 估价：89.00元
PSN B-2016-569-3/3

科普蓝皮书
中国科普基础设施发展报告（2017）
著（编）者：任福君　2017年7月出版 / 估价：89.00元
PSN B-2010-174-1/3

科普蓝皮书
中国科普人才发展报告（2017）
著（编）者：郑念 任嵘嵘　2017年7月出版 / 估价：98.00元
PSN B-2015-512-2/3

科学教育蓝皮书
中国科学教育发展报告（2017）
著（编）者：罗晖 王康友　2017年10月出版 / 估价：89.00元
PSN B-2015-487-1/1

劳动保障蓝皮书
中国劳动保障发展报告（2017）
著（编）者：刘燕斌　2017年9月出版 / 估价：188.00元
PSN B-2014-415-1/1

老龄蓝皮书
中国老年宜居环境发展报告（2017）
著（编）者：党俊武 周燕珉　2017年11月出版 / 估价：89.00元
PSN B-2013-320-1/1

连片特困区蓝皮书
中国连片特困区发展报告（2016~2017）
著（编）者：游俊 冷志明 丁建军
2017年4月出版 / 定价：98.00元
PSN B-2013-321-1/1

流动儿童蓝皮书
中国流动儿童教育发展报告（2016）
著（编）者：杨东平　2017年1月出版 / 定价：79.00元
PSN B-2017-600-1/1

皮书系列 2017全品种　社会政法类

民调蓝皮书
中国民生调查报告（2017）
著（编）者：谢耘耕　2017年12月出版 / 估价：98.00元
PSN B-2014-398-1/1

民族发展蓝皮书
中国民族发展报告（2017）
著（编）者：郝时远　王延中　王希恩
2017年4月出版 / 估价：98.00元
PSN B-2006-070-1/1

女性生活蓝皮书
中国女性生活状况报告 No.11（2017）
著（编）者：韩湘景　2017年10月出版 / 估价：98.00元
PSN B-2006-071-1/1

汽车社会蓝皮书
中国汽车社会发展报告（2017）
著（编）者：王俊秀　2017年12月出版 / 估价：89.00元
PSN B-2011-224-1/1

青年蓝皮书
中国青年发展报告（2017）No.3
著（编）者：廉思 等　2017年12月出版 / 估价：89.00元
PSN B-2013-333-1/1

青少年蓝皮书
中国未成年人互联网运用报告（2017）
著（编）者：李文革　沈洁　李为民
2017年11月出版 / 估价：89.00元
PSN B-2010-165-1/1

青少年体育蓝皮书
中国青少年体育发展报告（2017）
著（编）者：郭建军　戴健　2017年9月出版 / 估价：89.00元
PSN B-2015-482-1/1

群众体育蓝皮书
中国群众体育发展报告（2017）
著（编）者：刘国永　杨桦　2017年12月出版 / 估价：89.00元
PSN B-2016-519-2/3

人权蓝皮书
中国人权事业发展报告 No.7（2017）
著（编）者：李君如　2017年9月出版 / 估价：98.00元
PSN B-2011-215-1/1

社会保障绿皮书
中国社会保障发展报告（2017）No.8
著（编）者：王延中　2017年7月出版 / 估价：98.00元
PSN G-2001-014-1/1

社会风险评估蓝皮书
风险评估与危机预警评估报告（2017）
著（编）者：唐钧　2017年11月出版 / 估价：85.00元
PSN B-2016-521-1/1

社会管理蓝皮书
中国社会管理创新报告 No.5
著（编）者：连玉明　2017年11月出版 / 估价：89.00元
PSN B-2012-300-1/1

社会蓝皮书
2017年中国社会形势分析与预测
著（编）者：李培林　陈光金　张翼
2016年12月出版 / 定价：89.00元
PSN B-1998-002-1/1

社会体制蓝皮书
中国社会体制改革报告 No.5（2017）
著（编）者：龚维斌　2017年3月出版 / 定价：89.00元
PSN B-2013-330-1/1

社会心态蓝皮书
中国社会心态研究报告（2017）
著（编）者：王俊秀　杨宜音　2017年12月出版 / 估价：89.00元
PSN B-2011-199-1/1

社会组织蓝皮书
中国社会组织发展报告（2016~2017）
著（编）者：黄晓勇　2017年1月出版 / 定价：89.00元
PSN B-2008-118-1/2

社会组织蓝皮书
中国社会组织评估发展报告（2017）
著（编）者：徐家良　廖鸿　2017年12月出版 / 估价：89.00元
PSN B-2013-366-1/1

生态城市绿皮书
中国生态城市建设发展报告（2017）
著（编）者：刘举科　孙伟平　胡文臻
2017年9月出版 / 估价：118.00元
PSN B-2012-269-1/1

生态文明绿皮书
中国省域生态文明建设评价报告（ECI 2017）
著（编）者：严耕　2017年12月出版 / 估价：98.00元
PSN G-2010-170-1/1

土地整治蓝皮书
中国土地整治发展研究报告 No.4
著（编）者：国土资源部土地整治中心
2017年7月出版 / 定价：89.00元
PSN B-2014-401-1/1

土地政策蓝皮书
中国土地政策研究报告（2017）
著（编）者：高延利　李宪文
2017年12月出版 / 定价：89.00元
PSN B-2015-506-1/1

退休生活蓝皮书
中国城市居民退休生活质量指数报告（2016）
著（编）者：杨一凡　2017年5月出版 / 定价：79.00元
PSN B-2017-618-1/1

遥感监测绿皮书
中国可持续发展遥感监测报告（2016）
著（编）者：顾行发　李闽榕　徐东华
2017年6月出版 / 定价：298.00元
PSN B-2017-629-1/1

医改蓝皮书
中国医药卫生体制改革报告(2017)
著(编)者：文学国 房志武　2017年11月出版 / 估价：98.00元
PSN B-2014-432-1/1

医疗卫生绿皮书
中国医疗卫生发展报告 No.7 (2017)
著(编)者：申宝忠 韩玉珍　2017年11月出版 / 估价：85.00元
PSN G-2004-033-1/1

应急管理蓝皮书
中国应急管理报告(2017)
著(编)者：宋英华　2017年9月出版 / 估价：98.00元
PSN B-2016-563-1/1

政治参与蓝皮书
中国政治参与报告(2017)
著(编)者：房宁　2017年8月出版 / 定价：118.00元
PSN B-2011-200-1/1

宗教蓝皮书
中国宗教报告(2016)
著(编)者：邱永辉　2017年8月出版 / 定价：79.00元
PSN B-2008-117-1/1

行业报告类

SUV蓝皮书
中国SUV市场发展报告(2016~2017)
著(编)者：靳军　2017年9月出版 / 估价：89.00元
PSN B-2016-572-1/1

保健蓝皮书
中国保健服务产业发展报告 No.2
著(编)者：中国保健协会 中共中央党校
2017年7月出版 / 估价：198.00元
PSN B-2012-272-3/3

保健蓝皮书
中国保健食品产业发展报告 No.2
著(编)者：中国保健协会
　　　　　中国社会科学院食品药品产业发展与监管研究中心
2017年7月出版 / 估价：198.00元
PSN B-2012-271-2/3

保健蓝皮书
中国保健用品产业发展报告 No.2
著(编)者：中国保健协会
　　　　　国务院国有资产监督管理委员会研究中心
2017年7月出版 / 估价：198.00元
PSN B-2012-270-1/3

保险蓝皮书
中国保险业竞争力报告(2017)
著(编)者：保监会　2017年12月出版 / 估价：99.00元
PSN B-2013-311-1/1

冰雪蓝皮书
中国滑雪产业发展报告(2017)
著(编)者：孙承华 伍斌 魏庆华 张鸿俊
2017年9月出版 / 定价：79.00元
PSN B-2016-560-1/1

彩票蓝皮书
中国彩票发展报告(2017)
著(编)者：益彩基金　2017年7月出版 / 估价：98.00元
PSN B-2015-462-1/1

餐饮产业蓝皮书
中国餐饮产业发展报告(2017)
著(编)者：邢颖　2017年6月出版 / 定价：98.00元
PSN B-2009-151-1/1

测绘地理信息蓝皮书
新常态下的测绘地理信息研究报告(2017)
著(编)者：库热西·买合苏提
2017年12月出版 / 估价：118.00元
PSN B-2009-145-1/1

茶业蓝皮书
中国茶产业发展报告(2017)
著(编)者：杨江帆 李闽榕　2017年10月出版 / 估价：88.00元
PSN B-2010-164-1/1

产权市场蓝皮书
中国产权市场发展报告(2016~2017)
著(编)者：曹和平　2017年5月出版 / 估价：89.00元
PSN B-2009-147-1/1

产业安全蓝皮书
中国出版传媒产业安全报告(2016~2017)
著(编)者：北京印刷学院文化产业安全研究院
2017年7月出版 / 估价：89.00元
PSN B-2014-384-13/14

产业安全蓝皮书
中国文化产业安全报告(2017)
著(编)者：北京印刷学院文化产业安全研究院
2017年12月出版 / 估价：89.00元
PSN B-2014-378-12/14

皮书系列 2017全品种

行业报告类

产业安全蓝皮书
中国新媒体产业安全报告（2017）
著（编）者：肖丽
2018年6月出版 / 估价：89.00元
PSN B-2015-500-14/14

城投蓝皮书
中国城投行业发展报告（2017）
著（编）者：王晨艳 丁伯康 2017年9月出版 / 定价：300.00元
PSN B-2016-514-1/1

电子政务蓝皮书
中国电子政务发展报告（2016~2017）
著（编）者：李季 杜平 2017年7月出版 / 估价：89.00元
PSN B-2003-022-1/1

大数据蓝皮书
中国大数据发展报告No.1
著（编）者：连玉明 2017年5月出版 / 定价：79.00元
PSN B-2017-620-1/1

杜仲产业绿皮书
中国杜仲橡胶资源与产业发展报告（2016~2017）
著（编）者：杜红岩 胡文臻 俞锐
2017年11月出版 / 估价：85.00元
PSN G-2013-350-1/1

对外投资与风险蓝皮书
中国对外直接投资与国家风险报告（2017）
著（编）者：中债资信评估有限公司
中国社科院世界经济与政治研究所
2017年4月出版 / 定价：189.00元
PSN B-2017-606-1/1

房地产蓝皮书
中国房地产发展报告No.14（2017）
著（编）者：李春华 王业强 2017年5月出版 / 定价：89.00元
PSN B-2004-028-1/1

服务外包蓝皮书
中国服务外包产业发展报告（2017）
著（编）者：王晓红 刘德军
2017年7月出版 / 估价：89.00元
PSN B-2013-331-2/2

服务外包蓝皮书
中国服务外包竞争力报告（2017）
著（编）者：王力 刘春生 黄育华
2017年11月出版 / 估价：85.00元
PSN B-2011-216-1/2

工业和信息化蓝皮书
世界网络安全发展报告（2016~2017）
著（编）者：尹丽波 2017年6月出版 / 定价：89.00元
PSN B-2015-452-5/6

工业和信息化蓝皮书
世界信息化发展报告（2016~2017）
著（编）者：尹丽波 2017年6月出版 / 定价：89.00元
PSN B-2015-451-4/6

工业和信息化蓝皮书
世界信息技术产业发展报告（2016~2017）
著（编）者：尹丽波 2017年6月出版 / 定价：89.00元
PSN B-2015-449-2/6

工业和信息化蓝皮书
移动互联网产业发展报告（2016~2017）
著（编）者：尹丽波 2017年6月出版 / 定价：89.00元
PSN B-2015-448-1/6

工业和信息化蓝皮书
战略性新兴产业发展报告（2016~2017）
著（编）者：尹丽波 2017年6月出版 / 定价：89.00元
PSN B-2015-450-3/6

工业和信息化蓝皮书
世界智慧城市发展报告（2016~2017）
著（编）者：尹丽波 2017年6月出版 / 定价：89.00元
PSN B-2017-624-6/6

工业和信息化蓝皮书
人工智能发展报告（2016~2017）
著（编）者：尹丽波 2017年6月出版 / 定价：89.00元
PSN B-2015-448-1/6

工业设计蓝皮书
中国工业设计发展报告（2017）
著（编）者：王晓红 于炜 张立群
2017年9月出版 / 估价：138.00元
PSN B-2014-420-1/1

黄金市场蓝皮书
中国商业银行黄金业务发展报告（2016~2017）
著（编）者：平安银行 2017年7月出版 / 定价：98.00元
PSN B-2016-525-1/1

互联网金融蓝皮书
中国互联网金融发展报告（2017）
著（编）者：李东荣 2017年9月出版 / 定价：128.00元
PSN B-2014-374-1/1

互联网医疗蓝皮书
中国互联网健康医疗发展报告（2017）
著（编）者：芮晓武 2017年6月出版 / 定价：89.00元
PSN B-2016-568-1/1

会展蓝皮书
中外会展业动态评估年度报告（2017）
著（编）者：张敏 2017年7月出版 / 定价：88.00元
PSN B-2013-327-1/1

金融监管蓝皮书
中国金融监管报告（2017）
著（编）者：胡滨 2017年5月出版 / 定价：89.00元
PSN B-2012-281-1/1

金融信息服务蓝皮书
中国金融信息服务发展报告（2017）
著（编）者：李平 2017年5月出版 / 定价：79.00元
PSN B-2017-621-1/1

金融蓝皮书
中国金融中心发展报告（2017）
著（编）者：王力 黄育华 2017年11月出版 / 估价：85.00元
PSN B-2011-186-6/6

建筑装饰蓝皮书
中国建筑装饰行业发展报告（2017）
著（编）者：刘晓一 葛道顺 2017年11月出版 / 估价：198.00元
PSN B-2016-554-1/1

 行业报告类

皮书系列 2017全品种

客车蓝皮书
中国客车产业发展报告（2016~2017）
著(编)者：姚蔚 2017年10月出版 / 估价：85.00元
PSN B-2013-361-1/1

旅游安全蓝皮书
中国旅游安全报告（2017）
著(编)者：郑向敏 谢朝武 2017年5月出版 / 定价：128.00元
PSN B-2012-280-1/1

旅游绿皮书
2016~2017年中国旅游发展分析与预测
著(编)者：宋瑞 2017年2月出版 / 定价：89.00元
PSN G-2002-018-1/1

煤炭蓝皮书
中国煤炭工业发展报告（2017）
著(编)者：岳福斌 2017年12月出版 / 估价：85.00元
PSN B-2008-123-1/1

民营企业社会责任蓝皮书
中国民营企业社会责任报告（2017）
著(编)者：中华全国工商业联合会
2017年12月出版 / 估价：89.00元
PSN B-2015-510-1/1

民营医院蓝皮书
中国民营医院发展报告（2017）
著(编)者：庄一强 2017年10月出版 / 估价：85.00元
PSN B-2012-299-1/1

闽商蓝皮书
闽商发展报告（2017）
著(编)者：李闽榕 王日根 林琛
2017年12月出版 / 估价：89.00元
PSN B-2012-298-1/1

能源蓝皮书
中国能源发展报告（2017）
著(编)者：崔民选 王军生 陈义和
2017年10月出版 / 估价：98.00元
PSN B-2006-049-1/1

农产品流通蓝皮书
中国农产品流通产业发展报告（2017）
著(编)者：贾敬敦 张东科 张玉玺 张鹏毅 周伟
2017年7月出版 / 估价：89.00元
PSN B-2012-288-1/1

企业公益蓝皮书
中国企业公益研究报告（2017）
著(编)者：钟宏武 汪杰 顾一 黄晓娟 等
2017年12月出版 / 估价：89.00元
PSN B-2015-501-1/1

企业国际化蓝皮书
中国企业国际化报告（2017）
著(编)者：王辉耀 2017年11月出版 / 估价：98.00元
PSN B-2014-427-1/1

企业蓝皮书
中国企业绿色发展报告No.2（2017）
著(编)者：李红玉 朱光辉 2017年11月出版 / 估价：89.00元
PSN B-2015-481-2/2

企业社会责任蓝皮书
中国企业社会责任研究报告（2017）
著(编)者：黄群慧 钟宏武 张蒽 翟利峰
2017年11月出版 / 估价：89.00元
PSN B-2009-149-1/1

企业社会责任蓝皮书
中资企业海外社会责任研究报告（2016~2017）
著(编)者：钟宏武 叶柳红 张蒽
2017年1月出版 / 估价：79.00元
PSN B-2017-603-2/2

汽车安全蓝皮书
中国汽车安全发展报告（2017）
著(编)者：中国汽车技术研究中心
2017年7月出版 / 估价：89.00元
PSN B-2014-385-1/1

汽车电子商务蓝皮书
中国汽车电子商务发展报告（2017）
著(编)者：中华全国工商业联合会汽车经销商商会
　　　　　北京易观智库网络科技有限公司
2017年10月出版 / 估价：128.00元
PSN B-2015-485-1/1

汽车工业蓝皮书
中国汽车工业发展年度报告（2017）
著(编)者：中国汽车工业协会 中国汽车技术研究中心
　　　　　丰田汽车（中国）投资有限公司
2017年5月出版 / 定价：128.00元
PSN B-2015-463-1/2

汽车工业蓝皮书
中国汽车零部件产业发展报告（2017）
著(编)者：中国汽车工业协会 中国汽车工程研究院
2017年月出版 / 估价：98.00元
PSN B-2016-515-2/2

汽车蓝皮书
中国汽车产业发展报告（2017）
著(编)者：国务院发展研究中心产业经济研究部
　　　　　中国汽车工程学会 大众汽车集团（中国）
2017年8月出版 / 估价：98.00元
PSN B-2008-124-1/1

人力资源蓝皮书
中国人力资源发展报告（2017）
著(编)者：余兴安 2017年11月出版 / 估价：89.00元
PSN B-2012-287-1/1

融资租赁蓝皮书
中国融资租赁业发展报告（2016~2017）
著(编)者：李光荣 王力 2017年11月出版 / 估价：89.00元
PSN B-2015-443-1/1

商会蓝皮书
中国商会发展报告No.5（2017）
著(编)者：王钦敏 2017年7月出版 / 估价：89.00元
PSN B-2008-125-1/1

输血服务蓝皮书
中国输血行业发展报告（2017）
著(编)者：朱永明 耿鸿武 2016年12月出版 / 估价：89.00元
PSN B-2016-583-1/1

皮书系列 2017全品种 行业报告类

社会责任管理蓝皮书
中国上市公司社会责任能力成熟度报告（2017）No.2
著（编）者：肖红军 王晓光 李伟阳
2017年12月出版 / 估价：98.00元
PSN B-2015-507-2/2

社会责任管理蓝皮书
中国企业公众透明度报告(2017)No.3
著（编）者：黄速建 熊梦 王晓光 肖红军
2017年4月出版 / 估价：98.00元
PSN B-2015-440-1/2

食品药品蓝皮书
食品药品安全与监管政策研究报告（2016~2017）
著（编）者：唐民皓 2017年7月出版 / 估价：89.00元
PSN B-2009-129-1/1

世界茶业蓝皮书
世界茶业发展报告（2017）
著（编）者：李闽榕 冯廷栓 2017年5月出版 / 定价：118.00元
PSN B-2017-619-1/1

世界能源蓝皮书
世界能源发展报告（2017）
著（编）者：黄晓勇 2017年6月出版 / 定价：99.00元
PSN B-2013-349-1/1

水利风景区蓝皮书
中国水利风景区发展报告（2017）
著（编）者：谢婵才 兰思仁 2017年7月出版 / 估价：89.00元
PSN B-2015-480-1/1

碳市场蓝皮书
中国碳市场报告（2017）
著（编）者：定金彪 2017年11月出版 / 估价：89.00元
PSN B-2014-430-1/1

体育蓝皮书
中国体育产业发展报告（2017）
著（编）者：阮伟 钟秉枢 2017年12月出版 / 估价：89.00元
PSN B-2010-179-1/5

体育蓝皮书
中国体育产业基地发展报告（2015~2016）
著（编）者：李颖川 2017年4月出版 / 定价：89.00元
PSN B-2017-609-5/5

网络空间安全蓝皮书
中国网络空间安全发展报告（2017）
著（编）者：惠志斌 唐涛 2017年7月出版 / 估价：89.00元
PSN B-2015-466-1/1

西部金融蓝皮书
中国西部金融发展报告（2017）
著（编）者：李忠民 2017年8月出版 / 估价：85.00元
PSN B-2010-160-1/1

协会商会蓝皮书
中国行业协会商会发展报告（2017）
著（编）者：景朝阳 李勇 2017年7月出版 / 估价：99.00元
PSN B-2015-461-1/1

新能源汽车蓝皮书
中国新能源汽车产业发展报告（2017）
著（编）者：中国汽车技术研究中心
日产（中国）投资有限公司 东风汽车有限公司
2017年7月出版 / 估价：98.00元
PSN B-2013-347-1/1

新三板蓝皮书
中国新三板市场发展报告（2017）
著（编）者：王力 2017年7月出版 / 估价：89.00元
PSN B-2016-534-1/1

信托市场蓝皮书
中国信托业市场报告（2016~2017）
著（编）者：用益信托研究院
2017年1月出版 / 定价：198.00元
PSN B-2014-371-1/1

信息化蓝皮书
中国信息化形势分析与预测（2016~2017）
著（编）者：周宏仁 2017年8月出版 / 估价：98.00元
PSN B-2010-168-1/1

信用蓝皮书
中国信用发展报告（2017）
著（编）者：章政 田侃 2017年7月出版 / 估价：99.00元
PSN B-2013-328-1/1

休闲绿皮书
2017年中国休闲发展报告
著（编）者：宋瑞 2017年10月出版 / 估价：89.00元
PSN G-2010-158-1/1

休闲体育蓝皮书
中国休闲体育发展报告（2016~2017）
著（编）者：李相如 钟炳枢 2017年10月出版 / 估价：89.00元
PSN G-2016-516-1/1

养老金融蓝皮书
中国养老金融发展报告（2017）
著（编）者：董克用 姚余栋
2017年9月出版 / 定价：89.00元
PSN B-2016-584-1/1

药品流通蓝皮书
中国药品流通行业发展报告（2017）
著（编）者：佘鲁林 温再兴 2017年8月出版 / 估价：158.00元
PSN B-2014-429-1/1

医院蓝皮书
中国医院竞争力报告（2017）
著（编）者：庄一强 曾益新 2017年3月出版 / 定价：108.00元
PSN B-2016-529-1/1

瑜伽蓝皮书
中国瑜伽业发展报告（2016~2017）
著（编）者：张永建 徐华锋 朱泰余
2017年3月出版 / 定价：108.00元
PSN B-2017-675-1/1

文化传媒类

邮轮绿皮书
中国邮轮产业发展报告(2017)
著(编)者:汪泓　2017年10月出版 / 估价:89.00元
PSN G-2014-419-1/1

智能养老蓝皮书
中国智能养老产业发展报告(2017)
著(编)者:朱勇　2017年10月出版 / 估价:89.00元
PSN B-2015-488-1/1

债券市场蓝皮书
中国债券市场发展报告(2016~2017)
著(编)者:杨农　2017年10月出版 / 估价:89.00元
PSN B-2016-573-1/1

中国节能汽车蓝皮书
中国节能汽车发展报告(2016~2017)
著(编)者:中国汽车工程研究院股份有限公司
2017年9月出版 / 估价:98.00元
PSN B-2016-566-1/1

中国上市公司蓝皮书
中国上市公司发展报告(2017)
著(编)者:张平　王宏淼
2017年9月出版 / 定价:98.00元
PSN B-2014-414-1/1

中国陶瓷产业蓝皮书
中国陶瓷产业发展报告(2017)
著(编)者:左和平　黄速建　2017年10月出版 / 估价:98.00元
PSN B-2016-574-1/1

中医药蓝皮书
中国中医药知识产权发展报告No.1
著(编)者:汪红　屠志涛　2017年4月出版 / 定价:158.00元
PSN B-2016-574-1/1

中国总部经济蓝皮书
中国总部经济发展报告(2016~2017)
著(编)者:赵弘　2017年9月出版 / 估价:89.00元
PSN B-2005-036-1/1

中医文化蓝皮书
中国中医药文化传播发展报告(2017)
著(编)者:毛嘉陵　2017年7月出版 / 估价:89.00元
PSN B-2015-468-1/1

装备制造业蓝皮书
中国装备制造业发展报告(2017)
著(编)者:徐东华　2017年12月出版 / 估价:148.00元
PSN B-2015-505-1/1

资本市场蓝皮书
中国场外交易市场发展报告(2016~2017)
著(编)者:高峦　2017年7月出版 / 估价:89.00元
PSN B-2009-153-1/1

资产管理蓝皮书
中国资产管理行业发展报告(2017)
著(编)者:智信资产管理研究院
2017年7月出版 / 定价:98.00元
PSN B-2014-407-2/2

文化传媒类

传媒竞争力蓝皮书
中国传媒国际竞争力研究报告(2017)
著(编)者:李本乾　刘强
2017年11月出版 / 估价:148.00元
PSN B-2013-356-1/1

传媒蓝皮书
中国传媒产业发展报告(2017)
著(编)者:崔保国　2017年5月出版 / 定价:98.00元
PSN B-2005-035-1/1

传媒投资蓝皮书
中国传媒投资发展报告(2017)
著(编)者:张向东　谭云明
2017年7月出版 / 估价:128.00元
PSN B-2015-474-1/1

动漫蓝皮书
中国动漫产业发展报告(2017)
著(编)者:卢斌　郑玉明　牛兴侦
2017年9月出版 / 估价:89.00元
PSN B-2011-198-1/1

非物质文化遗产蓝皮书
中国非物质文化遗产发展报告(2017)
著(编)者:陈平　2017年7月出版 / 估价:98.00元
PSN B-2015-469-1/1

广电蓝皮书
中国广播电影电视发展报告(2017)
著(编)者:国家新闻出版广电总局发展研究中心
2017年7月出版 / 估价:98.00元
PSN B-2006-072-1/1

广告主蓝皮书
中国广告主营销传播趋势报告No.9
著(编)者:黄升民　杜国清　邵华冬　等
2017年10月出版 / 估价:148.00元
PSN B-2005-041-1/1

国际传播蓝皮书
中国国际传播发展报告(2017)
著(编)者:胡正荣　李继东　姬德强
2017年11月出版 / 估价:89.00元
PSN B-2014-408-1/1

皮书系列 2017全品种 — 文化传媒类·地方发展类

国家形象蓝皮书
中国国家形象传播报告（2016）
著(编)者：张昆　2017年3月出版 / 定价：98.00元
PSN B-2017-605-1/1

纪录片蓝皮书
中国纪录片发展报告（2017）
著(编)者：何苏六　2017年9月出版 / 估价：89.00元
PSN B-2011-222-1/1

科学传播蓝皮书
中国科学传播报告（2017）
著(编)者：詹正茂　2017年7月出版 / 估价：89.00元
PSN B-2008-120-1/1

两岸创意经济蓝皮书
两岸创意经济研究报告（2017）
著(编)者：罗昌智　林咏能
2017年10月出版 / 估价：98.00元
PSN B-2014-437-1/1

媒介与女性蓝皮书
中国媒介与女性发展报告(2016~2017)
著(编)者：刘利群　2018年5月出版 / 估价：118.00元
PSN B-2013-345-1/1

媒体融合蓝皮书
中国媒体融合发展报告（2017）
著(编)者：梅宁华　宋建武　2017年7月出版 / 估价：89.00元
PSN B-2015-479-1/1

全球传媒蓝皮书
全球传媒发展报告（2016~2017）
著(编)者：胡正荣　李继东
2017年6月出版 / 定价：89.00元
PSN B-2012-237-1/1

少数民族非遗蓝皮书
中国少数民族非物质文化遗产发展报告（2017）
著(编)者：肖远平（彝）　柴立（满）
2017年8月出版 / 估价：98.00元
PSN B-2015-467-1/1

视听新媒体蓝皮书
中国视听新媒体发展报告（2017）
著(编)者：国家新闻出版广电总局发展研究中心
2017年11月出版 / 估价：98.00元
PSN B-2011-184-1/1

文化创新蓝皮书
中国文化创新报告（2016）No.7
著(编)者：于平　傅才武　2017年4月出版 / 定价：89.00元
PSN B-2009-143-1/1

文化建设蓝皮书
中国文化发展报告（2017）
著(编)者：江畅　孙伟平　戴茂堂
2017年5月出版 / 定价：98.00元
PSN B-2014-392-1/1

文化金融蓝皮书
中国文化金融发展报告（2017）
著(编)者：杨涛　余巍　2017年5月出版 / 估价：98.00元
PSN B-2017-610-1/1

文化科技蓝皮书
文化科技创新发展报告（2017）
著(编)者：于平　李凤亮　2017年11月出版 / 估价：89.00元
PSN B-2013-342-1/1

文化蓝皮书
中国公共文化服务发展报告（2017）
著(编)者：刘新成　张永新　张旭
2017年12月出版 / 估价：98.00元
PSN B-2007-093-2/10

文化蓝皮书
中国公共文化投入增长测评报告（2017）
著(编)者：王亚南　2017年2月出版 / 定价：79.00元
PSN B-2014-435-10/10

文化蓝皮书
中国少数民族文化发展报告（2016~2017）
著(编)者：武翠英　张晓明　任乌晶
2017年9月出版 / 估价：89.00元
PSN B-2013-369-9/10

文化蓝皮书
中国文化产业发展报告（2016~2017）
著(编)者：张晓明　王家新　章建刚
2017年7月出版 / 估价：89.00元
PSN B-2002-019-1/10

文化蓝皮书
中国文化产业供需协调检测报告（2017）
著(编)者：王亚南　2017年2月出版 / 定价：79.00元
PSN B-2013-323-8/10

文化蓝皮书
中国文化消费需求景气评价报告（2017）
著(编)者：王亚南　2017年2月出版 / 定价：79.00元
PSN B-2011-236-4/10

文化品牌蓝皮书
中国文化品牌发展报告（2017）
著(编)者：欧阳友权　2017年7月出版 / 估价：98.00元
PSN B-2012-277-1/1

文化遗产蓝皮书
中国文化遗产事业发展报告（2017）
著(编)者：苏杨　张颖岚　王宇飞
2017年8月出版 / 估价：98.00元
PSN B-2008-119-1/1

文学蓝皮书
中国文情报告（2016~2017）
著(编)者：白烨　2017年5月出版 / 定价：69.00元
PSN B-2011-221-1/1

新媒体蓝皮书
中国新媒体发展报告No.8（2017）
著(编)者：唐绪军　2017年7月出版 / 定价：79.00元
PSN B-2010-169-1/1

新媒体社会责任蓝皮书
中国新媒体社会责任研究报告（2017）
著(编)者：钟瑛　2017年11月出版 / 估价：89.00元
PSN B-2014-423-1/1

移动互联网蓝皮书
中国移动互联网发展报告(2017)
著(编)者:余清楚　2017年6月出版 / 定价:98.00元
PSN B-2012-282-1/1

舆情蓝皮书
中国社会舆情与危机管理报告(2017)
著(编)者:谢耘耕　2017年9月出版 / 估价:128.00元
PSN B-2011-235-1/1

影视蓝皮书
中国影视产业发展报告(2017)
著(编)者:司若　2017年4月出版 / 定价:98.00元
PSN B-2016-530-1/1

地方发展类

安徽经济蓝皮书
合芜蚌国家自主创新综合示范区研究报告(2016~2017)
著(编)者:黄家海　王开玉　蔡宪
2017年7月出版 / 估价:89.00元
PSN B-2014-383-1/1

安徽蓝皮书
安徽社会发展报告(2017)
著(编)者:程桦　2017年5月出版 / 定价:89.00元
PSN B-2013-325-1/1

澳门蓝皮书
澳门经济社会发展报告(2016~2017)
著(编)者:吴志良　郝雨凡　2017年7月出版 / 定价:98.00元
PSN B-2009-138-1/1

澳门绿皮书
澳门旅游休闲发展报告(2016~2017)
著(编)者:郝雨凡　林广志　2017年5月出版 / 定价:88.00元
PSN G-2017-617-1/1

北京蓝皮书
北京公共服务发展报告(2016~2017)
著(编)者:施昌奎　2017年3月出版 / 定价:79.00元
PSN B-2008-103-7/8

北京蓝皮书
北京经济发展报告(2016~2017)
著(编)者:杨松　2017年6月出版 / 定价:89.00元
PSN B-2006-054-2/8

北京蓝皮书
北京社会发展报告(2016~2017)
著(编)者:李伟东　2017年7月出版 / 定价:79.00元
PSN B-2006-055-3/8

北京蓝皮书
北京社会治理发展报告(2016~2017)
著(编)者:殷星辰　2017年7月出版 / 定价:79.00元
PSN B-2014-391-8/8

北京蓝皮书
北京文化发展报告(2016~2017)
著(编)者:李建盛　2017年5月出版 / 定价:79.00元
PSN B-2007-082-4/8

北京律师绿皮书
北京律师发展报告No.3(2017)
著(编)者:王隽　2017年7月出版 / 定价:88.00元
PSN G-2012-301-1/1

北京旅游绿皮书
北京旅游发展报告(2017)
著(编)者:北京旅游学会　2017年7月出版 / 定价:88.00元
PSN B-2011-217-1/1

北京人才蓝皮书
北京人才发展报告(2017)
著(编)者:于淼　2017年12月出版 / 定价:128.00元
PSN B-2011-201-1/1

北京社会心态蓝皮书
北京社会心态分析报告(2016~2017)
著(编)者:北京社会心理研究所
2017年11月出版 / 估价:89.00元
PSN B-2014-422-1/1

北京社会组织管理蓝皮书
北京社会组织发展与管理(2016~2017)
著(编)者:黄江松　2017年7月出版 / 估价:88.00元
PSN B-2015-446-1/1

北京体育蓝皮书
北京体育产业发展报告(2016~2017)
著(编)者:钟秉枢　陈杰　杨铁黎
2017年9月出版 / 估价:89.00元
PSN B-2015-475-1/1

北京养老产业蓝皮书
北京养老产业发展报告(2017)
著(编)者:周明明　冯喜良　2017年11月出版 / 估价:89.00元
PSN B-2015-465-1/1

非公有制企业社会责任蓝皮书
北京非公有制企业社会责任报告(2017)
著(编)者:宗贵伦　冯培　2017年6月出版 / 定价:89.00元
PSN B-2017-613-1/1

滨海金融蓝皮书
滨海新区金融发展报告(2017)
著(编)者:王爱俭　张锐钢　2018年4月出版 / 估价:89.00元
PSN B-2014-424-1/1

皮书系列 2017全品种
地方发展类

城乡一体化蓝皮书
北京城乡一体化发展报告（2016～2017）
著(编)者：吴宝新 张宝秀 黄序
2017年5月出版 / 定价：85.00元
PSN B-2012-258-2/2

创意城市蓝皮书
北京文化创意产业发展报告（2017）
著(编)者：张京成 王国华　2017年10月出版 / 估价：89.00元
PSN B-2012-263-1/7

创意城市蓝皮书
天津文化创意产业发展报告（2016～2017）
著(编)者：谢思全　　2017年11月出版 / 估价：89.00元
PSN B-2016-537-7/7

创意城市蓝皮书
武汉文化创意产业发展报告（2017）
著(编)者：黄永林 陈汉桥　2017年11月出版 / 估价：99.00元
PSN B-2013-354-4/7

创意上海蓝皮书
上海文化创意产业发展报告（2016～2017）
著(编)者：王慧敏 王兴全　2017年11月出版 / 估价：89.00元
PSN B-2016-562-1/1

福建妇女发展蓝皮书
福建省妇女发展报告（2017）
著(编)者：刘群英　2017年11月出版 / 估价：88.00元
PSN B-2011-220-1/1

福建自贸区蓝皮书
中国（福建）自由贸易实验区发展报告（2016～2017）
著(编)者：黄茂兴　2017年4月出版 / 定价：108.00元
PSN B-2017-532-1/1

甘肃蓝皮书
甘肃经济发展分析与预测（2017）
著(编)者：安文华 罗哲　2017年1月出版 / 定价：79.00元
PSN B-2013-312-1/6

甘肃蓝皮书
甘肃社会发展分析与预测（2017）
著(编)者：安文华 包晓霞 谢增虎
2017年1月出版 / 定价：79.00元
PSN B-2013-313-2/6

甘肃蓝皮书
甘肃文化发展分析与预测（2017）
著(编)者：王俊莲 周小华　2017年1月出版 / 定价：79.00元
PSN B-2013-314-3/6

甘肃蓝皮书
甘肃县域和农村发展报告（2017）
著(编)者：朱智文 包东红 王建兵
2017年1月出版 / 定价：79.00元
PSN B-2013-316-5/6

甘肃蓝皮书
甘肃舆情分析与预测（2017）
著(编)者：陈双梅 张谦元　2017年1月出版 / 定价：79.00元
PSN B-2013-315-4/6

甘肃蓝皮书
甘肃商贸流通发展报告（2017）
著(编)者：张应华 王福生 王晓芳
2017年1月出版 / 定价：79.00元
PSN B-2016-523-6/6

广东蓝皮书
广东全面深化改革发展报告（2017）
著(编)者：周林生 涂成林　2017年12月出版 / 估价：89.00元
PSN B-2015-504-3/3

广东蓝皮书
广东社会工作发展报告（2017）
著(编)者：罗观翠　　2017年7月出版 / 估价：89.00元
PSN B-2014-402-2/3

广东外经贸蓝皮书
广东对外经济贸易发展研究报告（2016~2017）
著(编)者：陈万灵　　2017年6月出版 / 估价：89.00元
PSN B-2012-286-1/1

广西北部湾经济区蓝皮书
广西北部湾经济区开放开发报告（2017）
著(编)者：广西北部湾经济区规划建设管理委员会办公室
　　　　广西社会科学院广西北部湾发展研究院
2017年7月出版 / 估价：89.00元
PSN B-2010-181-1/1

巩义蓝皮书
巩义经济社会发展报告（2017）
著(编)者：丁同民 朱军　2017年7月出版 / 估价：58.00元
PSN B-2016-533-1/1

广州蓝皮书
2017年中国广州经济形势分析与预测
著(编)者：魏明海 谢博能 李华
2017年6月出版 / 定价：85.00元
PSN B-2011-185-9/14

广州蓝皮书
2017年中国广州社会形势分析与预测
著(编)者：张强 何镜清
2017年6月出版 / 定价：88.00元
PSN B-2008-110-5/14

广州蓝皮书
广州城市国际化发展报告（2017）
著(编)者：朱名宏　　2017年8月出版 / 估价：79.00元
PSN B-2012-246-11/14

广州蓝皮书
广州创新型城市发展报告（2017）
著(编)者：尹涛　　2017年6月出版 / 定价：79.00元
PSN B-2012-247-12/14

广州蓝皮书
广州经济发展报告（2017）
著(编)者：朱名宏　　2017年7月出版 / 定价：79.00元
PSN B-2005-040-1/14

广州蓝皮书
广州农村发展报告（2017）
著(编)者：朱名宏　2017年8月出版 / 估价：79.00元
PSN B-2010-167-8/14

地方发展类 皮书系列 2017全品种

广州蓝皮书
广州汽车产业发展报告（2017）
著(编)者：杨再高 冯兴亚　2017年7月出版 / 估价：79.00元
PSN B-2006-066-3/14

广州蓝皮书
广州青年发展报告（2016~2017）
著(编)者：徐柳 张强　2017年9月出版 / 估价：79.00元
PSN B-2013-352-13/14

广州蓝皮书
广州商贸业发展报告（2017）
著(编)者：李江涛 肖振宇 荀振英
2017年7月出版 / 定价：79.00元
PSN B-2012-245-10/14

广州蓝皮书
广州社会保障发展报告（2017）
著(编)者：蔡国萱　2017年8月出版 / 定价：79.00元
PSN B-2014-425-14/14

广州蓝皮书
广州文化创意产业发展报告（2017）
著(编)者：徐咏虹　2017年7月出版 / 定价：79.00元
PSN B-2008-111-6/14

广州蓝皮书
中国广州城市建设与管理发展报告（2017）
著(编)者：董皞 陈小钢 李江涛
2017年11月出版 / 估价：85.00元
PSN B-2007-087-4/14

广州蓝皮书
中国广州科技创新发展报告（2017）
著(编)者：邹采荣 马正勇 陈爽
2017年8月出版 / 定价：85.00元
PSN B-2006-065-2/14

广州蓝皮书
中国广州文化发展报告（2017）
著(编)者：屈哨兵 陆志强
2017年6月出版 / 定价：79.00元
PSN B-2009-134-7/14

贵阳蓝皮书
贵阳城市创新发展报告No.2（白云篇）
著(编)者：连玉明　2017年5月出版 / 定价：98.00元
PSN B-2015-491-3/10

贵阳蓝皮书
贵阳城市创新发展报告No.2（观山湖篇）
著(编)者：连玉明　2017年5月出版 / 定价：98.00元
PSN B-2011-235-1/1

贵阳蓝皮书
贵阳城市创新发展报告No.2（花溪篇）
著(编)者：连玉明　2017年5月出版 / 定价：98.00元
PSN B-2015-490-2/10

贵阳蓝皮书
贵阳城市创新发展报告No.2（开阳篇）
著(编)者：连玉明　2017年5月出版 / 定价：98.00元
PSN B-2015-492-4/10

贵阳蓝皮书
贵阳城市创新发展报告No.2（南明篇）
著(编)者：连玉明　2017年5月出版 / 定价：98.00元
PSN B-2015-496-8/10

贵阳蓝皮书
贵阳城市创新发展报告No.2（清镇篇）
著(编)者：连玉明　2017年5月出版 / 定价：98.00元
PSN B-2015-489-1/10

贵阳蓝皮书
贵阳城市创新发展报告No.2（乌当篇）
著(编)者：连玉明　2017年5月出版 / 定价：98.00元
PSN B-2015-495-7/10

贵阳蓝皮书
贵阳城市创新发展报告No.2（息烽篇）
著(编)者：连玉明　2017年5月出版 / 定价：98.00元
PSN B-2015-493-5/10

贵阳蓝皮书
贵阳城市创新发展报告No.2（修文篇）
著(编)者：连玉明　2017年5月出版 / 定价：98.00元
PSN B-2015-494-6/10

贵阳蓝皮书
贵阳城市创新发展报告No.2（云岩篇）
著(编)者：连玉明　2017年5月出版 / 定价：98.00元
PSN B-2015-498-10/10

贵州房地产蓝皮书
贵州房地产发展报告No.4（2017）
著(编)者：武廷方　2017年7月出版 / 定价：89.00元
PSN B-2014-426-1/1

贵州蓝皮书
贵州册亨经济社会发展报告(2017)
著(编)者：黄德林　2017年11月出版 / 定价：89.00元
PSN B-2016-526-8/9

贵州蓝皮书
贵安新区发展报告（2016~2017）
著(编)者：马长青 吴大华　2017年11月出版 / 估价：89.00元
PSN B-2015-459-4/9

贵州蓝皮书
贵州法治发展报告（2017）
著(编)者：吴大华　2017年5月出版 / 定价：89.00元
PSN B-2012-254-2/9

贵州蓝皮书
贵州国有企业社会责任发展报告（2016~2017）
著(编)者：郭丽 周航 万强
2017年12月出版 / 估价：89.00元
PSN B-2015-511-6/9

贵州蓝皮书
贵州民航业发展报告（2017）
著(编)者：申振东 吴大华　2017年10月出版 / 定价：89.00元
PSN B-2015-471-5/9

贵州蓝皮书
贵州民营经济发展报告（2017）
著(编)者：杨静 吴大华　2017年11月出版 / 估价：89.00元
PSN B-2016-531-9/9

27

皮书系列 重点推荐 — 地方发展类

贵州蓝皮书
贵州人才发展报告（2017）
著(编)者：于杰 吴大华　2017年11月出版 / 估价：89.00元
PSN B-2014-382-3/9

贵州蓝皮书
贵州社会发展报告（2017）
著(编)者：王兴骥　2017年3月出版 / 定价：98.00元
PSN B-2010-166-1/9

贵州蓝皮书
贵州国家级开放创新平台发展报告（2017）
著(编)者：申晓庆 吴大华 李泓
2017年7月出版 / 估价：89.00元
PSN B-2016-518-1/9

海淀蓝皮书
海淀区文化和科技融合发展报告（2017）
著(编)者：陈名杰 孟景伟　2017年11月出版 / 估价：85.00元
PSN B-2013-329-1/1

杭州都市圈蓝皮书
杭州都市圈发展报告（2017）
著(编)者：沈翔 戚建国　2017年11月出版 / 估价：128.00元
PSN B-2012-302-1/1

杭州蓝皮书
杭州妇女发展报告（2017）
著(编)者：魏颖　2017年11月出版 / 估价：89.00元
PSN B-2014-403-1/1

河北经济蓝皮书
河北省经济发展报告（2017）
著(编)者：马树强 金浩 张贵
2017年7月出版 / 估价：89.00元
PSN B-2014-380-1/1

河北蓝皮书
河北经济社会发展报告（2017）
著(编)者：郭金平　2017年1月出版 / 定价：79.00元
PSN B-2014-372-1/3

河北蓝皮书
河北法治发展报告（2017）
著(编)者：郭金平 李永君　2017年1月出版 / 定价：79.00元
PSN B-2017-622-3/3

河北蓝皮书
京津冀协同发展报告（2017）
著(编)者：陈路　2017年1月出版 / 定价：79.00元
PSN B-2017-601-2/3

河北食品药品安全蓝皮书
河北食品药品安全研究报告（2017）
著(编)者：丁锦霞　2017年11月出版 / 估价：89.00元
PSN B-2015-473-1/1

河南经济蓝皮书
2017年河南经济形势分析与预测
著(编)者：王世炎　2017年3月出版 / 定价：79.00元
PSN B-2007-086-1/1

河南蓝皮书
2017年河南社会形势分析与预测
著(编)者：牛苏林　2017年5月出版 / 定价：79.00元
PSN B-2005-043-1/9

河南蓝皮书
河南城市发展报告（2017）
著(编)者：张占仓 王建国　2017年5月出版 / 定价：79.00元
PSN B-2009-131-3/9

河南蓝皮书
河南法治发展报告（2017）
著(编)者：丁同民 张林海　2017年7月出版 / 估价：89.00元
PSN B-2014-376-6/9

河南蓝皮书
河南工业发展报告（2017）
著(编)者：张占仓　2017年5月出版 / 定价：89.00元
PSN B-2013-317-5/9

河南蓝皮书
河南金融发展报告（2017）
著(编)者：河南省社会科学院
2017年7月出版 / 估价：89.00元
PSN B-2014-390-7/9

河南蓝皮书
河南经济发展报告（2017）
著(编)者：张占仓 完世伟　2017年4月出版 / 定价：79.00元
PSN B-2010-157-4/9

河南蓝皮书
河南能源发展报告（2017）
著(编)者：魏胜民 袁凯声　2017年3月出版 / 定价：79.00元
PSN B-2017-607-9/9

河南蓝皮书
河南农业农村发展报告（2017）
著(编)者：吴海峰　2017年11月出版 / 估价：89.00元
PSN B-2015-445-8/9

河南蓝皮书
河南文化发展报告（2017）
著(编)者：卫绍生　2017年7月出版 / 定价：78.00元
PSN B-2008-106-2/9

河南商务蓝皮书
河南商务发展报告（2017）
著(编)者：焦锦淼 穆荣国　2017年5月出版 / 定价：88.00元
PSN B-2014-399-1/1

黑龙江蓝皮书
黑龙江经济发展报告（2017）
著(编)者：朱宇　2017年1月出版 / 定价：79.00元
PSN B-2011-190-2/2

黑龙江蓝皮书
黑龙江社会发展报告（2017）
著(编)者：谢宝禄　2017年1月出版 / 定价：79.00元
PSN B-2011-189-1/2

湖北文化蓝皮书
湖北文化发展报告（2017）
著(编)者：吴成国　2017年10月出版 / 估价：95.00元
PSN B-2016-567-1/1

地方发展类 | **皮书系列 重点推荐**

湖南城市蓝皮书
区域城市群整合
著(编)者：童中贤　韩未名
2017年12月出版／估价：89.00元
PSN B-2006-064-1/1

湖南蓝皮书
2017年湖南产业发展报告
著(编)者：梁志峰　　2017年7月出版／估价：128.00元
PSN B-2011-207-2/8

湖南蓝皮书
2017年湖南电子政务发展报告
著(编)者：梁志峰　　2017年7月出版／估价：128.00元
PSN B-2014-394-6/8

湖南蓝皮书
2017年湖南经济发展报告
著(编)者：卞鹰　　2017年5月出版／定价：128.00元
PSN B-2011-206-1/8

湖南蓝皮书
2017年湖南两型社会与生态文明发展报告
著(编)者：卞鹰　　2017年5月出版／定价：128.00元
PSN B-2011-208-3/8

湖南蓝皮书
2017年湖南社会发展报告
著(编)者：卞鹰　　2017年5月出版／定价：128.00元
PSN B-2014-393-5/8

湖南蓝皮书
2017年湖南县域经济社会发展报告
著(编)者：梁志峰　　2017年7月出版／估价：128.00元
PSN B-2014-395-7/8

湖南蓝皮书
湖南城乡一体化发展报告（2017）
著(编)者：陈文胜　王文强　陆福兴　邝奕轩
2017年8月出版／定价：89.00元
PSN B-2015-477-8/8

湖南县域绿皮书
湖南县域发展报告 No.3
著(编)者：袁准　周小毛　黎仁寅
2017年3月出版／定价：79.00元
PSN G-2012-274-1/1

沪港蓝皮书
沪港发展报告（2017）
著(编)者：尤安山　　2017年9月出版／估价：89.00元
PSN B-2013-362-1/1

吉林蓝皮书
2017年吉林经济社会形势分析与预测
著(编)者：邵汉明　　2016年12月出版／定价：79.00元
PSN B-2013-319-1/1

吉林省城市竞争力蓝皮书
吉林省城市竞争力报告（2016~2017）
著(编)者：崔岳春　张磊　　2016年12月出版／定价：79.00元
PSN B-2015-513-1/1

济源蓝皮书
济源经济社会发展报告（2017）
著(编)者：喻新安　　2017年7月出版／估价：89.00元
PSN B-2014-387-1/1

健康城市蓝皮书
北京健康城市建设研究报告（2017）
著(编)者：王鸿春　　2017年8月出版／估价：89.00元
PSN B-2015-460-1/2

江苏法治蓝皮书
江苏法治发展报告 No.6（2017）
著(编)者：蔡道通　龚廷泰　　2017年8月出版／估价：98.00元
PSN B-2012-290-1/1

江西蓝皮书
江西经济社会发展报告（2017）
著(编)者：张勇　姜玮　梁勇　　2017年6月出版／估价：128.00元
PSN B-2015-484-1/2

江西蓝皮书
江西设区市发展报告（2017）
著(编)者：姜玮　梁勇　　2017年10月出版／估价：79.00元
PSN B-2016-517-2/2

江西文化蓝皮书
江西文化产业发展报告（2017）
著(编)者：张圣才　汪春翔
2017年10月出版／定价：128.00元
PSN B-2015-499-1/1

经济特区蓝皮书
中国经济特区发展报告（2017）
著(编)者：陶一桃　　2017年12月出版／估价：98.00元
PSN B-2009-139-1/1

辽宁蓝皮书
2017年辽宁经济社会形势分析与预测
著(编)者：梁启东
2017年6月出版／定价：89.00元
PSN B-2006-053-1/1

洛阳蓝皮书
洛阳文化发展报告（2017）
著(编)者：刘福兴　陈启明　　2017年10月出版／估价：89.00元
PSN B-2015-476-1/1

南京蓝皮书
南京文化发展报告（2017）
著(编)者：徐宁　　2017年10月出版／估价：89.00元
PSN B-2014-439-1/1

南宁蓝皮书
南宁法治发展报告（2017）
著(编)者：杨维超　　2017年12月出版／估价：79.00元
PSN B-2015-509-1/3

南宁蓝皮书
南宁经济发展报告（2017）
著(编)者：胡建华　　2017年9月出版／估价：79.00元
PSN B-2016-570-2/3

皮书系列 重点推荐 — 地方发展类

南宁蓝皮书
南宁社会发展报告（2017）
著(编)者：胡建华　2017年9月出版 / 估价：79.00元
PSN B-2016-571-3/3

内蒙古蓝皮书
内蒙古反腐倡廉建设报告 No.2
著(编)者：张志华　无极　2017年12月出版 / 估价：79.00元
PSN B-2013-365-1/1

浦东新区蓝皮书
上海浦东经济发展报告（2017）
著(编)者：沈开艳　周奇　2017年2月出版 / 定价：79.00元
PSN B-2011-225-1/1

青海蓝皮书
2017年青海经济社会形势分析与预测
著(编)者：陈玮　2016年12月出版 / 估价：79.00元
PSN B-2012-275-1/1

人口与健康蓝皮书
深圳人口与健康发展报告（2017）
著(编)者：陆杰华　罗乐宣　苏杨
2017年11月出版 / 估价：89.00元
PSN B-2011-228-1/1

山东蓝皮书
山东经济形势分析与预测（2017）
著(编)者：李广杰　2017年7月出版 / 估价：89.00元
PSN B-2014-404-1/4

山东蓝皮书
山东社会形势分析与预测（2017）
著(编)者：张华　唐洲雁　2017年7月出版 / 估价：89.00元
PSN B-2014-405-2/4

山东蓝皮书
山东文化发展报告（2017）
著(编)者：涂可国　2017年5月出版 / 定价：98.00元
PSN B-2014-406-3/4

山西蓝皮书
山西资源型经济转型发展报告（2017）
著(编)者：李志强　2017年7月出版 / 估价：89.00元
PSN B-2011-197-1/1

陕西蓝皮书
陕西经济发展报告（2017）
著(编)者：任宗哲　白宽犁　裴成荣
2017年1月出版 / 定价：69.00元
PSN B-2009-135-1/6

陕西蓝皮书
陕西社会发展报告（2017）
著(编)者：任宗哲　白宽犁　牛昉
2017年1月出版 / 定价：69.00元
PSN B-2009-136-2/6

陕西蓝皮书
陕西文化发展报告（2017）
著(编)者：任宗哲　白宽犁　王长寿
2017年1月出版 / 定价：69.00元
PSN B-2009-137-3/6

陕西蓝皮书
陕西精准脱贫研究报告（2017）
著(编)者：任宗哲　白宽犁　王建康
2017年6月出版 / 定价：69.00元
PSN B-2017-623-6/6

上海蓝皮书
上海传媒发展报告（2017）
著(编)者：强荧　焦雨虹　2017年2月出版 / 定价：79.00元
PSN B-2012-295-5/7

上海蓝皮书
上海法治发展报告（2017）
著(编)者：叶青　2017年7月出版 / 估价：89.00元
PSN B-2012-296-6/7

上海蓝皮书
上海经济发展报告（2017）
著(编)者：沈开艳　2017年2月出版 / 定价：79.00元
PSN B-2006-057-1/7

上海蓝皮书
上海社会发展报告（2017）
著(编)者：杨雄　周海旺　2017年2月出版 / 定价：79.00元
PSN B-2006-058-2/7

上海蓝皮书
上海文化发展报告（2017）
著(编)者：荣跃明　2017年2月出版 / 定价：79.00元
PSN B-2006-059-3/7

上海蓝皮书
上海文学发展报告（2017）
著(编)者：陈圣来　2017年7月出版 / 估价：89.00元
PSN B-2012-297-7/7

上海蓝皮书
上海资源环境发展报告（2017）
著(编)者：周冯琦　汤庆合
2017年2月出版 / 定价：79.00元
PSN B-2006-060-4/7

社会建设蓝皮书
2017年北京社会建设分析报告
著(编)者：宋贵伦　冯虹　2017年10月出版 / 估价：89.00元
PSN B-2010-173-1/1

深圳蓝皮书
深圳法治发展报告（2017）
著(编)者：张骁儒　2017年6月出版 / 定价：79.00元
PSN B-2015-470-6/7

深圳蓝皮书
深圳经济发展报告（2017）
著(编)者：张骁儒　2017年6月出版 / 定价：79.00元
PSN B-2008-112-3/7

深圳蓝皮书
深圳劳动关系发展报告（2017）
著(编)者：汤庭芬　2017年7月出版 / 估价：89.00元
PSN B-2007-097-2/7

皮书系列重点推荐

地方发展类・国际问题类

深圳蓝皮书
深圳社会治理与发展报告（2017）
著(编)者：张骁儒 邹从兵　2017年6月出版 / 定价：79.00元
PSN B-2008-113-4/7

深圳蓝皮书
深圳文化发展报告(2017)
著(编)者：张骁儒　2017年5月出版 / 定价：79.00元
PSN B-2016-555-7/7

丝绸之路蓝皮书
丝绸之路经济带发展报告（2017）
著(编)者：任宗哲 白宽犁 谷孟宾
2017年1月出版 / 定价：75.00元
PSN B-2014-410-1/1

法治蓝皮书
四川依法治省年度报告 No.3（2017）
著(编)者：李林 杨天宗 田禾
2017年3月出版 / 定价：118.00元
PSN B-2015-447-1/1

四川蓝皮书
2017年四川经济形势分析与预测
著(编)者：杨钢　2017年1月出版 / 定价：98.00元
PSN B-2007-098-2/7

四川蓝皮书
四川城镇化发展报告（2017）
著(编)者：侯水平 陈炜　2017年4月出版 / 定价：75.00元
PSN B-2015-456-7/7

四川蓝皮书
四川法治发展报告（2017）
著(编)者：郑泰安　2017年7月出版 / 估价：89.00元
PSN B-2015-441-5/7

四川蓝皮书
四川企业社会责任研究报告（2016～2017）
著(编)者：侯水平 盛毅
2017年5月出版 / 定价：79.00元
PSN B-2014-386-4/7

四川蓝皮书
四川社会发展报告（2017）
著(编)者：李羚　2017年6月出版 / 定价：79.00元
PSN B-2008-127-3/7

四川蓝皮书
四川生态建设报告（2017）
著(编)者：李晟之　2017年5月出版 / 定价：75.00元
PSN B-2015-455-6/7

四川蓝皮书
四川文化产业发展报告（2017）
著(编)者：向宝云 张立伟
2017年4月出版 / 定价：79.00元
PSN B-2006-074-1/7

体育蓝皮书
上海体育产业发展报告（2016～2017）
著(编)者：张林 黄海燕
2017年10月出版 / 估价：89.00元
PSN B-2015-454-4/4

体育蓝皮书
长三角地区体育产业发展报告（2016～2017）
著(编)者：张林　2017年7月出版 / 估价：89.00元
PSN B-2015-453-3/4

天津金融蓝皮书
天津金融发展报告（2017）
著(编)者：王爱俭 孔德昌
2018年3月出版 / 估价：98.00元
PSN B-2014-418-1/1

图们江区域合作蓝皮书
图们江区域合作发展报告（2017）
著(编)者：李铁　2017年11月出版 / 估价：98.00元
PSN B-2015-464-1/1

温州蓝皮书
2017年温州经济社会形势分析与预测
著(编)者：蒋儒林 王春光 金浩
2017年4月出版 / 定价：79.00元
PSN B-2008-105-1/1

西咸新区蓝皮书
西咸新区发展报告（2016~2017）
著(编)者：李扬 王军　2017年11月出版 / 估价：89.00元
PSN B-2016-535-1/1

扬州蓝皮书
扬州经济社会发展报告（2017）
著(编)者：丁纯　2017年12月出版 / 估价：98.00元
PSN B-2011-191-1/1

云南社会治理蓝皮书
云南社会治理年度报告（2016）
著(编)者：晏雄 韩全芳
2017年5月出版 / 定价：99.00元
PSN B-2011-191-1/1

长株潭城市群蓝皮书
长株潭城市群发展报告（2017）
著(编)者：张萍　2017年12月出版 / 估价：89.00元
PSN B-2008-109-1/1

中医文化蓝皮书
北京中医文化传播发展报告（2017）
著(编)者：毛嘉陵　2017年7月出版 / 定价：79.00元
PSN B-2015-468-1/2

珠三角流通蓝皮书
珠三角商圈发展研究报告（2017）
著(编)者：王先庆 林至颖
2017年7月出版 / 估价：98.00元
PSN B-2012-292-1/1

遵义蓝皮书
遵义发展报告（2017）
著(编)者：曾征 龚永育 雍思强
2017年12月出版 / 估价：89.00元
PSN B-2014-433-1/1

皮书系列重点推荐 国际问题类

国际问题类

"一带一路"跨境通道蓝皮书
"一带一路"跨境通道建设研究报告（2017）
著（编）者：郭业洲　2017年8月出版／估价：89.00元
PSN B-2016-558-1/1

"一带一路"蓝皮书
"一带一路"建设发展报告（2017）
著（编）者：李永全　2017年6月出版／定价：89.00元
PSN B-2016-553-1/1

阿拉伯黄皮书
阿拉伯发展报告（2016~2017）
著（编）者：罗林　2018年3月出版／估价：89.00元
PSN Y-2014-381-1/1

巴西黄皮书
巴西发展报告（2017）
著（编）者：刘国枝　2017年5月出版／定价：85.00元
PSN Y-2017-614-1/1

北部湾蓝皮书
泛北部湾合作发展报告（2017）
著（编）者：吕余生　2017年12月出版／估价：85.00元
PSN B-2008-114-1/1

大湄公河次区域蓝皮书
大湄公河次区域合作发展报告（2017）
著（编）者：刘稚　2017年11月出版／估价：89.00元
PSN B-2011-196-1/1

大洋洲蓝皮书
大洋洲发展报告（2017）
著（编）者：喻常森　2017年10月出版／估价：89.00元
PSN B-2013-341-1/1

德国蓝皮书
德国发展报告（2017）
著（编）者：郑春荣　2017年6月出版／定价：89.00元
PSN B-2012-278-1/1

东北亚区域合作蓝皮书
2016年"一带一路"倡议与东北亚区域合作
著（编）者：刘亚政　金美花
2017年5月出版／定价：89.00元
PSN B-2017-631-1/1

东盟黄皮书
东盟发展报告（2017）
著（编）者：杨晓强　庄国土
2017年7月出版／定价：89.00元
PSN Y-2012-303-1/1

东南亚蓝皮书
东南亚地区发展报告（2016~2017）
著（编）者：厦门大学东南亚研究中心　王勤
2017年12月出版／估价：89.00元
PSN B-2012-240-1/1

俄罗斯黄皮书
俄罗斯发展报告（2017）
著（编）者：李永全　2017年6月出版／定价：89.00元
PSN Y-2006-061-1/1

非洲黄皮书
非洲发展报告No.19（2016~2017）
著（编）者：张宏明　2017年7月出版／定价：89.00元
PSN Y-2012-239-1/1

公共外交蓝皮书
中国公共外交发展报告（2017）
著（编）者：赵启正　雷蔚真　2017年11月出版／估价：89.00元
PSN B-2015-457-1/1

国际安全蓝皮书
中国国际安全研究报告(2017)
著（编）者：刘慧　2017年11月出版／估价：98.00元
PSN B-2016-522-1/1

国际形势黄皮书
全球政治与安全报告（2017）
著（编）者：张宇燕　2017年1月出版／估价：89.00元
PSN Y-2001-016-1/1

韩国蓝皮书
韩国发展报告（2017）
著（编）者：牛林杰　刘宝全　2017年11月出版／估价：89.00元
PSN B-2010-155-1/1

加拿大蓝皮书
加拿大发展报告（2017）
著（编）者：仲伟合　2017年11月出版／估价：89.00元
PSN B-2014-389-1/1

拉美黄皮书
拉丁美洲和加勒比发展报告（2016~2017）
著（编）者：吴白乙　袁东振　2017年6月出版／定价：89.00元
PSN Y-1999-007-1/1

美国蓝皮书
美国研究报告（2017）
著（编）者：郑秉文　黄平　2017年5月出版／定价：89.00元
PSN B-2011-210-1/1

缅甸蓝皮书
缅甸国情报告（2017）
著（编）者：李晨阳　2017年12月出版／估价：86.00元
PSN B-2013-343-1/1

欧洲蓝皮书
欧洲发展报告（2016~2017）
著（编）者：黄平　周弘　程卫东　2017年6月出版／定价：89.00元
PSN B-1999-009-1/1

国际问题类

皮书系列 重点推荐

葡语国家蓝皮书
葡语国家发展报告（2017）
著(编)者：王成安 张敏 刘金兰
2017年12月出版 / 估价：89.00元
PSN B-2015-503-1/2

葡语国家蓝皮书
中国与葡语国家关系发展报告·巴西（2017）
著(编)者：张曙光　2017年8月出版 / 估价：89.00元
PSN B-2016-564-2/2

日本经济蓝皮书
日本经济与中日经贸关系研究报告（2017）
著(编)者：张季风　2017年6月出版 / 定价：89.00元
PSN B-2008-102-1/1

日本蓝皮书
日本研究报告（2017）
著(编)者：杨伯江　2017年6月出版 / 定价：89.00元
PSN B-2002-020-1/1

上海合作组织黄皮书
上海合作组织发展报告（2017）
著(编)者：李进峰
2017年6月出版 / 定价：98.00元
PSN Y-2009-130-1/1

世界创新竞争力黄皮书
世界创新竞争力发展报告（2017）
著(编)者：李闽榕 李建平 赵新力
2017年11月出版 / 定价：148.00元
PSN Y-2013-318-1/1

泰国蓝皮书
泰国研究报告（2017）
著(编)者：庄国土 张禹东
2017年11月出版 / 估价：118.00元
PSN B-2016-557-1/1

土耳其蓝皮书
土耳其发展报告（2017）
著(编)者：郭长刚 刘义
2017年11月出版 / 估价：89.00元
PSN B-2014-412-1/1

亚太蓝皮书
亚太地区发展报告（2017）
著(编)者：李向阳　2017年5月出版 / 定价：79.00元
PSN B-2001-015-1/1

印度蓝皮书
印度国情报告（2017）
著(编)者：吕昭义　2018年4月出版 / 估价：89.00元
PSN B-2012-241-1/1

印度洋地区蓝皮书
印度洋地区发展报告（2017）
著(编)者：汪戎　2017年6月出版 / 定价：98.00元
PSN B-2013-334-1/1

英国蓝皮书
英国发展报告（2016~2017）
著(编)者：王展鹏　2017年11月出版 / 估价：89.00元
PSN B-2015-486-1/1

越南蓝皮书
越南国情报告（2017）
著(编)者：谢林城
2017年12月出版 / 估价：89.00元
PSN B-2006-056-1/1

以色列蓝皮书
以色列发展报告（2017）
著(编)者：张倩红　2017年8月出版 / 估价：89.00元
PSN B-2015-483-1/1

伊朗蓝皮书
伊朗发展报告（2017）
著(编)者：冀开远　2017年10月出版 / 估价：89.00元
PSN B-2016-575-1/1

渝新欧蓝皮书
渝新欧沿线国家发展报告（2017）
著(编)者：杨柏 黄森　2017年6月出版 / 定价：88.00元
PSN B-2016-575-1/1

中东黄皮书
中东发展报告No.19（2016~2017）
著(编)者：杨光　2017年10月出版 / 估价：89.00元
PSN Y-1998-004-1/1

中亚黄皮书
中亚国家发展报告（2017）
著(编)者：孙力　2017年6月出版 / 定价：98.00元
PSN Y-2012-238-1/1

社会科学文献出版社　　**皮书系列**

✤ 皮书起源 ✤

"皮书"起源于十七、十八世纪的英国,主要指官方或社会组织正式发表的重要文件或报告,多以"白皮书"命名。在中国,"皮书"这一概念被社会广泛接受,并被成功运作、发展成为一种全新的出版形态,则源于中国社会科学院社会科学文献出版社。

✤ 皮书定义 ✤

皮书是对中国与世界发展状况和热点问题进行年度监测,以专业的角度、专家的视野和实证研究方法,针对某一领域或区域现状与发展态势展开分析和预测,具备原创性、实证性、专业性、连续性、前沿性、时效性等特点的公开出版物,由一系列权威研究报告组成。

✤ 皮书作者 ✤

皮书系列的作者以中国社会科学院、著名高校、地方社会科学院的研究人员为主,多为国内一流研究机构的权威专家学者,他们的看法和观点代表了学界对中国与世界的现实和未来最高水平的解读与分析。

✤ 皮书荣誉 ✤

皮书系列已成为社会科学文献出版社的著名图书品牌和中国社会科学院的知名学术品牌。2016年,皮书系列正式列入"十三五"国家重点出版规划项目;2012~2016年,重点皮书列入中国社会科学院承担的国家哲学社会科学创新工程项目;2017年,55种院外皮书使用"中国社会科学院创新工程学术出版项目"标识。

中国皮书网

www.pishu.cn

发布皮书研创资讯，传播皮书精彩内容
引领皮书出版潮流，打造皮书服务平台

栏目设置

关于皮书：何谓皮书、皮书分类、皮书大事记、皮书荣誉、
皮书出版第一人、皮书编辑部

最新资讯：通知公告、新闻动态、媒体聚焦、网站专题、视频直播、下载专区

皮书研创：皮书规范、皮书选题、皮书出版、皮书研究、研创团队

皮书评奖评价：指标体系、皮书评价、皮书评奖

互动专区：皮书说、皮书智库、皮书微博、数据库微博

所获荣誉

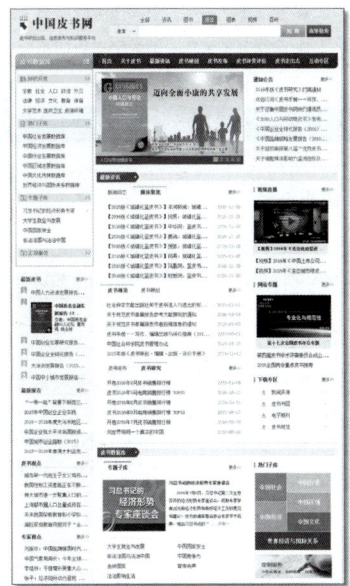

2008年、2011年，中国皮书网均在全国新闻出版业网站荣誉评选中获得"最具商业价值网站"称号；

2012年，获得"出版业网站百强"称号。

网库合一

2014年，中国皮书网与皮书数据库端口合一，实现资源共享。更多详情请登录www.pishu.cn。

权威报告·热点资讯·特色资源

皮书数据库
ANNUAL REPORT(YEARBOOK) DATABASE

当代中国与世界发展高端智库平台

所获荣誉

- 2016年，入选"国家'十三五'电子出版物出版规划骨干工程"
- 2015年，荣获"搜索中国正能量 点赞2015""创新中国科技创新奖"
- 2013年，荣获"中国出版政府奖·网络出版物奖"提名奖
- 连续多年荣获中国数字出版博览会"数字出版·优秀品牌"奖

成为会员

通过网址www.pishu.com.cn或使用手机扫描二维码进入皮书数据库网站，进行手机号码验证或邮箱验证即可成为皮书数据库会员（建议通过手机号码快速验证注册）。

会员福利

- 使用手机号码首次注册会员可直接获得100元体验金，不需充值即可购买和查看数据库内容（仅限使用手机号码快速注册）。
- 已注册用户购书后可免费获赠100元皮书数据库充值卡。刮开充值卡涂层获取充值密码，登录并进入"会员中心"—"在线充值"—"充值卡充值"，充值成功后即可购买和查看数据库内容。

数据库服务热线：400-008-6695　　　　图书销售热线：010-59367070/7028
数据库服务QQ：2475522410　　　　　　图书服务QQ：1265056568
数据库服务邮箱：database@ssap.cn　　　图书服务邮箱：duzhe@ssap.cn

更多信息请登录

皮书数据库
http://www.pishu.com.cn

中国皮书网
http://www.pishu.cn

皮书微博
http://weibo.com/pishu

皮书博客
http://blog.sina.com.cn/pishu

皮书微信"皮书说"

请到当当、亚马逊、京东或各地书店购买，也可办理邮购

咨询/邮购电话：010-59367028　59367070
邮　　箱：duzhe@ssap.cn
邮购地址：北京市西城区北三环中路甲29号院3号楼
　　　　　华龙大厦13层读者服务中心
邮　　编：100029
银行户名：社会科学文献出版社
开户银行：中国工商银行北京北太平庄支行
账　　号：0200010019200365434